Go 언어를 활용한
네트워크 프로그래밍

Network Programming with Go
Code Secure and Reliable Network Services from Scratch

Copyright © 2021 by Adam Woodbeck.
Title of English-language original: Network Programming with Go: Code Secure and Reliable
Network Services from Scratch, ISBN 978-1-71850-088-4, published by No Starch Press.
Korean-language edition copyright © 2022 by J-Pub Co. All rights reserved.

이 책의 한국어판 저작권은 에이전시 원을 통해 저작권자와의 독점 계약으로 (주)제이펍에 있습니다.
저작권법에 의해 한국 내에서 보호를 받는 저작물이므로 무단전재와 무단복제를 금합니다.

Go 언어를 활용한 네트워크 프로그래밍

1쇄 발행 2022년 1월 14일

지은이 애덤 우드벡
옮긴이 김찬빈
펴낸이 장성두
펴낸곳 주식회사 제이펍

출판신고 2009년 11월 10일 제406-2009-000087호
주소 경기도 파주시 회동길 159 3층 / **전화** 070-8201-9010 / **팩스** 02-6280-0405
홈페이지 www.jpub.kr / **원고투고** submit@jpub.kr / **독자문의** help@jpub.kr / **교재문의** textbook@jpub.kr

편집부 김정준, 이민숙, 최병찬, 이주원, 송영화
소통기획부 이상복, 송찬수, 배인혜 / **소통지원부** 민지환, 김수연 / **총무부** 김유미

진행 장성두 / **교정·교열** 배규호 / **내지디자인 및 내지편집** 북아이
용지 에스에이치페이퍼 / **인쇄** 한승문화사 / **제본** 일진제책사

ISBN 979-11-91600-64-3 (93000)
값 33,000원

제이펍은 독자 여러분의 아이디어와 원고 투고를 기다리고 있습니다. 책으로 펴내고자 하는 아이디어나 원고가 있는
분께서는 책의 간단한 개요와 차례, 구성과 저(역)자 약력 등을 메일(submit@jpub.kr)로 보내 주세요.

Go 언어를 활용한 네트워크 프로그래밍

보안에 강하고 신뢰할 수 있는 네트워크 서비스 구현법

애덤 우드벡 **지음** / 김찬빈 **옮김**

차 례

옮긴이 머리말 ——————— xi
베타리더 후기 ——————— xiii
머리말 ——————————— xv
이 책에 대하여 ——————— xvii

PART I | 네트워크 아키텍처

CHAPTER 1 | 네트워크 시스템 개요 3

네트워크 토폴로지 선택하기 3

대역폭 vs. 레이턴시 7

개방형 시스템 상호 연결 참조 모델 8
OSI 참조 모델의 계층 구조 레이어 8 / 데이터 캡슐화를 사용한 트래픽 전송 11

TCP/IP 모델 13
애플리케이션 계층 14 / 전송 계층 15 / 인터넷 계층 16 / 링크 계층 16

이 장에서 배운 것 17

CHAPTER 2 | 리소스의 위치와 트래픽 라우팅 19

인터넷 프로토콜 20

IPv4 주소 지정 20
네트워크 ID와 호스트 ID 21 / IPv4 주소를 서브넷으로 세분화 23
포트와 소켓 주소 26 / 네트워크 주소 변환 27
유니캐스트, 멀티캐스트, 브로드캐스트 28
물리적 네트워크 연결에 대한 MAC 주소 해석 29

IPv6 주소 지정 30
IPv6 주소 쓰기 30 / IPv6 주소 범주 32 / IPv4 대비 IPv6의 장점 34

인터넷 제어 메시지 프로토콜 36

인터넷 트래픽 라우팅 37

라우팅 프로토콜   38

경계 게이트웨이 프로토콜 39

이름과 주소 해석   40

도메인 네임 리소스 레코드 41 / 멀티캐스트 DNS 46

DNS 쿼리의 프라이버시 및 보안 고려 사항 47

이 장에서 배운 것   48

PART II | 소켓 계층 프로그래밍

CHAPTER 3 | 신뢰성 있는 TCP 데이터 스트림   51

TCP를 신뢰성 있게 만드는 것   52

TCP 세션 사용   52

TCP 핸드셰이크를 통한 세션 수립 53

시퀀스 번호를 이용한 패킷 수신 확인 54

수신 버퍼와 슬라이드 윈도 크기 55

TCP 세션의 우아한 종료 57

덜 우아한 종료 처리하기 58

Go 언어 표준 라이브러리를 이용한 TCP 연결 수립   58

소켓 바인딩, 연결 대기, 연결 수락 58 / 서버와 연결 수립 61

데드라인 구현하기 71

이 장에서 배운 것   81

CHAPTER 4 | TCP 데이터 전송하기   82

net.Conn 인터페이스 사용하기   82

데이터 송수신   83

고정된 버퍼에 데이터 읽기 83

Scanner 메서드를 이용하여 구분자로 구분된 데이터 읽기 85

동적 버퍼 사이즈 할당 88

데이터를 읽고 쓰는 도중 에러 처리 97

io 패키지를 이용한 안정적인 네트워크 애플리케이션 만들기   98

네트워크 연결 간 데이터 프락시하기 98 / 네트워크 연결 모니터링 104

ICMP가 필터링된 환경에서 호스트로 핑 전송 108

Go의 TCPConn 객체 살펴보기   110

킵얼라이브 메시지 제어 111 / 연결 종료 시 보류 중인 데이터 처리 112

기본 송수신 버퍼 오버라이딩 113

일반적인 Go TCP 네트워크 문제 해결   114
제로 윈도 에러 114 / 소켓이 CLOSE_WAIT 상태에서 멈춘 경우 115

이 장에서 배운 것   116

CHAPTER 5 | 신뢰성 없는 UDP 통신   117

간단하고 신뢰성 없는 UDP 사용하기   118

UDP 데이터 송수신   119
UDP 에코 서버 사용하기 119 / 에코 서버에서 데이터 수신하기 121
모든 UDP 연결 객체는 리스너로 사용할 수 있다 123
UDP에서 net.Conn 인터페이스 사용 126

파편화 피하기   128

이 장에서 배운 것   131

CHAPTER 6 | UDP 통신의 신뢰성 확보   132

TFTP를 이용한 신뢰성 있는 파일 전송   132

TFTP 타입   133
읽기 요청 135 / 데이터 패킷 138 / 수신 확인 142 / 에러 처리 143

TFTP 서버   145
서버 코드 작성 145 / 읽기 요청 처리 147 / 서버 시작 149

UDP로 파일 다운로드   150

이 장에서 배운 것   154

CHAPTER 7 | 유닉스 도메인 소켓   155

유닉스 도메인 소켓이란   156

유닉스 도메인 소켓 파일에 바인딩   157
소켓 파일의 소유권과 퍼미션 변경 157 / 유닉스 도메인 소켓 타입 이해 158

클라이언트와 인증하는 서비스 작성   170
피어의 인증 정보 요청 170 / 서비스 작성하기 173
Netcat을 이용한 서비스 테스트 175

이 장에서 배운 것   177

PART III | 애플리케이션 계층 프로그래밍

CHAPTER 8 | HTTP 클라이언트 작성 181

HTTP의 기초 이해 182
통합 리소스 식별자 182 / 클라이언트 리소스 요청 184 / 서버 응답 187
요청에서 렌더링된 페이지까지 189

Go에서 웹 리소스 가져오기 191
Go의 기본 HTTP 클라이언트 이용하기 191 / 응답 보디 닫기 192
타임아웃과 취소 구현 194 / 영속적 TCP 연결 비활성화 197

HTTP로 데이터 전송하기 197
웹 서버로 JSON 전송하기 198 / 멀티파트 폼으로 첨부 파일 전송 200

이 장에서 배운 것 204

CHAPTER 9 | HTTP 서비스 작성 205

Go HTTP 서버 해부 206
클라이언트는 서버의 시간을 신경쓰지 않음 210 / TLS 지원하기 211

핸들러 212
httptest를 이용하여 핸들러 테스트하기 215
응답을 어떻게 쓰느냐의 중요성 216
모든 타입은 핸들러가 될 수 있음 218
핸들러에 의존성 주입 220

미들웨어 222
느린 클라이언트 타임아웃하기 224 / 민감한 파일에 대한 보안 225

멀티플렉서 228

HTTP/2 서버 푸시 232
클라이언트에게 리소스 푸시하기 232 / 너무 많이 푸시하지 맙시다 237

이 장에서 배운 것 238

CHAPTER 10 | Caddy: 모던 웹 서버 239

Caddy란? 240
Let's Encrypt 통합 240 / Caddy를 웹 서비스에 활용하는 방법 241

Caddy 사용해 보기 241
Caddy 다운로드하기 241 / 소스코드에서 Caddy 빌드하기 242

Caddy 환경구성 및 실행하기   242
실시간으로 Caddy의 환경구성 수정하기 245
환경구성 정보를 파일에 저장하기 247

모듈과 어댑터로 Caddy 확장하기   248
환경구성 어댑터 작성하기 248
접두사를 제한하는 미들웨어 모듈 작성하기 250
Caddy에 모듈 주입하기 255

백엔드 웹 서비스로 요청 리버스 프락시하기   257
간단한 백엔드 웹 서비스 작성하기 257 / Caddy 환경구성 설정하기 260
서비스로 리버스 프락시 구성하기 260 / 정적 파일 서빙하기 261
구성 확인해 보기 262 / 자동 HTTPS 기능 추가하기 263

이 장에서 배운 것   265

CHAPTER 11 | TLS를 사용한 통신 보안   266

전송 계층 보안 심층 탐구   267
순방향 보안 269 / 신뢰하는 인증 기관 269
TLS의 보안을 무력화하는 방법 270

전송 중인 데이터의 보안   271
클라이언트 사이드 TLS 271 / TCP상에서의 TLS 274
서버 사이드 TLS 275 / 인증서 고정 280

상호 TLS 인증   283
인증을 위해 인증서 생성하기 284 / 상호 TLS 인증 구현하기 288

이 장에서 배운 것   295

PART IV | 서비스 아키텍처

CHAPTER 12 | 데이터 직렬화   299

객체 직렬화하기   300
JSON 307 / Gob 309 / 프로토콜 버퍼 312

직렬화된 객체 전송하기   316
gRPC로 서비스 연결하기 317 / TLS가 적용된 gRPC 서버 구현하기 319
gRPC 클라이언트를 구현하여 서버 테스트하기 322

이 장에서 배운 것   328

CHAPTER 13 | 로깅과 메트릭스   329

이벤트 로깅   330

log 패키지 331 / 레벨별 로그 엔트리 334

구조화된 로깅 336 / 광범위한 이벤트 로깅으로 확장하기 349

lumberjack을 이용한 로그 로테이션 352

코드 계측하기   354

셋업 355 / 카운터 356 / 게이지 357 / 히스토그램과 요약 357

기본적인 HTTP 서버 계측하기   359

이 장에서 배운 것   366

CHAPTER 14 | 클라우드로 이동   368

기초 작업하기   369

AWS Lambda   372

AWS CLI 설치하기 372 / CLI 구성하기 373 / 역할 생성하기 374

AWS Lambda 함수 정의하기 376

작성한 함수를 컴파일하고 패키징하고 배포하기 379

작성한 AWS Lambda 함수 테스팅하기 380

구글 Cloud Function   381

구글 클라우드 소프트웨어 개발 키트 설치하기 381

구글 클라우드 SDK 초기화하기 382

결제 활성화 및 Cloud Functions 활성화 383

Cloud Function 정의하기 383

작성한 Cloud Function 배포하기 385

작성한 Cloud Function 테스팅하기 386

애저 Functions   387

애저 CLI 설치하기 388 | 애저 CLI 구성하기 388

애저 Functions 핵심 도구 설치하기 389 | 커스텀 핸들러 생성하기 389

커스텀 핸들러 정의하기 391 | 로컬에서 커스텀 핸들러 테스팅하기 392

커스텀 핸들러 배포하기 393 | 커스텀 핸들러 테스팅하기 395

이 장에서 배운 것   396

찾아보기 ———— 398

옮긴이 머리말

책 번역 제안을 받았을 때 감사의 마음과 동시에 걱정이 몰려왔습니다. 책 한 권을 온전히 번역하는 일은 처음이었기 때문이었는데, 원서를 살펴보니 분량도 상당하여 예정된 시간 안에 끝낼 수 있을까 많은 염려가 되었죠. 아니나 다를까, 시간은 야속하게 흘러가는데 진행은 마음처럼 되지 않았습니다. 단순히 내용만 번역해 왔던 과거의 다른 번역물과는 다르게 출판물의 번역, 특히 기술 서적 번역은 꼼꼼하게 챙길 것들이 많아 처음에 고생을 많이 하였습니다. 그래서 일부 번역은 제가 보기에도 어색하다고 느껴지는 부분이 있었습니다만, 독자의 관점에서 읽고 또 읽으며 끝까지 최선을 다했음을 말씀드립니다.

《Go 언어를 활용한 네트워크 프로그래밍》은 기본적인 내용을 충실하게 다루고 있으면서 특정 벤더나 기교에 치우치지 않는 선에서 고급 내용도 다루는, 총체적인 지식을 습득할 수 있는 좋은 책입니다. 특히, 단순하게 코드를 나열하는 수준에서 그치지 않고 한 주제에 대해 기초적인 지식부터 왜 그렇게 해야 하는지, 어떻게 하는 것이 좋은지에 대한 타당성도 함께 제시합니다. 그렇기에 관련 지식이 부족한 분이 보시기에도 좋고, 어느 정도 잘 알고 계신 분도 고급 내용을 습득할 수 있는 책이라고 생각합니다.

근래에 주변에서 Go 언어가 굉장히 많이 활용되고 있는 것을 봅니다. 처음 Go 언어를 접했을 때만 해도 '이런 언어도 있구나' 정도였는데, 현업에서 선임이 활용하는 코드를 보며 'C++로 힘들게 만들던 부분이 이렇게 단순하게도 될 수 있구나'라며 감탄을 하게 되었고, 그 이후로 계속 '최애' 언어로 서버 사이드에서 사용해 오고 있습니다. 한동안 변변한 개발 환경이 없어서 리눅스 터미널에서 Vim으로 개발했었는데, 요즘은 개선이 많이 되었음을 실감합니다. Go 언어는 서버 시스템 개발에 정말로 최적이며, 극도의 성능은 아닐 수 있지만 대부분의 경우에 빠른 개발 속도와 최고의 성능을 제공합니다(사용 환경에 따라 극도의 성능에 가깝게 나오기도 합니다. 그건 정말 사례마다 다릅니다).

번역 원고를 출판사에 넘기고 난 이후로 정말 많은 손길을 거쳐 책 한 권이 완성되는 걸 보니, 책한 권의 가치가 새삼 달리 보입니다. 먼저, 이 책의 번역을 저에게 제안해 준 제이펍의 장성두 대표님께 감사드립니다. 그리고 교정과 편집을 도와준 제이펍 출판사 및 그 밖의 모든 분께 감사드립니다. 마지막으로, 무엇보다도 바쁘신 와중에도 항상 응원해 준 부모님과 아내에게 깊은 감사의 말씀을 드립니다.

김찬빈 드림

베타리더 후기

 공민서

네트워크 프로그래밍을 Golang으로 배울 수 있는 좋은 책입니다. 네트워크 프로그래밍 하나로 심도 있는 내용을 차근차근 다루는 좋은 책이었습니다. 클라우드와의 연동 부분도 나와 있어 유용하였으며, 전체적으로 편집 품질도 좋았습니다.

 김진영(야놀자)

최대한 쉬우면서도 상세하게 서술하려는 노력이 묻어 나는 책이나, 책의 내용 자체는 초보자가 이해하기에는 쉽지 않다고 생각됩니다. Go 언어를 자주 사용하지 않더라도 기본 문법을 알고 있다면 네트워크에 대한 지식을 재정비하기에 좋은 책입니다. 개인적으로도 처음에는 Go 언어에 대한 학습 기회라 생각했었는데, 막상 읽어 보니 네트워크 지식을 재정리하는 좋은 기회가 되었네요:)

 김호준(한국오픈솔루션)

단순히 Go 언어로 소켓 프로그래밍을 다루는 책이 아닙니다. 네트워크 프로그래밍에 필요한 제반 지식 및 기술을 모두 다루고 있습니다. 그래서 Go 언어가 아니더라도 다른 언어로 서버를 개발하는 서버/네트워크 프로그래머 모두에게 유용한 책입니다. 개인적으로는 HTTP 챕터 하나만으로도 웹 프로그래머에게 유용하다고 생각합니다. 물론, Go 문법을 어느 정도 알아야 코드를 이해할 수 있기에 Go 공식 문서도 참고하기 바랍니다.

📖 정현준(매드업)

개발자에게 네트워크 프로그래밍은 떼어 놓고 생각할 수 없는 부분이 되었지만, 좋은 라이브러리 덕분에 기본을 종종 잊고 지냅니다. 그러나 문제가 없을 때는 괜찮지만, 오류가 발생했을 때는 기본적인 부분을 모르면 해결하기 어려운 경우가 많습니다. 이 책은 Go를 통해 네트워크의 기본적인 부분까지 살펴볼 수 있어서 꼭 Go를 사용하는 개발자가 아니더라도 유용하리라 생각합니다. 번역 품질도 일부 외래어를 그대로 표기한 점만 제외하면 굉장히 좋다고 봅니다. Go를 좀 더 사용할 기회가 생기면 다시 자세히 보고 싶은 좋은 책입니다.

📖 황시연(SW 개발자)

인프라 오픈소스 중 Go로 작성된 소프트웨어는 대표적으로 도커와 쿠버네티스가 있으며, 최근 실무에서는 성능 이슈 때문에 신규 웹 서버를 Go 기반으로 개발하는 추세입니다. 하지만 시중에 출간된 Go 관련 책들은 초급에 머물러 있어서 그다지 도움이 되지 않았는데, 이 책은 네트워크 중심이어서 실무자들에게 도움이 될 것 같습니다. 특히, gRPC 및 로깅 처리에 대한 설명이 인상 깊었습니다. Go에 대한 기초 문법을 이해하거나 다른 서버 개발을 해본 분들이 네트워크에 대한 지식을 쌓고자 한다면 이 책을 추천하겠습니다. 네트워크에 대한 이론 설명이 쉽게 잘 되어 있어서 개인적으로 복습하는 시간을 가질 수 있었고, 코드에 대한 세부 설명은 흐름을 잡고 이해하는 데에도 큰 도움이 되었습니다.

머리말

살면서 록 밴드에서 연주해 본 적은 없지만, 책을 쓰는 작업이 그와 비슷할 것이라고 상상해 봅니다. 제가 싱어송라이터로서 록 밴드에서 훌륭하게 연주했을 수도 있지만, 다음과 같은 사람들의 특출난 재능과 도움이 없었다면 아마 엄청나게 부족한 책이 되었을 것입니다.

제레미 바우어스Jeremy Bowers는 제가 아는 가장 유능한 엔지니어 중 한 명이며, 제가 좋아하는 즐거운 사람입니다. 저는 똑똑해 보이는 사람이 그렇게 보이기만 하고 실제로 그렇지 않은 경우를 많이 봐 왔는데(가면 증후군), 그가 보여 준 지식의 깊이와 너비는 실제로 그가 이 책에 그의 명성과 경력을 걸었다는 것을 알 수 있었습니다. 그는 단락의 모든 부분과 코드의 모든 라인을 일관되고 정확하게 하나하나씩 검토하였습니다. 하지만 마치 많은 변경 사항이 있는 풀 리퀘스트처럼, 발견되는 어떠한 버그에 대한 책임은 머지를 진행한 제게 있으며, 제레미의 수고가 있었음에도 드러나지 않은 버그가 있을 수도 있습니다. 이 책에 기술적인 전문 지식을 제공해 주신 제레미에게 진심으로 감사드립니다.

여타 저자들과 비교해서 제 글쓰기 실력이 얼마나 많은 편집을 요구하는지는 모르겠지만, 제 초안에 적힌 빨간 교정 표시들로 미루어 보아 프란시스 사우스Frances Saux는 성인임이 틀림없습니다. 그녀는 독자들의 입장을 대변해서 훌륭하게 제 글을 편집해 주었습니다. 저는 그녀를 믿고 제가 마치 대화를 하는 것처럼 글쓰기를 진행할 수 있었으며, 그녀는 독자들이 당연하게 알 거라고 여기는 주제에 대해서 글로 자세히 풀어낼 수 있도록 하는 질문을 해 주었습니다. 글 쓰는 내내 인내하며 일관성 있게 진행해 준 프란시스에게 감사드립니다. 그녀가 노력해 준 덕분에 더욱 나은 책이 될 수 있었습니다.

또한, 이 책을 축복해 준 빌 폴록Bill Pollock에게 감사를 표합니다. 이 책을 감독해 준 바버라 얀Barbara Yien, 편집해 준 샤론 윌키Sharon Wilkey와 제작에 도움을 준 케이트 카민스키Kate Kaminski,

교정을 맡은 폴라 플레밍Paula Fleming, 책의 표지와 내부 디자인을 해 준 데릭 이Derek Yee, 책 표지의 그림을 그려 준 지나 레드먼Gina Redman, 10장의 기술 검토를 맡아 준 맷 홀트Matt Holt, 모두에게 감사합니다.

무엇보다 제 아내인 아만달린Amandalyn과 제 아들 벤자민Benjamin, 그리고 제 딸 리얀나Liyanna에게 감사합니다. 본업을 진행하며 이 책을 쓰기 위해서 가족과 많은 시간을 함께 보내지 못하였습니다. 그러면서 가족과의 시간을 조금 되찾다 보니 책이 예정보다 늦게 나오게 되었는데, 기다려 주신 분들에게 모두 감사드립니다. 지지해 주시고 응원해 주셔서 제가 더욱 열심히 할 수 있었습니다. 다른 분들도 저의 이러한 과정을 타산지석으로 삼기를 바랍니다.

애덤 우드벡 드림

이 책에 대하여

인터넷의 출현과 함께 네트워크 엔지니어와 개발자에 대한 수요는 계속해서 증가하고 있습니다. 오늘날 개인용 컴퓨터, 태블릿, 스마트폰, 텔레비전, 시계, 게임 시스템, 차량, 일반 가정용품, 그리고 심지어 초인종도 인터넷으로 통신합니다.

네트워크 프로그래밍은 이 모든 것을 가능하게 합니다. 또한, 네트워크 프로그래밍과 관련된 **보안** secure 기술이 개선되면서 더욱더 많은 사람이 네트워크 보안 기술을 차용하게 되었습니다. 이 책에서는 Go 언어의 비동기 기능을 이용하여 모던 네트워크 소프트웨어를 작성하는 방법에 대해 알아봅니다.

구글은 2007년에 대규모의 코드 베이스에서 작업하는 개발자들의 생산성을 증가시키기 위하여 Go 프로그래밍 언어를 개발하였습니다. 그 이후로 Go 언어는 글로벌 회사들의 소프트웨어를 개발하고 배포하는 데에 사용되면서 빠르고, 효율적이며, 안전한 언어로 명성을 얻었습니다. Go 언어는 배우기 쉽고, 표준 라이브러리가 풍부하며, 멀티코어를 활용하거나 네트워크 시스템을 구축하는 데 적합합니다.

이 책은 보안을 강조하여 네트워크 프로그래밍의 기초를 자세하게 설명합니다. TCP와 UDP, 유닉스 소켓을 포함한 소켓 계층의 프로그래밍 방법, HTTPS, HTTP/2와 같은 애플리케이션 계층의 프로토콜과 통신하는 법, Gob, JSON, XML, Protocol Buffer 같은 포맷으로 데이터를 직렬화하는 법, 인증 및 권한 부여Authentication/Authorization 등을 수행하여 네트워크 서비스에 보안을 적용하는 법, 스트림 및 비동기로 데이터 전송하는 법, gRPC 마이크로 서비스를 작성하는 법, 구조화된 로깅 설계 및 적용 방법, 그리고 작성한 애플리케이션을 클라우드로 배포하는 방법에 관해 설명합니다.

마지막까지 무사히 잘 따라오면 어렵지 않게 Go 언어를 이용하여 표준 라이브러리들이나 인기 있는 서드파티 패키지들을 사용하여 보안 네트워크 애플리케이션과 마이크로서비스를 설계하고 구현할 수 있을 겁니다. 각각의 장에서는 현업에서 적용할 수 있는 모범 사례에 대해, 그리고 서비스 개발 중에 발생할 수 있는 잠재적인 위험을 피하는 데 도움이 되는 정보를 소개합니다.

이 책의 독자

안정적이며, 보안에 강하고, 효율적인 Go 코드 작성법을 배우고 싶은 분들에게 이 책을 추천합니다. 이에 더하여 표준 프로토콜을 이용하여 네트워크를 통해 데이터를 안전하게 전송하는 법을 배우고 싶은 분들에게도 권합니다.

이 책의 대상 독자는 보안에 관심 많은 개발자나 시스템 관리자로서 네트워크 프로그래밍에 대한 심층적인 이해를 원하고, Go 언어와 Go 언어의 모듈 시스템에 대한 실무 지식이 있다고 가정합니다. 책의 초반부에서는 네트워크의 기본적인 지식을 다루므로 네트워크 초보자들도 쉽게 이해할 수 있을 것입니다.

현대의 프로토콜과 표준, 모범 사례들을 따르며 네트워크 애플리케이션을 설계하고 개발하는 것은 어려울 수 있습니다. 그래서 이 책을 읽다 보면 그것에 대한 중요성을 더욱 깨닫게 될 것입니다. 또한, 여러분의 워크로드를 관리하는 데 도움이 될 수 있는 기술과 도구도 소개합니다.

Go 설치하기

이 책에 있는 코드를 실행해 보기 위해서는 Go 언어의 최신 안정 버전을 다운로드해야 합니다 (https://go.dev/dl/에서 다운로드할 수 있습니다). 책에 있는 프로그램을 실행시키기 위해서는 최소한 Go 1.12 버전 이상이 필요합니다. 항상 최신 안정 버전의 Go를 사용하길 권합니다.

권장 개발 환경

이 책의 코드 샘플은 대부분 Windows 10, Windows Subsystem for Linux, macOS Catalina 및 Ubuntu 20.04, Fedora 32 및 Manjaro 20.1과 같은 최신 리눅스 배포판과 호환됩니다. 이 책에서는 이러한 운영체제와 호환되지 않는 코드 샘플을 모두 불러옵니다. curl 또는 nmap과 같은 네트워크 서비스를 테스트하는 데 사용되는 일부 커맨드 라인 유틸리티는 운영체제의 표준 설치에 포함되지 않을 수 있습니다.

운영체제와 호환되는 패키지 관리자(예: MacOS용 https://brew.sh/ 또는 Windows 10용 https://chocolatey.org/의 Chocolatey)를 사용하여 이러한 커맨드 라인 유틸리티 중 일부를 설치해야 할 수 있습니다. 현대의 리눅스 운영체제는 사용자가 코드 예시를 살펴볼 수 있는 최신 바이너리를 패키지 관리자에 포함해야 합니다.

이 책의 내용

이 책은 네 부분으로 나뉩니다. 먼저, 네트워크 소프트웨어 작성을 시작하기 전에 이해해야 할 기본적인 네트워킹 지식을 배우게 됩니다.

- **1장 네트워크 시스템 개요**에서는 컴퓨터 네트워크 조직 모델과 대역폭, 레이턴시, 네트워크 계층 및 데이터 캡슐화 개념을 설명합니다.

- **2장 리소스의 위치와 트래픽 라우팅**에서는 네트워크 리소스를 사람이 읽을 수 있는 방식의 이름으로 식별하는 방법, 기기들이 주소를 사용하여 네트워크상의 리소스를 찾는 방법, 그리고 트래픽이 네트워크상의 노드 간에서 라우팅되는 방법을 설명합니다.

이 책의 2부에서는 1부에서 배운 네트워크 지식을 활용하여 TCP, UDP 및 유닉스 소켓을 사용하여 통신하는 프로그램을 작성하는 방법을 설명합니다. 이러한 프로토콜은 여러분이 작성하거나 접할 대부분의 네트워크 소프트웨어 굉장히 근본적인 개념이며, 이를 통해 서로 다른 장치가 네트워크를 통해 데이터를 교환할 수 있습니다.

- **3장 신뢰성 있는 TCP 데이터 스트림**은 TCP Transmission Control Protocol(전송 제어 프로토콜)의 핸드셰이크 절차와 패킷 시퀀스 번호 지정, 승인, 재전송 및 안정적인 데이터 전송을 보장하는 기타 기능에 대해 자세히 설명합니다. Go 언어를 사용하여 TCP 세션을 설정하고 통신합니다.

- **4장 TCP 데이터 전송하기**에서는 TCP를 사용하여 네트워크를 통해 데이터를 전송하는 방법과 네트워크 연결 간에 데이터를 프락시하는 방법, 네트워크 트래픽을 모니터링하는 방법, 그리고 네트워크 연결을 처리할 때 흔히 발생할 수 있는 버그를 방지하기 위한 프로그래밍 기법에 대해 자세히 설명합니다.

- **5장 신뢰성 없는 UDP 통신**에서는 TCP와 비교하여 UDP User Datagram Protocol(사용자 데이터그램 프로토콜)을 소개합니다. TCP와 UDP의 차이점이 어떻게 코드상에서 표현되는지, 그리고 네트워크 애플리케이션에서 언제 UDP를 사용해야 하는지를 설명합니다. UDP를 사용하여 데이터를 교환하는 서비스 제작 방법을 설명합니다.

- **6장 UDP 통신의 신뢰성 확보**에서는 네트워크상에서 UDP를 사용하여 신뢰성 있는 데이터 전송 방법의 실전 사례를 설명합니다.
- **7장 유닉스 도메인 소켓**에서는 파일 기반의 통신을 사용하여 동일한 노드에서 실행되는 네트워크 서비스 간에 데이터를 효율적으로 교환하는 방법을 살펴봅니다.

이 책의 3부에서는 HTTP, HTTP/2와 같은 애플리케이션 계층의 프로토콜에 관해 설명합니다. TLS를 사용하여 네트워크를 통해 서버, 클라이언트 및 API와 안전하게 상호 작용하는 애플리케이션을 구축하는 방법에 관해 설명합니다.

- **8장 HTTP 클라이언트 작성**에서는 Go 언어의 훌륭한 HTTP 클라이언트를 사용하여 월드 와이드 웹www을 통해 서버에 요청을 보내고 자원을 받는 방법을 설명합니다.
- **9장 HTTP 서비스 작성**에서는 핸들러, 미들웨어 및 멀티플렉서를 사용하여 적은 코드로도 쓸 만한 HTTP 기반의 애플리케이션 작성 방법에 관해 설명합니다.
- **10장 Caddy: 모던 웹 서버**에서는 모듈과 구성 어댑터를 통해 보안과 성능, 확장성을 제공하는 Caddy라는 이름을 지닌 모던 웹 서버를 살펴봅니다.
- **11장 TLS를 사용한 통신 보안**에서는 클라이언트와 서버 간의 상호 인증을 포함, TLS를 사용하여 인증과 암호화 기능을 애플리케이션상에 통합하는 도구에 대해 소개합니다.

이 책의 4부에서는 네트워크상의 교환에 적합한 포맷으로 데이터를 직렬화하는 방법, 서비스에 대한 통찰력을 얻는 방법, 그리고 여러분의 코드를 아마존 웹 서비스Amazon Web Services, AWS, 구글 클라우드 플랫폼Google Cloud Platform, GCP 및 마이크로소프트 애저Microsoft Azure, Azure에 배포하는 방법에 관해 설명합니다.

- **12장 데이터 직렬화**에서는 서로 다른 플랫폼과 서로 다른 언어를 사용하는 애플리케이션 간에 데이터를 교환하는 방법에 관해 설명합니다. Gob, JSON 및 프로토콜 버퍼를 사용하여 데이터를 직렬화 및 역직렬화하는 방법, 그리고 gRPC를 사용하여 통신하는 프로그램을 작성하는 방법에 관해 설명합니다.
- **13장 로깅과 메트릭스**에서는 현재 서비스의 동작 상태를 확인하여 사전에 잠재적인 문제를 해결하고 장애로부터 복구할 수 있는 도구를 살펴봅니다.
- **14장 클라우드로 이동**에서는 아마존 웹 서비스, 구글 클라우드 플랫폼 및 마이크로소프트 애저에서 서버리스 애플리케이션을 개발하고 배포하는 방법에 관해 설명합니다.

네트워크 아키텍쳐

PART

I

| CHAPTER1 | 네트워크 시스템 개요 |
| CHAPTER2 | 리소스의 위치와 트래픽 라우팅 |

CHAPTER

1

네트워크 시스템 개요

디지털 시대에는 점점 더 많은 수의 장치가 컴퓨터 네트워크를 통해 통신합니다. **컴퓨터 네트워크**computer network는 두 개 이상의 장치 또는 **노드**node 간의 연결을 말하며, 각 노드가 데이터를 공유할 수 있도록 합니다. 이러한 연결(네트워크)은 본질적으로 신뢰할 수 없거나 안전하지도 않습니다. 그러나 감사하게도 Go 언어의 표준 라이브러리와 풍부한 생태계를 활용하면 안전하고 신뢰할 수 있는 네트워크 애플리케이션을 작성할 수 있습니다.

이번 장에서는 이 책의 연습 문제에 필요한 기초적인 지식을 제공합니다. 네트워크의 구조에 대해 배울 것이며, 또한 네트워크가 프로토콜을 사용하여 통신하는 방법에 관해 배우게 될 것입니다.

네트워크 토폴로지 선택하기

네트워크상의 노드 구성을 **토폴로지**topology라고 합니다. 네트워크의 토폴로지는 두 노드 간의 단일 연결처럼 단순하거나 직접 연결을 공유하지는 않지만, 데이터를 교환할 수 있는 노드의 레이아웃처럼 복잡할 수 있습니다. 일반적으로 여러분의 컴퓨터가 인터넷상의 어떤 노드와 연결되는 경우가 이와 비슷할 수 있습니다. 토폴로지의 유형은 점대점 연결형, 데이지 체인형, 버스형, 링형, 스타형과 그물형의 6가지 기본 범주로 나뉩니다.

가장 단순한 형태의 네트워크인 **점대점**point-to-point 연결에서는 두 노드가 하나의 연결을 공유합니다(그림 1-1). 이러한 유형의 네트워크 연결은 드물지만 두 노드 간에 직접 통신이 필요할 때 유용합니다.

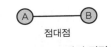

점대점

그림 1-1 두 노드 간의 직접 연결

일련의 점대점 연결을 **데이지 체인**daisy chain이라고 합니다. 그림 1-2의 데이지 체인에서 노드 F로 도착 예정인 노드 C의 트래픽은 반드시 노드 D와 E를 통과해야만 합니다. 출발지 노드(그림 1-2의 노드 C)와 목적지 노드(그림 1-2의 노드 F) 사이의 중간 노드를 일반적으로 **홉**hop이라고 합니다. 모던 네트워크에서 이 토폴로지를 발견할 가능성은 거의 없습니다.

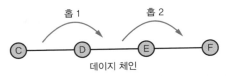

데이지 체인

그림 1-2 데이지 체인에 연결된 점대점 세그먼트

버스형bus 토폴로지상의 노드들은 공통, 공유 네트워크 링크를 갖습니다. 이 토폴로지는 유선 네트워크에서는 일반적으로 사용되지 않고, 무선 네트워크에서 사용됩니다. 유선 네트워크상의 노드는 모든 트래픽을 보고 자신에게 필요한 트래픽만을 선택적으로 무시하거나 수신합니다. 그림 1-3의 버스 토폴로지에서 노드 H가 노드 L로 트래픽을 보내면 동일 토폴로지상에 속한 다른 모든 노드(노드 I, J, K, M) 또한 트래픽을 수신하지만, 수신자가 다르므로 무시하며 노드 L만 해당 데이터를 수신합니다. 무선 네트워크상의 노드들 또한 서로의 트래픽을 볼 수는 있지만, 일반적으로 암호화되어 있습니다.

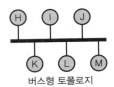

버스형 토폴로지

그림 1-3 버스형 토폴로지에 연결된 노드

일부 광섬유 네트워크 배포에 사용된 **링형**ring 토폴로지는 데이터가 단일 방향으로 이동하는 폐쇄 루프입니다. 예를 들어, 그림 1-4에서 노드 N은 노드 O, P 및 Q를 통해 노드 R로 메시지를 전송할 수 있습니다. 노드 O, P 및 Q는 노드 R에 도달할 때까지 메시지를 재전송합니다. 노드 P가 메시지를 재전송하지 못하면 전송된 메시지는 목적지에 도달하지 않습니다. 이러한 설계로 인해 데이터의 속도는 가장 느린 노드의 속도로 제한됩니다. 트래픽이 시계 방향으로 이동하며 노드 Q가 가장 느리다고 가정하면, 노드 Q가 노드 O에서 노드 N으로 전송되는 트래픽을 느리게 만듭니다. 그러나 노드 N에서 노드 O로 전송되는 트래픽은 노드 Q를 통과하지 않으므로 노드 Q의 느린 속도에 의해 제한되지 않습니다.

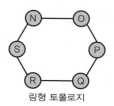

링형 토폴로지

그림 1-4 트래픽이 단일 방향으로 이동하는 링으로 정렬된 노드

스타형star 토폴로지에서 중앙 노드는 다른 모든 노드에 개별 점대점 연결을 합니다. 유선 네트워크는 대부분 이 토폴로지의 형태를 보입니다. 그림 1-5와 같이 중앙 노드는 종종 **네트워크 스위치** network switch이며, 이는 발신 노드로부터 데이터를 수신하여 우편 서비스와 같이 목적지 노드로 데이터를 재전송하는 장치입니다. 장치를 스위치에 연결하는 것만으로 아주 간단하게 네트워크에 노드를 추가할 수 있습니다. 이 토폴로지에서 데이터는 단 하나의 홉만 이동합니다.

스타형 토폴로지

그림 1-5 노드 간의 트래픽을 처리하는 중앙 노드에 연결된 노드

완전히 연결된 **그물형**mesh 네트워크의 모든 노드는 다른 모든 노드와 직접 연결됩니다(그림 1-6). 이 토폴로지는 단일 노드의 장애가 네트워크에 있는 다른 노드 간의 트래픽에 영향을 주지 않기 때문에 단일 장애 지점Single Point of Failure, SPOF을 제거합니다. 반면, 노드 수가 증가함에 따라 비용과 복잡성이 증가하여 대규모 네트워크에서는 이 토폴로지를 사용할 수 없게 됩니다. 이 토폴로지는 대규모 무선 네트워크에서만 볼 수 있는 또 다른 토폴로지입니다.

그물형 네트워크

그림 1-6 그물형 네트워크에 상호 연결된 노드

둘 이상의 기본적인 토폴로지를 결합하여 하이브리드 네트워크 토폴로지를 만들 수도 있습니다. 현실 세계의 네트워크에서 하나의 네트워크 토폴로지로만 구성된 경우는 거의 없습니다. 대부분은 하이브리드 토폴로지의 형태를 보입니다. 그림 1-7은 하이브리드 토폴로지의 두 가지 예시를 보여 줍니다. **스타-링**star-ring 하이브리드 네트워크는 중앙 노드에 연결된 일련의 링 네트워크입니다. **스타-버스**star-bus 하이브리드 네트워크는 버스와 스타 네트워크 토폴로지의 조합으로 형성된 계층적 구조의 토폴로지입니다.

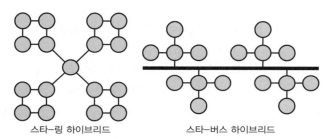

스타-링 하이브리드   스타-버스 하이브리드

그림 1-7 스타-링, 스타-버스 하이브리드 토폴로지

하이브리드 토폴로지는 각 토폴로지의 장점을 활용하고 단점을 개별 네트워크 세그먼트로 제한하여 안정성, 확장성 및 유연성을 향상하기 위해 사용합니다.

예를 들어, 그림 1-7의 **스타-링** 하이브리드 네트워크에서 중앙 노드가 장애가 생길 경우, 장애는 오직 링 간의 통신에만 영향을 미칩니다. 각각의 링 네트워크는 다른 링과 분리되어 개별적으로는 계속해서 정상적으로 작동합니다. 링 네트워크에서 어떤 한 노드의 장애는 대규모의 단일 링 네트워크에서 발생한 장애보다, 스타-링 하이브리드 네트워크에서 진단하는 것이 훨씬 더 쉬울 것입니다. 또한, 정전 등의 집단 장애가 발생하더라도 전체 네트워크의 하위 집합에만 영향을 미치게 됩니다.

대역폭 vs. 레이턴시

네트워크 **대역폭**bandwidth은 일정 시간 내에 네트워크 연결을 통해 전송할 수 있는 데이터의 양입니다. 어떠한 광고에서 인터넷 연결 다운로드 속도가 **100Mbps**라고 하면, 이론적으로 인터넷 연결이 인터넷 서비스 공급자Internet Service Provider, ISP[1]에서 모뎀으로 초당 최대 100메가비트를 전송할 수 있어야 합니다.

일반적으로 ISP가 제공하는 대역폭에 대한 부분만을 광고하기 때문에 대역폭이 높아야 연결 속도도 빠르고 성능도 좋다고 생각하기 쉽습니다. 하지만 속도가 빠르다고 해서 반드시 성능이 향상되는 것은 아닙니다. 대역폭이 낮더라도 레이턴시가 작은 경우가 대역폭이 높지만 큰 레이턴시를 갖는 네트워크보다 성능이 더 좋을 수 있습니다.

네트워크 **레이턴시**latency는 네트워크 리소스 요청을 보내고 응답을 받는 사이에 측정된 시간입니다. 레이턴시의 예로 웹사이트의 링크를 클릭한 후 결과 페이지가 화면상에 렌더링될 때까지 소요되는 지연시간이 있습니다. 아마 링크를 클릭했는데 웹 브라우저가 서버로부터 응답받지 못하고 멈춰 버리는 경험을 해 본 적이 있을 겁니다. 이는 브라우저가 응답을 기다리는 최대 시간보다 레이턴시가 더 클 때 발생합니다.

레이턴시가 크면 나쁜 사용자 경험User Experience, UX을 제공하게 되며, 종종 악의적인 공격자들은 큰 레이턴시를 이용하여 사용자가 소프트웨어나 서비스를 사용할 수 없도록 하는 공격[2]을 할 수 있습니다. 종종 소프트웨어 개발자들은 네트워크 소프트웨어에서 레이턴시를 적정 수준으로 관리하는 것이 얼마나 중요한지 잊어버리곤 합니다. 대역폭이 크다고 네트워크 성능이 좋다고 결론 짓지 않도록 주의합니다.

웹사이트에서 레이턴시는 클라이언트와 서버 간의 네트워크 레이턴시, 데이터 저장소에서 데이터를 검색하는 데 걸리는 시간, 서버 측에서 동적인 콘텐츠를 컴파일하는 데 걸리는 시간, 웹 브라우저가 페이지를 렌더링하는 데 걸리는 시간 등 다양한 이유로 발생합니다. 사용자가 링크를 클릭했는데 페이지를 렌더링하는 데 시간이 너무 오래 걸리는 경우 사용자는 자신이 원하는 것을 얻기 위해 웹사이트를 이리저리 살펴보지 않을 것이며, 즉 길어진 레이턴시 때문에 사용자들이 서비스를 떠나게 될 것입니다. 웹 애플리케이션이나 애플리케이션 프로그래밍 인터페이스Application Programming Interfaces, API 등의 네트워크 소프트웨어를 작성할 때 레이턴시를 최소화하는 것은 UX

---

1   (옮긴이) 예를 들어, KT나 SK브로드밴드 등
2   (옮긴이) 이를 분산 서비스 거부 공격, 즉 'DDoS(Distributed Denial of Service) attack'이라고 합니다.

에서 굉장히 중요하며, 검색 엔진에서 높은 순위를 얻을 수도 있습니다.

레이턴시의 가장 일반적인 원인을 해결하기 위해서 다양한 방법을 사용하고 있습니다. 첫 번째로, 콘텐츠 전송 네트워크Content Delivery Network, CDN나 클라우드를 사용하여 사용자와 서비스 사이의 거리와 홉 수를 모두 줄일 수 있습니다. 두 번째로, 요청 및 응답 크기를 최적화하여 레이턴시를 더욱 줄일 수 있습니다. 세 번째로, 캐싱 전략을 수립하여 성능을 크게 개선할 수 있습니다. 마지막으로, Go 언어의 고루틴goroutine을 통해 제공하는 동시성, 병행성의 이점을 활용하여 서버 측 응답이 블로킹되는 것을 최소화할 수 있습니다. 이 책의 후반부에서는 이 동시성, 병행성에 대해 집중적으로 살펴볼 것입니다.

개방형 시스템 상호 연결 참조 모델

1970년대에 들어 컴퓨터 네트워크가 점점 복잡해지면서 연구원들은 네트워킹을 표준화하기 위한 **개방형 시스템 상호 연결**Open Systems Interconnection, OSI **참조 모델**을 만들었습니다. OSI 참조 모델은 프로토콜의 개발과 통신을 위한 프레임워크의 역할을 합니다. **프로토콜**protocol은 네트워크를 통해 전송되는 데이터의 포맷과 순서를 결정하는 규칙 혹은 절차를 의미합니다. 예를 들어, **전송 제어 프로토콜**Transmission Control Protocol, TCP을 사용하는 통신에서는 메시지 수신자가 수신을 확인할 경우 확인 응답 메시지를 회신해야만 합니다. 그렇지 않으면 TCP는 메시지를 재전송할 수도 있습니다.

오늘날의 OSI 참조 모델은 예전만큼 사용되진 않지만, 특히 하드웨어의 관점에서 로우 레벨의 네트워킹, 라우팅과 같은 일반적인 개념을 이해할 수 있도록 한다는 점에서 여전히 중요합니다.

OSI 참조 모델의 계층 구조 레이어

OSI 참조 모델은 네트워크 내의 모든 활동을 7개의 계층으로 구성된 엄격한 계층 구조로 구분합니다. OSI 참조 모델의 시각적 표현은 그림 1-8과 같이 각각의 레이어를 스택으로 배열하며, 7계층은 맨 위에, 1계층은 맨 아래에 있습니다.

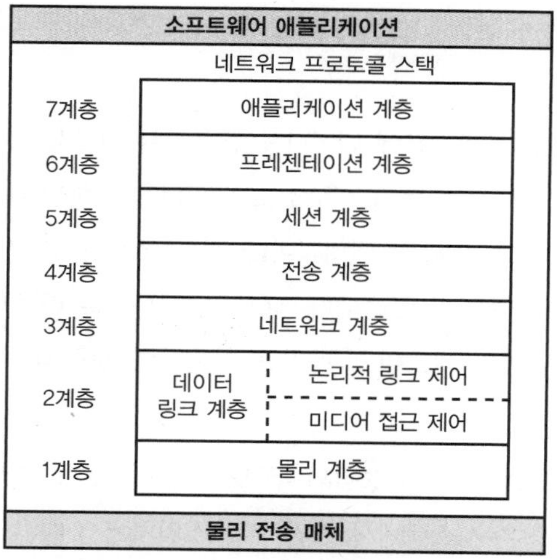

그림 1-8 OSI 참조 모델의 7개의 계층

이와 같이 계층을 나누는 것을 소프트웨어에서 말하는 추상화abstraction라고 생각하면 됩니다. 예를 들어, 네트워크 프로그램을 개발할 때 사용할 수 있는 **7계층**의 라이브러리가 존재하는 것이 아닙니다. 작성한 프로그램이 7계층에서 서비스를 구현하는 것입니다. OSI 참조 모델의 7개의 계층은 다음과 같습니다.

- **7계층 — 애플리케이션 계층**: 네트워크 애플리케이션과 라이브러리는 대부분 애플리케이션 계층과 상호 작용합니다. 애플리케이션 계층은 호스트를 식별하고 리소스를 검색하는 역할을 담당합니다. 7계층 애플리케이션의 예시로는 웹 브라우저, 비트토렌트 클라이언트[3] 등이 있습니다.

- **6계층 — 프레젠테이션 계층**: 데이터가 아래 계층으로 이동할 때 네트워크 계층에 대한 데이터를 준비하고, 데이터가 스택 위로 이동할 때 애플리케이션 계층에 데이터를 제공합니다. 6계층 기능의 예시로는 암호화, 암호 해독 및 데이터 인코딩이 있습니다.

- **5계층 — 세션 계층**: 네트워크의 노드 간의 연결 수명 주기를 관리합니다. 연결 수립, 연결 시간 초과 관리, 작동 모드 조정, 연결 종료 등의 기능을 담당합니다. 일부 7계층의 프로토콜은 5계층에서 제공하는 서비스에 의존합니다.

- **4계층 — 전송 계층**: 전송의 안정성을 유지하면서 두 노드 간 데이터의 전송을 제어하고 조정합니다. 데이터 전송이 신뢰성을 유지하기 위해서는 에러 수정, 데이터 전송 속도 제어, 데이터 청킹chunking 및 분할, 누락된 데이터 재전송, 수신 데이터 확인 과정 등이 포함됩니

3　옮긴이 카카오톡도 해당

다. 수신자가 데이터 수신을 인정하지 않는 경우 이 계층의 프로토콜이 데이터를 재전송하게 됩니다.

- **3계층 — 네트워크 계층**: 노드 간에 데이터를 전송하는 역할을 합니다. 원격 노드에 직접 점대점으로 연결하지 않고도 네트워크 주소로 데이터를 전송할 수 있습니다. OSI 참조 모델의 네트워크 계층에서는 전송의 신뢰성이나 전송 에러 등을 전송자에게 알려 주기 위한 별도의 프로토콜이 필요하지 않습니다. 네트워크 계층은 라우팅, 주소 지정, 멀티캐스팅 및 트래픽 제어와 관련된 네트워크 관리를 위한 프로토콜의 중심입니다. 다음 장에서는 이 내용에 대해 살펴봅니다.

- **2계층 — 데이터 링크 계층**: 직접 연결된 두 노드 간의 데이터 전송을 처리합니다. 예를 들어, 데이터 링크 계층은 시스템에서 스위치로, 스위치에서 다른 시스템으로 데이터를 쉽게 전송할 수 있도록 지원합니다. 데이터 링크 계층에서의 프로토콜은 물리 계층의 에러를 식별하여 수정을 시도합니다.

  데이터 링크 계층의 재전송 및 흐름 제어 기능은 하위의 물리적 매체에 따라 달라집니다. 예를 들어, 이더넷(유선)은 잘못된 데이터를 재전송하지 않는 반면, 무선은 재전송합니다. 왜냐하면 이더넷 네트워크에서는 비트 에러가 거의 발생하지 않지만 무선 네트워크에서는 흔하게 비트 에러가 발생하기 때문입니다. 네트워크 프로토콜 스택의 상위 계층에 위치한 프로토콜은 일반적으로 데이터 링크 계층에 비해 효율성이 떨어지지만 데이터 전송의 안정성을 보장합니다.

- **1계층 — 물리 계층**: 네트워크 스택에서 발생한 비트를 하위의 물리적 매체가 제어할 수 있는 전기, 광학 또는 무선 신호로 변환하고, 타 노드의 물리적 매체에서 받은 신호를 다시 비트로 변환합니다. 물리 계층에서는 비트 전송률을 제어합니다. 비트 전송률은 데이터의 최대 제한 속도입니다. 초당 1기가비트$_{1Gbps}$의 비트 전송률은 출발지와 목적지 사이에 초당 최대 10억 비트의 데이터가 이동할 수 있음을 의미합니다.

흔히 네트워크 전송 속도를 이야기할 때 초당 비트(bps 혹은 Bips) 대신 초당 바이트$_{Bps}$를 사용한다고 착각하곤 합니다. 네트워크 전송 속도를 계산할 때에는 1초당 전송할 수 있는 0과 1, 즉 **비트**$_{bit}$의 수를 셉니다. 따라서 네트워크 전송 속도는 초당 비트 단위로 측정됩니다. 전송되는 데이터의 양을 논할 때 초당 바이트를 사용합니다.

ISP가 다운로드 속도를 100Mbps라고 홍보한다고 해서 100MB 파일을 1초 만에 다운로드할 수 있다는 의미가 아닙니다. 오히려 이상적인 네트워크 조건에서 8초 가까이 걸릴 수 있습니다. 100Mbps의 다운로드 속도는 초당 최대 12.5MB를 전송할 수 있다고 말하는 것이 정확합니다.

데이터 캡슐화를 사용한 트래픽 전송

캡슐화encapsulation는 구현의 세부 정보를 숨기고 관련한 기타 세부 정보만 사용할 수 있도록 하는 방법입니다. 우체국에 소포를 보내는 것을 생각해 보면, 봉투가 내용물을 캡슐화합니다. 이로써 소포가 도착할 목적지 주소와 수취인, 소포가 목적지까지 가기 위해 거쳐 가야 하는 정보 등의 기타 중요한 세부 정보만을 포함할 수 있습니다. 소포 내의 내용물은 소포를 전송하는 것과는 무관합니다. 운송에 중요한 것은 소포의 기타 세부 정보뿐입니다.

데이터가 스택을 따라 이동할 때 하위 계층에 의해 캡슐화됩니다. 일반적으로 스택을 따라 이동하는 데이터를 **페이로드**payload라고 하고, **메시지 본문**message body이라고도 합니다. 문헌에서는 **서비스 데이터 단위**Service Data Unit, SDU라는 용어를 사용합니다. 예를 들어, 전송 계층은 세션 계층에서 페이로드를 캡슐화하고, 이 페이로드를 프레젠테이션 계층에서 캡슐화합니다. 페이로드가 스택 위로 이동하면 각 레이어는 이전 레이어에서의 헤더 정보를 제거합니다.

단일 OSI 계층에서 작동하는 프로토콜도 데이터 캡슐화를 사용합니다. 클라이언트와 서버가 모두 웹 콘텐츠를 교환하는 데 사용하는 7계층 프로토콜인 **하이퍼텍스트 전송 프로토콜**HyperText Transfer Protocol, HTTP의 버전 1(HTTP/1)을 예로 들 수 있습니다. HTTP는 클라이언트의 7계층에서 서버의 7계층으로 전송하는 헤더 정보를 포함한 전체 메시지를 정의합니다. 네트워크 스택은 클라이언트의 요청을 HTTP 서버 애플리케이션에 전달합니다. HTTP 서버 애플리케이션은 네트워크 스택에 대한 응답을 시작하여 7계층 페이로드를 생성하여 클라이언트의 7계층 애플리케이션으로 다시 전송합니다(그림 1-9).

동일 계층 내의 클라이언트와 서버 간의 통신을 **수평 통신**horizontal communication이라고 합니다. 용어만 들으면 동일 계층 내에서 직접 데이터를 전송하는 것처럼 들리지만, 수평 통신이라고 해도 실제로 데이터는 클라이언트의 네트워크 스택을 따라 하위 계층으로 이동한 후에 서버의 네트워크 스택을 따라 상위 계층으로 이동해야만 합니다.

예를 들어, 그림 1-10은 HTTP 요청이 네트워크 스택을 통과하여 이동하는 과정을 보여 줍니다.

일반적으로 페이로드는 클라이언트의 네트워크 스택을 타고 물리적인 매체를 통해 서버로 이동하여, 서버의 네트워크 스택에서 클라이언트가 페이로드를 전송한 동일한 계층으로 이동합니다. 즉, 출발지 노드의 어떤 계층에서 전송된 데이터는 목적지 노드의 동일한 계층에 도달하게 됩니다. 서버는 반대 방향의 동일한 경로로 응답합니다. 클라이언트 측에서는 6계층이 7계층의 페이로드를 수신한 다음, 헤더로 페이로드를 캡슐화하여 6계층의 페이로드를 생성합니다. 5계층은 6계층의 페이로드를 수신하고 자체적으로 헤더를 추가하여 4계층에 페이로드를 전송합니다. 4계층에서

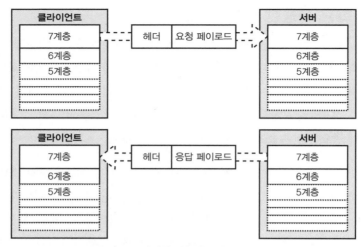

그림 1-9 클라이언트와 서버 간의 수평 통신

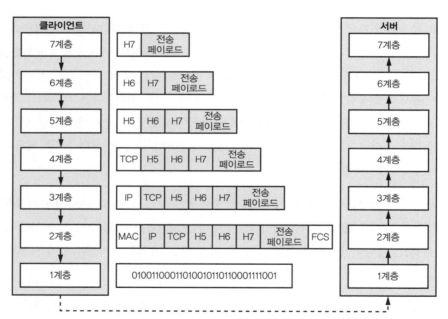

그림 1-10 클라이언트와 서버 간에 발생한 7계층의 HTTP 요청

첫 전송 프로토콜인 TCP에 대해 알아보겠습니다.

TCP는 4계층의 프로토콜로, TCP에서의 페이로드는 **세그먼트**segment 혹은 **데이터그램**datagram이라고 합니다. TCP는 5계층의 페이로드를 받아서 헤더를 추가한 후, 세그먼트를 3계층으로 전송합니다. 3계층의 **인터넷 프로토콜**Internet Protocol, IP은 TCP 세그먼트를 수신하고 이를 헤더와 함께 캡슐화하여 3계층의 페이로드를 생성하며, 이 페이로드를 **패킷**packet이라고 합니다. 2계층에서는 3계층으로부터 패킷을 수신하고 헤더와 푸터를 추가하여 페이로드를 만드는데, 이 페이로드를 **프레임**frame이라고 합니다. 2계층의 헤더로부터 수신자의 IP 주소를 노드의 네트워크 인터페이스에 할당된 고유 식별자인 **미디어 접근 제어**Media Access Control, MAC 주소로 변환할 수 있습니다. 푸터footer에는 에러를 감지하는 데 도움이 되는 체크섬인 **프레임 검사 시퀀스**Frame Check Sequence, FCS가 포함되어 있습니다. 1계층에서는 2계층의 페이로드를 비트 형태로 받고, 비트를 서버로 전송합니다.

서버의 1계층은 비트를 수신하여 프레임으로 변환한 후에 프레임을 2계층으로 보냅니다. 2계층은 프레임에서 헤더와 푸터를 제거하고 패킷을 3계층으로 전달합니다. 페이로드가 7계층에 도달할 때까지 송신처의 각 레이어에서의 진행한 캡슐화를 역순으로 진행합니다. 마지막으로, HTTP 서버는 네트워크 스택에서 클라이언트의 요청을 수신합니다.

TCP/IP 모델

연구원들이 OSI 참조 모델을 개발하고 있을 무렵, 미국 국방성의 산하 기관인 국방 고등 연구 사업청Defense Advanced Research Projects Agency, DARPA에서는 프로토콜을 개발하기 위해 열심히 노력했습니다. 이러한 노력의 결과로 현재 **TCP/IP 모델**이라고 부르는 프로토콜이 탄생하였습니다. 이 프로젝트는 미군에게, 그리고 그 이후 세계의 모든 통신에 지대한 영향을 미치게 되었습니다. 마이크로소프트가 1990년대 초 Windows 95에 TCP/IP를 구현한 이래로, 오늘날 어느 곳에서나 컴퓨터 네트워킹을 위하여 TCP/IP를 사용합니다. 우리 또한 이 책에서 TCP/IP를 사용할 것입니다.

전송 제어 프로토콜TCP과 인터넷 프로토콜IP의 이름을 딴 TCP/IP는 **종단 간의 연결을 원칙**end-to-end principle으로 하는 네트워크입니다. 각 네트워크의 세그먼트는 비트를 적절하게 전송하고 라우팅하기에 필요한 기능만을 포함합니다. 그 외의 모든 기능은 엔드포인트 혹은 송신자와 수신자의 네트워크 스택에 속합니다. 현대의 셀룰러 네트워크를 생각해 봅시다. 이동 중에도 전화가 끊기지 않기 위해서는 네트워크상에서 많은 기능이 제공되어야만 합니다. TCP/IP 명세에서는 견고한 구현을 권장합니다. 즉, 요구 사항이 제대로 구성된 패킷을 전송하되, 패킷이 기술 사양을 준수하는지의 여부에 관계없이 수신된 패킷은 모두 수락해야만 합니다.

OSI 참조 모델과 마찬가지로 TCP/IP는 추상적인 기능을 위해 계층 캡슐화에 의존합니다. TCP/IP에서의 계층은 애플리케이션 계층, 전송 계층, 인터넷 계층과 링크 계층이라는 총 네 개의 계층으로 구성됩니다. TCP/IP의 애플리케이션 계층과 링크 계층은 그림 1-11과 같이 OSI 참조 모델에서 해당하는 일부 계층들을 단순화합니다.

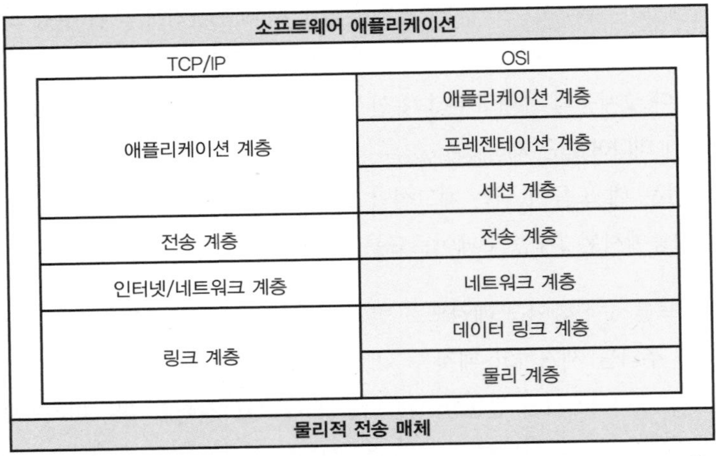

소프트웨어 애플리케이션	
TCP/IP	OSI
애플리케이션 계층	애플리케이션 계층
	프레젠테이션 계층
	세션 계층
전송 계층	전송 계층
인터넷/네트워크 계층	네트워크 계층
링크 계층	데이터 링크 계층
	물리 계층
물리적 전송 매체	

그림 1-11 4개의 계층으로 이루어진 TCP/IP 모델과 7개의 계층으로 이루어진 OSI 참조 모델

TCP/IP의 프로토콜이 OSI 참조 모델의 5계층, 6계층, 7계층 사이의 경계를 자주 넘나들기 때문에 OSI 참조 모델의 애플리케이션 계층, 프레젠테이션 계층, 세션 계층을 TCP/IP의 애플리케이션 계층으로 단순화합니다. 마찬가지로, OSI 참조 모델의 데이터 링크 계층과 물리 계층을 TCP/IP의 링크 계층으로 단순화합니다. TCP/IP와 OSI 참조 모델의 전송 계층과 네트워크 계층은 일대일로 매핑됩니다.

이러한 단순화는 연구원들이 먼저 프로토타입을 구현한 다음, 최종 구현을 공식적으로 표준화하여 실용화에 맞춘 모델을 만들었기 때문에 존재합니다. 위원회는 광범위한 요구 사항을 해결하기 위해 실제 구현이 존재하기 이전에 먼저 상당한 시간을 할애하여 복잡한 OSI 참조 모델을 고안하였습니다.

애플리케이션 계층

OSI의 애플리케이션 계층과 마찬가지로 TCP/IP 모델에서의 **애플리케이션 계층**application layer은 소프트웨어 애플리케이션과 직접 상호 작용합니다. 우리가 작성하는 대부분의 소프트웨어는 이 계층의 프로토콜을 사용하며, 웹 브라우저가 웹 페이지를 검색할 때에도 네트워크 스택의 이 계층으로부터 데이터를 읽습니다.

TCP/IP가 특정한 프레젠테이션 기능이나 세션 기능을 정의하지 않기 때문에 일반적으로 TCP/IP 애플리케이션 계층은 세 개의 OSI 계층을 포함합니다. 그래서 어떤 애플리케이션에서 프로토콜을 구현할 때에는 OSI 모델의 프레젠테이션 계층, 세션 계층에서 필요로 하는 세부 정보가 중요합니다. TCP/IP의 애플리케이션 계층에는 둘 이상의 OSI 계층에 걸쳐 있는 기능을 포함하고 있기 때문에 TCP/IP의 애플리케이션 계층을 OSI 모델의 하나의 계층과 정확하게 맞추기 어렵습니다.

일반적인 TCP/IP 애플리케이션 계층 프로토콜에는 HTTP, 노드 간의 파일 전송을 위한 **FTP**File Transfer Protocol 및 메일 서버로 전자 메일을 보내기 위한 **SMTP**Simple Mail Transfer Protocol(**단순 메일 전송 프로토콜**) 등이 있습니다. **DHCP**Dynamic Host Configuration Protocol(**동적 호스트 구성 프로토콜**)과 **DNS**Domain Name System(**도메인 네임 시스템**)도 애플리케이션 계층에서 동작합니다. DHCP와 DNS에서 제공하는 주소 지정 기능과 이름 확인 서비스 기능 덕분에 다른 애플리케이션 계층의 프로토콜도 동작할 수 있습니다. HTTP, FTP 및 SMTP는 TCP/IP의 애플리케이션 계층에서 프레젠테이션 또는 세션 기능을 제공하는 프로토콜 구현의 한 예입니다. 다음 장에서는 이 프로토콜에 대해 알아봅니다.

전송 계층

전송 계층transport layer의 프로토콜은 OSI 모델에서 4계층처럼 두 노드 간의 데이터 전송을 처리합니다. 전송 계층의 프로토콜은 출발지에서 전송된 모든 데이터가 목적지로 **데이터 무결성**data integrity을 보장하며 완전하고도 올바르게 전송되도록 합니다. 데이터 무결성이라는 게 전송 계층을 통해 송신하는 모든 데이터를 목적지에서 모두 수신할 수 있다는 의미가 아닙니다(네트워크상에서 패킷이 손실될 수 있는 아주 많은 이유가 존재하기 때문입니다). 특히, TCP 프로토콜의 무결성은 중복된 데이터나 누락된 데이터 없이 목적지에서 수신한 데이터의 순서가 정확하다는 의미입니다.

이 책에서 기본적으로 사용할 전송 계층의 프로토콜은 TCP와 **UDP**User Datagram Protocol(**사용자 데이터그램 프로토콜**)입니다. 전송 계층에서는 11쪽의 '데이터 캡슐화를 사용한 트래픽 전송'에서 언급한 것처럼 세그먼트 또는 데이터그램을 처리합니다.

> 참고 엄밀히 말하면, TCP 프로토콜은 OSI의 5계층과도 일부 겹치는 부분이 있습니다. TCP의 세션 처리 기능이 OSI의 세션 계층에 포함되기 때문입니다. 하지만 대개 TCP/IP의 전송 계층을 OSI 참조 모델에서의 4계층으로 단순화하곤 합니다.

대부분의 네트워크 애플리케이션은 각 세그먼트의 에러 수정, 흐름 제어, 재전송 및 전송 확인 등의 기능을 전송 계층 프로토콜에 의존하여 처리합니다. 그러나 TCP/IP 모델의 전송 계층의 모든 프로토콜에서 이러한 세부 기능들을 전부 구현하는 것은 아닙니다. UDP가 그중 하나의 예시입니다. 더 빠른 처리량을 위해 애플리케이션에서 UDP를 사용해야 하는 경우[4] UDP를 사용하는 애플리케이션에서는 에러 검사 기능이나 세션 관리 등의 기능을 애플리케이션에서 직접 구현해야만 합니다.

인터넷 계층

인터넷 계층internet layer은 출발지 노드와 목적지 노드 사이의 상위 계층에서 데이터 패킷을 라우팅하며, 종종 이기종 물리적 매체를 사용하는 여러 네트워크를 통해 라우팅합니다. OSI의 3계층인 네트워크 계층과 동일한 기능을 가지고 있습니다(책 내의 일부 소스코드에서는 TCP/IP의 인터넷 계층을 **네트워크 계층**network layer으로 가리킵니다).

TCP/IP 계층의 호스트 식별 및 라우팅을 제공하는 프로토콜에는 **인터넷 프로토콜 버전 4**IPv4, **인터넷 프로토콜 버전 6**IPv6, **경계 경로 프로토콜**Border Gateway Protocol, BGP, **인터넷 제어 메시지 프로토콜**ICMP, **인터넷 그룹 관리 프로토콜**IGMP, **인터넷 프로토콜 보안**IPsec이 있습니다. 다음 장에서는 호스트 주소 지정 및 라우팅의 개요에 관해 설명합니다. 지금은 이 계층이 출발지와 도착지 사이가 얼마나 복잡한지에 상관없이 우리가 보내는 데이터가 목적지에 도달하도록 보장하는 데 필수적인 역할을 한다는 것을 알아두기 바랍니다.

링크 계층

OSI 참조 모델의 1계층과 2계층에 해당하는 **링크 계층**link layer은 TCP/IP 프로토콜의 핵심적인 부분과 물리적인 매체 사이의 인터페이스입니다.

링크 계층의 **ARP**Address Resolution Protocol(**주소 결정 프로토콜**)는 노드의 IP 주소를 네트워크 인터페이스의 MAC 주소로 변환합니다. 링크 계층은 프레임을 물리적 네트워크에 전달하기 전에 각 프레임의 헤더에 MAC 주소를 포함합니다. 다음 장에서는 MAC 주소와 해당 라우팅의 중요성에 대해 살펴봅니다.

일부 TCP/IP 구현에는 링크 계층 프로토콜이 포함되어 있지 않습니다. 연배가 있는 분이라면 아날로그 모뎀을 사용하여 전화선을 통해 인터넷에 연결되는 순간의 기쁨을 기억하고 계실 수도 있겠습니다. 아날로그 모뎀은 ISP에 직렬연결을 맺었습니다. 이러한 직렬연결에는 직렬 드라이버 또는 모뎀을 통한 링크 계층의 기능이 포함되지 않았기 때문에 이러한 기능을 위해 **SLIP**Serial Line

---

4   [옮긴이] UDP는 데이터 송수신 기능만 포함하기 때문에 TCP보다 처리 속도가 빠릅니다.

Internet Protocol(**직렬 회선 인터넷 프로토콜**) 또는 **PPP**Point-to-Point Protocol(**점대점 프로토콜**)와 같은 링크 계층의 프로토콜을 사용해야만 했습니다. 일반적으로 링크 계층을 직접 구현하지 않는다면 해당 기능이 이미 구현된 기본 네트워크 하드웨어 및 장치 드라이버에 의존해야 합니다. 이 책에서 사용할 이더넷, 무선 및 광섬유 네트워크를 통한 TCP/IP 구현 역시 기본 네트워크 하드웨어와 장치 드라이버에 의존하여 TCP/IP 스택에서의 링크 계층의 기능을 활용합니다.

이 장에서 배운 것

이번 장에서는 일반적인 네트워크 토폴로지와 이러한 토폴로지를 결합하여 장점을 극대화하고 단점을 최소화하는 방법에 대해 알아보았습니다. OSI 참조 모델과 TCP/IP 참조 모델, 그들의 계층적인 구조와 데이터 캡슐화에 대해서도 살펴보았습니다. 각 계층의 순서와 데이터가 한 계층에서 다음 계층으로 이동하는 방식에 익숙해져야 합니다. 마지막으로, 네트워크의 노드 간에 데이터를 주고받는 각 계층의 기능과 해당 계층이 수행하는 역할에 대해 살펴보았습니다.

이번 장의 목표는 다음 장을 이해하기에 충분한 정도의 네트워킹 지식을 제공하는 것이지만, 네트워크의 원리와 아키텍처에 대한 포괄적인 지식을 갖는 것은 더욱 개선된 알고리즘을 설계하는 데 도움이 되기 때문에 이러한 주제에 대해 깊게 공부하는 것은 굉장히 중요합니다. 이번 장에서 다루는 각 주요 주제에 대해 추가로 읽을거리들을 몇 가지 추천합니다. 그리고 이 책에 나온 몇 가지 예시 코드들을 살펴본 후에 다시 이번 장을 읽어 보기를 권합니다.

OSI 참조 모델은 https://bit.ly/2XsnntG에서 온라인으로 읽을 수 있습니다. 인터넷 기술에 대해 자세하게 설명하는 문서인 RFCRequest for Comments 문서 중 RFC 1122와 RFC 1123에서 TCP/IP 참조 모델에 대해 다루고 있습니다(https://tools.ietf.org/html/rfc1122/, https://tools.ietf.org/html/rfc1123/). RFC 1122는 TCP/IP 모델의 하위 3개 계층에 관해 설명하며, RFC 1123은 DNS를 포함하는 애플리케이션 계층에 관해 설명합니다. TCP/IP 모델에 대해 보다 포괄적인 정보를 참고하려면 2005년에 No Starch Press에서 출간된 찰스 코지록Charles M. Kozierok의 저서인 《TCP/IP Guide》를 읽어 보기 바랍니다.[5]

수많은 네트워크 애플리케이션들이 네트워크 레이턴시 문제로 인해 고통받았지만, 이를 극복하고자 하는 노력 덕분에 관련 기술이 발전하였습니다. 일부 CDN 공급업체에서는 자사의 제품과 서비스를 개선하면서 발생한 레이턴시 및 흥미로운 주제에 대해 작성한 글이 있습니다. Cloudflare

---

5   [옮긴이] 에이콘출판사에서 《TCP/IP 완벽 가이드》라는 제목으로 해당 책의 번역본이 나왔습니다.

블로그(https://blog.cloudflare.com/), KeyCDN 블로그(https://www.keycdn.com/blog/)와 Fastly 블로그
(https://www.fastly.com/blog/)를 살펴보면 통찰력을 얻을 수 있습니다. 레이턴시가 왜 발생하는지
에 대해서 자세하게 알고 싶다면 위키백과(https://bit.ly/3yLZPgf) 또는 Cloudflare의 글(https://bit.
ly/32APrhg)을 참고하기 바랍니다.

2

리소스의 위치와 트래픽 라우팅

효과적인 네트워크 프로그램을 작성하려면 세 가지를 알아야 합니다. 즉, 인터넷상에서 어떠한 노드를 식별하기 위해 인간이 읽을 수 있는 이름(도메인 네임)을 사용하는 방법에 대해, 도메인 네임이 네트워크 장치가 사용할 주소로 변환되는 방법에 대해, 그리고 인터넷상 두 노드 간의 트래픽이 심지어는 지구 반대편에 있더라도 어떻게 전달될 수 있는지에 대해 이해해야 합니다. 이번 장에서는 이와 관련된 주제를 살펴봅니다.

먼저 IP 주소가 네트워크에서 호스트를 식별하는 방법에 대해 알아봅니다. 이후에 직접 연결되지 않은 네트워크 호스트 간에 트래픽을 전송하는 방법인 **라우팅**과 몇몇 일반적인 라우팅 프로토콜에 대해 알아봅니다. 마지막으로, **도메인 네임 해석**domain name resolution(**도메인 네임을 IP 주소로 변환하는 절차**)과 DNS의 잠재적인 개인 정보 영향 및 이러한 개인 정보 문제를 해결하기 위한 솔루션에 관해 설명합니다.

포괄적인 네트워크 서비스를 제공하고 서드파티 API Application Programming Interface 등 서비스 내에서 사용하는 리소스의 위치를 파악하기 위해서 이번 장에서 언급하는 항목에 대해서 이해해야 합니다. 이를 이해하면 불가피한 네트워크 중단이나 코드상에서 발생할 수 있는 성능 문제를 디버깅할 때에도 도움이 될 것입니다. 예를 들어, 여러분의 서비스가 구글 지도 API를 사용하여 대화형 지도와 내비게이션 기능을 제공한다고 가정해 봅시다. 서비스는 API 엔드포인트의 위치를 적절하게 찾아내고 트래픽을 정상적으로 보내야 할 것입니다. 또는 서비스에서 아마존 S3Simple Storage Service API를 사용하여 S3 버킷에 아카이브를 저장해야 할 수도 있습니다. 위의 각 예시에서 도메인 네임 확인과 라우팅은 핵심적인 역할을 합니다.

인터넷 프로토콜

인터넷 프로토콜 Internet Protocol, IP은 네트워크, 특히 인터넷을 통해 전송되는 데이터의 포맷과 규칙들을 정의해 놓은 프로토콜입니다. **IP 주소**IP address는 TCP/IP 스택의 인터넷 계층에서 네트워크의 노드를 식별하고, 이를 사용하여 노드 간의 통신을 용이하게 합니다.

IP 주소는 우편 주소와 같은 방식으로 작동합니다. 노드는 패킷을 목적지 노드의 IP 주소로 전송하여 다른 노드로 패킷을 보냅니다. 관습적으로 우편물에 반환 주소를 포함하듯이 패킷의 헤더에도 출발지 노드의 IP 주소를 포함시킵니다. 일부 프로토콜에서는 성공적인 전달에 대한 승인이 필요하며, 목적지 노드는 출발지 노드의 IP 주소를 사용하여 전달 확인을 보낼 수 있습니다.

현재 공용으로 사용되는 IP 주소 버전은 IPv4와 IPv6, 두 가지 버전입니다. 이번 장에서는 두 가지를 모두 다룹니다.

IPv4 주소 지정

IPv4는 인터넷 프로토콜의 네 번째 버전입니다. 인터넷 프로토콜의 최초 버전은 1983년에 개발된 인터넷의 선구자인 ARPANET이었고, 요즈음에는 IPv4가 주로 사용됩니다. IPv4의 주소는 **옥텟**octet이라고도 불리는 8비트로 구성된 네 개의 그룹으로 이루어진 32비트 숫자입니다.

> **참고** 바이트의 저장 공간이 역사적으로 플랫폼에 종속적이었기 때문에 RFC에서는 8비트의 저장 공간을 명확하게 표현하기 위해 바이트라는 용어 대신 옥텟이라는 이름을 사용합니다.

IPv4 주소 개수는 32비트가 표현할 수 있는 수(2^{32})인 대략 40억 개(4,294,967,296)입니다. 그림 2-1은 IPv4 주소의 이진수 및 십진수 표현을 보여 줍니다.

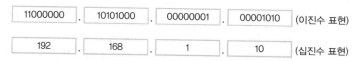

그림 2-1 네 개의 옥텟(8비트)으로 표현한 IPv4 주소의 이진수 표현과 십진수 표현

그림 2-1의 첫 번째 줄은 IPv4 주소를 이진수 형식으로 보여 줍니다. 두 번째 줄은 IPv4 주소를 십진수 형식으로 보여 줍니다. 보통 IPv4 주소를 표현하거나 코드로 작성할 때에는 더 읽기 쉬운 십진수 형식으로 사용합니다. 이 섹션의 후반부에서 네트워크 주소 지정에 대해 알아볼 때 이진수 표현을 사용합니다.

네트워크 ID와 호스트 ID

IPv4 주소를 구성하고 있는 32비트는 네트워크 ID와 호스트 ID의 두 가지 구성 요소로 나타냅니다. **네트워크 ID**network ID는 패킷이 목적지를 향해 전달하는 역할을 하는 네트워크 장치에 어느 홉으로 가야 하는지 알려 주는 역할을 합니다. 이러한 장치를 **라우터**router라고 합니다. 라우터는 디바이스로부터 데이터를 수신하고, 목적지 주소의 네트워크 ID를 검사하며, 데이터가 목적지까지 도달하기 위해 전송되어야 하는 위치를 결정한다는 점에서 네트워크의 메일 전달자와 유사합니다. 그러한 맥락에서 네트워크 ID는 메일 주소의 우편번호라고 생각할 수 있습니다.

데이터가 목적지 네트워크에 도달하면 라우터는 **호스트 ID**host ID를 사용하여 특정 수신자에게 데이터를 전송합니다. 호스트 ID는 사용자의 거리 주소와 같습니다. 즉, 네트워크 ID는 주소가 동일한 네트워크의 일부인 노드 그룹을 식별하는 데 사용됩니다. 이번 장의 뒷부분에서 네트워크 ID와 호스트 ID에 대해 자세하게 알아볼 것입니다. 그림 2-2는 동일한 네트워크 ID를 공유하는 IPv4 주소를 보여 줍니다.

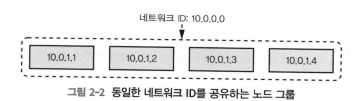

그림 2-2 동일한 네트워크 ID를 공유하는 노드 그룹

그림 2-3에서는 32비트 IPv4 주소에서 공통 네트워크 ID와 호스트 ID 크기를 분석합니다.

그림 2-3 공통 네트워크 ID와 호스트 ID 크기

IPv4 주소의 네트워크 ID 부분은 항상 가장 왼쪽 비트로 시작하며, 해당 비트의 크기는 해당 주소가 속한 네트워크 크기에 따라 결정됩니다. 나머지 비트는 호스트 ID를 지정합니다. 예를 들어, IPv4 주소의 처음 8비트는 8비트 네트워크의 네트워크 ID를 나타내고 나머지 24비트는 호스트 ID를 나타냅니다.

그림 2-4에서는 192.168.156.97라는 IP 주소를 네트워크 ID와 호스트 ID로 나누는 예시를 보여줍니다. 이 IP 주소는 16비트 네트워크의 일부입니다. 즉, 처음 16비트는 네트워크 ID를 나타내고 나머지 16비트는 호스트 ID를 나타냅니다.

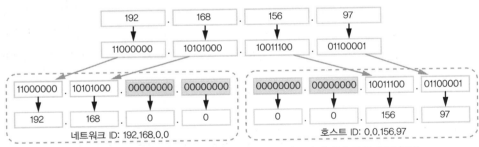

그림 2-4 16비트 네트워크의 IPv4 주소에서 네트워크 ID와 호스트 ID 얻어 오기

이 예시에서 처음 16비트를 취하고 뒤의 나머지 비트에 0을 추가하여 192.168.0.0의 32비트 네트워크 ID를 생성합니다. 마지막 16비트를 취하고 앞의 나머지 비트에 0을 추가하면 0.0.156.97의 32비트 호스트 ID가 됩니다.

IPv4 주소를 서브넷으로 세분화

IPv4의 네트워크 ID와 호스트 ID를 사용하여 대략 40억 개 이상의 IPv4 주소를 더 작은 그룹으로 **세분**subdivide하거나 분할할 수 있습니다. 이는 네트워크를 안전하게 유지하고 관리하는 데 도움이 됩니다. **서브넷**subnet이라고 하는 이러한 소규모 네트워크의 모든 IP 주소는 동일한 네트워크 ID를 공유하지만 고유한 호스트 ID를 가집니다. 네트워크 크기는 호스트 ID의 수를 나타내며, 따라서 네트워크 내에 존재하는 모든 IP 주소의 개수가 곧 네트워크의 크기를 나타냅니다.

개별 네트워크를 식별하면 네트워크 간 정보의 흐름을 제어할 수 있습니다. 예를 들어, 네트워크를 퍼블릭 서비스용 서브넷과 개인 서비스용 서브넷으로 나눌 수 있습니다. 그런 다음 외부에서 발생하는 트래픽이 퍼블릭 서비스에 도달하도록 허용하면서 외부에서 발생하는 트래픽이 개인 네트워크로는 도달하지 못하도록 할 수 있습니다. 또 다른 예로, 은행은 온라인 뱅킹, 고객 지원 및 모바일 뱅킹과 같은 서비스를 제공합니다. 성공적으로 인증을 마친 사용자만이 접근할 수 있는 퍼블릭 서비스입니다. 하지만 인증한 사용자라 하더라도 은행 내부 네트워크에는 접근할 수 없습니다. 은행의 내부 시스템에서는 전산망에서 발생한 거래들의 관리, 장부의 잔고 관리, 내부적인 이메일 발송 제공 등의 작업을 수행합니다. 이러한 내부 서비스는 은행 직원들만이 사설 네트워크에서만 접근할 수 있도록 제한됩니다.

CIDR을 사용한 네트워크 할당

CIDRClassless Inter-Domain Routing이라는 방법을 사용하여 네트워크를 할당합니다. CIDR에서는 **네트워크 접두사**network prefix를 각 IP 주소에 추가하여 슬래시와 정수 숫자로 구성된 네트워크 ID의 비트 수로 표현합니다. IP 주소 끝부분에 추가되었지만 IP 주소의 가장 중요한 비트 또는 접두사 비트가 네트워크 ID를 구성하는 수를 나타내기 때문에 **접미사**suffix가 아닌 **접두사**prefix라고 합니다. 예를 들어, 그림 2-4의 IP 주소 192.168.156.97을 CIDR 표기법으로 적으면 192.168.156.97/16이 되며, 이를 해석하면 해당 IP 주소는 16비트 네트워크에 속하며 네트워크 ID가 IP 주소의 처음 16 비트, 즉 192.168.0.0임을 나타냅니다.

여기서 서브넷 마스크를 적용하여 네트워크 IP 주소를 얻어 올 수 있습니다. 서브넷 마스크는 십진수 표현법으로 CIDR 네트워크 접두사를 인코딩합니다. 네트워크 ID를 얻어 오기 위하여 IP 주소에 AND 비트 연산을 적용합니다.

표 2-1에는 가장 일반적인 CIDR 네트워크 접두사와 해당 서브넷 마스크, 그리고 각 네트워크 접두사에 사용할 수 있는 네트워크 및 각 네트워크의 사용할 수 있는 호스트 개수에 대해 자세하게 나타냅니다.

표 2-1 CIDR 네트워크의 접두사 길이와 서브넷 마스크

CIDR 네트워크 접두사 길이	서브넷 마스크	가능한 네트워크(서브넷) 개수	각 네트워크별 사용할 수 있는 호스트 개수
8	255.0.0.0	1	16,777,214
9	255.128.0.0	2	8,388,606
10	255.192.0.0	4	4,194,302
11	255.224.0.0	8	2,097,150
12	255.240.0.0	16	1,048,574
13	255.248.0.0	32	524,286
14	255.252.0.0	64	262,142
15	255.254.0.0	128	131,070
16	255.255.0.0	256	65,534
17	255.255.128.0	512	32,766
18	255.255.192.0	1,024	16,382
19	255.255.224.0	2,048	8,190
20	255.255.240.0	4,096	4,094
21	255.255.248.0	8,192	2,046
22	255.255.252.0	16,384	1,022
23	255.255.254.0	32,768	510
24	255.255.255.0	65,536	254
25	255.255.255.128	131,072	126
26	255.255.255.192	262,144	62
27	255.255.255.224	524,288	30
28	255.255.255.240	1,048,576	14
29	255.255.255.248	2,097,152	6
30	255.255.255.252	4,194,304	2

각각의 네트워크에는 두 개의 특수한 주소가 있기 때문에 네트워크에서 실제로 사용할 수 있는 호스트의 개수는 표 2-1의 각 행에서 언급하는 것보다 두 개 적습니다. 네트워크의 첫 번째 IP 주소는 네트워크 주소로 사용되고, 마지막 IP 주소는 브로드캐스트 주소로 사용됩니다(잠시 후에 브로드캐스트 주소에 대해 다룹니다). 예를 들어, 192.168.0.0/16을 살펴봅시다. 네트워크의 첫 번째 IP 주소는 192.168.0.0이며, 이 주소는 네트워크 주소입니다. 네트워크의 마지막 IP 주소는 브로드캐스트 주소인 192.168.255.255입니다. 네트워크 IP 주소나 브로드캐스트 IP 주소는 호스트의 네트워크 인터페이스에 할당하지 않습니다. 이러한 특수 IP 주소는 각각 네트워크와 브로드캐스트 간

에 데이터를 라우팅하는 데 사용됩니다.

이 책의 범위를 벗어나는 내용이기 때문에 표 2-1에서 의도적으로 31비트 네트워크 접두사와 32 비트 네트워크 접두사는 다루지 않았습니다. 31비트 네트워크 접두사에 대해 더 알고 싶다면 RFC 3021을 살펴보기 바랍니다. 32비트 네트워크 접두사는 단일 호스트 네트워크를 나타냅니다. 예를 들어, 192.168.1.1/32라는 IP 주소는 192.168.1.1의 IP 주소를 갖는 한 노드의 하위 네트워크를 나타냅니다.[6]

옥텟 경계에서 끊어지지 않는 네트워크 할당

일부 네트워크 접두사는 옥텟 경계에서 끊어지지 않습니다. 예를 들어, 그림 2-5는 19비트 네트워크에서 192.168.156.97 주소의 네트워크 ID 및 호스트 ID를 얻는 방법을 보여 줍니다. 이 주소를 CIDR 표기법으로 표현하면 192.168.156.97/19가 됩니다.

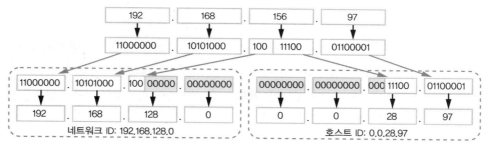

그림 2-5 19비트 네트워크의 IPv4 주소에서 네트워크 ID와 호스트 ID 얻기

이 경우 네트워크 접두사가 8비트의 배수가 아니므로 네트워크 ID와 호스트 ID 간에 옥텟 비트가 분할됩니다. 그림 2-5의 19비트 네트워크 예에서는 네트워크 ID가 192.168.128.0이고 호스트 ID가 0.0.28.97이며, 여기서 네트워크 ID는 세 번째 옥텟에서 3비트를 취하고 호스트 ID에는 남은 13비트를 사용합니다.

분할된 옥텟 비트를 기준으로 모든 비트를 0으로 하는 호스트 ID를 만든 후, 이를 네트워크 ID에 더하면 네트워크 주소가 생성됩니다. 유사한 방식으로 분할된 옥텟 비트 기준 모든 비트를 1로 하는 호스트 ID를 만들어서 네트워크 ID에 더하면 브로드캐스트 주소가 생성됩니다. 세 번째 옥텟, 십진법으로 156을 나타내는 부분이 헷갈릴 수 있습니다. 그 부분에만 집중하기 바랍니다. 세 번째 옥텟의 네트워크 ID는 1000 0000입니다. 모든 비트를 1로 바꾼 세 번째 옥텟의 호스트 ID

---

6   [옮긴이] 32비트 네트워크는 하나의 호스트를 의미합니다.

는 0001 1111입니다(첫 세 비트가 네트워크 ID 부분임을 기억하기 바랍니다). 세 번째 옥텟의 네트워크 ID와 호스트 ID를 더하면 십진법으로 156을 나타내는 1001 1111이 됩니다.

사설 주소 공간과 로컬 호스트

RFC 1918에서는 10.0.0.0/8, 172.16.0.0/12, 192.168.0.0/16 대역의 사설 주소 공간에 관해 설명합니다. 대학교, 기업, 정부기관 및 일반 가정집 네트워크에서 로컬 네트워크 구성을 위해 해당 서브넷을 사용할 수 있습니다.

또한, 각 호스트에는 로컬 서브넷으로 지정된 127.0.0.0/8 서브넷 대역이 있습니다. 이 서브넷의 주소는 호스트의 로컬 주소이며 **localhost**라고 합니다. 컴퓨터가 네트워크에 연결되어 있지 않더라도 127.0.0.0/8 서브넷 대역, 대개 127.0.0.1은 사용할 수 있습니다.

포트와 소켓 주소

컴퓨터가 한 번에 하나의 노드와만 통신할 수 있다면 굉장히 비효율적일 것입니다. 웹 브라우저의 링크를 클릭할 때마다 스트리밍 중인 음악이 멈춘다면 굉장히 짜증나겠죠. 한 번에 하나의 노드와만 통신한다면 웹 브라우저에서 페이지 정보를 요청하여 받기 위해 음악의 스트리밍을 멈춰야 하기 때문입니다. 감사하게도 TCP와 UDP는 **포트**port를 사용하여 다중화된 데이터 전송을 할 수 있게 해 주어 그런 현상이 발생하지 않습니다.

운영체제는 포트를 사용하여 애플리케이션으로부터 네트워크를 통해 발생하는 송수신 데이터를 다중화-역다중화하여 데이터 전송을 고유하게 식별합니다. IP 주소와 포트 번호의 조합을 **소켓 주소**socket address라고 하며, 일반적으로 '**주소:포트**address:port' 형식을 갖습니다.

포트는 16비트의 양의 정수입니다. 0번부터 1023번까지의 포트 번호는 잘 알려진 포트well-known port로써 **IANA**Internet Assigned Numbers Authority(**IP 주소와 포트 번호를 전 세계적으로 할당하는 미국의 민간 비영리 단체**)가 일반적으로 사용되는 서비스에 할당하였습니다. 예를 들어, HTTP는 일반적으로 80번 포트를 사용합니다. HTTPS는 일반적으로 443번 포트를 사용합니다. SSH 서버는 일반적으로 22번 포트를 사용합니다. (이러한 잘 알려진 포트는 가이드라인일 뿐입니다. HTTP 서버는 80번 포트 외에 다른 어떤 포트에서도 수신할 수 있습니다.)

잘 알려진 포트라고 해서 꼭 서비스에 그 포트를 사용해야만 한다는 제약은 없습니다. 가령, SSH 서버의 보안을 위해 관리자는 SSH 서버의 잘 알려진 포트인 22번 포트가 아닌, 22422번 포트를 사용하도록 SSH 서버를 구성할 수 있습니다. IANA는 1024번 포트부터 49151번 포트를 조금은 덜 일반적인 서비스들을 위해 사용하도록 하였습니다. 49152번부터 65535번까지의 포트는 IANA

에서 권장하는 임시 포트로서 클라이언트가 소켓 연결을 위해 일시적으로 사용하고 삭제합니다. (클라이언트 소켓 주소에 사용되는 포트의 범위는 운영체제에 따라 다릅니다.)

포트 사용의 일반적인 예로 웹 브라우저와 웹 서버가 통신할 때 일어나는 일을 생각해 봅시다. 웹 브라우저에서는 운영체제의 소켓을 열고 소켓에 주소를 할당합니다. 이후 웹 브라우저에서는 그 소켓을 통해 웹 서버의 80번 포트로 요청을 보냅니다. 웹 브라우저는 보낸 소켓으로부터 웹 서버로부터 응답이 오기를 기다리고, 웹 서버에서는 웹 브라우저로부터 요청을 받은 소켓 주소로 응답을 보냅니다. 운영체제는 응답을 받은 후 소켓을 통해 웹 브라우저에게 결괏값을 넘겨줍니다. 방금 살펴본 예에서 웹 브라우저와 웹 서버 간에 발생하는 트랜잭션transaction은 웹 브라우저의 소켓 주소와 웹 서버의 소켓 주소(서버의 IP 주소와 80번 포트), 한 쌍의 값으로 고유하게 식별됩니다. 운영체제에서는 고유하게 식별된 두 소켓 주소의 값을 이용하여 웹 서버에서 반환되어 온 응답을 적절하게 역다중화하여 웹 브라우저로 넘겨줄 수 있습니다.

네트워크 주소 변환

40억 개나 되는 IPv4의 주소가 많은 것처럼 보일 수 있습니다. 하지만 2021년 6월에 발표된 에릭슨 모빌리티 연구 결과(https://bit.ly/39vyLHC)에 따르면, 2026년 즈음이면 약 264억 개의 사물인터넷 IoT 장치가 있을 것으로 예상하였습니다. 실제로 IPv4의 주소는 이미 고갈되었습니다. IANA에서는 2011년 1월 31일을 마지막으로 더 이상 IPv4 주소를 새롭게 할당하지 않습니다.

네트워크 주소 변환 Network Address Translation, NAT을 사용하는 것이 IPv4 주소 부족의 문제를 해결하는 한 가지 방법이 될 수 있습니다. NAT를 사용하면 수많은 노드들이 동일한 공인 IPv4 주소를 사용하며 네트워크를 사용하는 것이 가능합니다. 방화벽이나 로드 밸런서, 공유기와 같이 송수신 트래픽을 추적하고 수신 트래픽을 올바른 노드로 라우팅할 수 있는 장치가 필요합니다.

그림 2-6은 사설 네트워크와 인터넷의 노드 간 NAT의 절차를 보여 줍니다.

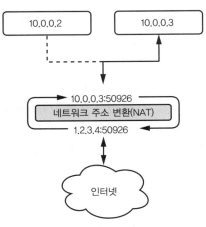

그림 2-6 사설 네트워크와 인터넷 간의 NAT

그림 2-6에서 NAT를 지원하는 장치는 인터넷을 연결하기 위한 10.0.0.3:50926의 소켓 주소를 가진 클라이언트로부터 연결을 수신합니다. 먼저, NAT 장치는 자신에게 할당된 공인 IP인 1.2.3.4를 사용하여 클라이언트의 소켓 주소와 포트를 유지하여 목적지로 연결을 시도합니다. 이 트랜잭

션의 소켓 주소는 1.2.3.4:50926입니다. 이미 클라이언트에서 50926번 포트를 사용하고 있는 경우 NAT 장치에서는 소켓 주소를 위해 임의로 포트를 선택합니다. 이후 NAT 장치는 목적지로 요청을 보내고, 송신할 때 사용했던 소켓 주소인 1.2.3.4:50926에서 응답을 수신합니다. NAT 장치는 송신 시의 소켓 주소를 연결을 수립한 클라이언트의 소켓 주소로 변환하기 때문에 수신받은 응답이 어느 클라이언트에게 전달되어야 하는지 알 수 있습니다. 마지막으로, 클라이언트는 NAT 장치로부터 대상 호스트의 응답을 받습니다.

NAT 장치 뒤에 위치한 노드의 사설 IPv4 주소는 외부 네트워크에서 보이지도 않고 직접 접근할 수도 없다는 사실을 잊지 않기 바랍니다. 클라이언트들로부터 외부 접근이 가능한 서비스를 만들어야 할 경우 서버가 NAT 장치 뒤에 있다면 사설 IPv4 주소만 가지고는 불가능합니다. NAT 장치의 사설 주소 대역의 외부에 위치한 노드들은 사설 네트워크 내부로 연결을 맺을 수 없습니다. 사설 네트워크 내에 위치한 클라이언트만 NAT 장치 너머로 연결을 맺을 수 있습니다. 한편 NAT 장치에서 제공하는 포트 포워딩port forwarding 기능을 활용한다면 외부에 위치한 노드들도 NAT 장치 자체가 갖는 공인 IP 주소를 사용하여 연결 시도를 할 수 있으며, 포트 포워딩이 적절하게 설정되어 있다면 NAT 장치 뒤에 위치한 서버에도 포트 포워딩을 통해 접근할 수 있습니다.

유니캐스트, 멀티캐스트, 브로드캐스트

한 IP 주소에서 다른 IP 주소로 패킷을 전송하는 것을 **유니캐스트 주소 지정**unicast addressing이라고 합니다. TCP/IP의 인터넷 계층에서는 유니캐스트 외에도 IP **멀티캐스트**multicast, 즉 하나의 메시지를 노드 그룹에 전송하는 것도 지원합니다. 멀티캐스트의 예시로는 새로운 소식을 받기 위해 등록한 메일링 리스트나 신문 구독 등을 생각해 볼 수 있습니다.

네트워크 프로그래밍의 관점에서 멀티캐스트는 단순합니다. 그림 2-7에서 볼 수 있듯 일반적으로 라우터와 스위치에서는 메시지를 복제하여 전송합니다. 이 책의 후반부에서 멀티캐스트에 대해 다룹니다.

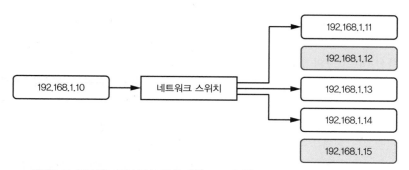

그림 2-7 네트워크 주소들의 하위 집합으로 패킷을 보내는 노드 192.168.1.10

브로드캐스트broadcast는 네트워크 내의 모든 IP 주소들에게 동시에 메시지를 전달할 수 있는 기능입니다. 이를 위해 네트워크상의 노드는 서브넷 내의 **브로드캐스트 주소**broadcast address로 패킷을 전송합니다. 이후 네트워크 스위치나 라우터에서는 서브넷 내의 모든 IPv4 주소들로 패킷을 전파합니다(그림2-8).

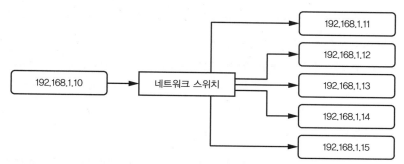

그림 2-8 자신이 속한 서브넷의 모든 주소로 패킷을 전송하는 노드 192.168.1.10

멀티캐스트와는 달리 서브넷 내의 노드는 브로드캐스트 메시지를 수신받을지 말지 선택할 필요가 없습니다. 그림 2-8의 노드 192.168.1.10에서 서브넷의 브로드캐스트 주소로 패킷을 전송하면 네트워크 스위치는 동일한 서브넷에 속한 그 외의 다섯 개의 IPv4 주소들로 패킷의 복사본을 전송합니다.

물리적 네트워크 연결에 대한 MAC 주소 해석

1장에서 모든 네트워크 인터페이스는 노드마다 네트워크 물리적 연결을 고유하게 식별하는 MAC 주소가 있다고 했습니다. MAC 주소는 로컬 네트워크에만 관련되므로 네트워크의 경계가 되는 라우터는 MAC 주소를 사용하여 데이터를 전송할 수 없습니다. 대신에 라우터는 IPv4 주소를 사용하여 네트워크 경계를 통과하는 트래픽을 라우팅할 수 있습니다. 패킷이 목적지 노드의 로컬 네트워크에 다다르면 라우터는 목적지 노드의 맥 주소로 데이터를 전송하고, 마지막으로 노드의 물리적인 네트워크 연결로 전송합니다.

RFC 826에 문서화된(https://tools.ietf.org/html/rfc826/) **주소 결정 프로토콜**Address Resolution Protocol, ARP은 주어진 IP 주소에 알맞은 MAC 주소(MAC 주소 해결 프로세스)를 찾습니다. 각 노드에는 IPv4 주소를 MAC 주소에 매핑하는 ARP 테이블을 관리합니다. 노드 내의 ARP 테이블에 목적지의 IPv4 주소가 없는 경우 로컬 네트워크의 브로드캐스트 주소로 "제 MAC 주소 여기 있어요, 이 IPv4 주소를 가지고 있는 노드는 본인의 MAC 주소를 보내 주세요"라는 요청을 보냅니다. 목적지 노드는 ARP 요청을 수신한 뒤 원본 노드로 ARP 응답을 송신합니다. 이후 목적지 노드의 MAC

주소로 데이터를 전송할 수 있게 됩니다. 로컬 네트워크 내부에 존재하는 다른 노드들은 방금 발생한 ARP 요청-응답의 결과를 이용하여 관리하고 있는 ARP 테이블을 업데이트합니다.

IPv6 주소 지정

IP의 차세대 버전, IPv6을 사용하는 것이 IPv4 주소 부족의 문제를 해결하는 또 다른 방법이 될 수 있습니다. **IPv6의 주소**는 콜론으로 구분된 8개의 16비트(**헥스텟**hextet) 그룹으로 배열된 128비트 숫자입니다. IPv6 주소의 개수는 매우 많습니다(2^{128}=340,282,366,920,938,463,463,374,607,431,768,211,456개, 대략 3.4×10^{38}개).

IPv6 주소 쓰기

IPv6 주소는 이진 형태로 쓰기에는 좀 터무니 없이 깁니다. 가독성과 축약성의 측면에서 IPv6 주소는 소문자의 16진수 값으로 표현합니다.

> **참고** IPv6 주소의 16진수 값은 대소문자 구분을 하지 않지만, 국제 인터넷 표준화 기구(Internet Engineering Task Force, IETF)에서는 소문자 값으로 쓰기를 권장합니다.

IPv6 주소에서의 16진수(헥스) 값은 4비트, 혹은 **니블**nibble로 표현합니다. 예를 들어, 두 개의 니블 값 1111 1111을 16진수 표현인 ff로 표현합니다. 그림 2-9에서는 IPv6 주소를 이진수 표현과 16진수 형태로 나타냅니다.

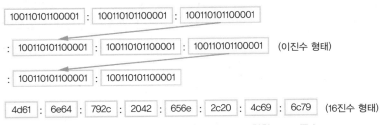

그림 2-9 이진수 형태와 16진수 형태로 표현한 IPv6 주소

IPv6 주소를 16진수 형태로 표현하는 것이 이진수 형태로 표현하는 것보다 간결하긴 하지만, 더욱 간략화할 수 있는 몇 가지 방법이 있습니다.

IPv6 주소 간략화하기

IPv6 주소는 대략 다음과 같이 생겼습니다. fd00:4700:0010:0000:0000:0000:6814:d103. IPv4 주소보다 기억하기가 꽤나 어렵죠. 다음의 규칙을 적용하면 IPv6 주소를 더욱 읽기 쉽게 만들 수 있습니다.

먼저 각각의 헥스텟에서 연속적인 0을 모두 제거합니다. 주소 값을 변경하지 않고도 주소가 간단해집니다. 그러면 다음과 같이 됩니다. fd00:4700:10:0:0:0:6814:d103. 이전보단 좋아졌지만, 여전히 깁니다.

두 번째로 좌측부터 0의 값을 갖는 연속적인 헥스텟 그룹들을 지우고 이중 콜론으로 대체합니다. 그러면 더욱 짧아져서, 다음과 같이 됩니다. fd00:4700:10::6814:d103. IPv6 주소 내에 0의 값을 갖는 연속적인 헥스텟 그룹들이 하나보다 더 많이 존재한다면, 제일 좌측에 위치한 연속적인 헥스텟 그룹만 지울 수 있습니다. 그보다 더 많이 지워 버리면 라우터가 어느 곳에 지워진 0을 넣어야 할지, 압축된 형태의 주소로부터 원본의 주소를 복구하는 것이 불가능하게 됩니다. 예를 들어, fd00:4700:0000:0000:ef81:0000:6814:d103의 주소는 fd00:4700::ef81:0:6814:d103이 됩니다. 여섯 번째의 헥스텟에 대해 할 수 있는 최선은 헥스텟 내의 연속적인 0을 지우는 것뿐입니다.[7]

IPv6 네트워크와 호스트 주소

IPv4 주소와 마찬가지로 IPv6 주소 역시 네트워크 주소와 호스트 주소를 가지고 있습니다. IPv6의 호스트 주소는 일반적으로 **인터페이스 ID**interface ID라고 합니다. 네트워크 주소와 호스트 주소는 그림 2-10에 표시된 것처럼 모두 64비트입니다. 네트워크 주소의 첫 48비트를 **글로벌 라우팅 접두사**Global Routing Prefix, GRP라고 하며, 네트워크 주소의 마지막 16비트를 **서브넷 ID**subnet ID라고 합니다. 48비트의 GRP는 IPv6 주소 공간을 전역적으로 세분화하고 세분화된 그룹 간에 트래픽을 라우팅하는 데 사용됩니다. 서브넷 ID는 각 GRP가 고유하게 식별하는 네트워크를 특정 지역에 해당하는 네트워크로 세분화하는 데 사용됩니다. 거대한 ISP를 운영할 경우 GRP로 고유하게 식별되는 IPv6 주소 블록이 하나 이상 할당됩니다. 이후에 각 특정 지역에 해당하는 네트워크의 서브넷 ID를 사용하여 할당된 IPv6 주소를 고객에게 세분화하여 배분할 수 있습니다.

GRP는 ISP로 IPv6 주소 블록을 요청할 때 결정됩니다. IANA는 GRP의 첫 번째 헥스텟을 대륙별 인터넷 레지스트리(글로벌 지역에 대한 주소 할당을 처리하는 조직)에 할당합니다. 대륙별 인터넷 레지스트리는 GRP의 두 번째 헥스텟을 ISP에 할당합니다. ISP가 IPv6 주소의 48비트 서브넷을 사용자에게 할당하기 전에 마지막으로 GRP의 세 번째 헥스텟을 할당합니다.

---

7 옮긴이 이중 콜론만 남겨 두고 대체하는 것이 불가능합니다.

IPv6 주소 할당에 대해 더 알아보고 싶다면 IANA의 'IPv6 글로벌 유니캐스트 주소 할당' 문서를 읽어 보기 바랍니다(https://bit.ly/3lMDwCz).

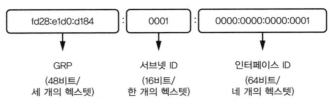

그림 2-10 IPv6 주소의 글로벌 라우팅 접두사와 서브넷 ID, 인터페이스 ID

IPv6 주소의 첫 번째 헥스텟을 보면 어디에 사용하는지 알 수 있습니다. 2000::/3 접두사로 시작하는 주소는 전역적으로 사용된다는 의미이며, 즉 인터넷상의 모든 노드는 처음 헥스 값이 2 또는 3으로 시작한다는 의미입니다. fc00::/7 접두사로 시작하는 주소는 IPv4 주소의 127.0.0.0/8 서브넷과 같이 고유한 로컬 주소에 사용됩니다.

참고 자세한 내용은 IANA의 '인터넷 프로토콜 버전 6 주소 공간' 문서(https://bit.ly/3ksnnTb)를 참고하기 바랍니다.

ISP에서 **2600:fe56:7891::/48**이라는 넷블록netblock을 할당했다고 해 봅시다. 16비트의 서브넷 ID를 사용하여 할당받은 넷블록을 최대 65,536(2^{16})개의 서브넷으로 분할할 수 있습니다. 각각의 서브넷은 최대 18조 개 이상(2^{64})의 호스트를 갖습니다. 그림 2-10과 같이 하나의 서브넷을 할당할 경우 연속된 0을 지우고 0만 남은 헥스텟 그룹을 압축시켜서 전체 네트워크 주소를 2600:fe56:7891:1::/64이라고 쓸 수 있습니다. 넷블록에서 서브넷을 계속해서 할당한다면 다음과 같을 것입니다. 2600:fe56:7891:2::/64, 2600:fe56:7891:3::/64, 2600:fe56:7891:4::/64

IPv6 주소 범주

IPv6 주소는 애니캐스트anycast, 멀티캐스트와 유니캐스트의 세 가지 범주로 나뉩니다. IPv4에서 존재했던 브로드캐스트 유형은 없습니다. IPv6에서는 애니캐스트와 멀티캐스트를 사용하여 IPv4에서의 브로드캐스트의 역할을 대체합니다.

유니캐스트 주소

유니캐스트 IPv6 주소는 노드를 고유하게 식별합니다. 출발지 노드에서 유니캐스트 주소로 메시지를 송신하는 경우 그림 2-11과 같이 해당 주소를 가진 노드만 메시지를 수신합니다.

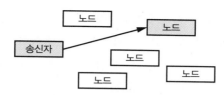

그림 2-11 유니캐스트 주소로 송신

멀티캐스트 주소

멀티캐스트 주소는 노드의 그룹을 나타냅니다. IPv4의 브로드캐스트 주소는 메시지를 네트워크상의 모든 주소로 전파하는 반면, 멀티캐스트 주소는 그림 2-12에 표시된 것처럼 네트워크 주소의 하위 집합으로 메시지를 동시에 전달합니다.

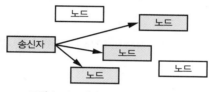

그림 2-12 멀티캐스트 주소로 송신

멀티캐스트 주소는 접두사로 ff00::/8을 사용합니다.

애니캐스트 주소

IPv4 주소는 네트워크 세그먼트 내에서 유일하지 않으면 통신에 문제가 생길 수 있습니다. IPv6 주소는 여러 노드에서 같은 네트워크 주소를 사용하는 기능을 제공합니다. **애니캐스트** 주소는 같은 주소로부터 통신을 대기 중인 노드의 그룹을 나타냅니다. 애니캐스트 주소로 전송된 메시지는 통신을 대기 중인 가장 가까운 노드로 전송됩니다. 그림 2-13은 같은 주소에서 통신을 대기 중인 노드를 나타내며, 송신자로부터 가장 가까운 노드가 메시지를 수신합니다. 송신자는 점선으로 표시된 아무 노드에게나 메시지를 전송할 수 있지만, 가장 가까운 노드에게 전송합니다(실선).

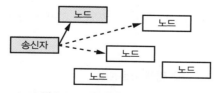

그림 2-13 애니캐스트 주소로 송신

가장 가까운 노드가 항상 물리적으로 근접한 노드를 의미하는 것은 아닙니다. 어떤 노드가 메시지를 받을지는 라우터가 결정하며, 일반적으로 출발지 노드와 목적지 노드 간의 레이턴시가 가장 짧은 노드가 받습니다. 애니캐스트 주소는 레이턴시를 줄이는 것 외에도 가용성을 향상하며, 지오로케이션geolocation 서비스에도 사용할 수 있습니다.

전 세계적으로 트래픽을 전송하는 것은 꽤나 많은 시간이 걸립니다. 서비스 제공자의 서버에 가까울 수록 속도가 더욱 빨라집니다. 인터넷상에서의 지오로케이션 서비스는 서버를 지역적으로 분산하여 전 세계 사용자들에게 더 최적의 성능을 제공하는 일반적인 방법입니다. 넷플릭스에서 영상을 볼 때 트래픽이 바다를 건너는 일은 아마 없을 것입니다. 넷플릭스는 사용자들에게 가까운 지역에 서버를 두어서 사용자들의 경험을 개선합니다.

IPv4 대비 IPv6의 장점

굉장히 큰 주소 공간 외에도 IPv6은 본질적으로 IPv4 대비 효율성, 설정 자동화 및 보안성에서 장점이 있습니다.

효율적인 라우팅을 위한 단순한 헤더 포맷

IPv6 헤더는 IPv4 헤더에 비해 개선되었습니다. IPv4 헤더의 경우 어떠한 필드가 거의 사용되지 않더라도 반드시 포함해야 하는데, IPv6 헤더의 경우 이러한 필드를 선택적으로 포함할 수 있습니다. 그리고 IPv6 헤더는 하위 호환을 해치지 않고 기능을 추가할 수 있다는 점에서 확장성이 있습니다. 게다가 IPv6 헤더는 IPv4 헤더에 비해 복잡성을 줄이고 효율을 개선시키도록 설계되었습니다. 또한, IPv6 헤더는 모든 홉마다 체크섬을 계산해야 할 필요를 제거함으로써 헤더에 필요한 처리를 최소화하여 라우터의 부하를 줄이고 홉을 줄일 수 있습니다.

무상태 주소 자동구성

IPv4 주소는 관리자가 수동으로 네트워크상의 각 노드에 할당하거나 동적으로 주소를 할당해 주는 서비스(DHCP)에 의존해야 합니다. IPv6을 사용하는 노드는 **무상태 주소 자동구성**Stateless Address Autoconfiguration, SLAAC을 통해 별도의 관리 포인트 없이 자동으로 IPv6 주소를 얻어 오거나 할당할 수 있습니다.

IPv6 네트워크에 연결된 노드는 **이웃 탐색 프로토콜**Neighbor Discovery Protocol, NDP을 사용하여 라우터에 네트워크 주소 파라미터를 요청할 수 있습니다. NDP는 이번 장 뒷부분에서 다루는 인터넷 제어 메시지 프로토콜Internet Control Message Protocol, ICMP을 라우터 요청으로 활용합니다. 즉, IPv4에서의 ARP와 동일한 작업을 수행합니다. 노드가 64비트 네트워크 주소를 가진 라우터로부터 응답을 받으면, 노드는 네트워크 인터페이스에 할당된 48비트 MAC 주소를 사용하여 IPv6 주소의 64비트 호스트 부분을 스스로 계산할 수 있습니다. 이 노드는 16비트 16진수 값인 FFFE를 **조직 고유 식별자**Organizationally Unique Identifier, OUI로 알려진 MAC 주소의 처음 세 옥텟에 추가합니다. 여기에 노드가 MAC 주소의 나머지 옥텟, 즉 네트워크 인터페이스 컨트롤러Network Interface Controller, NIC 식별자를 추가합니다. 그 결과로 그림 2-14와 같이 고유한 64비트 인터페이스 ID가 생성됩니다. SLAAC는 라우터 알림 패킷으로 응답할 수 있는 라우터가 있는 경우에만 작동합니다. **라우터 알림 패킷**router advertisement packet에는 64비트 네트워크 주소를 포함하여 클라이언트가 IPv6 주소를 자동으로 구성하는 데 필요한 정보가 포함되어 있습니다.

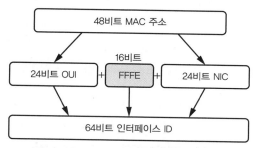

그림 2-14 MAC 주소에서 인터페이스 ID 계산하기

SLAAC는 디바이스의 현재 네트워크 연결 상태와 관계없이 IPv6 주소의 호스트 부분에 NIC의 MAC 주소가 포함되어 있는지 확인하기 때문에 프라이버시를 중요시하는 경우, SLAAC가 고유한 인터페이스 ID를 도출하는 데 사용하는 방법이 문제가 될 수 있습니다. MAC 주소는 사용하는 하드웨어마다 고유하며 온라인 활동을 추적할 수 있는 주소입니다. 많은 사람이 이러한 우려를 제기했고, SLAAC는 인터페이스 ID를 무작위로 생성하는 프라이버시 확장에 대한 RFC 문서를 정의하였습니다(https://tools.ietf.org/html/rfc4941/). 이러한 인터페이스 ID에 대한 무작위 생성 덕분에 네트워크상의 둘 이상의 노드가 동일한 인터페이스 ID를 생성할 수 있습니다. 다행히 NDP는 네트워크상에 동일한 인터페이스 ID가 있는 경우 프로토콜 내에서 자동으로 중복된 인터페이스 ID를 검색하여 수정해 줍니다.

IPsec 네이티브 지원

IPv6는 여러 노드가 서로 동적으로 보안 연결을 만들어 트래픽이 암호화되도록 하는 기술인 **IPsec**을 기본적으로 지원합니다.

> **참고** 이전에는 IPv6에서 IPsec을 강제적으로 구현해야 했지만 현재 RFC 6434 문서에서는 권고 사항으로 변경하였습니다.

인터넷 제어 메시지 프로토콜

인터넷 프로토콜은 **인터넷 제어 메시지 프로토콜**Internet Control Message Protocol, ICMP에 의존하여 로컬 네트워크에 대한 상태를 확인합니다. ICMP를 활용하면 네트워크 문제 및 연결 가능한 노드 및 네트워크 확인, 로컬 네트워크 구성 정보 확인, 적절한 트래픽 경로 구성, 그리고 네트워크 타임 아웃에 대한 정보를 확인할 수 있습니다. IPv4와 IPv6 모두 독자적인 ICMP 구현체가 있으며, 각 각 ICMPv4, ICMPv6이라고 부릅니다.

때때로 어떠한 네트워크 이벤트가 발생하였을 때 ICMP 메시지가 응답되곤 합니다. 예를 들어, 접근할 수 없는 노드에 데이터를 전송하려고 하면, 일반적으로 라우터에서는 데이터가 **대상 노드에 도달할 수 없다는**destination unreachable 정보를 지닌 ICMP 메시지를 전송합니다. 노드가 리소스가 부족하여 더 이상 수신 데이터에 응답할 수 없거나 데이터가 노드로 라우팅될 수 없는 경우 노드에 연결할 수 없게 됩니다. 네트워크에서 노드를 분리하면 즉시 연결할 수 없습니다.

라우터는 ICMP를 이용하여 목적지 노드로 향하는 더욱 나은 라우팅 정보를 얻습니다. 데이터를 전송한 라우터가 트래픽을 목적지로 전달하는 데 적합하지 않거나 최적의 라우터가 아닌 경우 라우터는 올바른 라우터로 데이터를 전달한 뒤에 ICMP **리다이렉트**redirect 메시지로 응답합니다. ICMP 리다이렉트 메시지는 라우터만의 방식으로 앞으로 데이터를 전송할 때 올바른 라우터로 데이터를 전송하라고 말하는 겁니다.

ping이라 부르는 ICMP **에코**echo 요청을 사용하여 어떠한 노드가 온라인 상태이며 접근할 수 있는지 판단할 수 있습니다. 목적지에 접근할 수 있고 ping을 수신할 수 있다면, **pong**이라 부르는 ICMP **에코 응답**echo reply을 반환합니다. 목적지에 접근할 수 없다면 라우터는 목적지에 접근할 수 없다는 메시지를 반환합니다.

ICMP는 메시지가 도착하기 전에 수명이 다하는 것을 알리는 기능도 있습니다. 모든 IP 패킷에는 **TTL**Time-To-Live(**데이터의 유효 기간**) 값이 존재합니다. TTL 값은 패킷이 만료되기 전까지 갈 수 있는 최대 홉 수를 나타냅니다. 패킷의 TTL 값은 단순한 계수기이며, 한 홉마다 1만큼 값을 감소합니다. 패킷의 TTL 값이 0이 되면 ICMP 메시지의 수명이 다해서 목적지에 도달하지 못했다는 응답을 받게 됩니다.

IPv6의 NDP는 노드의 NIC를 적절하게 구성하기 위해 ICMP 라우터 요청 메시지에 크게 의존합니다.

인터넷 트래픽 라우팅

지금까지 인터넷 프로토콜의 주소 지정에 대해 살펴보았으니 이제 패킷이 어떻게 인터넷을 통해 주소를 사용하여 한 노드로부터 다른 노드까지 도착할 수 있는지 알아봅시다. 1장에서 데이터가 어떻게 출발지 노드의 네트워크 스택으로부터 물리적 매체를 지나 목적지 노드의 네트워크 스택까지 도달할 수 있는지 살펴보았습니다. 하지만 대부분의 경우에 노드 간의 직접 연결은 이루어지지 않습니다. 그래서 데이터를 전송하기 위해서는 중간에 다른 노드들을 거쳐야 합니다. 그림 2-15는 그러한 과정을 보여 줍니다.

일반적으로 중간 노드(그림 2-15에서 노드 1과 노드 2)는 한 노드로부터 다른 노드로 이동하는 데이터를 제어하는 라우터이거나 방화벽입니다. **방화벽**firewall은 주로 방화벽 뒤의 네트워크를 보호하기 위해 네트워크 내부 및 외부의 트래픽 흐름을 제어하는 역할을 합니다.

노드 유형에 관계없이 중간 노드에는 각 네트워크 인터페이스와 연결된 네트워크 스택이 있습니다. 그림 2-15에서 노드 1은 수신하는 네트워크 인터페이스에서 데이터를 수신합니다. 데이터는 스택의 3계층으로 올라가며, 여기서 나가는 네트워크 인터페이스의 스택으로 전달됩니다. 이후 데이터는 최종적으로 서버로 라우팅되기 전에 노드 2의 들어오는 네트워크 인터페이스로 이동합니다.

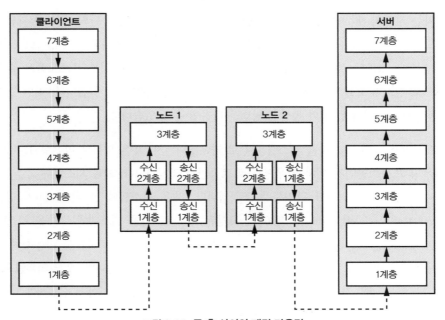

그림 2-15 두 홉 사이의 패킷 라우팅

노드 1과 노드 2의 수신 및 송신 네트워크 인터페이스는 IPv4를 사용하여 서로 다른 미디어 유형을 통해 데이터를 전송할 수 있으므로 캡슐화를 사용하여 각 미디어 유형의 구현 세부 정보를 전송되는 데이터로부터 분리해야 합니다. 노드 1이 무선 네트워크를 통해 클라이언트로부터 데이터를 수신하고, 클라이언트가 이더넷 연결을 통해 노드 2로 데이터를 전송한다고 가정해 봅시다. 노드 1의 수신 1계층은 무선 네트워크에서 전송되는 무선 신호를 비트로 변환하는 방법을 알고 있습니다. 1계층은 2계층으로 비트를 전송합니다. 2계층은 비트를 프레임으로 변환하여 패킷을 추출하여 3계층으로 전송합니다.

들어오는 NIC와 나가는 NIC의 3계층은 IPv4를 사용하여 두 인터페이스 네트워크 스택 간에 패킷을 라우팅합니다. 나가는 NIC의 2계층은 3계층에서 패킷을 수신하고, 해당 1계층에 프레임을 비트로 보내기 전에 패킷을 캡슐화합니다. 송신 1계층은 비트를 이더넷을 통한 전송에 적합한 전기 신호로 변환합니다. 클라이언트의 7계층에서 전송 중인 데이터는 데이터가 대상 서버로 이동하는 동안 서로 다른 미디어를 통해 여러 노드를 통과하지만 변경되지 않았습니다.

라우팅 프로토콜

전반적으로 그림 2-15에서의 라우팅을 살펴보면 라우팅이라는 게 쉬워 보입니다. 하지만 실제 라우팅 절차는 각각의 패킷이 물리적인 매체를 통과하거나 네트워크가 중단되더라도 문제없이 목적지까지 도착하기 위해 많은 프로토콜들이 조화롭게 동작한 결과물입니다. 라우팅 프로토콜은 노드 간의 최상의 경로를 결정하는 자체적인 기준을 가지고 있습니다. 일부 프로토콜은 홉 카운트를 기반으로 경로의 효율성을 결정합니다. 일부는 대역폭을 사용할 수 있습니다. 어떤 경로가 가장 효율적인지 결정하기 위해 더 복잡한 방법을 사용할 수도 있습니다.

라우팅 프로토콜은 패킷이 자율 시스템 내부로 라우팅되는지, 혹은 외부로 라우팅되는지에 따라 내부 라우팅 프로토콜인지 외부 라우팅 프로토콜인지 결정됩니다. **자율 시스템**autonomous system 이란 하나 이상의 네트워크를 관리하는 조직입니다. 자율 시스템의 한 예로 ISP가 있습니다. RFC 1930(https://tools.ietf.org/html/rfc1930/)에 요약된 대로 각 자율 시스템에는 자율 시스템 번호 Autonomous System Number, ASN가 할당됩니다. 이 ASN은 외부 라우팅 프로토콜을 이용하여 다른 자율 시스템에게 ISP의 네트워크 정보를 브로드캐스팅 하는 데 사용됩니다. **외부 라우팅 프로토콜** external routing protocol은 자율 시스템 간에 데이터를 라우팅합니다. 이 책에서 유일하게 다룰 라우팅 프로토콜은 BGP입니다. BGP는 모든 ASN이 할당된 ISP들을 묶어 주는 인터넷의 핵심적인 프로토콜입니다. BGP를 깊게 이해할 필요는 없지만 익숙해지면 작성할 코드상의 네트워크 문제를 디버깅할 때 도움이 될 것이며 코드상의 안정성을 향상할 수 있습니다.

경계 게이트웨이 프로토콜

경계 게이트웨이 프로토콜 Border Gateway Protocol, BGP은 ASN에 할당된 ISP가 라우팅 정보를 교환할 수 있도록 합니다. 기본적으로 BGP는 ISP들이 서로 신뢰한다는 전제로 동작합니다. 즉, 어떤 ISP에서 특정 네트워크를 관리하고 해당 네트워크에 예정된 모든 트래픽을 전송해야 한다고 하면 다른 ISP들은 이 요청을 신뢰하고 그에 따라 트래픽을 전송합니다. 그래서 BGP가 잘못 구성되어 어떠한 **경로에 누수**route leak가 있는 경우, 전 세계적으로 네트워크가 중단될 수 있습니다.

2008년, 파키스탄 정부의 정보통신부에서 유튜브 영상을 막기 위해 파키스탄 통신 회사에 자국 내에서 youtube.com이 접근되지 않도록 하는 요청을 하였는데, 그 결과 전 세계적으로 유튜브에 접근할 수 없었던 사고가 있었습니다. 파키스탄 통신 회사에서는 BGP를 사용하여 유튜브로 도달하는 모든 요청을 발신자에게 알리지 않고 모든 데이터를 삭제해 버리는 null 경로로 전송하였습니다. 하지만 파키스탄 통신 회사에서 실수로 BGP 요청을 자국 내로 제한하지 않고 전 세계로 보내 버렸는데, 타국의 다른 ISP들에서 해당 요청을 신뢰하여 경로를 업데이트하고 유튜브로 향하는 모든 요청을 null 경로로 전송하게 되었고, 결과적으로 전 세계적으로 youtube.com을 두 시간 동안 접근할 수 없게 되었습니다.

2012년, 인도네시아의 ISP인 모라텔Moratel이 구글로 향하는 모든 트래픽을 모라텔의 네트워크를 거치도록 하는 BGP 요청을 전 세계적으로 보내며 구글의 모든 서비스가 약 27분간 인도네시아를 거치는 일이 있었습니다. 당시에 모라텔이 악의적으로 그랬을 것이라는 추측이 있었지만, 모라텔은 하드웨어의 결함이라고 주장했습니다.

BGP는 보통 무언가 잘못되었을 때만 뉴스가 됩니다. 또한, DDoSDistributed Denial-of-Service(분산 서비스 거부) 공격을 완화하는 데 아주 중요한 역할을 합니다. **DDoS 공격**에서 악의적인 행위자는 공격 대상자를 압박하여 모든 네트워크 대역폭을 소비할 목적으로 수천 개의 좀비 노드에서 공격 대상 노드로 트래픽을 발생시켜서 실제로 정상적인 사용자들이 서비스를 사용할 수 없도록 만듭니다. DDoS 공격을 전문적으로 방어하는 기업은 BGP를 사용하여 공격 대상 노드를 대상으로 하는 모든 트래픽을 AS 네트워크로 재라우팅하고, 정상적인 트래픽에서 악의적인 트래픽을 필터링하고, 필터링된 정상적인 트래픽만을 서비스를 사용할 수 있도록 하여 DDoS 공격을 방어합니다.

이름과 주소 해석

DNSDomain Name System(**도메인 네임 시스템**)는 IP 주소를 도메인 네임domain name과 일치시키는 방법으로, 도메인 네임이란 웹사이트를 방문하고자 할 때 주소 표시줄에 입력하는 이름입니다. 인터넷 프로토콜은 호스트를 찾기 위해 IP 주소를 사용하지만 가령, google.com 같은 도메인 네임은 사람들이 이해하고 기억하기에 더 쉽습니다. 누군가가 여러분에게 172.217.6.14라는 IP 주소로 접속하라고 한다면, 여러분은 누가 그 IP 주소를 소유했는지, 어디로 접속해야 하는지 기억하기 어려울 겁니다. 하지만 google.com으로 접속하라고 한다면 정확히 어디에 접속하라는지 기억할 수 있을 겁니다. DNS는 IP 주소 대신에 호스트 이름을 기억할 수 있도록 해 줍니다. 스마트폰에서 모든 전화번호를 기억하지 않고 주소록에서 가져올 수 있는 것처럼 말입니다.

모든 도메인은 **.com**, **.net**, **.org** 같은 **최상위 계층 도메인**top-level domain의 하위 도메인입니다. 예를 들어, nostarch.com은 No Starch 출판사에서 **.com** 최상위 계층 도메인의 IANA의 등록 권한을 가진 등록자(예를 들어, 가비아)로부터 등록한 도메인입니다. No Starch 출판사는 nostarch.com의 DNS 레코드를 관리하고 DNS 서버에 레코드를 등록할 독점 권한을 갖습니다. 이 권한에는 **서브도메인**subdomain(**도메인의 하위 영역**)도 포함됩니다. 예를 들어, maps.google.com은 google.com의 서브도메인입니다. 조금 더 긴 예시로 sub3.sub2.sub1.domain.com이라는 도메인이 있는데, 여기서 **sub3**은 sub2.sub1.domain.com의 서브도메인이며, **sub2**는 sub1.domain.com의 서브도메인이며, **sub1**은 domain.com의 서브도메인입니다.

웹 브라우저에 https://nostarch.com을 입력하면 컴퓨터는 설정된 **도메인 네임 확인 프로그램**domain name resolver으로부터 도메인 네임을 질의합니다. 도메인 네임 확인 프로그램은 사용자의 도메인 네임 질의로부터 IP 주소를 얻어 올 수 있는 서버 프로그램입니다. 도메인 네임 확인 프로그램은 IANA가 관리하는 13개의 루트 네임 서버로부터 nostarch.com의 IP 주소를 질의합니다. 루트 네임 서버는 질의한 도메인으로부터 최상위 계층 도메인 정보인 .com 네임 서버의 주소를 반환합니다. 이후 프로그램은 **.com** 네임 서버에 다시금 nostarch.com의 IP 주소를 질의하고, 이후 No Starch 출판사의 네임 서버의 주소를 반환합니다. 마지막으로, 프로그램은 No Starch 출판사의 네임 서버에 nostarch.com의 IP 주소를 질의하고, 응답받습니다. 웹 브라우저는 응답받은 이 IP 주소로 연결하여서 웹 페이지를 받아 온 후에 브라우저에 렌더링합니다. 이러한 계층적인 도메인 확인 과정 덕분에 웹 브라우저에서는 웹 서버에 대한 아무런 설정 없이 도메인만으로도 접속할 수 있습니다. No Starch 출판사는 IP가 변경되더라도 자유롭게 다른 ISP로 옮겨갈 수 있으며, 그럼에도 동일한 주소로 웹사이트에 접근할 수 있습니다.

도메인 네임 리소스 레코드

도메인 네임 서버는 서비스를 제공하는 도메인에 대한 **리소스 레코드**resource record를 유지합니다. 리소스 레코드에는 IP 주소나 메일 서버 호스트 이름, 메일 처리 규칙 및 인증 토큰과 같은 도메인 네임 질의를 충족하는 데 사용되는 도메인별 정보가 포함됩니다. 보다 더 많은 리소스 레코드가 있지만 이번 섹션에서는 가장 일반적으로 사용되는 주소 레코드, 권한 시작 레코드, 네임 서버 레코드, 캐노니컬canonical 네임 레코드, 메일 교환 레코드, 포인터 레코드 및 텍스트 레코드에 대해서만 다룹니다.

> **참고** 더욱 자세한 DNS 리소스 레코드의 종류를 알아보려면 위키피디아를 참고하기 바랍니다(https://bit.ly/3h3LBRC).

각 리소스 레코드를 설명하고자 **dig**이라는 유틸리티를 사용하여 도메인 네임 서버에 질의할 것입니다. 이 유틸리티는 운영체제 내에서 사용할 수도 있지만, 설치되어 있지 않다면 G Suite 툴박스의 Dig 유틸리티를 이용하면 브라우저에서도 비슷한 결과를 확인할 수 있습니다(https://toolbox.googleapps.com/apps/dig/). 보게 될 모든 도메인 네임은 **정규화된 것**Fully Qualified입니다. 즉, 마침표(.)로 끝나고 루트 영역에서 도메인의 전체 계층 구조를 표시합니다. **루트 영역**root zone은 최상위 DNS 네임 스페이스입니다.

dig의 기본 출력값에는 질의와 관련된 약간의 데이터를 포함하지만, 우리는 이 출력 자체를 공부하는 것이 아닙니다. 따라서 다음 각 예시에서 **dig**의 출력값의 헤더와 푸터 정보를 잘라 내기로 하였습니다. 또한, 이 책에 있는 특정한 출력 결과는 각 질의를 실행한 순간의 결괏값이므로 이후에 여러분이 실행한 결괏값과는 다를 수 있습니다.

A 레코드

AAddress(**주소**) **레코드**는 여러분이 질의할 가장 흔한 레코드입니다. A 레코드는 하나 이상의 IPv4 주소로 해석resolve됩니다. 컴퓨터가 리졸버resolver에게 nostarch.com 도메인에 대한 IP 주소를 요청하면, 리졸버는 네임 서버에게 nostarch.com 도메인의 A 리소스 레코드를 조회합니다. 목록 2-1은 google.com의 A 레코드를 질의했을 때의 질문과 응답 섹션을 나타냅니다.

목록 2-1 google.com에 대한 A 리소스 레코드 DNS 응답

```
$ dig google.com. a
--생략--
❶ ;; QUESTION SECTION:
❷ ;google.com. ❸IN ❹A
❺ ;; ANSWER SECTION:
❻ google.com.   ❼167 IN A ❽172.217.24.78
--생략--
```

DNS 응답의 각 섹션은 세미콜론으로 표기된 헤더(❶)로 시작합니다(세미콜론은 주석을 나타냅니다). QUESTION 섹션에서는 도메인 네임 서버로 google.com(❷)에 대한 도메인 네임 질의 요청을 확인할 수 있습니다. 또한, 인터넷과 관련되었음을 의미하는 IN 클래스(❸)와 A 레코드에 대한 요청임을 나타내는 A(❹)도 확인할 수 있습니다.

ANSWER 섹션에서는(❺) 도메인 네임 서버가 google.com을 6개의 IPv4 주소로 해석되는 것을 볼 수 있습니다. DNS 응답의 각 라인의 첫 번째 필드는 질의한 도메인 네임입니다(❻). 두 번째 필드는 레코드의 TTL 값입니다(❼). TTL 값은 도메인 네임 리졸버에게 이 도메인 레코드에 대한 DNS 응답을 얼마나 캐싱할지, 캐싱된 레코드가 만료되기까지의 시간을 나타냅니다. 어떠한 DNS 요청에 대한 응답이 캐시 내에 있으면 도메인 네임 서버로 질의하는 대신에 캐싱된 결과를 반환합니다. 이러함으로써 자주 변경되지 않는 레코드들에 대한 도메인 네임 해석 성능을 향상할 수 있습니다. 이 예에서 레코드는 167초 후에 만료됩니다. 마지막 필드는 IPv4 주소입니다(❽). 웹 브라우저는 google.com으로의 연결을 맺기 위해 6개의 IPv4 주소 중 아무 주소나 사용할 수 있습니다.

AAAA 리소스 레코드는 IPv6 버전의 A 레코드입니다.

SOA 레코드

SOAStart of Authority(**권한 시작**) **레코드**는 목록 2-2와 같이 도메인에 대한 권한 있는 세부 정보와 관리 세부 정보를 포함합니다. 모든 도메인은 반드시 SOA 레코드를 갖습니다.

목록 2-2 google.com에 대한 DNS의 SOA 리소스 레코드 응답 정보

```
$ dig google.com. soa
--생략--
;; QUESTION SECTION:
;google.com. IN SOA
;; ANSWER SECTION:
google.com. 60 IN SOA ❶ns1.google.com. ❷dns-admin.google.com. ❸397952573
900 900 1800 60
--생략--
```

SOA 레코드의 첫 네 개의 필드는 A 레코드의 필드와 동일합니다. SOA 레코드에는 또한 기본 네임 서버(❶), 관리자의 이메일 주소(❷) 필드가 있으며, 보조 네임 서버로 사용되는 필드(❸)가 있습니다(보조 네임 서버는 이 책의 범위를 벗어납니다). 도메인 네임 서버는 주로 SOA 레코드를 사용하지만, 도메인 관리자에게 문의하려는 경우 이메일 주소를 유용하게 활용할 수 있습니다.

> **참고** 앳 기호(@)를 마침표(.)로 대체한 관리자의 이메일 주소가 이름으로 인코딩되어 있습니다.

NS 레코드

NSName Server**(네임 서버) 레코드**는 도메인 네임에 대한 권한 있는 네임 서버를 반환합니다. **권한 있는 이름 서버**authoritative name server란 도메인 네임에 대한 응답을 제공할 수 있는 네임 서버입니다. NS 레코드에는 SOA 레코드의 기본 네임 서버와 도메인에 대한 DNS 질의에 응답하는 보조 네임 서버가 포함됩니다. 목록 2-3은 google.com에 대한 NS 레코드의 예시입니다.

목록 2-3 google.com의 NS 리소스 레코드에 대한 DNS 응답

```
$ dig google.com. ns
--생략--
;; QUESTION SECTION:
;google.com. IN NS
;; ANSWER SECTION:
google.com. 111210 IN NS ❶ns2.google.com.
google.com. 111210 IN NS ns4.google.com.
google.com. 111210 IN NS ns1.google.com.
google.com. 111210 IN NS ns3.google.com.
--생략--
```

다음에 살펴볼 CNAME 레코드처럼 NS 레코드도 IP 주소가 아닌 FQDNFully Qualified Domain Name(전체 주소 도메인 네임)을 반환합니다(❶).

CNAME 레코드

CNAMECanonical Name**(캐노니컬 네임)**[8] **레코드**는 해당 레코드가 해석되는 도메인을 다른 도메인으로 가리킵니다. 목록 2-4는 CNAME 레코드의 응답을 나타냅니다. CNAME 레코드를 사용하면 관리가 쉬워집니다. 예를 들어, mail.yourdomain.com이라는 도메인에 해당하는 CNAME 레코드를 만든 후 지메일의 로그인 페이지로 넘길 수 있습니다. 이로 인해 사용자가 기억하기도 쉬워질 뿐 아

---

8 [옮긴이] 캐노니컬에 해당하는 **Canonical**이라는 단어는 '기준이 되다'라는 의미에서 파생된 뜻이 사용됩니다. 즉, 캐노니컬 네임이란 기준이 되는 이름이란 뜻으로서 흔히 CNAME을 별칭 혹은 닉네임이라고도 부릅니다. 어떠한 도메인(원본)이 다른 도메인(대상)에 대해 캐노니컬 네임인 경우, 원본 도메인은 대상 도메인에 대해 기준이 되는 도메인이며, 대상 도메인은 원본 도메인의 별칭이 됩니다.

니라 미래의 사용자들에게 별도로 알리지 않고도 다른 이메일 제공자[9]로 변환하는 등의 유연함을 갖게 됩니다.

목록 2-4 mail.google.com의 CNAME 리소스 레코드에 대한 DNS 응답

```
$ dig mail.google.com. a
--생략--
;; QUESTION SECTION:
;mail.google.com. IN A
;; ANSWER SECTION:
❶ mail.google.com. 193532 IN CNAME ❷googlemail.l.google.com.
googlemail.l.google.com. 70 IN A 142.250.66.133
--생략--
```

도메인 네임 서버에 서브 도메인 mail.google.com에 대해 A 레코드를 요청했지만 CNAME 응답을 받았습니다. 이를 보면 googlemail.l.google.com(❷)이라는 도메인은 mail.google.com(❶)이라는 도메인의 캐노니컬 네임임을 알 수 있습니다. 감사하게도 googlemail.l.google.com 도메인에 대한 A 레코드의 결과도 같이 응답으로 받아서 또 다른 DNS 요청을 하지 않아도 됩니다. 그래서 목적지의 IP 주소가 142.250.66.133임을 알게 되었습니다. 구글의 도메인 네임 서버는 A 레코드 응답 권한과 CNAME 레코드 응답 권한을 동시에 가지고 있기 때문에 두 결과를 같이 반환할 수 있습니다. 그렇지 않은 경우에는 CNAME 레코드에 대한 응답 결과만 받게 되어, 또 다른 CNAME의 결괏값으로 받은 주소의 IP 주소를 해석하기 위한 DNS 요청을 해야만 합니다.

MX 레코드

MX_{Mail Exchange}(메일 익스체인지) 레코드는 도메인 내의 수신인에게 이메일을 보낼 때 연락할 메일 서버의 호스트 네임을 지정합니다. 원격 메일 서버는 수신인의 이메일 주소의 도메인 부분에 대한 MX 레코드를 질의하여 수신인에 대한 메일을 수신할 서버를 결정합니다. 목록 2-5는 메일 서버가 수신할 응답을 나타냅니다.

목록 2-5 google.com의 MX 리소스 레코드에 대한 DNS 응답

```
$ dig google.com. mx
--생략--
;; QUESTION SECTION:
;google.com.   IN MX
;; ANSWER SECTION:
google.com. 600 IN MX ❶10 aspmx.l.google.com
```

---

9   [옮긴이] 예를 들어, 네이버 이메일

```
google.com. 600 IN MX 40 alt3.aspmx.l.google.com.
google.com. 600 IN MX 50 alt4.aspmx.l.google.com.
google.com. 600 IN MX 30 alt2.aspmx.l.google.com.
google.com. 600 IN MX 20 alt1.aspmx.l.google.com.
--생략--
```

도메인 네임, TTL 값, 레코드 타입 외에도 MX 레코드는 각 메일 서버의 우선순위를 매기는 **우선순위**priority field **필드(❶)**가 있습니다. 작은 숫자일수록 높은 우선순위를 갖게 됩니다. 메일 서버는 가장 높은 우선순위를 갖는 메일 서버에 먼저 이메일 전송을 요청하며, 필요한 경우 내림차순으로 다음 메일 서버들에게 이메일 전송을 요청합니다. 같은 우선순위를 가진 메일 서버에 대해서는 무작위로 선택합니다.

PTR 레코드

PTRPointer**(포인터) 레코드**를 사용하면 IP 주소에 해당하는 도메인 이름을 조회하는, 역방향 조회를 수행할 수 있습니다. 목록 2-6은 8.8.4.4에 대한 역방향 조회를 나타냅니다.

목록 2-6 8.8.4.4의 PTR 리소스 레코드에 대한 DNS 응답

```
$ dig 4.4.8.8.in-addr.arpa. ptr
--생략--
;; QUESTION SECTION:
❶ ;4.4.8.8.in-addr.arpa. IN PTR
;; ANSWER SECTION:
4.4.8.8.in-addr.arpa. 34805 IN PTR ❷dns.google.
--생략--
```

PTR 레코드로 질의를 수행하려면 IPv4 주소에 in-addr.arpa라는 특별한 도메인을 추가해서 도메인 네임 서버에 IPv4 주소를 역순으로 요청합니다(❶). 특별한 도메인을 덧붙이는 이유는 모든 역방향 DNS 레코드는 **.arpa** 최상위 계층 도메인 하위에 존재하기 때문입니다. 예를 들어, 1.2.3.4라는 IP에 대해 PTR 레코드로 질의하려면 4.3.2.1.in-addr.arpa 도메인을 사용해야 합니다. 목록 2-6의 질의 결과를 보면 8.8.4.4라는 IPv4 주소의 역방향 DNS 레코드는 google-public-dns-b.google.com이라는 도메인으로 해석되는 것을 확인할 수 있습니다(❷). IPv6 주소에 대해 역 DNS 레코드를 해석한다면 IPv4와 마찬가지로 IPv6 주소에 ip6.arpa라는 특별한 도메인을 추가해서 역순으로 요청하면 됩니다.

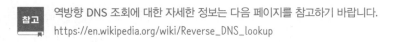

참고 역방향 DNS 조회에 대한 자세한 정보는 다음 페이지를 참고하기 바랍니다.
https://en.wikipedia.org/wiki/Reverse_DNS_lookup

TXT 레코드

TXTText(**텍스트**) **레코드**를 사용하면 도메인 소유자가 임의의 텍스트를 반환할 수 있습니다. 이러한 레코드에는 도메인의 소유권을 증명하는 값이나 원격 메일 서버가 이메일을 인증하는 데에 사용하는 값, 도메인 대신 메일을 보낼 수 있는 IP 주소를 지정하는 항목 등의 목적으로 사용됩니다. 목록 2-7은 google.com과 관련된 텍스트 레코드를 보여 줍니다.

목록 2-7 google.com의 TXT 리소스 레코드에 대한 DNS 응답

```
$ dig google.com. txt
--생략--
;; QUESTION SECTION:
;google.com. IN TXT
;; ANSWER SECTION:
google.com. 3600 IN TXT ❶"facebook-domain-verification=22rm551cu4k0ab0bxsw536tlds4h95"
google.com. 3600 IN TXT"google-site-verification=TV9-DBe4R80X4v0M4U_bd_
J9cpOJM0nikft0jAgjmsQ"
google.com. 3600 IN TXT "docusign=05958488-4752-4ef2-95eb-aa7ba8a3bd0e"
google.com. 3600 IN TXT "google-site-verification=wD8N7i1JTNTkezJ49swvWW48f8_
9xveREV4oB-0Hf5o"
google.com. 3600 IN TXT ❷"v=spf1 include:_spf.google.com ~all"
google.com. 3600 IN TXT "MS=E4A68B9AB2BB9670BCE15412F62916164C0B20BB"
google.com. 3600 IN TXT "docusign=1b0a6754-49b1-4db5-8540-d2c12664b289"
--생략--
```

지금쯤이면 도메인 질의와 응답이 익숙해졌을 겁니다. TXT 레코드의 마지막 필드는 TXT 레코드 값의 문자열입니다(❶). 필드 내의 페이스북 인증 키는 구글의 페이스북 기업 계정이 페이스북 내의 구글 계정에 있는 내용을 바꿀 권한이 있다는 것을 나타냅니다. 또한, 원격 메일 서버에 구글을 대신하여 이메일을 전송할 수 있는 IP 주소를 알려 주는 **메일 서버 등록제**Sender Policy Framework 규칙을 포함합니다(❷).

 도메인 인증에 대한 자세한 정보는 페이스북 개발자 사이트를 참고하기 바랍니다.
https://developers.facebook.com/docs/sharing/domain-verification/

멀티캐스트 DNS

멀티캐스트 DNSmDNS는 DNS 서버가 없을 때 LAN을 통해 도메인 네임을 쉽게 확인할 수 있는 프로토콜입니다. 노드가 도메인 이름을 IP 주소로 확인하려 할 때 IP 멀티캐스트 그룹에 요청을 보냅니다. 그룹으로부터 수신을 대기 중인 노드는 질의를 받고, 요청받은 도메인에 해당하는 IP를 가진 노드는 IP 멀티캐스트 그룹에 자신의 IP 정보를 응답합니다. 컴퓨터에 네트워크 프린터를 설정해 본 경험이 있다면 mDNS를 사용해 본 경험이 있는 것입니다.

DNS 쿼리의 프라이버시 및 보안 고려 사항

인터넷상의 DNS 트래픽은 일반적으로 암호화되어 있지 않습니다. 가상 사설망Virtual Private Network, VPN에 연결되어 있고 모든 DNS 트래픽이 VPN을 통해 암호화된 터널을 통과하는지 확인해야 하는 경우 잠재적으로 예외적인 상황이 발생할 수 있습니다. DNS의 트래픽이 암호화되어 있지 않기 때문에 비양심적인 ISP 또는 중간 제공자가 DNS 질의의 중요한 정보를 훔쳐본 후에 제 3자와 공유할 수 있습니다. HTTPS로만 웹사이트를 탐색하더라도 DNS의 암호화되지 않은 특성 때문에 보안에 안전할 수 있는 습관이 무용지물이 되며, 심지어는 DNS 서버 관리자가 사용자가 방문하는 사이트를 훔쳐볼 수도 있습니다.

또한, DNS 트래픽은 평문으로 주고받기 때문에 이에 대한 보안 역시 고려해야 합니다. 공격자는 사용자의 DNS 질의를 대신 응답하여 사용자의 웹 브라우저가 악의적인 웹사이트를 방문하도록 유인할 수 있습니다. 대개 이러한 공격의 난이도를 생각해 보면 직접 이러한 일을 겪을 일은 잘 없지만, 그럼에도 보안 취약점이 존재한다는 사실을 이해하는 것은 중요합니다. DNS 서버는 응답을 캐시하는 경우가 많으므로 이 공격은 대개 여러분의 장치와 장치가 사용할 DNS 서버 사이에서 발생합니다. RFC 7626(https://tools.ietf.org/html/rfc7626/)에서 이 주제와 관련한 내용을 다룹니다.

도메인 네임 시스템 보안 확장

일반적으로 콘텐츠 인증과 채널 인증이라는 두 가지 방법으로 네트워크를 통해 전송되는 데이터의 신뢰성을 보장할 수 있습니다. **DNSSEC**Domain Name System Security Extension(**도메인 네임 시스템 보안 확장**)은 디지털 서명을 사용하여 응답을 인증함으로써 전송 중인 DNS 응답이 은밀하게 수정되는 것을 방지하는 방법입니다. DNSSEC는 콘텐츠를 인증하여 데이터의 신뢰성을 보장합니다. DNS 서버는 제공하는 리소스 레코드에 암호화 서명하고 이러한 서명을 사용할 수 있도록 합니다. 그런 다음 권한 있는 DNS 서버의 응답을 서명에 대해 검증하여 응답이 올바른지를 확인합니다. DNSSEC는 프라이버시 보호 문제를 해결해 주지는 않습니다.

DNSSEC 질의는 수동적인 관측이 가능하도록 네트워크상에 암호화되지 않은 채로 전송합니다.

TLS를 통한 DNS

RFC 7858(https://tools.ietf.org/html/rfc7858)에 자세히 설명되어 있는 TLS를 통한 DNSDNS over TLS, DoT는 클라이언트와 DNS 서버 사이에 암호화된 연결을 설정하기 위해 **TLS**Transport Layer Security를 사용하여 보안과 프라이버시 문제를 모두 해결합니다. TLS는 네트워크의 노드 간에 암호화적으로 안전한 통신을 제공하기 위해 사용되는 범용 프로토콜입니다. TLS를 사용하면 DNS 요청 및 응답이 전송 중에 완전하게 암호화되므로 공격자가 응답을 도청하거나 조작할 수 없습니다. DoT 는 채널을 인증하여 데이터의 신뢰성을 보장합니다. DNS 서버와 클라이언트 간의 전체 대화가 암호화되므로 DNSSEC와 같은 암호화 서명에 의존할 필요가 없습니다.

DoT는 일반적인 DNS 트래픽과는 다른 네트워크 포트를 사용합니다.

HTTPS를 통한 DNS

RFC 8484(https://tools.ietf.org/html/rfc8484/)에 자세히 설명되어 있는 **HTTPS를 통한 DNS**DNS over HTTPS, DoH는 많이 사용되는 TCP 포트인 HTTPS 포트를 사용하여 DNS의 보안 문제와 프라이버시 문제를 해결하는 것이 목표입니다. DoT와 마찬가지로 DoH도 암호화된 연결을 통해 데이터를 전송하여 채널을 인증합니다. DoH는 공통 포트를 사용하여 DNS 요청, 응답을 HTTP 요청, 응답으로 매핑합니다. HTTP를 통한 질의는 캐싱, 압축, 프락시 및 리디렉션과 같은 모든 HTTP 기능을 활용할 수 있다는 장점이 있습니다.

이 장에서 배운 것

이번 장에서는 많은 기본 지식을 다루었습니다. IP 주소에 대해 배웠고, IPv4 멀티캐스팅과 브로드캐스팅에 대한 기본, TCP와 UDP 포트, 소켓 주소, NAT와 ARP에 대해 배웠습니다. 그리고 IPv6에 대해 배웠고, 주소 범주, 그리고 IPv4 보다 나은 장점을 배웠습니다. 또한, 주요 네트워크 라우팅 프로토콜, ICMP, DNS에 대해 배웠습니다. 이번 장에서 다룬 내용에 대한 더욱 깊고 넓은 공부를 하고 싶다면, 찰스 코지록Charles M. Kozierok의 저서인 《TCP/IP Guide》를 읽어 보기 바랍니다.[10]

---

10 옮긴이 《TCP/IP 완벽 가이드》(에이콘출판사, 2007)

II

소켓 계층 프로그래밍

PART

II

CHAPTER 3	신뢰성 있는 TCP 데이터 스트림
CHAPTER 4	TCP 데이터 전송하기
CHAPTER 5	신뢰성 없는 UDP 통신
CHAPTER 6	UDP 통신의 신뢰성 확보
CHAPTER 7	유닉스 도메인 소켓

3

신뢰성 있는 TCP 데이터 스트림

 TCP를 사용하면 네트워크상 노드 간에 데이터를 안정적으로 스트리밍 할 수 있습니다. 이번 장에서는 TCP를 연결하고 데이터를 전송하기 위 해 작성하는 프로토콜에 대해 코드 측면에서 깊게 살펴볼 것입니다. 이 러한 지식은 프로그램상에서 네트워크와 관련된 문제를 디버깅하는 데 도움이 될 것입니다.

먼저 TCP 연결 과정 중 핸드셰이크의 절차, 번호 순서, 승인, 재전송 및 기타 기능에 대해 살펴볼 것입니다. 그리고 Go 언어를 사용하여 TCP 세션 수립부터 종료 단계까지 구현해 볼 것입니다. 이 후에는 타임아웃과 일시적인 에러 상황에 대해 어떻게 발견하고 처리하여 사용자의 경험을 해치 지 않는지 알아볼 것입니다. 마지막으로, 사전에 불안정한 네트워크 연결을 탐지하는 방법에 대해 알아볼 것입니다. Go 언어의 표준 라이브러리를 사용하면 신뢰성 있는 TCP 기반의 네트워크 애 플리케이션을 작성할 수 있습니다. 하지만 신경 써서 수신 데이터를 관리하지 않거나 연결을 제대 로 닫지 않으면 프로그램상에서 심각한 버그가 발생할 수 있다는 사실을 주의해야 합니다.

TCP를 신뢰성 있게 만드는 것

TCP는 패킷 손실 문제와 패킷을 수신하는 순서에 대한 문제를 잘 해결하였다는 점에서 신뢰성이 있습니다. **패킷 손실**packet loss은 일반적으로 무선 네트워크 간섭이나 네트워크 정체 등의 이유로 데이터가 전송에 실패하여 목적지까지 도달하지 못한 경우 발생합니다. **네트워크 정체**network congestion는 네트워크의 연결상 처리할 수 있는 양 이상의 데이터를 전송하려 할 때 발생합니다. 예를 들어, **10Mbps**Megabit-per-second 연결에서는 **1Gbps**Gigabit per second의 데이터를 전송할 수 없습니다. 10Mbps의 연결은 빠르게 포화될 것이고, 데이터를 처리하는 노드는 초과되는 데이터를 전부 삭제할 것입니다.

TCP는 데이터의 전송 속도를 조정하여 네트워크의 상태가 변경되더라도(가령, Wi-Fi 신호가 미약해지거나 목적지 노드가 정체되는 경우) 손실된 패킷을 최소로 유지하면서 데이터를 가능한 한 빠르게 전송할 수 있도록 합니다. **흐름 제어**flow control라고 불리는 이 절차는 최선을 다해 네트워크 매체의 하위 계층의 결함을 보완합니다. TCP는 악조건의 네트워크에서 데이터를 잘 전송할 수 없으며, 네트워크 하드웨어에 의존적입니다.

또한, TCP는 수신한 패킷을 추적하고, 승인되지 않은 패킷은 필요에 따라 재전송합니다. 예를 들어, 전송 도중에 데이터가 다시 라우팅되는 경우 수신되는 패킷의 순서가 깨지게 됩니다. 2장에서 라우팅 프로토콜이 메트릭스metrics를 사용하여 패킷 라우팅 방법을 결정하였습니다. 이러한 메트릭스는 네트워크의 상태가 변화함에 따라 변경됩니다. 전송하는 모든 패킷이 TCP 세션 기간 동안 동일한 경로를 사용한다는 보장이 없습니다. 다행히도 TCP는 순서 없는 패킷을 정리하여 순차적으로 처리합니다.

흐름 제어, 재전송과 함께 이러한 속성들은 TCP가 패킷 손실 문제를 해결하고 데이터 전송의 신뢰도를 높여 줍니다. 그 결과 TCP를 사용하면 이러한 문제들에 대해 신경 쓸 필요가 없으며, 보내고 받는 데이터에만 집중할 수 있습니다.

TCP 세션 사용

TCP 세션을 사용하면 어떠한 크기의 데이터 스트림이라도 전송할 수 있으며 데이터가 정상적으로 수신되었다는 것을 확인할 수 있습니다. 그래서 데이터를 정상적으로 수신되었는지 알기 위해 비효율적으로 필요 이상의 데이터를 네트워크상에 전송하지 않아도 됩니다.

대화 도중 고개를 끄덕여서 듣고 있다는 표시를 하는 것처럼 TCP 스트리밍은 데이터의 전송 도중 문제가 생긴 경우 실시간으로 문제 상황을 전달하여 고칠 수 있습니다. 실제로 TCP 세션은 두 노드 간의 대화라고 생각할 수 있습니다. 인사로 시작해서 대화로 진행되고, 작별 인사로 끝납니다.

여러분이 직접 TCP의 세세한 부분을 구현하실 필요는 없습니다. Go 언어의 net 패키지를 이용하면 TCP의 세부 사항을 처리해 주므로 이를 활용할 것입니다.

TCP 핸드셰이크를 통한 세션 수립

TCP 연결은 클라이언트와 서버 사이에 3방향 핸드셰이크three-way handshake라 부르는 과정을 통해 진행됩니다.[11] 연결이 정상적으로 이루어지면 TCP 세션을 생성하며, TCP 세션을 통해 클라이언트와 데이터가 데이터를 주고받습니다. 그림 3-1은 핸드셰이크 과정에서 주고받는 세 개의 메시지를 나타냅니다.

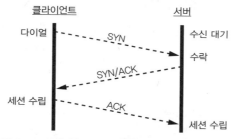

그림 3-1 3방향 핸드셰이크를 통한 TCP 세션 수립 과정

TCP 세션이 수립되려면 서버는 반드시 연결 요청을 수신 대기하고 있어야 합니다. (이번 장에서 수신 대기 노드와 다이얼링 노드에 대해서 각각 서버server와 클라이언트client라는 용어를 사용합니다. 원래 TCP에는 서버와 클라이언트라는 개념이 없습니다. 어떤 한 노드가 다른 노드로 연결한 세션만 존재합니다.)

핸드셰이크의 첫 단계로 클라이언트는 **SYN**Synchronize(**동기화**) 플래그가 설정된 패킷을 서버로 전송합니다. 이 SYN 패킷은 서버에게 클라이언트의 정보와 이후 통신에서 사용할 슬라이딩 윈도 설정값을 알려 줍니다. 이번 장에서 데이터 수신에서 사용되는 슬라이딩 윈도에 대해 짧게 다룰 것입니다. 두 번째 단계로 서버는 **ACK**Acknowledgment(**승인**) 플래그와 SYN 플래그가 설정된 패킷을 클라이언트로 전송합니다. ACK 플래그는 클라이언트가 보낸 SYN 패킷을 정상적으로 수신하였다는 의미로서, 마치 서버가 클라이언트의 SYN 패킷에 대해 보내는 영수증과 같은 역할을 합니다. 서버의 SYN 패킷은 클라이언트가 보낸 SYN 패킷의 설정 값에서 어떤 설정 값을 통신 중에

---

11 [옮긴이] 3방향 핸드셰이크란 결국 세 번의 통신을 의미하는데, 마치 악수를 하는 것과 같이 진행되어서 3방향 핸드셰이크라고 부릅니다.

사용할지 클라이언트에게 통보합니다. 마지막인 세 번째 단계로 클라이언트는 서버의 SYN 패킷을 승인한다는 ACK 패킷을 보내며 3방향 핸드셰이크가 완료됩니다.

3방향 핸드셰이크가 완료되면 TCP 세션이 수립되며, 이후에 두 노드는 데이터를 주고받을 수 있습니다. TCP 세션은 어느 한쪽에서 데이터를 전송하지 않으면 유휴 상태로 남아 있습니다. 관리되지 않고 장시간 유휴 상태로 남아 있는 TCP 세션은 불필요하게 메모리를 낭비할 수 있습니다. 이번 장에서 살펴볼 코드에서 유휴 상태로 남아 있는 연결을 관리하는 테크닉에 대해 다뤄 볼 것입니다.

코드상에서 연결을 초기화할 때 Go는 연결 객체를 반환하거나 에러를 반환합니다. 연결 객체를 받았다면 TCP 핸드셰이크가 성공한 것입니다. 핸드셰이크 과정 자체를 직접 다루지 않아도 됩니다.

시퀀스 번호를 이용한 패킷 수신 확인

각 TCP 패킷은 **시퀀스 번호**sequence number를 포함하고 있습니다. Go 프로그램에서는 그림 3-2에서 볼 수 있는 것처럼 시퀀스 번호를 이용하여 패킷의 수신을 확인하고, 패킷의 순서를 올바르게 정렬할 수 있습니다.

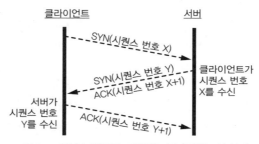

그림 3-2 시퀀스 번호를 교환하는 클라이언트와 서버

클라이언트의 운영체제는 초기 시퀀스 번호(그림 3-2에서의 X)를 생성하고 핸드셰이크 과정 중 서버로 SYN 패킷을 보냅니다. 서버는 클라이언트로부터 받은 시퀀스 번호를 클라이언트에게 보내는 ACK 패킷에 포함하는 형태로 패킷 수신을 확인합니다. 마찬가지로 서버에서도 초기 시퀀스 번호 Y를 생성하여 클라이언트에게 SYN 패킷을 보냅니다. 클라이언트는 서버로부터 받은 SYN 패킷을 ACK 패킷으로 응답합니다.

ACK 패킷의 시퀀스 번호는 해당 시퀀스 번호를 포함한 번호까지의 이전 모든 패킷을 수신하였다는 의미를 나타냅니다. 하나의 ACK 패킷이 송신자가 보낸 하나 이상의 패킷의 수신 확인이 될 수 있습니다. 송신자는 어느 패킷을 재전송할지 결정하기 위해 ACK 패킷에 있는 시퀀스 번호를 사용합니다. 예를 들어, 송신자가 시퀀스 번호 100번까지 다량의 패킷을 보냈는데 수신자로부터 시퀀스 번호 90번의 ACK 패킷을 받으면, 송신자는 시퀀스 번호 91번부터 100번까지 재전송해야 한다는 것을 알 수 있습니다.

네트워크 프로그램을 작성하고 디버깅할 때 종종 코드상에서 송수신하는 트래픽을 들여다봐야 하는 경우가 있습니다. TCP 패킷을 캡처하고 분석하는 데 좋은 도구로 와이어샤크(https://www.wireshark.org/)를 강력 추천합니다. 와이어샤크를 사용하면 여러분이 작성한 코드가 네트워크로 데이터를 어떻게 전송하는지 이해하는 데 큰 도움이 됩니다. 와이어샤크에 대해 더 알아보려면 크리스 샌더스Chris Sanders의 《Practical Packet Analysis, 3rd Edition》(No Starch Press, 2017)[12]을 참고하기 바랍니다.

와이어샤크로 프로그램의 네트워크 트래픽을 보면 **SACK**Selective Acknowledgement(**선택적 승인**) 패킷이 있습니다. 이 패킷은 전송된 패킷들 중에 **일부**만 수신 확인하였다는 ACK 패킷입니다. 예를 들어, 송신자가 100개의 패킷을 보냈는데 1번부터 59번까지의 패킷과 81번부터 100번까지의 패킷만 수신되었다고 가정합시다. 수신자는 자신이 어떤 패킷을 수신하였는지 SACK 패킷을 통해 송신자에게 알려 줍니다.

Go에서 이러한 로우 레벨의 구현을 처리해 주기 때문에 여러분의 코드에서 시퀀스 번호나 수신 확인 등을 신경 쓰실 필요는 없습니다.

수신 버퍼와 슬라이드 윈도 크기

TCP가 하나 이상 수신된 패킷의 수신 확인을 위해 단 하나의 ACK 패킷을 사용하기 때문에 수신자는 송신자가 수신 확인을 보내기 전에 수신 버퍼에 어느 정도의 공간이 가용한지를 미리 전달해야만 합니다. **수신 버퍼**receive buffer는 네트워크 연결 중 수신 데이터에서 사용하기 위해 예비해 둔 메모리 공간입니다. 수신 버퍼를 사용하면 프로그램상에서 네트워크에서 데이터를 보내는 즉시 매번 읽을 필요 없이 어느 정도는 데이터를 받을 수 있습니다. 클라이언트와 서버는 각 연결마다 자신만의 고유한 수신 버퍼를 관리합니다. Go 코드가 네트워크 연결 객체로부터 데이터를 읽으면, 내부적으로는 해당 연결의 수신 버퍼로부터 데이터를 읽습니다.

ACK 패킷에는 특별하게 중요한 윈도 크기 정보가 포함됩니다. **윈도 크기**window size란 송신자가 수신자에게 수신 확인 필요 없이 전송할 수 있는 바이트의 숫자입니다. 클라이언트가 서버에게

---

12 옮긴이 《와이어샤크를 활용한 실전 패킷 분석(3판)》(에이콘출판사, 2017)

24,537이라는 크기의 윈도 크기를 포함하는 ACK 패킷을 보내면, 서버는 클라이언트가 또 다른 ACK 패킷을 보내기 전까지 최대 24,537바이트를 보낼 수 있다는 것을 알게 됩니다. 윈도 크기가 0이면 수신자의 버퍼가 가득 찼다는 의미이며, 더 이상 추가적으로 데이터를 받을 수 없는 상태임을 나타냅니다. 잠시 후에 이러한 시나리오에 대해 알아봅니다.

클라이언트와 서버 양측 모두 필요한 만큼의 수신 버퍼를 채우기 위하여 최선을 다해 각각의 윈도 크기를 관리합니다. ACK 패킷에 윈도 크기를 받고 데이터를 전송한 후 다음 ACK 패킷에 갱신된 윈도 크기를 보내고 계속해서 추가 데이터를 전송하는 이러한 방식을 **슬라이딩 윈도**sliding window라고 합니다(그림 3-3). 양측의 TCP 연결에서는 어느 때나 읽을 수 있는 윈도 크기만큼의 데이터를 제공합니다.

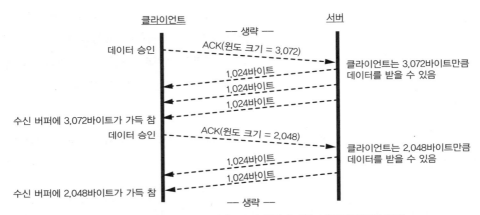

그림 3-3 클라이언트가 ACK 패킷으로 수신할 수 있는 데이터의 양을 알림

이 통신의 일부분에서 클라이언트는 이전 수신 데이터에 대해 ACK 패킷을 전송합니다. 클라이언트가 전송한 ACK 패킷에는 윈도 크기 3,072바이트에 대한 정보가 포함됩니다. 서버는 클라이언트가 다음으로 ACK 패킷을 전송할 때까지 최대 3,072바이트의 데이터를 전송할 수 있다는 것을 알게 되었습니다. 서버는 1,024바이트의 패킷을 세 번 보내어 클라이언트의 수신 버퍼를 채웁니다. 클라이언트는 서버로 갱신된 윈도 크기 2,048바이트에 대한 정보를 포함하여 ACK 패킷을 전송합니다. 이 말은 클라이언트가 서버로 데이터 승인을 보내기 전에 클라이언트상에서 구동 중인 프로그램이 수신 버퍼로부터 2,048바이트를 읽어 들였다는 것을 의미합니다. 이후 서버는 1,024바이트의 패킷을 두 번 더 보내어 클라이언트의 수신 버퍼를 채우고 그다음 ACK 패킷을 기다립니다.

다시 한번 언급하지만 코드상에서는 Go에서 TCP 연결을 수립할 때 반환되는 연결 객체에 읽고 쓰는 것만 신경쓰면 됩니다. 무언가 문제가 생긴다면 Go가 반드시 에러를 반환할 것이기 때문에 해당 에러를 처리하면 됩니다.

TCP 세션의 우아한 종료

핸드셰이크 절차와 같이 TCP 세션을 우아하게 종료하는 것graceful termination에도 패킷을 주고받는
절차가 있습니다. 양측의 연결 중 한쪽에서 FINfinish 패킷을 보내며 종료 시퀀스를 시작합니다. 그
림 3-4에서 클라이언트가 서버로 FIN 패킷을 보내며 종료 시퀀스를 시작합니다.

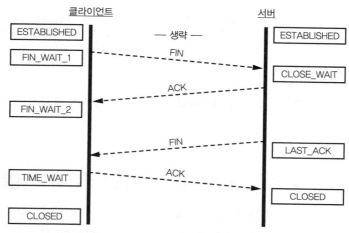

그림 3-4 클라이언트가 서버로 TCP 세션 종료 시퀀스를 시작함

클라이언트의 연결 상태는 ESTABLISHED에서 FIN_WAIT_1로 변경됩니다. FIN_WAIT_1은 클
라이언트가 연결을 해제하는 절차에 있고 서버의 승인 응답을 기다리고 있는 상태임을 뜻합니
다. 서버는 클라이언트의 FIN을 승인하고 해당 TCP 연결 상태를 ESTABLISHED에서 CLOSE_
WAIT으로 바꿉니다. 서버 또한 자체적으로 FIN 패킷을 보내며 연결 상태를 LAST_ACK으로 바
꿉니다. LAST_ACK은 클라이언트가 최종적으로 연결이 종료되었음을 알리는 승인을 기다리고
있는 상태임을 뜻합니다. 클라이언트는 서버의 FIN을 승인하고 연결 상태를 클라이언트가 보낸
최후의 ACK 패킷이 서버에 도달하기까지 대기하는 TIME_WAIT으로 바꿉니다. 클라이언트는
최대 세그먼트 생명주기의 두 배 만큼을 기다립니다(세그먼트 생명주기는 임의로 RFC 397 문서에 따라
기본 2분으로 설정되어 있지만, 운영체제상에서 이 값을 변경할 수 있습니다). 이후에는 더 이상 서버로부
터의 데이터 수신 대기 없이 연결 상태를 CLOSED로 변경합니다. **최대 세그먼트 생명주기**maximum
segment lifetime는 TCP 세그먼트가 송신자가 데이터를 전송 도중에 버려졌는지 아닌지를 판단하는
기준 값입니다. 클라이언트의 최후의 ACK 패킷을 받은 서버는 연결 상태를 CLOSED로 바꾸어
종료 시퀀스를 마칩니다.

초기의 핸드셰이크 때처럼 코드상에서 연결 객체를 닫기만 하면 Go에서 TCP 연결 해제 절차에 대한 내부 구현을 처리해 줍니다.

덜 우아한 종료 처리하기

모든 연결이 깔끔하게 종료되진 않습니다. 종종 TCP 연결을 물고 있는 프로그램이 어떠한 이유로 충돌하거나 갑작스럽게 멈춰 버리는 경우가 있습니다. 이러한 일이 발생하면 TCP 연결이 갑작스럽게 닫히게 되며, 연결이 아직 닫히지 않은 쪽에서 전송된 모든 패킷에 대해 **RST**reset(초기화) **패킷**으로 응답합니다. RST 패킷은 송신자에게 수신자 측의 연결이 닫혔으며 더 이상 데이터를 수신할 수 없는 상태임을 알려 줍니다. 수신자가 승인되지 않은 모든 패킷을 무시할 것을 알고 있는 송신자는 연결을 닫습니다.

방화벽과 같은 중간 노드는 각 노드의 연결에 RST 패킷을 전송하여 효과적으로 소켓을 종료할 수 있습니다.

Go 언어 표준 라이브러리를 이용한 TCP 연결 수립

Go 언어 표준 라이브러리의 net 패키지에는 TCP 기반 서버와 클라이언트를 만드는 기능을 훌륭하게 지원하지만, TCP 연결 자체를 적절하게 처리하는 것은 코드상에서 처리해야 합니다. 프로그램상에서 들어오는 데이터를 잘 살펴보고 연결을 우아하게 종료할 수 있도록 노력해야 합니다. 클라이언트로부터의 TCP 연결을 수립하고 비동기적으로 각각의 연결을 처리하고 데이터를 주고받고 연결을 종료할 수 있는 TCP 서버를 작성해 봅시다.

소켓 바인딩, 연결 대기, 연결 수락

net.Listen 함수를 사용하면 수신 연결 요청 처리가 가능한 TCP 서버를 작성할 수 있습니다. 이러한 서버를 **리스너**listener라고 합니다. net.Listen 함수는 net.Listener 인터페이스를 구현한 객체를 반환합니다. 목록 3-1은 리스너를 생성하는 테스트 코드입니다.

목록 3-1 127.0.0.1 주소에서 랜덤 포트에 수신 대기 중인 리스너 생성하기(listen_test.go)

```
package ch03

import (
  "net"
  "testing"
)
```

```
func TestListener(t *testing.T) {
❶listener, err := net.Listen(❷"tcp", ❸"127.0.0.1:0")
  if err != nil {
    t.Fatal(err)
  }
❹defer func() { _ = listener.Close() }()

  t.Logf("bound to %q", ❺listener.Addr())
}
```

net.Listen 함수는 네트워크의 종류(❷)와 콜론으로 구분된 IP 주소와 포트 문자열(❸)을 매개변수로 받습니다. 반환값으로 net.Listener 인터페이스(❶)와 에러 인터페이스를 반환합니다. 함수가 성공적으로 반환되면 리스너는 특정한 IP 주소와 포트 번호에 바인딩됩니다. **바인딩**binding이란 운영체제가 지정된 IP 주소의 포트를 해당 리스너에게 단독으로 할당하였다는 의미입니다. 운영체제는 다른 프로세스가 바인딩된 포트에서 들어오는 트래픽을 수신하도록 허용하지 않습니다. 이미 바인딩된 포트에 리스너가 바인딩을 시도하는 경우 net.Listen 함수는 에러를 반환합니다.

IP 주소와 포트 문자열에 대한 매개변수는 비워 둘 수도 있습니다. 포트를 0으로 설정하거나 비워 두면 Go가 리스너에 무작위 포트 번호를 할당합니다. Addr 메서드(❺)를 이용하여 리스너의 주소를 얻어 올 수 있습니다. 마찬가지로 IP 주소를 생략하면 리스너는 시스템상의 모든 유니캐스트와 애니캐스트 IP 주소에 바인딩됩니다. IP 주소와 포트를 모두 생략하거나 단순히 콜론만 사용하면 리스너는 모든 유니캐스트와 애니캐스트 IP 주소에 무작위 포트 번호로 바인딩됩니다.

대부분의 경우에 net.Listener의 첫 번째 인자로 tcp 네트워크 타입을 사용합니다. IPv4 주소만 사용하려면 tcp4를 사용하면 되며, IPv6 주소만 사용하려면 tcp6을 사용하면 됩니다.

Close 메서드(❹)를 사용하여 항상 리스너를 우아하게 종료합니다. defer를 사용하여 Close 메서드를 호출하는 것이 좋습니다. 물론 예시의 경우는 테스트 케이스이고 테스트가 완료되면 프로그램이 종료되어 Go가 리스너를 메모리에서 할당 해제하겠지만, 명시적으로 우아하게 종료하는 것이 좋은 습관입니다. 리스너를 종료하는 데 실패하면 메모리 누수가 발생하거나 코드상에서 리스너의 Accept 메서드가 무한정 블로킹되며 데드록deadlock이 발생할 수 있습니다. 리스너를 종료하는 즉시 Accept 메서드의 블로킹이 해제됩니다.

목록 3-2은 리스너가 TCP의 수신 연결 요청을 수락하는 과정을 보여 줍니다.

목록 3-2 TCP 수신 연결 응답 및 요청 처리하기

```
❶for {
    ❷conn, err := ❸listener.Accept()
    if err != nil {
        return err
    }

  ❹go func(c net.Conn) {
    ❺defer c.Close()

        // 여기서부터 TCP 연결을 사용하여 비즈니스 로직을 작성합니다.
  }(conn)
}
```

하나 이상의 수신 연결을 처리하기 위해서는 for 루프(❶)를 사용하여 서버가 계속해서 수신 연결 요청을 수락하고, 고루틴goroutine에서 해당 연결을 처리하고, 다시 for 루프로 돌아와서 다음 연결 요청을 수락할 수 있도록 대기해야 합니다. 순차적으로 연결 요청을 수락하는 것은 아주 효율적인 좋은 방법이지만, 그 이후에는 반드시 고루틴을 사용하여 각 연결을 처리해야 합니다. 연결 처리에 고루틴을 사용하지 않고 직렬화된 코드를 작성하는 게 가능은 하지만, Go 언어의 강점을 활용하지 못하게 되어 결과적으로는 상당히 비효율적입니다. 리스너의 Accept 메서드(❷)를 사용하여 for 루프의 처음을 시작합니다. 이 메서드는 리스너가 수신 연결을 감지하고 클라이언트와 서버 간의 TCP 핸드셰이크 절차가 완료될 때까지 블로킹됩니다. 메서드는 net.Conn 인터페이스(❸)와 에러를 반환합니다. 가령, TCP 핸드셰이크가 실패하거나 리스너가 닫힌 경우 에러 인터페이스의 값이 nil 외의 값을 갖게 됩니다.

메서드가 반환한 연결 인터페이스의 실제 타입은 TCP 수신 연결을 수락했기 때문에 net.TCPConn 객체의 포인터가 됩니다. 연결 인터페이스는 서버 측면에서의 TCP 연결을 나타냅니다. 대부분의 경우에 net.Conn 인터페이스는 클라이언트와 통신 시에 활용 가능한 모든 메서드를 제공합니다. 더욱 세밀한 제어가 필요한 경우 4장에서 살펴볼 net.TCPConn 객체를 사용하면 net.Conn 인터페이스에서 제공하는 것보다 많은 기능을 제공합니다.

클라이언트의 연결을 동시에 처리하려면 고루틴을 실행하여 각 연결을 비동기적으로 처리하도록 하여(❹) 리스너가 다음 수신 연결을 처리할 수 있도록 합니다. 이후 연결 객체의 Close 메서드(❺)를 고루틴이 종료되기 전에 호출하여 서버로 FIN 패킷을 보내어 연결이 우아하게 종료될 수 있도록 합니다.

서버와 연결 수립

클라이언트 측면에서 Go 언어 표준 라이브러리의 net 패키지를 사용하면 간단하게 서버로 연결하고 연결을 수립할 수 있습니다. 목록 3-3은 랜덤 포트의 127.0.0.1에서 리스너를 바인딩하고 있는 서버와 TCP 연결을 수립하는 절차를 보여 주는 테스트입니다.

목록 3-3 127.0.0.1로 연결 수립하기(dial_test.go)

```
package ch03

import (
  "io"
  "net"
  "testing"
)

func TestDial(t *testing.T) {
  // 랜덤 포트에 리스너 생성
  listener, err := net.Listen("tcp", "127.0.0.1:")
  if err != nil {
    t.Fatal(err)
  }

  done := make(chan struct{})
❶ go func() {
    defer func() { done <- struct{}{} }()

    for {
      conn, err := ❷listener.Accept()
      if err != nil {
        t.Log(err)
        return
      }

      ❸go func(c net.Conn) {
        defer func() {
          c.Close()
          done <- struct{}{}
        }()

        buf := make([]byte, 1024)
        for {
          n, err := ❹c.Read(buf)
          if err != nil {
            if err != io.EOF {
              t.Error(err)
            }
            return
          }
```

```
            t.Logf("received: %q", buf[:n])
        }
    }(conn)
    }
}()

❺conn, err := net.Dial(❻"tcp", ❼listener.Addr().String())
    if err != nil {
        t.Fatal(err)
    }

❽conn.Close()
    <-done
❾listener.Close()
    <-done
}
```

IP 주소 127.0.0.1에 클라이언트가 접속할 수 있는 리스너를 생성합니다. 포트 번호를 생략했기 때문에 Go에서는 사용 가능한 랜덤 포트를 할당합니다. 리스너를 고루틴에서 시작해서❶ 이후의 테스트에서 클라이언트 측에서 연결할 수 있도록 합니다. 리스너의 고루틴에는 목록 3-2에서 보았던 것처럼 TCP 수신 연결을 루프에서 받아들이고, 각 연결 처리 로직을 담당하는 고루틴을 시작합니다. 이 고루틴을 **핸들러**handler라고 부릅니다. 핸들러 구현에 대한 자세한 부분은 잠시 후에 살펴봅시다. 지금은 소켓으로부터 1024바이트를 읽어서 수신한 데이터를 로깅한다는 것만 알면 됩니다.

표준 라이브러리의 net.Dial 함수는 tcp 같은 네트워크의 종류❻와 IP 주소, 포트의 조합❼을 매개변수로 받는다는 점에서 net.Listen 함수와 유사합니다. Dial 함수에서 두 번째 매개변수로 받은 IP 주소, 포트를 이용하여 리스너로 연결을 시도합니다. IP 주소 대신에 호스트명을 사용할 수도 있으며, 포트 번호 대신에 **http**와 같은 서비스명을 사용할 수도 있습니다. 호스트명이 하나 이상의 IP 주소로 해석되는 경우 Go는 연결이 성공할 때까지 각각의 IP 주소에 연결을 시도합니다. IPv6 주소에는 구분자로 콜론을 사용하기 때문에 IPv6 주소는 반드시 대괄호로 감싸야 합니다. 예를 들어, "[2001:ed27::1]:https"는 IPv6 주소 2001:ed27::1의 포트 번호 443을 나타냅니다. Dial 함수는 연결 객체❺와 에러 인터페이스 값을 반환합니다.

리스너로 연결을 성공적으로 수립한 후 클라이언트 측에서는 우아한 종료를 시작합니다(❽). FIN 패킷을 받고 나면 Read 메서드는 io.EOF 에러를 반환하는데(❹), 이는 리스너 측에서는 반대편 연결이 종료되었다는 의미입니다. 커넥션 핸들러는 연결 객체의 Close 메서드를 호출하며 종료됩니다(❸). Close 메서드는 FIN 패킷을 전송하며 TCP 세션의 우아한 종료를 마무리합니다.

마지막으로 리스너를 종료합니다(❾). 리스너의 Accept 메서드(❷)는 즉시 블로킹이 해제되고 에러를 반환합니다. 이 에러는 무언가 실패했다는 의미가 아니므로 그냥 로깅하고 넘어 가면 됩니다. 에러로 인해 테스트가 실패하지 않습니다. 리스너의 고루틴(❶)이 종료되며 테스트가 완료됩니다.

타임아웃과 일시적인 에러 이해하기

완벽한 조건에서 연결 시도는 즉시 성공하고 모든 데이터에 대한 읽기 쓰기 시도는 절대 실패하지 않습니다. 하지만 그러한 완벽을 희망하되 최악의 상황을 대비해야 합니다. 발생한 에러가 일시적인 것인지, 연결을 완전히 종료시켜야 할 정도인지 판단할 기준이 있어야 합니다. error 인터페이스에는 그런 기준을 판단할 충분한 정보를 포함하고 있지 않습니다. 감사하게도 Go의 net 패키지를 사용하여 에러의 기준에 대한 더욱 많은 정보를 얻어 올 수 있습니다.

net 패키지의 함수와 메서드에서 반환되는 에러들은 대개 net.Error 인터페이스를 구현하는데, 해당 인터페이스에는 Timeout과 Temporary라는 메서드가 있습니다. 운영체제에서 리소스를 일시적으로 사용할 수 없거나 함수 호출이 차단되거나 연결 시간이 초과된 경우에 유닉스 기반 운영체제 및 Windows에서 Timeout 메서드는 true를 반환합니다. 이번 장 후반부에서 타임아웃에 대해서, 또한 어떻게 활용할 수 있는지에 대해 알아볼 것입니다. 에러의 Timeout 메서드가 true를 반환하거나 함수 호출이 차단되거나 시스템상에 열린 파일이 너무 많은 경우 Temporary 메서드는 true를 반환합니다. 대개 이런 경우는 운영체제의 리소스 제한을 초과한 경우에 발생합니다.

net 패키지의 함수와 메서드가 범용적인 에러 인터페이스를 반환하기 때문에 목록 3-4에서 보시는 것처럼 에러가 net.Error 타입임을 명시적으로 하기 위하여 코드상에서 타입 어설션_assertion 을 사용합니다.

목록 3-4 에러가 일시적인지 확인하기 위한 net.Error 타입 어설션

```
if nErr, ok := err.(net.Error); ok && !nErr.Temporary() { return err }
```

안정적인 네트워크 프로그램의 코드는 에러 인터페이스에만 의존하지 않고 net.Error의 메서드들을 이용하거나 net.OpError 구조체까지 타입 어설션을 진행하여 연결에 대한 더욱 세부적인 정보를 읽어서 처리합니다(세부적인 정보로는 에러가 발생한 동작, 네트워크 종류, 출발지 주소 등을 포함합니다). net.Error 인터페이스가 제공하는 것보다 더 많은 정보를 알아보려면 https://pkg.go.dev/net#OpError에서 net.OpError 문서를 읽어 보기를 권장합니다.

DialTimeout 함수를 이용한 연결 시도에 대한 타임아웃

Dial 함수를 이용하는 데는 하나의 잠재적인 문제가 있습니다. 각 연결 시도의 타임아웃을 운영체제의 타임아웃 시간에 의존해야 한다는 것입니다. 예를 들어, 어떤 실시간 반응형 프로그램이 있는데, 네트워크 연결을 위해 Dial 함수를 호출했더니 연결이 되지 않아서 타임아웃이 되어야 한다고 가정해 보겠습니다. 운영체제가 타임아웃을 두 시간 뒤에 시킨다면 프로그램은 더 이상 실시간 반응형이 아니게 되며, 사용자들은 아주 오랜 시간 기다리고 말게 됩니다. 사용자의 경험이 매우 좋지 않게 되겠죠.

프로그램을 예측 가능하도록 유지하고 사용자들을 행복하게 유지하려면 코드상에서 타임아웃을 제어해야만 합니다. 예를 들어, 서비스를 사용할 수 있는 경우에만 빨리 응답하는 낮은 지연시간을 가진 서비스에 연결을 시도한다고 합시다. 서비스를 사용할 수 없으면 빠르게 타임아웃시키고 다음 서비스로 넘어 가는 게 좋을 것입니다.

한 가지 방법으로는 명시적으로 연결마다 타임아웃 기간을 정의하고 DialTimeout 함수를 이용하는 것입니다. 목록 3-5는 이러한 방법의 구현체입니다.

목록 3-5 TCP 연결 시도 시 타임아웃 기간 설정하기(dial_timeout_test.go)

```go
package ch03

import (
  "net"
  "syscall"
  "testing"
  "time"
)

func ❶DialTimeout(network, address string, timeout time.Duration) (net.Conn, error) {
  d := net.Dialer{
    ❷Control: func(_, addr string, _ syscall.RawConn) error {
      return &net.DNSError{
        Err:         "connection timed out",
        Name:        addr,
        Server:      "127.0.0.1",
        IsTimeout:   true,
        IsTemporary: true,
      }
    },
    Timeout: timeout,
  }
  return d.Dial(network, address)
}

func TestDialTimeout(t *testing.T) {
```

```
  c, err := DialTimeout("tcp", "10.0.0.1:http", ❸5*time.Second)
  if err == nil {
    c.Close()
    t.Fatal("connection did not time out")
  }
  nErr, ok := ❹err.(net.Error)
  if !ok {
    t.Fatal(err)
  }
  if ❺!nErr.Timeout() {
    t.Fatal("error is not a timeout")
  }
}
```

net.DialTimeout 함수(❶)가 net.Dialer 인터페이스에 대한 제어권을 제공하지 않기 때문에 테스트 코드에서 다이얼러의 동작을 흉내 낼 수 없습니다. 따라서 동일한 인터페이스를 갖는 별도의 구현체를 사용합니다. 우리의 구현체인 DialTimeout 함수는 에러를 반환하기 위한 net.Dialer 인터페이스의 Control 함수(❷)를 오버라이딩합니다. 또한, DNS의 타임아웃 에러도 흉내냅니다.

net.Dial 함수와는 달리 DialTimeout 함수는 추가적으로 타임아웃 기간(❸)에 대한 매개변수를 받습니다. 이 경우 타임아웃 기간이 5초이기 때문에 연결이 5초 안에 성공하지 못한 경우 연결 시도는 타임아웃됩니다. 이 테스트에서, 라우팅할 수 없는 IP 주소인 10.0.0.0로 다이얼하면 연결 시도가 확실히 타임아웃될 것입니다. 테스트가 성공하기 위해서는 Timeout 메서드(❺)에서 확인하기 이전에 먼저 에러를 net.Error(❹)로 타입 어설션해야 합니다.

여러 IP 주소로 해석되는 호스트에 다이얼 시 Go에서는 각 IP 주소 중 먼저 연결되는 주소를 기본 IP 주소로 연결을 시도합니다. 첫 번째로 성공한 연결 시도에 대한 연결만 유지되고 그 외의 모든 연결 시도는 취소됩니다. 모든 연결 시도가 실패하거나 타임아웃되면 net.DialTimeout 에러를 반환합니다.

데드라인 콘텍스트를 사용하여 연결을 타임아웃하기

표준 라이브러리의 context 패키지를 이용하여 콘텍스트를 사용하면 더욱 현대적인 방법으로 연결 시도를 타임아웃할 수 있습니다. **콘텍스트**context란 비동기 프로세스에 취소 시그널을 보낼 수 있는 객체입니다. 또한, 데드라인이 지나거나 타이머가 만료된 후에 취소 시그널을 보낼 수도 있습니다.

콘텍스트를 취소하기 위해서는 각 콘텍스트마다 초기화 시에 반환되는 cancel 함수를 사용합니다. cancel 함수를 사용하면 콘텍스트가 데드라인이 지나기 전에도 함수를 의도적으로 취소할 수 있는 유연함을 제공합니다. cancel 함수를 코드상의 다른 부분으로 제어권을 넘길 수도 있습니다. 예를 들어, 사용자로부터 CTRL-C 키 조합을 입력받는 것처럼 운영체제로부터 특정한 시그널을 모니터링하여 프로그램을 종료하기 전에 연결 시도를 우아하게 중단하고 이미 존재하는 연결을 제거할 수 있습니다.

목록 3-6은 context를 사용하여 DialTimeout과 동일한 기능의 테스트를 수행하는 방법을 나타냅니다.

목록 3-6 연결 시도를 타임아웃하기 위해 데드라인 콘텍스트 사용하기(dial_context_test.go)

```go
package ch03

import (
  "context"
  "net"
  "syscall"
  "testing"
  "time"
)


func TestDialContext(t *testing.T) {
❶dl := time.Now().Add(5 * time.Second)
❷ctx, cancel := context.WithDeadline(context.Background(), dl)
❸defer cancel()

  var d net.Dialer // DialContext는 Dialer의 메서드입니다.
  d.Control = ❹func(_, _ string, _ syscall.RawConn) error {
    // 콘텍스트의 데드라인이 지나기 위해 충분히 긴 시간 동안 대기합니다.
    time.Sleep(5*time.Second + time.Millisecond)
    return nil
  }
  conn, err := d.DialContext(❺ctx, "tcp", "10.0.0.0:80")
  if err == nil {
    conn.Close()
    t.Fatal("connection did not time out")
  }
  nErr, ok := err.(net.Error)
  if !ok {
    t.Error(err)
  } else {
    if !nErr.Timeout() {
      t.Errorf("error is not a timeout: %v", err)
    }
  }
❻if ctx.Err() != context.DeadlineExceeded {
    t.Errorf("expected deadline exceeded; actual: %v", ctx.Err())
```

```
    }
  }
```

연결을 시도하기 이전에 먼저, 5초 후 데드라인이 지나는 콘텍스트를 만들기 위해 현재 시간으로부터 5초 뒤의 시간을 저장합니다(❶). 이후 WithDeadline 함수를 이용하여 콘텍스트와 cancel 함수를 생성하고 위에서 생성한 데드라인을 설정합니다(❷). 가능한 한 바로 콘텍스트가 가비지 컬렉션이 되도록 cancel 함수를 defer로 호출하는 것이 좋습니다(❸). 그 후 다이얼러의 Control 함수(❹)를 오버라이딩하여 연결을 콘텍스트의 데드라인을 간신히 초과하는 정도로 지연시킵니다. 마지막으로, DialContext 함수의 첫 번째 매개변수로 위에서 생성한 콘텍스트를 전달합니다 (❺). 테스트의 끝 부분의 에러 처리(❻)는 데드라인이 콘텍스트를 제대로 취소하였는지, cancel 함수 호출에 문제는 없었는지를 확인합니다.

DialTimeout에 관해서 여러 IP 주소로 해석되는 호스트에 다이얼 시 Go에서는 각 IP 주소 중 먼저 연결되는 주소를 기본 IP 주소로 연결 시도합니다. 첫 번째로 성공한 연결 시도에 대한 연결만 유지되고 그 외의 모든 연결 시도는 취소됩니다. 모든 연결 시도가 실패하거나 콘텍스트의 데드라인이 지나면 net.Dialer.DialContext 에러를 반환합니다.

콘텍스트를 취소하여 연결 중단

콘텍스트를 이용하는 또 다른 장점으로는 cancel 함수 그 자체에 있습니다. 목록 3-7에서 보는 것처럼 데드라인을 지정하지 않고도 필요 시에 cancel 함수를 이용하여 연결 시도를 취소할 수 있습니다.

목록 3-7 직접 콘텍스트를 취소하여 연결 시도를 중단하기(dial_cancel_test.go)

```
package ch03

import (
  "context"
  "net"
  "syscall"
  "testing"
  "time"
)

func TestDialContextCancel(t *testing.T) {
  ctx, cancel := ❶context.WithCancel(context.Background())
  sync := make(chan struct{})

❷go func() {
    defer func() { sync <- struct{}{} }()
```

```
   var d net.Dialer
   d.Control = func(_, _ string, _ syscall.RawConn) error {
     time.Sleep(time.Second)
     return nil
   }

   conn, err := d.DialContext(ctx, "tcp", "10.0.0.1:80")
   if err != nil {
     t.Log(err)
     return
   }

   conn.Close()
   t.Error("connection did not time out")
 }()

❸cancel()
 <-sync

 if ctx.Err() != ❹context.Canceled {
   t.Errorf("expected canceled context; actual: %q", ctx.Err())
 }
}
```

연결 시도를 중단하기 위해 데드라인을 설정해서 콘텍스트를 생성하고 데드라인이 지나기까지 기다리는 대신 context.WithCancel 함수를 이용하여 콘텍스트와 콘텍스트를 취소할 수 있는 함수를 받습니다(❶). 수동으로 콘텍스트를 취소하기 때문에 클로저를 만들어서 별도로 연결 시도를 처리하기 위한 고루틴을 시작합니다(❷). 다이얼러가 연결 시도를 하고 원격 노드와의 핸드셰이크가 끝나면, 콘텍스트를 취소하기 위해 cancel 함수를 호출합니다(❸). 그 결과 DialContext 메서드는 즉시 nil이 아닌 에러를 반환하고 고루틴을 종료합니다. 콘텍스트의 Err 메서드를 이용하여 취소된 콘텍스트의 결괏값이 무엇인지 목록 3-6의 데드라인과 비교하기 바랍니다. 여기서 콘텍스트의 Err 메서드는 context.Canceled를 반환해야 합니다(❹).

다중 다이얼러 취소

하나의 콘텍스트를 여러 개의 DialContext 함수 호출에 넘겨서 해당 콘텍스트의 cancel 함수를 호출함으로써 동시에 여러 개의 다이얼dial 요청을 전부 취소할 수도 있습니다. 예를 들어, 여러 개의 서버에서 TCP를 통해 단 하나의 리소스만 받아 올 필요가 있다고 가정합시다. 각 서버에 비동기적으로 연결을 요청하고, 동일한 콘텍스트를 각 다이얼러dialer에 전달합니다. 한 서버로부터 응답이 왔으면 다른 응답은 필요 없으니 나머지 다이얼러들은 콘텍스트를 취소하여 연결 시도를 중단할 수 있습니다.

목록 3-8에서는 동일한 콘텍스트를 여러 개의 다이얼러들에게 전달합니다. 첫 응답을 받으면 콘텍스트를 취소하여 그 외 나머지 다이얼러들의 연결 시도를 중단합니다.

목록 3-8 첫 응답을 받은 후 모든 그 외 다이얼러 취소하기(dial_fanout_test.go)

```go
package ch03

import (
  "context"
  "net"
  "sync"
  "syscall"
  "testing"
  "time"
)

func TestDialContextCancelFanOut(t *testing.T) {
❶ctx, cancel := context.WithDeadline(
    context.Background(),
    time.Now().Add(10*time.Second),
  )

  listener, err := net.Listen("tcp", "127.0.0.1:")
  if err != nil {
    t.Fatal(err)
  }
  defer listener.Close()

❷go func() {
    // 하나의 연결만을 수락합니다.
    conn, err := listener.Accept()
    if err == nil {
      conn.Close()
    }
  }()

❸dial := func(ctx context.Context, address string, response chan int,
    id int, wg *sync.WaitGroup) {
    defer wg.Done()

    var d net.Dialer
    c, err := d.DialContext(ctx, "tcp", address)
    if err != nil {
      return
    }
    c.Close()

    select {
    case <-ctx.Done():
    case response <- id:
    }
```

```
  }

  res := make(chan int)
  var wg sync.WaitGroup

❹for i := 0; i < 10; i++ {
     wg.Add(1)
     go dial(ctx, listener.Addr().String(), res, i+1, &wg)
  }

❺response := <-res
  cancel()
  wg.Wait()
  close(res)

  if ctx.Err() != ❻context.Canceled {
     t.Errorf("expected canceled context; actual: %s",
        ctx.Err(),
     )
  }

  t.Logf("dialer %d retrieved the resource", response)
}
```

context.WithDeadline 함수(❶)를 사용하여 콘텍스트를 생성 시 콘텍스트의 Err 메서드에서는 잠재적으로 context.Canceled, context.DeadlineExceeded 또는 nil이라는 총 세 개 중 하나의 값을 반환합니다. 테스트상에서 cancel 함수로 다이얼러에 대한 연결을 중단하였으므로 Err 메서드는 context.Canceled을 반환할 것입니다.

먼저 리스너를 생성합니다. 리스너는 하나의 연결을 수락하고 성공적으로 핸드셰이크(❷)를 마치면 연결을 종료합니다. 이후 다이얼러를 생성합니다. 여러 개의 다이얼러를 실행하기 때문에 다이얼링을 위한 코드를 추상화하여 별도의 함수로 분리합니다(❸). 이 익명 함수는 DialContext 함수를 이용하여 매개변수로 주어진 주소로 연결을 시도합니다. 연결이 성공하면 아직 콘텍스트를 취소하지 않았다고 생각하고 다이얼러의 ID를 응답 채널에 전송합니다. for 루프(❹)를 사용하고 별도의 고루틴을 호출하여 여러 개의 다이얼러를 생성합니다. 다른 다이얼러가 먼저 연결되어 DialContext 함수의 다이얼링이 블로킹된 경우 이를 해제하기 위해 cancel 함수를 호출하거나 데드라인을 통해 콘텍스트를 취소합니다. WaitGroup을 이용하여 콘텍스트를 취소하여 for 루프(❹)에서 생성한 모든 다이얼 고루틴을 정상적으로 종료합니다.

고루틴이 정상적으로 동작하면 한 연결 시도는 다른 연결 시도보다 먼저 성공적으로 리스너에 연결될 수 있습니다. 연결이 성공한 다이얼러의 ID를 res 채널에서 받습니다(❺). 이후 콘텍스트를 취소하여 다른 다이얼러들의 연결 시도를 중단합니다. 이 지점에서 wg.Wait 함수는 다른 다이얼러들의 연결 시도 중단이 끝나고 고루틴이 종료될 때까지 블로킹됩니다. 마지막으로, 발생한 콘텍스트 취소가 코드상의 취소였음을 확인합니다❻. cancel 함수를 호출하더라도 Err 메서드가 context.Canceled를 확정적으로 반환하진 않습니다. 데드라인이 지나서 콘텍스트가 취소될 수도 있으며, 그렇게 되면 사용자가 코드상에서 호출한 cancel 함수는 아무런 동작을 하지 않을 것이고 Err 메서드는 context.DeadlineExceeded를 반환할 것입니다. 대부분의 경우 이러한 비교가 필요 없을 수 있지만, 필요하면 사용할 수 있습니다.

데드라인 구현하기

Go의 네트워크 연결 객체는 읽기와 쓰기 동작에 대해 모두 데드라인deadline을 포함합니다. 데드라인은 아무런 패킷도 오고 가지 않은 채로 네트워크 연결이 얼마나 유휴 상태로 지속할 수 있는지를 제어합니다. Read 메서드에 대한 데드라인은 연결 객체 내의 SetReadDeadline 메서드를 사용하여 제어하며, Write 메서드에 대한 데드라인은 SetWriteDeadline 메서드를 사용하여 제어하고, 또는 Read와 Write의 데드라인을 동시에 SetDeadline 메서드를 사용하여 제어합니다. 연결상의 읽기 데드라인이 지나게 되면 현재 블로킹되어 있는 동작과 앞으로의 네트워크 연결상의 Read 메서드는 곧바로 타임아웃 에러를 반환합니다. 마찬가지로 네트워크 연결상의 쓰기 데드라인이 지나게 되면 Write 메서드는 곧바로 타임아웃 에러를 반환합니다.

Go의 네트워크 연결은 기본적으로 읽기와 쓰기 동작에 대해 데드라인을 설정하지 않습니다. 즉, 네트워크 연결이 유휴 상태로 끊기지 않고 아주 오랜 시간 존재할 수 있습니다. 이는 종종 케이블이 뽑히는 등의 네트워크 장애 상황을 감지하는 데 난관이 됩니다. 두 노드 간에 아무런 트래픽이 오가지 않는 상황에서 네트워크가 장애 상황이라는 것을 감지하는 것은 굉장히 어려운 일이기 때문입니다.

목록 3-9의 서버에서는 연결 객체에 데드라인을 구현합니다.

목록 3-9 서버상의 데드라인이 지나 네트워크 연결을 종료시킴(deadline_test.go)

```go
package ch03

import (
  "io"
  "net"
  "testing"
  "time"
)

func TestDeadline(t *testing.T) {
  sync := make(chan struct{})
```

```go
listener, err := net.Listen("tcp", "127.0.0.1:")
if err != nil {
  t.Fatal(err)
}

go func() {
  conn, err := listener.Accept()
  if err != nil {
    t.Log(err)
    return
  }
  defer func() {
    conn.Close()
    close(sync) // 이른 return으로 인해 sync 채널에서 읽는 데이터가 블로킹되면 안 됨
  }()

❶err = conn.SetDeadline(time.Now().Add(5 * time.Second))
  if err != nil {
    t.Error(err)
    return
  }

  buf := make([]byte, 1)
  _, err = conn.Read(buf) // 원격 노드가 데이터를 보낼 때까지 블로킹됨
  nErr, ok := err.(net.Error)
  if !ok || ❷!nErr.Timeout() {
    t.Errorf("expected timeout error; actual: %v", err)
  }

  sync <- struct{}{}

❸err = conn.SetDeadline(time.Now().Add(5 * time.Second))
  if err != nil {
    t.Error(err)
    return
  }

  _, err = conn.Read(buf)
  if err != nil {
    t.Error(err)
  }
}()

conn, err := net.Dial("tcp", listener.Addr().String())
if err != nil {
  t.Fatal(err)
}
defer conn.Close()

<-sync
_, err = conn.Write([]byte("1"))
```

```
  if err != nil {
    t.Fatal(err)
  }

  buf := make([]byte, 1)
  _, err = conn.Read(buf) // 원격 노드가 데이터를 보낼 때까지 블로킹됨
  if err != ❹io.EOF {
    t.Errorf("expected server termination; actual: %v", err)
  }
}
```

서버가 클라이언트의 TCP 연결을 수락하고 나서 연결상의 읽기에 대한 데드라인을 설정합니다
(❶). 테스트상에서 클라이언트가 데이터를 전송하지 않기 때문에 Read 메서드는 데드라인이 지날
때까지 블로킹될 것입니다. Read 메서드는 타임아웃으로 설정한(❷) 5초 뒤에 에러를 반환합니다.
이후에 발생하는 모든 읽기 시도는 즉시 또 다른 타임아웃 에러를 반환할 것입니다. 한편 데드라
인을 좀 더 뒤로 설정하여(❸) 다시 읽기가 정상적으로 동작하게 할 수도 있습니다. 이후에는 Read
메서드가 성공합니다. 서버는 네트워크 연결을 종료하며, 클라이언트와의 연결 종료 절차를 시작
합니다. 현재 Read 메서드에서 블로킹된 클라이언트는 네트워크 연결이 종료됨에 따라 io.EOF를
반환받습니다(❹).

일반적으로 데드라인을 사용하여 정해진 시간 동안 원격 노드에서 네트워크 연결을 통해 데이터
를 전송할 수 있습니다. 원격 노드에서 데이터를 읽을 수 있는 경우 데드라인을 뒤로 설정합니다.
원격 노드에서 데이터를 더 많이 읽을 수 있는 경우 데드라인을 더욱 뒤로 설정합니다. 정해진 시
간 동안 원격 노드에서 아무런 데이터 송신이 없는 경우 원격 노드와의 연결이 끊어졌는데 FIN
패킷을 받지 못한 경우이거나, 유휴 상태라고 판단할 수 있습니다.

하트비트 구현하기

네트워크 연결이 계속 지속되어야 하기 때문에 애플리케이션 계층에서 긴 유휴 시간을 가져야만
하는 경우 데드라인을 지속해서 뒤로 설정하기 위해 노드 간에 하트비트heartbeat를 구현해야 합
니다. 하트비트로 인해 연결상의 문제가 생긴 경우 데이터가 전송될 때까지 기다리는 것이 아니라
네트워크상의 장애를 빠르게 파악하고 연결을 재시도할 수 있습니다. 그로써 애플리케이션상에서
는 필요 시에 네트워크를 사용할 수 있는 상태임을 확신할 수 있습니다.

하트비트heartbeat는 네트워크 연결의 데드라인을 지속해서 뒤로 설정하기 위한 의도로 응답을 받
기 위해 원격지로 보내는 메시지입니다. 네트워크 노드에서는 심박heartbeat처럼 일정한 간격interval
으로 이러한 메시지를 전송합니다. 이 방법은 다양한 운영체제에서 적용될 뿐 아니라 애플리케이
션이 하트비트를 구현하고 있으니 애플리케이션이 사용하고 있는 네트워크 연결이 응답 가능하다

는 것을 확신할 수 있습니다. 또한, 하트비트는 TCP keepalive를 차단할 수 있는 방화벽에 대해서도 잘 작동합니다. 킵얼라이브_keepalive_에 대해서는 4장에서 더욱 자세히 살펴봅니다.

먼저 일정한 간격으로 핑을 전송하기 위한 고루틴을 실행할 수 있는 약간의 코드가 필요합니다. 최근에 데이터를 받은 원격 노드로 불필요하게 또 다시 핑을 할 이유는 없을 테니, 핑 타이머를 초기화할 방법이 필요합니다. 목록 3-10에서는 이에 필요한 기능을 간단하게 구현하였습니다.

하트비트의 예에서 주고받는 메시지로 **핑**_ping_ 메시지와 **퐁**_pong_ 메시지를 사용하였습니다. 핑 메시지는 수신자에게 퐁 메시지로 응답해야 한다는 의미를 지닙니다. 주고받는 메시지는 어떠한 형태라도 상관없습니다. 원격 노드가 송신자의 전송 의도를 명확하게 알기만 하면 됩니다.

목록 3-10 일정한 간격으로 네트워크 연결에 핑을 보내는 함수(ping.go)

```go
package ch03

import (
  "context"
  "io"
  "time"
)

const defaultPingInterval = 30 * time.Second

func Pinger(ctx context.Context, w io.Writer, reset <-chan time.Duration) {
  var interval time.Duration
  select {
  case <-ctx.Done():
    return
❶ case interval = <-reset: // reset 채널에서 초기 간격을 받아 옴
  default:
  }
  if interval <= 0 {
    interval = defaultPingInterval
  }

❷ timer := time.NewTimer(interval)
  defer func() {
    if !timer.Stop() {
      <-timer.C
    }
  }()

  for {
    select {
❸   case <-ctx.Done():
      return
❹   case newInterval := <-reset:
```

```
      if !timer.Stop() {
        <-timer.C
      }
      if newInterval > 0 {
        interval = newInterval
      }
❺case <-timer.C:
      if _, err := w.Write([]byte("ping")); err != nil {
        // 여기서 연속으로 발생하는 타임아웃을 추적하고 처리함
        return
      }
    }

❻_ = timer.Reset(interval)
  }
}
```

Pinger 함수는 일정한 간격interval마다 핑 메시지를 전송합니다. Pinger 함수는 고루틴에서 동작하도록 설계되었기 때문에 이후에 고루틴을 종료시키거나 메모리 누수를 방지하기 위해서 첫 번째 매개변수로 콘텍스트를 받습니다. 다른 두 개의 매개변수로 io.Writer 인터페이스와 타이머가 리셋될 경우 시그널을 보낼 수 있는 채널이 있습니다. 타이머의 초기 간격 설정을 위해 버퍼 채널을 생성하여 대기 시간을 설정합니다(❶). 시간 간격이 0 미만일 경우 기본 핑 시간 간격을 사용합니다.

타이머를 interval로 초기화하고(❷) 필요한 경우 defer를 사용하여 타이머의 채널의 값을 소비합니다. 종료되지 않는 for 루프에는 select 구문이 있는데, 이 select 구문은 콘텍스트가 취소되거나, 타이머를 리셋하기 위한 시그널을 받았거나, 또는 타이머가 만료되었거나 세 가지 중 하나가 일어날 때까지 블로킹됩니다. 콘텍스트가 취소된 경우(❸) 함수는 종료되며 더 이상의 핑은 전송되지 않습니다. 리셋을 위한 시그널을 받은 경우(❹) 타이머는 다음 select 구문 실행 전에 리셋 됩니다(❻).

타이머가 만료되면(❺) 핑 메시지를 writer에 쓰고 다음 select 구문 실행 전에 타이머를 리셋합니다. 핑 메시지를 writer에 쓰는 도중 연속적으로 발생하는 타임아웃들을 이 케이스문을 이용하여 추적할 수 있습니다. 이를 위해 콘텍스트의 cancel 함수를 전달하고, 연속적 타임아웃이 임계 값을 넘게 되면 cancel 함수를 호출합니다.

목록 3-11에서는 목록 3-10에서 소개한 Pinger 함수에 매개변수로 writer를 전달하고 고루틴에서 실행시켜 사용하는 방법을 보여 줍니다. 그런 다음 예상된 간격으로 reader로부터 핑을 읽고, 각기 다른 간격에 핑 타이머를 리셋합니다.

```go
package ch03

import (
  "context"
  "fmt"
  "io"
  "time"
)

func ExamplePinger() {
  ctx, cancel := context.WithCancel(context.Background())
  r, w := io.Pipe() // net.Conn 대신에
  done := make(chan struct{})
❶ resetTimer := make(chan time.Duration, 1)
  resetTimer <- time.Second // 초기 핑 간격

  go func() {
    Pinger(ctx, w, resetTimer)
    close(done)
  }()

  receivePing := func(d time.Duration, r io.Reader) {
    if d >= 0 {
      fmt.Printf("resetting timer (%s)\n", d)
      resetTimer <- d
    }

    now := time.Now()
    buf := make([]byte, 1024)
    n, err := r.Read(buf)
    if err != nil {
      fmt.Println(err)
    }

    fmt.Printf("received %q (%s)\n",
      buf[:n], time.Since(now).Round(100*time.Millisecond))
  }

❷ for i, v := range []int64{0, 200, 300, 0, -1, -1, -1} {
    fmt.Printf("Run %d:\n", i+1)
    receivePing(time.Duration(v)*time.Millisecond, r)
  }

  cancel()
  <-done // 콘텍스트가 취소된 이후 pinger가 종료되었는지 확인
  // Output:
❸ // Run 1:
  // resetting timer (0s)
  // received "ping" (1s)
❹ // Run 2:
```

```
   // resetting timer (200ms)
   // received "ping" (200ms)
❺ // Run 3:
   // resetting timer (300ms)
   // received "ping" (300ms)
❻ // Run 4:
   // resetting timer (0s)
   // received "ping" (300ms)
❼ // Run 5:
   // received "ping" (300ms)
   // Run 6:
   // received "ping" (300ms)
   // Run 7:
   // received "ping" (300ms)
}
```

이 예시에서, Pinger의 타이머를 리셋하기 위해 사용하는 시그널로 버퍼 채널(❶)을 생성합니다. 채널을 Pinger 함수로 넘기기 전에 resetTimer 채널에서 초기 핑 타이머 간격으로 1초를 설정합니다. Pinger의 타이머를 초기화하고 핑 메시지를 writer에 쓸 때 이 간격을 사용합니다.

일련의 시간 간격을 밀리초 단위로 정의하여 만든 int64 배열을 for 루프(❷)에서 순회하여 각각의 값을 receivePing 함수로 전달합니다. receivePing 함수는 핑 타이머를 주어진 값으로 초기화하고 주어진 reader로부터 핑 메시지를 받을 때까지 대기합니다. 마지막으로, 핑 메시지 수신에 걸린 시간을 표준 출력으로 출력합니다. Go는 표준 출력의 결과가 예시의 실행 결과와 같은지 확인하며, 같으면 테스트가 성공으로 끝나게 됩니다.

for 루프의 첫 순회에서(❸) 시간 간격으로 0을 전달하였습니다. 0을 전달하면 Pinger는 이전에 사용한 시간 간격으로 타이머를 리셋합니다(이 예시에서는 1초로 리셋됩니다). 예상대로 reader는 1초 후에 핑 메시지를 수신하게 됩니다. 두 번째 순회에서 핑 타이머를 200ms로 리셋합니다(❹). 200ms가 지나면 reader는 핑 메시지를 수신합니다. 세 번째 순회에서 핑 타이머를 300ms로 리셋하고(❺), 300ms 후에 핑 메시지를 수신합니다.

네 번째 순회에서도 시간 간격으로 0을 전달하였는데(❻), 직전 값인 300ms로 핑 타이머가 리셋됩니다. 이렇게 시간 간격을 0으로 설정하여 직전 시간 간격을 활용하면 초기 핑 타이머 시간 간격을 별도로 관리할 필요가 없게 됩니다. 타이머의 시간 간격을 적당히 원하는 값으로 초기화시키고, 다음 핑 메시지를 미리 전송해야 할 때마다 타이머 시간 간격으로 0을 전달하여 리셋할 수 있습니다. 향후에는 핑 타이머 시간 간격을 변경하기 위해 resetTime 채널로 매번 보내지 않고 코드 한 줄만 변경하면 됩니다.

다섯 번째부터 일곱 번째 순회까지는(❼) 핑 타이머를 리셋하지 않고 그냥 핑 메시지를 수신합니다. 예상대로 reader는 해당 순회에서 300ms 간격으로 핑 메시지를 수신합니다.

목록 3-10을 파일명 **ping.go**로 저장하고 목록 3-11을 파일명 **ping_example_test.go**로 저장하면, 다음을 수행하여 예시를 실행해 볼 수 있습니다.

```
$ go test ping.go ping_example_test.go
```

하트비트를 이용하여 데드라인 늦추기

양측의 네트워크 연결에서 Pinger를 이용하면 상대 노드가 유휴 상태가 되었을 때 데드라인을 늦출 수 있습니다. 지금까지는 한쪽에서만 Pinger를 사용하는 예시를 살펴보았습니다. 네트워크 연결 중 한쪽에서 데이터를 정상적으로 수신하면 불필요한 핑 전송을 막기 위해 핑 타이머는 리셋되어야 합니다. 목록 3-12는 수신 메시지를 활용하여 데드라인을 늦추는 방법을 보여 줍니다 (ping_test.go).

목록 3-12 수신 데이터로 데드라인 늦추기(ping_test.go)

```
package ch03

import (
  "context"
  "io"
  "net"
  "testing"
  "time"
)

func TestPingerAdvanceDeadline(t *testing.T) {
  done := make(chan struct{})
  listener, err := net.Listen("tcp", "127.0.0.1:")
  if err != nil {
    t.Fatal(err)
  }

  begin := time.Now()
  go func() {
    defer func() { close(done) }()

    conn, err := listener.Accept()
    if err != nil {
      t.Log(err)
      return
    }
    ctx, cancel := context.WithCancel(context.Background())
```

```
    defer func() {
      cancel()
      conn.Close()
    }()

    resetTimer := make(chan time.Duration, 1)
    resetTimer <- time.Second
    go Pinger(ctx, conn, resetTimer)

    err = conn.SetDeadline(time.Now().Add(❶5 * time.Second))
    if err != nil {
      t.Error(err)
      return
    }

    buf := make([]byte, 1024)
    for {
      n, err := conn.Read(buf)
      if err != nil {
        return
      }
      t.Logf("[%s] %s",
        time.Since(begin).Truncate(time.Second), buf[:n])

    ❷resetTimer <- 0
      err = ❸conn.SetDeadline(time.Now().Add(5 * time.Second))
      if err != nil {
        t.Error(err)
        return
      }
    }
  }()

  conn, err := net.Dial("tcp", listener.Addr().String())
  if err != nil {
    t.Fatal(err)
  }
  defer conn.Close()

  buf := make([]byte, 1024)
❹for i := 0; i < 4; i++ { // 핑을 4개 읽음
    n, err := conn.Read(buf)
    if err != nil {
      t.Fatal(err)
    }
    t.Logf("[%s] %s", time.Since(begin).Truncate(time.Second), buf[:n])
  }
  _, err = ❺conn.Write([]byte("PONG!!!")) // 핑 타이머를 초기화해야 함
  if err != nil {
    t.Fatal(err)
  }
❻for i := 0; i < 4; i++ { // 핑을 네 개 더 읽음
```

```
  n, err := conn.Read(buf)
  if err != nil {
    if err != io.EOF {
      t.Fatal(err)
    }
    break
  }
  t.Logf("[%s] %s", time.Since(begin).Truncate(time.Second), buf[:n])
}
<-done
end := time.Since(begin).Truncate(time.Second)
t.Logf("[%s] done", end)
if end != ❼9*time.Second {
  t.Fatalf("expected EOF at 9 seconds; actual %s", end)
}
}
```

네트워크 연결을 수신하는 리스너를 시작하고, 초마다 핑을 전송하는 Pinger를 시작합니다. 그리고 데드라인의 초깃값으로 5초를 설정합니다(❶). 클라이언트의 관점에서 서버가 데드라인이 지나고 서버 측의 연결을 끊기까지 io.EOF를 마지막으로 총 네 번의 핑을 수신할 수 있는 시간입니다. 하지만 서버의 데드라인이 지나기 전에 클라이언트가 서버로 데이터를 계속 송신함으로써(❺) 데드라인을 늦출 수 있습니다.

서버가 데이터를 수신할 수 있으면 아직 네트워크 연결이 정상적이라는 것을 알 수 있습니다. 그러므로 Pinger를 초기화하고(❷) 연결의 데드라인을 늦춥니다(❸). 소켓이 종료되는 것을 방지하기 위해 클라이언트는 서버로부터 네 개의 핑 메시지를 수신하고(❹) 퐁 메시지를 송신합니다(❺). 이로 인해 서버가 데드라인이 지나기 전까지 5초를 확보할 수 있습니다. 이후 클라이언트는 네 개의 핑 메시지를 더 수신하고(❻) 데드라인이 지나기를 기다립니다. 서버가 연결을 끝낸 시점에서 총 9초(❼)를 기다렸다는 것을 확인할 수 있습니다. 즉, 클라이언트의 퐁 메시지가 정상적으로 핑타이머를 리셋시켰다는 것을 확인할 수 있습니다.

실제로 이 핑 타이머의 데드라인을 늦추는 방법은 불필요한 핑에 의한 대역폭 소비를 줄여 줍니다. 원격 노드의 네트워크 연결로부터 데이터를 수신한 경우 이렇게 데드라인을 늦출 필요는 잘 없습니다.

"ping"과 "pong"이라는 단어는 임의로 사용하는 단어입니다. 동일한 목적을 이루기 위해 양측의 합의만 되어 있다면 ping과 pong을 구성하는 페이로드를 하나의 바이트만으로도 사용할 수 있습니다.

이 장에서 배운 것

이번 장에서는 많은 배경 지식에 대해 다루었습니다. TCP의 핸드셰이크에 대해 깊게 다루었고, 시퀀스, 수신 확인, 슬라이딩 윈도와 연결 종료에 대해 다루었습니다. 그리고 Go의 표준 라이브러리를 이용하여 TCP 연결을 수립하는 절차에 대해 다루었습니다. 일시적으로 발생하는 에러와 타임아웃, 들어오는 연결 수신, 그리고 원격 서비스에 다이얼링하는 방법을 살펴보았습니다. 마지막으로, 네트워크의 정합성 문제를 신속하고 올바르게 감지하고 처리하는 기법에 대해 알아보았습니다.

크리스 샌더스가 쓴 《Practical Packet Analysis, 3rd edition》(No Starch Press, 2017)[13] 책을 읽어 보고 와이어샤크를 설치해 보기 바랍니다. 수정한 네트워크 코드가 와이어샤크상의 TCP 트래픽에서 어떻게 변하는지를 관측하는 것은 TCP에 대한 이해와 Go의 네트워크 관련 표준 패키지에 대한 이해도를 높일 수 있는 훌륭한 방법입니다. 다음 장에서는 TCP 연결을 통해 데이터를 송수신하는 방법에 대해 살펴봅니다. 와이어샤크를 사용하면 전송하는 데이터에 대해 깊게 이해할 수 있으며, 특별히 슬라이딩 윈도상의 각각의 페이로드에 미치는 영향을 깨닫게 됩니다. 이러한 기법에 익숙해지면 엔지니어로서 추후 큰 도움이 됩니다.

---

13 [옮긴이] 《와이어샤크를 활용한 실전 패킷 분석(3판)》(에이콘출판사, 2017)

4

TCP 데이터 전송하기

 이제 Go에서 TCP 연결을 맺고 우아하게 종료하는 법을 알았으니 배운 지식을 활용하여 데이터를 전송해 봅시다. 이번 장에서는 TCP를 이용하여 네트워크상에서 데이터를 송수신하는 다양한 방법들에 대해 알아봅니다.

네트워크 연결에서 데이터를 읽는 가장 일반적인 방법에 대해 알아봅니다. 먼저, 노드 간 동적인 크기의 페이로드를 전송할 수 있는 간단한 메시징 프로토콜을 만듭니다. 그런 다음 net.Conn 인터페이스가 제공하는 기능을 활용하여 네트워크 기능에 대해 알아봅니다. 이번 장에서는 TCP의 깊은 이해를 위한 TCPConn 객체에 대해 알아볼 것이며, 또한 Go 개발자가 TCP 네트워크 프로그램을 작성하며 겪을 수 있는 문제에 대해 살펴봅니다.

net.Conn 인터페이스 사용하기

이 책의 대부분의 네트워크 코드는 가능한 한 Go의 net.Conn 인터페이스 객체를 사용합니다. 왜냐하면 대부분의 경우에 필요한 기능들을 net.Conn 인터페이스에서 충분히 제공하기 때문입니다. 하위에 어느 타입이 존재하는지 타입 어설션할 필요 없이 net.Conn 인터페이스만 이용하더라도 여러 플랫폼에서 호환할 수 있는 강인한 테스트 코드를 작성할 수 있습니다. 이번 장의 후반부에서 net.Conn 인터페이스의 하위 타입을 어설션하여 TCP에 특정적인 고급 메서드를 사용하는 방법을 알아볼 것입니다.

Read와 Write 메서드는 net.Conn 인터페이스에서 가장 유용하게 사용됩니다. 이 메서드는 각각 Go 언어의 표준 라이브러리와 생태계에서 범용적으로 사용되는 io.Reader 인터페이스와 io.Writer 인터페이스를 구현합니다. 그 결과 io 인터페이스를 사용하는 코드들을 활용하여 강력한 기능의 네트워크 프로그램을 작성할 수 있습니다.

net.Conn 인터페이스의 Close 메서드를 사용하면 네트워크 연결을 종료할 수 있습니다. 이 메서드는 연결이 정상적으로 종료되면 nil을 반환하고, 그 외의 경우 에러를 반환합니다. time.Time 객체를 매개변수로 받는 SetReadDeadline 메서드와 SetWriteDeadline 메서드는 매개변수로 입력받은 시간을 데드라인으로 설정하여, 각각 읽기와 쓰기에 대해 해당 시간이 지나면 네트워크 연결이 에러를 반환합니다. SetDeadline 메서드는 읽기 및 쓰기 동시에 대해 매개변수로 입력받은 시간을 데드라인으로 설정합니다. 71페이지의 '데드라인 구현하기'에서 논의된 바와 같이 데드라인은 네트워크 연결이 유휴 상태로 존재할 수 있는 시간을 제어하고 때때로 네트워크 연결 문제를 감지할 수 있도록 해 줍니다.

데이터 송수신

네트워크 연결로부터 데이터를 읽고 쓰는 것은 파일 객체에 데이터를 읽고 쓰는 것과 다르지 않습니다. net.Conn 인터페이스가 파일 객체에 데이터를 읽고 쓰는 데 구현된 io.ReadWriteCloser 인터페이스를 구현하였기 때문입니다. 이번 섹션에서 고정된 버퍼에 데이터를 읽는 방법을 알아봅니다. 그리고 네트워크 연결로부터 bufio.Scanner 메서드를 이용하여 특정 구분자를 만날 때까지 데이터를 읽는 방법을 알아봅니다. 그런 다음 다변하는 페이로드 크기로부터 동적으로 버퍼를 할당하는 기본 프로토콜을 정의할 수 있도록 해 주는 인코딩 메서드인 TLV에 대해 알아봅니다. 마지막으로, 네트워크 연결로부터 데이터를 읽고 쓸 때 발생하는 에러를 처리하는 방법을 알아봅니다.

고정된 버퍼에 데이터 읽기

Go의 TCP 연결은 io.Reader 인터페이스를 구현하였기 때문에 네트워크 연결로부터 데이터를 읽어들일 수 있습니다. 네트워크 연결로부터 데이터를 읽기 위해선 네트워크 연결의 Read 메서드에 읽어 들일 버퍼를 매개변수로 제공해야 합니다.

네트워크 연결의 수신 버퍼에 충분한 데이터가 있는 경우 Read 메서드는 매개변수로 입력한 버퍼의 용량만큼 데이터를 채울 것입니다. 수신 버퍼에 입력 버퍼보다 적은 데이터가 있는 경우에는 입력 버퍼에 데이터를 채우고 나서 수신 버퍼로부터 추가적으로 데이터를 읽기 위해 기다리지 않고 바로 반환합니다. 목록 4-1은 네트워크 연결로부터 바이트 슬라이스로 데이터를 읽어 들이는 절차를 보여 줍니다.

목록 4-1 네트워크 연결에서 데이터 수신하기(read_test.go)

```go
package main

import (
  "crypto/rand"
  "io"
  "net"
  "testing"
)

func TestReadIntoBuffer(t *testing.T) {
❶payload := make([]byte, 1<<24) // 16MB
  _, err := rand.Read(payload)    // 랜덤한 페이로드 생성
  if err != nil {
    t.Fatal(err)
  }

  listener, err := net.Listen("tcp", "127.0.0.1:")
  if err != nil {
    t.Fatal(err)
  }

  go func() {
    conn, err := listener.Accept()
    if err != nil {
      t.Log(err)
      return
    }
    defer conn.Close()

  ❷_, err = conn.Write(payload)
    if err != nil {
      t.Error(err)
    }
  }()

  conn, err := net.Dial("tcp", listener.Addr().String())
  if err != nil {
    t.Fatal(err)
```

```
  }

  buf := make([]byte, ❸1<<19) // 512 KB

  for {
  ❹n, err := conn.Read(buf)
   if err != nil {
     if err != io.EOF {
       t.Error(err)
     }
     break
   }

   t.Logf("read %d bytes", n) // buf[:n]은 conn 객체에서 읽은 데이터
  }

  conn.Close()
}
```

클라이언트가 읽어 들일 16MB 페이로드의 랜덤 데이터(❶)를 생성합니다. 클라이언트의 512KB 버퍼(❸)에서 읽어 들일 수 있는 데이터의 양보다 더 많기 때문에 최소한 for 루프에서 몇 번 반복적으로 순회해서 읽어 들여야 합니다. 더 큰 버퍼를 사용하거나 더 작은 페이로드를 사용하여 페이로드 전체를 한 번의 Read 메서드 호출로 전부 다 읽어 들이는 것도 좋습니다. Go에서 페이로드의 크기나 수신 버퍼의 크기와 상관없이 데이터를 올바르게 처리해 줍니다.

이후에 리스너를 시작하고 연결 수신을 대기하기 위한 고루틴을 생성합니다. 연결을 수신하고 나서 서버는 네트워크 연결로 페이로드 전체를 씁니다(❷). 클라이언트는 for 루프에서 다음 순회 전까지 연결로부터 첫 512KB를 읽습니다(❹). 클라이언트는 연결에서 에러가 반환되거나 16MB 페이로드 전체를 읽어 들일 때까지 반복해서 데이터를 읽습니다.

Scanner 메서드를 이용하여 구분자로 구분된 데이터 읽기

지금까지 살펴본 메서드를 사용하여 네트워크 연결에서 데이터를 읽기 위해서는 코드상에서 수신하는 데이터를 이해하고 있어야 합니다. TCP가 스트림 지향적인 프로토콜이기 때문에 클라이언트는 수많은 패킷들로부터 바이트 스트림[14]을 수신할 수 있습니다. 문장이나 구문과 같은 텍스트 기반 데이터와는 달리 바이너리 데이터에는 하나의 메시지가 어디서 시작하고 끝나는지를 알리는 기호가 존재하지 않습니다.

---

14 [옮긴이] 바이트 스트림이란 수많은 바이트가 마치 물이 흐르듯 존재한다는 표현으로서, 영어 원문으로는 byte stream 혹은 stream of bytes로 표현합니다. 바이트 스트림이란 표현은 꼭 TCP에만 사용되는 것은 아니지만 TCP의 스트림 지향적인 특성과 맞물려 이해하면 좋습니다.

예를 들어, 코드상에서 서버로부터 일련의 이메일 메시지를 읽는다고 합시다. 바이트 스트림으로부터 각 이메일 메시지를 구분할 수 있는 구분자를 찾는 코드가 존재해야 할 것입니다. 또는 대신 클라이언트와 서버 간 미리 정의된 프로토콜이 존재하고 서버가 다음에 전송할 페이로드의 크기를 나타내는 고정된 길이의 바이트를 전송해야 할 것입니다. 이 크기를 이용해서 페이로드를 위한 적절한 크기의 버퍼를 생성하면 됩니다. 잠시 뒤에 이 기법을 사용하는 예시를 살펴볼 것입니다.

하지만 구분자를 사용해서 한 메시지의 시작과 끝을 구분하는 코드를 작성하여 모든 경우를 다루는 것은 간단하지 않습니다. 예를 들어, 네트워크 연결로부터 한 번의 Read 메서드 호출로 1KB의 데이터를 읽은 후에 두 개의 구분자를 발견했다고 합시다. 두 개의 구분자를 발견했으니 두 개의 온전한 메시지가 있다는 의미인데, 두 번째 구분자 이후에 오는 데이터가 온전한 메시지인지 아닌지에 대한 정보가 충분하지 않습니다. 다시 1KB의 데이터를 읽었는데 구분자를 발견하지 못했다면 직전에 발견한 구분자 이후로부터 존재하는 데이터의 연장이라고 결론 지을 수 있을 겁니다. 하지만 1KB의 데이터를 또 읽었는데도 구분자를 발견하지 못하면 어떻게 할까요?

점점 복잡해지는 것 같죠. 여러 번의 Read 함수 호출로부터 발생하는 에러들을 모두 처리하며 데이터를 읽어 들여서 처리해야 하기 때문일 겁니다. 이렇게 점점 복잡해지는 문제를 여러분의 방식으로 직접 해결하려 한다면, 항상 표준 라이브러리를 먼저 살펴보아 이미 시도되었고 검증된 구현체가 존재하는지 살펴보기 바랍니다. 이 경우에는 bufio.Scanner 라이브러리가 그 구현체입니다.

bufio.Scanner는 간편하게 구분자로 구분된 데이터를 읽어 들일 수 있는 Go의 표준 라이브러리입니다. Scanner는 매개변수로 io.Reader를 받습니다. net.Conn 인터페이스에도 io.Reader 인터페이스를 구현한 Read 메서드를 가지고 있기 때문에 Scanner를 이용하여 쉽게 네트워크 연결로부터 구분자로 구분된 데이터를 읽어 들일 수 있습니다. 목록 4-2에서는 구분자로 구분된 데이터를 제공하는 리스너를 시작하고 이후에 이 데이터를 bufio.Scanner에서 파싱합니다.

목록 4-2 상숫값을 페이로드로 제공하는 테스트 생성하기(scanner_test.go)

```
package main

import (
  "bufio"
  "net"
  "reflect"
  "testing"
)

const ❶payload = "The bigger the interface, the weaker the abstraction."

func TestScanner(t *testing.T) {
```

```
  listener, err := net.Listen("tcp", "127.0.0.1:")
  if err != nil {
    t.Fatal(err)
  }

  go func() {
    conn, err := listener.Accept()
    if err != nil {
      t.Error(err)
      return
    }
    defer conn.Close()

    _, err = conn.Write([]byte(payload))
    if err != nil {
      t.Error(err)
    }
  }()
--생략--
```

지금쯤이면 리스너가 익숙해졌을 겁니다. 결국 리스너가 하는 역할은 페이로드(❶)를 제공하는 것입니다. 목록 4-3에서는 bufio.Scanner를 사용해서 공백으로 구분된 데이터를 읽습니다.

목록 4-3 bufio.Scanner 메서드를 이용한 네트워크로부터 공백으로 구분된 텍스트 읽기(scanner_test.go)

```
--생략--
  conn, err := net.Dial("tcp", listener.Addr().String())
  if err != nil {
    t.Fatal(err)
  }
  defer conn.Close()

❶ scanner := bufio.NewScanner(conn)
  scanner.Split(bufio.ScanWords)

  var words []string

❷ for scanner.Scan() {
    words = append(words, ❸scanner.Text())
  }

  err = scanner.Err()
  if err != nil {
    t.Error(err)
  }

  expected := []string{"The", "bigger", "the", "interface,", "the",
    "weaker", "the", "abstraction."}
```

```
    if !reflect.DeepEqual(words, expected) {
      t.Fatal("inaccurate scanned word list")
    }
❹ t.Logf("Scanned words: %#v", words)
}
```

서버에서 문자열을 읽고 있으므로 먼저 네트워크 연결에서 데이터를 읽어 들일 bufio.Scanner를 생성합니다(❶). 기본적으로 스캐너는 데이터 스트림으로부터 개행 문자(\n)를 만나면 네트워크 연결로부터 읽은 데이터를 분할합니다. 공백이나 마침표 등의 단어 경계를 구분하는 구분자를 만날 때마다 데이터를 분할해 주는 함수인 bufio.ScanWords를 사용하여 스캐너가 입력 데이터를 분할하도록 할 수도 있습니다.

네트워크 연결(❷)에서 읽을 데이터가 있는 한 스캐너는 계속해서 데이터를 읽습니다. 한 번 Scan 함수를 호출할 때마다 스캐너는 네트워크 연결로부터 구분자를 찾을 때까지 여러 번의 Read 메서드를 호출하며, 혹은 실패한 경우 에러를 반환합니다. 이 구현은 네트워크 연결로부터 한 번 이상 데이터를 읽고 구분자를 찾아서 메시지를 반환하는 복잡성을 추상화합니다.

스캐너의 Text 메서드는 네트워크 연결(❸)로부터 읽어 들인 데이터 청크를 문자열로 반환합니다. 이 경우에는 하나의 단어와 근접해 있는 기호가 데이터 청크의 값이 됩니다. 스캐너는 io.EOF 에러 혹은 그 외의 네트워크 연결로부터 발생하는 에러를 받을 때까지 for 루프를 순회하며 데이터를 읽습니다. 네트워크 연결로부터 에러가 발생한 경우 스캐너의 Err 메서드는 nil이 아닌 에러를 반환할 것입니다. 스캐닝된 단어(❹)는 go test 커맨드에서 -v 플래그를 주어 실행하여 확인해 볼 수 있습니다.

동적 버퍼 사이즈 할당

송신자와 수신자가 모두 프로토콜에 동의한 경우, 네트워크 연결에서 가변 길이의 데이터를 읽을 수 있습니다. **TLV**Type-Length-Value 인코딩 체계는 가변 길이의 데이터를 처리하기 좋은 방법 중 하나입니다. TLV 인코딩은 데이터 유형을 나타내는 정해진 길이의 바이트, 값의 크기를 나타내는 정해진 길이의 바이트, 그리고 값 자체를 나타내는 가변 길이의 바이트로 표현됩니다. 이 책에서는 TLV 인코딩을 구현하는 데 1바이트의 헤더와 4바이트의 길이, 총 5바이트를 헤더로 사용합니다. TLV 인코딩 체계를 사용하면 원격 노드로 타입을 일련의 바이트로 전송할 수 있으며, 원격 노드는 해당 바이트를 읽고 동일한 타입을 구성할 수 있습니다.

목록 4-4는 TLV 인코딩 프로토콜이 허용하는 유형을 정의합니다.

목록 4-4 간단한 프로토콜을 구현하는 메시지 구조체(types.go)

```go
package main

import (
  "errors"
  "fmt"
  "io"
)

const (
❶BinaryType uint8 = iota + 1
❷StringType

❸MaxPayloadSize uint32 = 10 << 20 // 10 MB
)

var ErrMaxPayloadSize = errors.New("maximum payload size exceeded")

type ❹Payload interface {
  fmt.Stringer
  io.ReaderFrom
  io.WriterTo
  Bytes() []byte
}
```

정의할 메시지 타입을 나타내는 상수, BinaryType(❶)와 StringType(❷)을 생성합니다. 각 타입의 세부 구현 정보를 요약한 후 필요에 맞게 타입을 생성합니다. 잠시 후에 살펴볼 보안상의 문제로 인해 최대 페이로드 크기(❸)를 반드시 정의해 주어야 합니다.

각 타입별 메시지들이 구현해야 하는 Payload라는 이름의 인터페이스(❹)를 정의합니다. Payload 인터페이스를 구현할 각 타입별로 Bytes, String, ReadFrom과 WriteTo라는 메서드를 반드시 구현해야 합니다. io.ReaderFrom 인터페이스와 io.WriterTo 인터페이스는 각 타입별 메시지를 reader로부터 읽을 수 있고 writer에 쓸 수 있게 해 주는 기능의 형태를 제공합니다. 세부 구현은 필요에 맞게 하면 됩니다. Payload 인터페이스를 encoding.BinaryMarshaler 인터페이스를 구현 하도록 만들면 Payload를 구현할 타입별 메시지 스스로 바이트 슬라이스로 마샬링_{marshalling}될 수 있게 할 수 있으며, Payload 인터페이스를 encoding.BinaryUnmarshaler 인터페이스를 구현 하도록 만들면 바이트 슬라이스로부터 메시지를 언마샬링_{unmarshalling}되게 할 수 있습니다. 하지 만 네트워크 연결 수준에서는 바이트 슬라이스를 그대로 다루지 않기 때문에 Payload 인터페이 스를 있는 그대로 사용합니다. 다음 장부터는 바이너리 인코딩 인터페이스를 사용합니다.

이제 TLV 기반 타입을 생성할 기반을 갖게 되었습니다. 목록 4-5는 그 첫 번째 타입, Binary에 관해 설명합니다.

```
--생략--

type ❶Binary []byte

func (m Binary) ❷Bytes() []byte  { return m }
func (m Binary) ❸String() string { return string(m) }

func (m Binary) ❹WriteTo(w io.Writer) (int64, error) {
  err := ❺binary.Write(w, binary.BigEndian, BinaryType) // 1바이트 타입
  if err != nil {
    return 0, err
  }
  var n int64 = 1

  err = ❻binary.Write(w, binary.BigEndian, uint32(len(m))) // 4바이트 크기
  if err != nil {
    return n, err
  }
  n += 4

  o, err := ❼w.Write(m) // 페이로드

  return n + int64(o), err
}
```

Binary 타입(❶)은 바이트 슬라이스입니다. 그러므로 Bytes 메서드(❷)는 자기 자신을 반환합니다. String 메서드(❸)는 자기 자신을 문자열로 캐스팅하여 반환합니다. WriteTo 메서드는 io.Writer 인터페이스를 매개변수로 받아서 writer에 쓰인 바이트 수와 에러 인터페이스를 반환합니다(❹). WriterTo 메서드는 1바이트의 타입을 writer에 씁니다(❺). 그리고 Binary 인스턴스의 길이인 4바이트를 writer에 씁니다(❻). 마지막으로, Binary 인스턴스 자체의 값을 씁니다(❼). 목록 4-6에서는 ReadFrom 메서드를 구현하여 Binary 타입의 Payload 인터페이스 구현을 마무리합니다.

목록 4-6 **Binary 타입의 Payload 인터페이스 구현 마무리하기(types.go)**

```
--생략--

func (m *Binary) ReadFrom(r io.Reader) (int64, error) {
  var typ uint8
  err := ❶binary.Read(r, binary.BigEndian, &typ) // 1바이트 타입
  if err != nil {
    return 0, err
  }
  var n int64 = 1
  if typ != ❷BinaryType {
    return n, errors.New("invalid Binary")
```

```
    }
    var size uint32
    err = ❸binary.Read(r, binary.BigEndian, &size) // 4바이트 크기
    if err != nil {
      return n, err
    }
    n += 4
❹if size > MaxPayloadSize {
      return n, ErrMaxPayloadSize
    }

❺*m = make([]byte, size)
    o, err := ❻r.Read(*m) // 페이로드

    return n + int64(o), err
}
```

ReadFrom 메서드(❶)는 reader로부터 1바이트를 typ 변수에 읽어 들인 후 타입이 BinaryType 인지 확인합니다(❷). 그리고 **size** 변수에 다음 4바이트를 읽어 들입니다(❸). 이 size 변숫값을 Binary 인스턴스의 크기로 새로운 바이트 슬라이스를 할당합니다(❺). 마지막으로, Binary 인스턴스의 바이트 슬라이스를 읽습니다(❻).

최대 페이로드 크기를 지정해 주었음을 확인하세요(❹). 페이로드의 크기로 사용할 4바이트 정수가 갖는 최댓값이 4,294,967,295, 즉 페이로드 크기가 최대 4GB이기 때문입니다. 이렇게 큰 페이로드를 처리하게 되면 악의적인 의도를 가진 사용자가 서비스 거부 공격을 시도하여 서버상의 가용 가능한 RAM을 전부 소비해 버리기 쉽습니다. 최대 페이로드 크기를 합리적인 크기로 관리하면 서비스 거부 등의 악의적인 사용자로부터 메모리 소비를 방지할 수 있습니다.

목록 4-7은 Binary 타입과 같이 Payload 인터페이스를 구현한 String 타입을 나타냅니다.

목록 4-7 String 타입 생성하기(types.go)

```
--생략--

type String string

func (m String) ❶Bytes() []byte  { return []byte(m) }
func (m String) ❷String() string { return string(m) }

func (m String) ❸WriteTo(w io.Writer) (int64, error) {
  err := ❹binary.Write(w, binary.BigEndian, StringType) // 1바이트 타입
  if err != nil {
    return 0, err
  }
```

```
  var n int64 = 1

  err = binary.Write(w, binary.BigEndian, uint32(len(m))) // 4바이트 크기
  if err != nil {
    return n, err
  }
  n += 4

  o, err := ❺w.Write([]byte(m)) // 페이로드

  return n + int64(o), err
}
```

String의 Bytes 메서드 구현체(❶)는 자기 자신의 String 인스턴스 값을 바이트 슬라이스로 형
변환합니다. String 메서드(❷)는 자기 자신의 String 인스턴스 값을 베이스 타입인 string으로
형 변환합니다. String 타입의 WriteTo 메서드(❸)는 쓰여진 첫 바이트(❹)가 StringType이라는
점과 String 인스턴스 값을 writer로 쓰기 전에(❺) 바이트 슬라이스로 형 변환한다는 점을 제외
하고 Binary 타입의 WriteTo 메서드와 유사합니다.

목록 4-8에서는 String 타입의 Payload 구현을 마무리합니다.

목록 4-8 String 타입의 Payload 구현 마무리하기(types.go)

```
--생략--
func (m *String) ReadFrom(r io.Reader) (int64, error) {
  var typ uint8
  err := binary.Read(r, binary.BigEndian, &typ) // 1바이트 타입
  if err != nil {
    return 0, err
  }
  var n int64 = 1
  if typ != ❶StringType {
    return n, errors.New("invalid String")
  }

  var size uint32
  err = binary.Read(r, binary.BigEndian, &size) // 4바이트 크기
  if err != nil {
    return n, err
  }
  n += 4

  buf := make([]byte, size)
  o, err := r.Read(buf) // 페이로드
  if err != nil {
    return n, err
```

```
  }
❷*m = String(buf)

  return n + int64(o), nil
}
```

여기서도 String 타입의 ReadFrom 메서드는 두 가지 예외를 제외하고 Binary 타입의 ReadFrom 메서드와 유사합니다. 첫 번째 예외는 typ 변수를 StringType과 비교한다는 점입니다(❶). 두 번째 예외는 reader로부터 읽은 값을 String으로 형 변환한다는 점입니다(❷).

이제 네트워크 연결에서 임의 크기의 데이터를 읽고 이를 사용하여 두 가지 유형 중 하나를 구성하는 방법만 구현하면 됩니다. 목록 4-9를 살펴보겠습니다.

목록 4-9 reader에서 바이트를 읽어서 Binary와 String 타입으로 디코딩하기(types.go)

```
--생략--

func ❶decode(r io.Reader) (Payload, error) {
  var typ uint8
  err := ❷binary.Read(r, binary.BigEndian, &typ)
  if err != nil {
    return nil, err
  }

❸var payload Payload

  switch ❹typ {
  case BinaryType:
    payload = new(Binary)
  case StringType:
    payload = new(String)
  default:
    return nil, errors.New("unknown type")
  }

  _, err = payload.ReadFrom(
  ❺io.MultiReader(bytes.NewReader([]byte{typ}), r))
  if err != nil {
    return nil, err
  }

  return payload, nil
}
```

decode 함수(❶)는 io.Reader 인터페이스를 매개변수로 받아서 Payload 인터페이스와 error 인터페이스를 반환합니다. decode 함수가 reader로부터 읽은 바이트를 Binary 타입이나 String 타입으로 디코딩할 수 없는 경우 nil 값의 Payload와 함께 에러를 반환합니다.

타입을 추론하기 위해 먼저 reader로부터 1바이트를 읽어 들인 후(❷) payload 변수를 생성하여 (❸) 디코딩된 타입의 값을 저장합니다. 읽어 들인 타입이 미리 정의한 상수 타입이면(❹) payload 변수에 해당 상수 타입을 할당합니다.

ReadFrom 메서드를 이용하여 payload 변수에 reader에서 읽은 바이너리 데이터를 디코딩할 충분한 정보를 갖게 되었습니다. 하지만 간단하게 ReadFrom 메서드에 매개변수로 reader를 전달할 수 없습니다. 이미 타입을 추론하기 위해서 1바이트를 읽어 들였는데, ReadFrom 메서드에서도 첫 1바이트가 타입이기를 기대하기 때문입니다. 감사하게도 이 상황에서 io 패키지에 MultiReader라는 함수를 사용할 수 있습니다(이 함수에 대해선 이번 장의 후반부에서 자세히 다룹니다. 지금은 reader로부터 이미 읽은 바이트(❺)를 다음에 읽을 바이트와 연결하는 데 사용합니다). ReadFrom 메서드의 관점에서 MultiReader 함수는 의도한 순서대로 바이트를 읽습니다.

io.MultiReader 함수에서는 읽었던 바이트를 다시 reader로 주입하는 사용법에 대해 소개하지만, 이렇게 사용하는 것이 최적은 아닙니다. ReadFrom 메서드로부터 타입을 알아내기 위해 첫 1바이트를 읽어야만 하는 동작을 제거하는 것이 더욱 적절한 리팩터링 방법입니다. 그리고 페이로드의 크기를 위해 4바이트를 읽고 나서 페이로드를 읽도록 하여 다시금 ReadFrom으로 넘기기 위해 타입을 위해 읽었던 바이트를 도로 주입할 필요를 없앱니다. 연습으로 위의 코드를 io.MultiReader를 사용하지 않아도 동작할 수 있도록 리팩터링하기 바랍니다.

테스트의 형태로 decode 함수가 어떻게 동작하는지 봅시다. 목록 4-10에서는 두 종류의 다른 타입의 데이터를 네트워크 연결을 통해 송신하는 방법과 수신 측에서 원래의 데이터 타입으로 올바르게 디코딩하는 방법에 대해 소개합니다.

목록 4-10 TestPayloads 테스트 생성하기(types_test.go)

```go
package main

import (
  "bytes"
  "encoding/binary"
  "net"
  "reflect"
  "testing"
)

func TestPayloads(t *testing.T) {
  b1 := ❶Binary("Clear is better than clever.")
  b2 := Binary("Don't panic.")
```

```
    s1 := ❷String("Errors are values.")
    payloads := ❸[]Payload{&b1, &s1, &b2}

    listener, err := net.Listen("tcp", "127.0.0.1:")
    if err != nil {
      t.Fatal(err)
    }

    go func() {
      conn, err := listener.Accept()
      if err != nil {
        t.Error(err)
        return
      }
      defer conn.Close()

      for _, p := range payloads {
        _, err = ❹p.WriteTo(conn)
        if err != nil {
          t.Error(err)
          break
        }
      }
    }()

--생략--
```

테스트는 최소한 각 하나의 타입을 생성해야 합니다. 두 개의 Binary 타입을 생성하고(❶) 하나의 String 타입을 생성합니다(❷). 이후 Payload 인터페이스의 슬라이스를 생성하고 위에서 생성한 Binary 타입과 String 타입의 포인터를 Payload 인터페이스의 슬라이스에 등록합니다(❸). 그리고 연결을 수립할 리스너를 생성하고 해당 연결로 각 타입을 페이로드 슬라이스 형태로 전송합니다(❹). 목록 4-11에서 클라이언트 측에서의 테스트 구현을 마무리 짓습니다.

목록 4-11 TestPayloads 테스트 마무리하기(types_test.go)

```
--생략--

  conn, err := ❶net.Dial("tcp", listener.Addr().String())
  if err != nil {
    t.Fatal(err)
  }
  defer conn.Close()

  for i := 0; i < len(payloads); i++ {
    actual, err := ❷decode(conn)
    if err != nil {
      t.Fatal(err)
    }
```

```
❸if expected := payloads[i]; !reflect.DeepEqual(expected, actual) {
      t.Errorf("value mismatch: %v != %v", expected, actual)
      continue
   }

❹t.Logf("[%T] %[1]q", actual)
   }
}
```

페이로드 슬라이스에 총 몇 개의 타입이 있는지 알고 있으니 리스너로의 연결을 수립하고(❶) 각 페이로드를 디코딩한 뒤(❷) 디코딩된 타입을 서버가 전송한 타입과 비교합니다(❸). 변수의 타입이나 페이로드가 비교한 것과 다르면 테스트는 실패합니다. 타입과 값을 보려면 테스트를 실행할 때 -v 플래그를 주면 됩니다(❹).

목록 4-12에서는 Binary 타입의 최대 페이로드 크기를 강제하도록 합니다.

목록 4-12 최대 페이로드 크기 테스트하기(types_test.go)

```
--생략--

func TestMaxPayloadSize(t *testing.T) {
  buf := new(bytes.Buffer)
  err := buf.WriteByte(BinaryType)
  if err != nil {
    t.Fatal(err)
  }

  err = binary.Write(buf, binary.BigEndian, ❶uint32(1<<30)) // 1 GB
  if err != nil {
    t.Fatal(err)
  }

  var b Binary
  _, err = b.ReadFrom(buf)
❷if err != ErrMaxPayloadSize {
    t.Fatalf("expected ErrMaxPayloadSize; actual: %v", err)
  }
}
```

이 테스트는 BinaryType 타입을 저장하는 바이트와 페이로드의 크기가 최대 1GB임을 나타내는 4바이트의 부호 없는 정수를 포함한 bytes.Buffer를 생성하는 것으로 시작됩니다(❶). 이 버퍼가 Binary 타입의 ReadFrom 메서드로 넘겨지면 ErrMaxPayloadSize 에러를 반환받습니다(❷). 목록 4-10과 목록 4-11의 테스트 케이스들은 페이로드의 크기가 최대 크기를 넘을 리는 없지만 명시적으로 확인하는 것이 좋습니다.

데이터를 읽고 쓰는 도중 에러 처리

데이터를 파일 객체에 쓰는 것과 달리 데이터를 네트워크 연결에 쓰는 것은 신뢰할 수 없습니다. 특히, 네트워크 연결이 종종 끊기는 경우엔 더욱 그렇습니다. 데이터를 파일에 쓸 때는 에러가 발생하는 일이 거의 없지만, 네트워크를 통해 수신하는 경우에는 데이터 전체를 받기 전에 갑작스럽게 연결이 끊기는 경우가 생깁니다.

네트워크 연결로부터 데이터를 읽고 쓸 때 발생하는 모든 에러가 치명적인 것은 아닙니다. 다시 연결이 복구될 수 있는 에러들도 존재합니다. 예를 들어, 네트워크 상태가 좋지 않아서 수신자의 ACK 패킷이 지연되고 수신 대기 중 연결 시간이 초과된 상태의 네트워크 연결에 데이터 쓰기를 시도하면 일시적인 에러가 발생할 수 있습니다. 이는 송신자와 수신자 사이에 네트워크 케이블이 일시적으로 뽑힌 경우 등의 상황에 발생할 수 있습니다. 그런 경우 네트워크 연결은 아직 활성화 상태이므로 에러를 처리하고 복구 시도를 하거나, 연결을 우아하게 종료할 수 있습니다.

목록 4-13은 네트워크 연결에 데이터를 쓰는 도중 발생하는 일시적인 에러를 확인하는 방법을 보여 줍니다.

목록 4-13 네트워크 연결로 "hello world" 문자열 전송

```
var (
  err error
  n   int
  i   = 7 // 최대 재시도 수
)

❶ for ; i > 0; i-- {
  n, err = ❷conn.Write(❸[]byte("hello world"))
  if err != nil {
    if nErr, ok := ❹err.(net.Error); ok && ❺nErr.Temporary() {
      log.Println("temporary error:", nErr)
      time.Sleep(10 * time.Second)
      continue
    }
    ❻return err
  }
  break
}

if i == 0 {
  return errors.New("temporary write failure threshold exceeded")
}

log.Printf("wrote %d bytes to %s\n", n, conn.RemoteAddr())
```

네트워크 연결로의 쓰기 시도는 종종 일시적인 에러가 발생하기 때문에 재시도가 필요합니다. 이를 위한 방법 중 하나로 쓰기에 관련된 코드를 for 루프로 감싸는 것입니다(❶). 이렇게 하면 필요시에 쓰기 시도를 재시도하기 쉬워집니다.

네트워크 연결로 쓰기 시도를 위해 다른 io.Writer에 쓰는 것처럼 Write 메서드(❷)에 바이트 슬라이스(❸)를 매개변수로 전달합니다. Write 메서드는 쓰인 바이트의 숫자와 error 인터페이스를 반환합니다. error 인터페이스가 nil이 아닌 경우 타입 어설션을 통해(❹) 에러가 net.Error 인터페이스를 구현했는지, 그리고 에러가 일시적인지(❺)를 확인합니다. net.Error 에러의 Temporary 메서드가 true를 반환하는 경우 for 루프를 순회하여 또 다른 쓰기를 시도합니다. 에러가 영구적인 경우 에러를 반환합니다(❻). 성공적으로 쓰기를 마친 경우 루프 순회를 종료합니다.

io 패키지를 이용한 안정적인 네트워크 애플리케이션 만들기

Go 코드에서 흔히 사용되는 io.Reader 인터페이스와 io.Writer 인터페이스 외에 io.Reader, io.Writer처럼 Go 코드에서 흔하게 사용되는 인터페이스 외에도 io 패키지에는 안정적인 네트워크 애플리케이션을 개발하는 데 도움이 되는 다양하고 유용한 함수와 유틸리티가 존재합니다. 이 섹션에서는 io.Copy 함수, io.MultiWriter 함수와 io.TeeReader 함수를 사용하여 네트워크 연결 간에 방화벽으로 인해 데이터 전송이 어려운 경우 데이터를 프락시하는 방법, 네트워크 트래픽을 로깅하는 방법, 그리고 호스트에 핑을 전송하는 방법을 배웁니다.

네트워크 연결 간 데이터 프락시하기

io 패키지에서 가장 유용한 함수 중 하나는 io.Reader에서 데이터를 읽어서 io.Writer로 데이터를 쓸 수 있는 io.Copy 함수입니다. 이 함수는 두 노드 중간에서 데이터를 전송하는 **프락시**proxy를 생성하는 데 유용합니다. net.Conn 인터페이스는 io.Reader와 io.Writer 인터페이스를 둘 다 포함하고 있으며, io.Copy 함수는 io.Reader로부터 읽어 들인 어떤 데이터든지 간에 io.Writer로 쓰기 때문에 가령, 목록 4-14에서 정의한 proxyConn 함수처럼 두 노드 간의 연결로부터 프락시를 생성하는 것은 아주 쉽습니다. 이 함수는 출발지 노드로부터 전송된 데이터를 목적지 노드로, 목적지 노드에서 전송된 데이터를 출발지 노드로 복제합니다.

목록 4-14 두 네트워크 연결 간의 데이터 프락시(proxy_conn.go)

```go
package main

import (
  "io"
  "net"
)

func proxyConn(source, destination string) error {
  connSource, err := ❶net.Dial("tcp", source)
  if err != nil {
    return err
  }
  defer connSource.Close()

  connDestination, err := ❷net.Dial("tcp", destination)
  if err != nil {
    return err
  }
  defer connDestination.Close()

  // connSource에 대응하는 connDestination
❸go func() { _, _ = io.Copy(connSource, connDestination) }()

  // connDestination으로 메시지를 보내는 connSource
❹_, err = io.Copy(connDestination, connSource)

  return err
}
```

io.Copy 함수가 데이터 입출력에서 직접 처리하기 어려운 모든 부분을 처리해 줍니다. io.Writer 인터페이스를 첫 번째 매개변수로 받고 io.Reader 인터페이스를 두 번째 매개변수로 받습니다. 이후 reader로부터 읽는 모든 데이터를 writer로 씁니다. reader가 io.EOF를 반환하거나, reader 혹은 writer가 error를 반환할 경우 함수는 종료됩니다. io.Copy 함수 동작 도중 reader로부터 모든 데이터를 읽었다는 의미의 io.EOF 에러 이외의 에러가 발생했을 때에만 error를 반환합니다.

출발지 노드(❶)와 연결을 생성하고, 목적지 노드(❷)와 연결을 생성합니다. 그다음 고루틴에서 io.Copy 함수를 실행하여 connDestination으로부터 데이터를 읽고 connSource으로 데이터를 씁니다(❸). 두 노드 중 하나의 연결이 끊어지면 io.Copy는 자동으로 종료되므로 이 고루틴이 메모리 누수를 일으킬 걱정은 하지 않아도 됩니다. 이후 각 연결의 Close 메서드가 호출되어 io.Copy 함수가 반환되면 고루틴이 종료됩니다(❹). 그 결과 두 노드가 서로 직접 연결한 것처럼 프락시로 데이터를 주고받을 수 있습니다.

Go 1.11 이후 버전에서 io.Copy 함수와 io.CopyN 함수를 사용할 때 두 매개변수 모두 *net.
TCPConn 객체로 사용 시 데이터는 리눅스상의 유저 스페이스를 경유하지 않으므로 훨씬 효율적으로 데
이터가 전송됩니다. 마치 리눅스 커널상에서 애플리케이션을 거치지 않고 소켓상으로 한쪽에서 데이터를
읽어서 그대로 쓰는 것과 같습니다. io.CopyN 함수는 n바이트까지만 복사한다는 점을 빼고 io.Copy와
같습니다. 다음 장에서 io.CopyN 함수를 사용할 것입니다.

목록 4-15는 proxyConn 함수를 사용하는 약간 다른 방법을 보여 줍니다. 목록 4-14의 proxyConn
함수는 두 노드 간에 네트워크 연결을 수립하고 트래픽을 프락시하는 반면 목록 4-15의 proxy 함
수는 io.Reader와 io.Writer 인터페이스 간에 데이터를 프락시하며, 따라서 네트워크 연결 외의
것들에도 적용할 수 있기 때문에 테스트하기에도 훨씬 쉽습니다.

목록 4-15 reader와 writer 간 데이터 프락시(proxy_test.go)

```
package main

import (
  "io"
  "net"
  "sync"
  "testing"
)

❶ func proxy(from io.Reader, to io.Writer) error {
  fromWriter, fromIsWriter := from.(io.Writer)
  toReader, toIsReader := to.(io.Reader)

  if toIsReader && fromIsWriter {
    // 필요한 인터페이스를 모두 구현하였으니
    // from과 to에 대응하는 프락시 생성
    go func() { _, _ = io.Copy(fromWriter, toReader) }()
  }

  _, err := io.Copy(to, from)

  return err
}
```

proxy 함수(❶)는 net.Conn 인터페이스 대신에 범용적인 io.Reader 인터페이스와 io.Writer 인
터페이스를 매개변수로 받기 때문에 조금 더 활용 범위가 넓습니다. 이를 사용하여 데이터를 네
트워크 연결로부터 os.Stdout, *bytes.Buffer, *os.File 외에 io.Writer 인터페이스를 구현한
많은 객체들로 데이터를 프락시할 수 있습니다. 마찬가지로 io.Reader 인터페이스를 구현한 임의
의 객체로부터 데이터를 읽어서 writer로 전송할 수 있습니다. 이 프락시 구현은 **from reader**가
io.Writer 인터페이스를 구현하고 **to writer**가 io.Reader 인터페이스를 구현하였다면 서로의 요청

에 응답할 수도 있습니다.

목록 4-16은 프락시 함수가 의도한 대로 동작하는지 확인하는 테스트를 생성합니다.

목록 4-16 리스너 생성하기(proxy_test.go)

```go
--생략--
func TestProxy(t *testing.T) {
  var wg sync.WaitGroup

  // 서버는 "ping" 메시지를 대기하고 "pong" 메시지로 응답합니다.
  // 그 외의 메시지는 동일하게 클라이언트로 에코잉됩니다.
❶server, err := net.Listen("tcp", "127.0.0.1:")
  if err != nil {
    t.Fatal(err)
  }

  wg.Add(1)

  go func() {
    defer wg.Done()

    for {
      conn, err := server.Accept()
      if err != nil {
        return
      }

      go func(c net.Conn) {
        defer c.Close()

        for {
          buf := make([]byte, 1024)
          n, err := c.Read(buf)
          if err != nil {
            if err != io.EOF {
              t.Error(err)
            }

            return
          }

          switch msg := string(buf[:n]); msg {
          case "ping":
            _, err = c.Write([]byte("pong"))
          default:
            _, err = c.Write(buf[:n])
          }

          if err != nil {
```

```
                if err != io.EOF {
                  t.Error(err)
                }

                return
              }
            }
          }(conn)
        }
      }()

--생략--
```

연결 요청을 수신할 수 있는 서버를 초기화합니다(❶). 각 연결로부터 데이터를 읽고, "ping"이라는 문자열을 받으면 "pong"으로 응답하며, 그 외의 문자열을 받으면 그대로 되돌려 주는 에코 서버echo server입니다.

목록 4-17은 이에 대한 테스트 구현입니다.

목록 4-17 클라이언트와 서버 간의 프락시 셋업(proxy_test.go)

```
--생략--

  // proxyServer는 메시지를 클라이언트 연결로부터 destinationServer로 프락시합니다.
  // destinationServer 서버에서 온 응답 메시지는 역으로 클라이언트에게 프락시됩니다.
❶proxyServer, err := net.Listen("tcp", "127.0.0.1:")
  if err != nil {
    t.Fatal(err)
  }

  wg.Add(1)

  go func() {
    defer wg.Done()

    for {
      conn, err := ❷proxyServer.Accept()
      if err != nil {
        return
      }

      go func(from net.Conn) {
        defer from.Close()

        to, err := ❸net.Dial("tcp",
          server.Addr().String())
        if err != nil {
          t.Error(err)
          return
```

```
        }

        defer to.Close()

        err = ❹proxy(from, to)
        if err != nil && err != io.EOF {
          t.Error(err)
        }
      }(conn)
    }
  }()

--생략--
```

클라이언트와 목적지 서버 간의 메시지 전달을 처리해 주는 프락시 서버(❶)를 셋업합니다. 프락시 서버는 클라이언트의 연결 요청을 수신합니다. 클라이언트와의 연결이 수립되면(❷) proxy 함수는 목적지 서버와의 연결을 수립하고(❸) 메시지를 프락싱합니다(❹). 프락시 서버에 매개변수로 프락싱할 두 개의 net.Conn 객체를 전달하고, net.Conn 인터페이스는 io.ReadWriter 인터페이스를 구현하기 때문에 서버의 프락시는 서로 응답할 수 있습니다. 이후 io.Copy 함수는 출발지 노드 혹은 목적지 노드로부터 net.Conn 객체로부터 Read 메서드로 읽은 모든 데이터를 목적지 노드 혹은 출발지 노드를 향해 Write 메서드로 씁니다.

목록 4-18은 테스트의 클라이언트 부분의 구현을 나타냅니다.

목록 4-18 업스트림 서버로부터 다운스트림 서버로 데이터 프락싱하기(proxy_test.go)

```
--생략--
  conn, err := net.Dial("tcp", proxyServer.Addr().String())
  if err != nil {
    t.Fatal(err)
  }

❶msgs := []struct{ Message, Reply string }{
    {"ping", "pong"},
    {"pong", "pong"},
    {"echo", "echo"},
    {"ping", "pong"},
  }

  for i, m := range msgs {
    _, err = conn.Write([]byte(m.Message))
    if err != nil {
      t.Fatal(err)
    }
```

```
  buf := make([]byte, 1024)

  n, err := conn.Read(buf)
  if err != nil {
    t.Fatal(err)
  }

  actual := string(buf[:n])
  t.Logf("%q -> proxy -> %q", m.Message, actual)

  if actual != m.Reply {
    t.Errorf("%d: expected reply: %q; actual: %q",
      i, m.Reply, actual)
  }
}

_ = conn.Close()
_ = proxyServer.Close()
_ = server.Close()

wg.Wait()
}
```

일련의 테스트(❶) 간에 프락시를 수행하여 ping 메시지가 pong으로 응답되는지, 그 외의 모든 메시지가 그대로 반환되어 에코 서버가 제대로 동작하는지 확인합니다. 실행 결과는 다음과 같습니다.

```
$ go test ❶-race -v proxy_test.go
=== RUN    TestProxy
    proxy_test.go:141: "ping" -> proxy -> "pong"
    proxy_test.go:141: "pong" -> proxy -> "pong"
    proxy_test.go:141: "echo" -> proxy -> "echo"
    proxy_test.go:141: "ping" -> proxy -> "pong"
--- PASS: TestProxy (0.00s)
PASS
ok      command-line-arguments      0.311s
```

테스트 간 race detector를 활성화시키기 위해 테스트 실행 시 -race 플래그(❶)를 줍니다. race detector는 프로그램상에서 주의해야 할 교착 상태race condition를 감지하고 알려 줍니다. 이 테스트에서 꼭 필요하진 않지만, 교착 상태를 활성화시키는 것은 좋은 습관입니다.

네트워크 연결 모니터링

io 패키지를 이용하면 연결 객체를 통해 네트워크 데이터를 주고받는 것 이상으로 유용한 동작을 할 수 있습니다. 예를 들어, io.MultiWriter 함수를 이용하여 단일 페이로드를 여러 개의 네트워크 연결로 전송할 수 있습니다. io.TeeReader 함수를 사용하여 네트워크 연결로부터 읽은 데이터를 로깅하는 데 사용할 수도 있습니다. 목록 4-19는 io.TeeReader와 io.MultiWriter 함수를 사용하여 TCP 리스너로부터 발생하는 모든 네트워크 트래픽을 로깅하는 예시를 보여 줍니다.

목록 4-19 io.TeeReader와 io.MultiWriter 함수를 이용하여 네트워크 연결의 입출력을 모두 캡처하기 (monitor_test.go)

```go
package main

import (
  "io"
  "log"
  "net"
  "os"
)

// Monitor 구조체는 네트워크 트래픽을 로깅하기 위한 log.Logger를 임베딩합니다.
type Monitor struct {
  *log.Logger
}

// Write 메서드는 io.Writer 인터페이스를 구현합니다.
func (m *Monitor) ❶Write(p []byte) (int, error) {
  return len(p), m.Output(2, string(p))
}

func ExampleMonitor() {
❷monitor := &Monitor{Logger: log.New(os.Stdout, "monitor: ", 0)}

  listener, err := net.Listen("tcp", "127.0.0.1:")
  if err != nil {
    monitor.Fatal(err)
  }

  done := make(chan struct{})

  go func() {
    defer close(done)

    conn, err := listener.Accept()
    if err != nil {
      return
    }
    defer conn.Close()

    b := make([]byte, 1024)
  ❸r := io.TeeReader(conn, monitor)
```

```
    n, err := r.Read(b)
    if err != nil && err != io.EOF {
      monitor.Println(err)
      return
    }

❹ w := io.MultiWriter(conn, monitor)

    _, err = w.Write(b[:n]) // 메시지를 에코잉합니다.
    if err != nil && err != io.EOF {
      monitor.Println(err)
      return
    }
  }()

--생략--
```

서버의 네트워크 트래픽을 로깅하기 위한 목적으로 log.Logger를 임베딩하는 Monitor라는 구조체를 생성합니다. io.TeeReader와 io.MultiWriter 함수가 io.Writer 인터페이스를 매개변수로 받기 때문에 monitor 역시 io.Writer 인터페이스를 구현합니다(❶).

먼저 os.Stdout(표준 출력)으로 데이터를 쓰는 Monitor 구조체의 인스턴스를 만듭니다(❷). io.TeeReader 함수에서는(❸) monitor 인스턴스 변수와 함께 연결 객체를 사용합니다. 그 결과 io.Reader는 네트워크 연결로부터 데이터를 읽고, 읽은 데이터를 모니터에 출력한 후 함수를 호출한 호출자에게 전달합니다. 마찬가지로 서버의 출력 결과를 생성한 io.MultiWriter(❹)를 이용하여 네트워크 연결과 모니터에 로깅합니다.

목록 4-20은 예시의 클라이언트 부분과 그 출력 결과에 대한 구현 부분입니다.

목록 4-20 클라이언트 구현과 출력 예시(monitor_test.go)

```
--생략--

  conn, err := net.Dial("tcp", listener.Addr().String())
  if err != nil {
    monitor.Fatal(err)
  }

  _, err = ❶conn.Write([]byte("Test\n"))
  if err != nil {
    monitor.Fatal(err)
  }

  _ = conn.Close()
  <-done
```

```
  // ❷Output:
  // monitor: Test
  // monitor: Test
}
```

Test\n(❶)라는 메시지를 전송하면 os.Stdout에 네트워크 연결로부터 데이터를 읽을 때 한 번, 그리고 클라이언트에게 메시지를 되돌려 줄 때 한 번, 총 두 번 로깅됩니다(❷). 로그를 조금 더 화려하게 출력해서 수신 데이터와 송신 데이터를 비교해 볼 수도 있습니다. 확인해 볼 수 있는 한 가지 방법으로, io.Writer 인터페이스를 구현한 객체를 만들고 monitor 인스턴스에 임베딩해 볼 수 있습니다. Write 메서드가 호출되면 데이터를 모니터의 Write 메서드로 전달하기 전에 접두사로 데이터를 추가합니다.

io.TeeReader와 io.MultiWriter 함수를 이런 식으로 사용하는 것은 좋은 것처럼 보이지만 주의사항이 있습니다. 첫째, io.TeeReader와 io.MultiWriter 함수 모두 writer로 데이터를 쓰는 동안 블로킹된다는 것입니다. writer가 네트워크 연결에 데이터를 쓰는 동안에 레이턴시가 발생하므로 너무 오랜 시간 블로킹되지 않도록 주의하기 바랍니다. 둘째, writer에서 발생한 에러는 io.TeeReader 또는 io.MultiWriter 역시 에러를 발생하게 하며 네트워크 데이터의 흐름을 중단시킵니다. 따라서 reader는 항상 nil 에러를 반환하도록 구현하고, 하위 레벨에서 발생하는 에러는 처리할 수 있도록 로깅하는 식으로 구현하길 권장합니다.

예를 들어, Monitor의 Write 메서드를 항상 nil 에러를 반환하도록 수정할 수 있습니다.

```
func (m *Monitor) Write(p []byte) (int, error) {
  err := m.Output(2, string(p))
  if err != nil {
    log.Println(err) // log 패키지의 기본 로거를 사용
  }

  return len(p), nil
}
```

Monitor는 구조체에 내장된 로거에 매개변수로 입력받은 바이트 슬라이스 쓰기를 시도합니다. 쓰기에 실패하는 경우 데이터의 흐름을 방해하지 않기 위하여 log 패키지의 기본 로거에 에러를 쓰고, 목록 4-19의 io.TeeReader와 io.MultiWriter에 nil 에러를 반환합니다.

ICMP가 필터링된 환경에서 호스트로 핑 전송

36페이지의 '인터넷 제어 메시지 프로토콜'에서 ICMP는 로컬 네트워크의 상태를 확인할 수 있는 프로토콜임을 배웠습니다. ICMP의 일반적인 사용 예로 호스트가 온라인인지 ping 요청을 보내면 호스트로부터 pong 응답이 오는지를 확인하는 예시가 있습니다. 대부분의 운영체제에는 목적지 IP 주소로 ICMP 에코 요청을 보낼 수 있는 ping 커맨드를 내장하고 있습니다. 호스트가 ICMP 에코 요청 메시지에 응답하면, ping 커맨드는 ping을 송신하고 pong을 수신하는 사이의 시간을 출력합니다.

불행히도 대부분의 인터넷 호스트들은 ICMP 에코 응답 요청을 필터링하거나 차단합니다. 호스트가 pong을 필터링하는 경우 ping 커맨드는 원격 시스템이 현재 사용할 수 없다고 오탐지합니다. 다른 방법으로 원격 시스템의 상태를 확인하려면 원격 호스트와 TCP 연결을 수립해 볼 수 있습니다. 호스트가 특정 포트에서 TCP 연결을 수신한다면 TCP 연결 요청을 처리하고 핸드셰이크 절차를 마치기 위해서는 호스트가 살아 있어야 가능하니, 현재 원격 호스트가 사용할 수 있는 상태라고 알 수 있습니다.

목록 4-21은 호스트의 특정 포트와 TCP 연결을 수립하는 데에 걸린 시간을 보여 주는 간단한 애플리케이션에 대한 구현을 나타냅니다.

목록 4-21 ping 커맨드의 커맨드 라인 플래그(ping.go)

```
package main

import (
  "flag"
  "fmt"
  "net"
  "os"
  "time"
)

❶ var (
  count    = flag.Int("c", 3, "number of pings: <= 0 means forever")
  interval = flag.Duration("i", time.Second, "interval between pings")
  timeout  = flag.Duration("W", 5*time.Second, "time to wait for a reply")
)

func init() {
  flag.Usage = func() {
    fmt.Printf("Usage: %s [options] host:port\nOptions:\n", os.Args[0])
    flag.PrintDefaults()
  }
}
```

먼저 리눅스상의 ping 커맨드가 제공하는 기능의 일부를 흉내 낼 수 있는 몇몇 커맨드 라인 옵션
(❶)을 정의합니다.

목록 4-22에서는 main 함수에 대한 구현체를 나타냅니다.

목록 4-22 입력된 호스트와 포트로 TCP 소켓이 연결 수립하는 데 걸리는 시간 출력하기(ping.go)

```
--생략--

func main() {
  flag.Parse()

  if flag.NArg() != 1 {
    fmt.Print("host:port is required\n\n")
    flag.Usage()
    os.Exit(1)
  }

  target := flag.Arg(0)
  fmt.Println("PING", target)

  if *count <= 0 {
    fmt.Println("CTRL+C to stop.")
  }

  msg := 0

  for (*count <= 0) || (msg < *count) {
    msg++
    fmt.Print(msg, " ")

    start := time.Now()
❶  c, err := net.DialTimeout("tcp", target, *timeout)
❷  dur := time.Since(start)

    if err != nil {
      fmt.Printf("fail in %s: %v\n", dur, err)
      if nErr, ok := err.(net.Error); !ok || ❸!nErr.Temporary() {
        os.Exit(1)
      }
    } else {
      _ = c.Close()
      fmt.Println(dur)
    }

    time.Sleep(*interval)
```

```
    }
}
```

원격 호스트의 TCP 포트(❶)로 연결 수립을 시도합니다. 원격 호스트가 응답하지 않을 경우를 대비하여 적절한 타임아웃 시간을 설정합니다. TCP 핸드셰이크를 마치는 데에 걸리는 시간(❷)을 추적합니다. 이 시간을 출발지 호스트와 원격 호스트 간에 ping이 도달하는 시간으로 생각하면 됩니다. 타임아웃과 같은 일시적인 에러 발생 시에는 재시도를 수행하고, 일시적인 에러가 아닌 경우(❸) 종료합니다. 이 방법은 TCP 서비스를 재시작하고 재시작 상태를 모니터링하고 싶은 경우에 유용합니다. 목록 4-22의 코드는 초기에 타임아웃 에러를 리포트하지만, 서비스가 특정 포트에서 연결 수립을 대기하게 되면 결국 올바른 결과를 출력할 것입니다.

시스템 관리자라면 목록 4-22의 코드가 남용되어 다량의 ping을 보낼 경우 단순하게 원격 호스트에게 ICMP를 사용하여 에코 응답을 하는 것이 아닌, TCP 연결을 간격마다 빠르게 맺고 끊기 때문에 시스템의 가용 포트를 빠르게 소진할 수 있다는 사실을 이해해야 합니다. TCP 연결을 수립하는 것은 ICMP 에코 요청과 응답보다 오버헤드가 큽니다. 그래서 ICMP 에코 메시지가 중간의 방화벽에 의해 막힌 경우에, 시스템 관리자의 허용 아래에서만 TCP를 통한 ping을 사용할 것을 권고합니다.

Go의 TCPConn 객체 살펴보기

대부분의 경우 net.Conn 인터페이스만 사용해도 네트워크 연결에 충분한 기능을 사용할 수 있으며 노드 간의 크로스 플랫폼을 지원하는 TCP 세션 연결에 충분합니다. 하지만 읽기 버퍼나 쓰기 버퍼를 수정하거나, 킵얼라이브 메시지를 활성화하거나, 연결이 닫힌 경우 대기 중인 데이터를 처리하는 행동을 변경하는 등의 작업을 해야 할 경우 net.Conn 인터페이스의 하위에 존재하는 net.TCPConn 객체에 접근하면 TCP 네트워크 연결을 세밀하게 제어할 수 있습니다. net.TCPConn 객체는 net.Conn 인터페이스를 구현한 세부 객체입니다. 앞으로 살펴볼 기능 중 일부는 어떤 운영체제에서는 동작하지 않을 수도 있습니다.

net.TCPConn 객체를 얻어 올 수 있는 가장 쉬운 방법은 타입 어설션을 이용하는 것입니다. 연결된 네트워크가 TCP인 경우에 사용할 수 있습니다.

```
tcpConn, ok := conn.(*net.TCPConn)
```

서버 사이드에서 net.TCPConn 객체를 얻어 오기 위해서는 목록 4-23과 같이 net.TCPListener 객체의 AcceptTCP 메서드를 사용합니다.

목록 4-23 리스너로부터 net.TCPConn 객체 얻어 오기

```
addr, err := net.ResolveTCPAddr("tcp", "127.0.0.1:")
if err != nil {
  return err
}

listener, err := net.ListenTCP("tcp", addr)
if err != nil {
  return err
}

tcpConn, err := listener.AcceptTCP()
```

클라이언트 사이드에서는 목록 4-24와 같이 net.DialTCP 함수를 사용합니다.

목록 4-24 DialTCP 함수 사용하여 net.TCPConn 객체 얻어 오기

```
addr, err := net.ResolveTCPAddr("tcp", "www.google.com:http")
if err != nil {
  return err
}

tcpConn, err := net.DialTCP("tcp", nil, addr)
```

다음 몇 개의 섹션에서는 net.Conn 인터페이스에는 존재하지 않고 net.TCPConn 객체에만 존재하며 유용하게 사용할 수 있는 메서드에 대해 알아봅니다. 이 메서드 중 일부는 어떤 운영체제에서는 사용할 수 없거나 하드 리밋hard limit이 존재할 수 있습니다. 그래서 정말로 필요한 경우에만 이러한 메서드를 사용하기를 권고합니다. 연결 객체에서 운영체제가 제공하는 기본 값을 수정하면 네트워크에서 발생할 수 있는 문제를 디버깅하기 어려워집니다. 예를 들어, 네트워크 연결 상의 읽기 버퍼의 크기를 줄이고 운영체제의 기본 읽기 버퍼 크기 값을 읽게 되면 예기치 않게 제로 윈도 문제가 발생할 수 있습니다.

킵얼라이브 메시지 제어

킵얼라이브keepalive는 수신자로부터 메시지가 정상적으로 도달하였음을 확인하도록 요청하여 네트워크 연결의 무결성을 확인하기 위한 메시지입니다. 승인되지 않은 킵얼라이브 메시지가 일정 수 이상 도달하면 운영체제는 네트워크 연결을 종료합니다.

운영체제의 설정 중에는 기본적으로 네트워크 연결의 TCP 세션에 킵얼라이브를 사용할지 말지에 대한 값이 있습니다. net.TCPConn 객체에 킵얼라이브 기능을 사용하려면 SetKeepAlive 메서드의 매개변수로 true를 전달하기 바랍니다.

```
err := tcpConn.SetKeepAlive(true)
```

SetKeepAlivePeriod 메서드를 사용하여 네트워크 연결에서 얼마나 자주 킵얼라이브 메시지를 보낼 것인지 제어할 수 있습니다. 이 메서드는 매개변수로 킵얼라이브 메시지의 전송 간격을 정의하는 time.Duration 구조체를 받습니다.

```
err := tcpConn.SetKeepAlivePeriod(time.Minute)
```

하트비트로 데드라인을 앞당기면 선제적으로 네트워크상에서 발생할 수 있는 문제를 탐지할 수 있습니다. 이전 장에서 언급한 것과 같이 데드라인을 구현하면 크로스 플랫폼 지원에 더욱 도움이 되고, 방화벽 문제를 해결하는 데 더욱 용이하며, 애플리케이션의 현재 네트워크 연결 상태를 관리할 수 있습니다.

연결 종료 시 보류 중인 데이터 처리

데이터를 net.Conn 객체에 썼지만 데이터가 아직 전송되지 못했거나 수신자가 아직 확인 패킷을 보내지 않은 상태에서 네트워크 연결이 끊긴 경우, 기본적으로 운영체제는 백그라운드에서 데이터 전송을 마무리합니다. 이러한 기본 동작을 변경하고 싶다면 net.TCPConn 객체의 SetLinger 메서드를 사용하기 바랍니다.

```
err := tcpConn.SetLinger(-1) // 0보다 작은 값을 입력하면 운영체제 기본 동작
```

linger를 사용하지 않으면 네트워크 연결 종료 시에 서버는 클라이언트가 마지막으로 보낸 데이터와 함께 FIN 패킷을 같이 받게 됩니다. conn.Close 함수 호출이 블로킹되지 않으므로 클라이언트는 서버가 FIN 패킷 이전에 보낸 데이터를 정상적으로 수신하였는지 알 방법이 없습니다. 서버의 수신 버퍼에 머물다가 서버가 충돌해서 마지막에 보낸 데이터와 FIN 패킷도 같이 사라질 수도 있습니다. 서버에서 데이터를 확인할 시간을 주기 위해 연결을 끊지 않는 것이 더 좋아 보일 수 있습니다. 하지만 예시와 같이 서버가 충돌해 버리면 방법이 없습니다. 또한, 일부 개발자들은 이러

한 목적으로 linger를 사용하는 것은 코드 스멜code smell[15]이라고 주장합니다. 이 문제를 처리해야 한다면, linger를 사용하는 대신 애플리케이션상에서 서버가 연결을 끊기 전에 정상적으로 데이터를 처리했는지 검증해야 합니다.

갑작스럽게 네트워크 연결이 종료된 직후 전송되지 않은 모든 데이터를 버리고 전송된 데이터에 대한 클라이언트의 데이터 확인을 무시하고 싶다면, 연결 객체의 linger 값을 0으로 설정하기 바랍니다.

```
err := tcpConn.SetLinger(0) // 연결 종료 시 전송되지 않은 데이터를 즉시 버림
```

linger 값을 0으로 설정하면 코드상에서 연결 객체의 Close 메서드를 호출 시에 RST 패킷을 보내게 됩니다. RST 패킷을 받게 되면 즉시 연결을 중단하고 일반적인 종료 절차를 무시하게 됩니다.

SetLinger 메서드의 매개변수로 양의 정수 n을 넘기면 운영체제는 최대 n초까지 남은 데이터 전송을 완료하려고 시도하며, 이 시간이 지나면 운영체제는 전송되지 않거나 승인되지 않은 모든 데이터를 버립니다.

```
err := tcpConn.SetLinger(10) // 10초 후 전송되지 않은 데이터를 버림
```

네트워크 연결의 linger의 값을 수정해야 한다면 운영체제가 네트워크 연결상에서 lingering을 어떻게 처리하는지 먼저 읽어 보기 바랍니다. 잘 모르겠으면 기본 값을 사용하면 됩니다.

기본 송수신 버퍼 오버라이딩

운영체제는 코드상에서 네트워크 연결을 만들 때마다 읽기 버퍼와 쓰기 버퍼를 할당합니다. 대부분의 경우 운영체제가 생성한 값으로 충분합니다. 하지만 그보다 더 큰 버퍼 크기를 할당하려면 목록 4-25에서와 같이 값을 변경할 수도 있습니다.

목록 4-25 TCP 연결의 읽기 버퍼와 쓰기 버퍼 크기 값 설정

```
if err := tcpConn.SetReadBuffer(212992); err != nil {
    return err
}

if err := tcpConn.SetWriteBuffer(212992); err != nil {
```

---

15 (옮긴이) 코드 스멜이란 컴퓨터 프로그램상 더욱 심오한 문제를 일으킬 가능성이 있는 코드의 특징을 의미합니다.

```
    return err
}
```

SetReadBuffer 메서드는 연결 객체의 읽기 버퍼 크기를 바이트로 나타내는 정수 값을 받습니다. 마찬가지로 SetWriteBuffer 메서드는 연결 객체의 쓰기 버퍼 크기를 바이트로 나타내는 정수 값을 받습니다. 두 버퍼 크기 모두 운영체제의 최댓값을 초과할 수 없음을 기억하기 바랍니다.

일반적인 Go TCP 네트워크 문제 해결

Go는 TCP 네트워크 연결에서 발생하는 문제를 자동으로 해결해 주지 않습니다. 그래서 네트워크상의 에러로 인해 프로그램에 버그가 발생할 수도 있습니다. 이번 섹션에서는 TCP에서 흔히 발생하는 두 가지 문제에 대해 다룹니다. 제로 윈도 에러와 CLOSE_WAIT 상태일 때 소켓이 멈추는 문제입니다.

제로 윈도 에러

55페이지의 '수신 버퍼와 슬라이드 윈도 크기'에서는 TCP의 슬라이드 윈도에 대해서, 그리고 슬라이드 윈도 크기가 다음 데이터 확인 전에 얼마나 많은 데이터를 수신할 수 있는지 알려주는 것임을 살펴보았습니다. 네트워크 연결에서 데이터를 읽어 들이는 일반적인 흐름은 먼저 네트워크 연결에서 데이터를 읽고, 데이터를 처리한 다음, 다시 네트워크 연결에서 데이터를 읽고, 처리하고, 읽고, 처리하는 과정으로 구성됩니다.

그런데 네트워크 연결에서 데이터를 충분히 빠르게 읽지 못한 경우 어떻게 될까요? 결국 송신자는 수신자의 수신 버퍼를 가득 채우게 될 것이고, 그 결과 제로 윈도zero window 상태가 됩니다. 수신자는 애플리케이션이 버퍼로부터 데이터를 추가로 읽기 전까지 데이터를 더 이상 수신하지 못하는 상태가 될 것입니다. 이러한 상태는 종종 목록 4-26과 같이 네트워크 연결로부터 데이터를 처리하는 로직이 블로킹되고 다시 소켓에서 데이터를 읽을 수 없는 경우에 발생합니다.

목록 4-26 수신 데이터 처리가 블로킹되어 루프 순회가 중단됨

```
buf := make([]byte, 1024)

for {
❶n, err := conn.Read(buf)
  if err != nil {
    return err
  }
```

```
❷handle(buf[:n]) // 블로킹됩니다!
}
```

네트워크 연결로부터 데이터를 읽으면(❶) 수신 버퍼 공간이 비게 됩니다. 코드가 수신한 데이터를 처리하는 동안 일정 시간 동안 블로킹된다면(❷) 수신 버퍼는 가득 차게 될 것입니다. 가득 찬수신 버퍼가 나쁜 것은 아닙니다. 슬라이딩 윈도의 크기를 잠시 비우면zeroing(제로잉) 송신자가 데이터를 전송하지 못하게 되어 데이터의 흐름을 **스로틀링**throttle하거나, 혹은 잠시 늦출 수 있습니다. 하지만 의도하지 않은 동작이 발생하거나 장시간 지속되면 버그가 발생할 수 있습니다.

소켓이 CLOSE_WAIT 상태에서 멈춘 경우

57페이지의 'TCP 세션의 우아한 종료'에서 TCP 네트워크 연결의 서버 사이드는 클라이언트로부터 FIN 패킷의 확인 패킷을 받은 후에 CLOSE_WAIT 상태가 된다고 했습니다. 서버상의 어떤 TCP 소켓이 계속해서 CLOSE_WAIT 상태에 머물러 있다면 아마 코드상에서 목록 4-27과 같이 네트워크 연결에 적절하게 Close 메서드 호출을 실패하였을 수 있습니다.

목록 4-27 소켓을 제대로 닫지 않고 연결을 처리하는 고루틴 반환하기

```
for {
  conn, err := listener.Accept()
  if err != nil {
    return err
  }

❶go func(c net.Conn) { // 고루틴 반환 전에 c.Close() 함수 호출을 하지 않습니다!
    buf := make([]byte, 1024)

    for {
      n, err := c.Read(buf)
      if err != nil {
        ❷return
      }

      handle(buf[:n])
    }
  }(conn)
}
```

리스너는 각 연결을 개별 고루틴에서 처리합니다(❶). 하지만 고루틴이 온전히 반환되기 전에(❷) 연결 객체의 Close 메서드 호출에 실패합니다. 일시적인 에러만 발생하더라도 고루틴이 반환됩니다. 그리고 연결을 닫지 않았기 때문에 TCP 소켓은 CLOSE_WAIT 상태에 머물러 있습니다. 이

상태에서 클라이언트로 FIN 패킷 외의 데이터를 보내려 한다면 클라이언트는 연결이 끊긴 것으로 간주하고 RST 패킷으로 응답하여 연결을 끊어 버립니다. 따라서 고루틴(❶)이 생성된 직후 defer 로 연결 객체의 Close 메서드를 반드시 호출해 주면 됩니다.

이 장에서 배운 것

이번 장에서는 TLV 인코딩을 포함하여 네트워크 연결로부터 데이터를 읽고 쓰는 여러 가지 방법에 대해 배웠습니다. 이러한 지식을 바탕으로 네트워크 연결 간에 데이터를 효율적으로 프락싱하는 방법에 대해 배웠습니다. 그리고 io 패키지의 함수를 이용하여 네트워크 트래픽을 모니터링해 보았습니다. 그 후 ICMP 에코 요청과 응답이 방화벽에 의해 필터링된 경우 TCP 핸드셰이크 지식을 활용하여 원격 호스트에게 ping을 보내 보았습니다. 마지막으로, net.TCPConn 객체를 활용하여 플랫폼에 의존적이지만 더욱 세밀한 제어를 하는 방법들과 몇몇 연결 처리 버그에 대해 다루었습니다.

5

신뢰성 없는 UDP 통신

대다수의 네트워크 애플리케이션이 TCP의 신뢰성과 흐름 제어의 이점을 사용하여 개발하긴 하지만 그럼에도 불구하고 UDP도 TCP/IP 스택의 중요한 역할을 맡습니다. UDP는 최소한의 기능으로 구성된 단순한 프로토콜입니다. 몇몇 애플리케이션에게는 TCP의 많은 기능, 혹은 세션이 갖는 오버헤드가 불필요합니다. DNS 서비스와 같은 애플리케이션에서는 TCP 대신 UDP를 사용합니다.

이번 장에서는 UDP와 TCP를 비교해 보며 TCP보다 UDP를 사용하는 것이 더 나은 선택지인 경우에 대해 알아봅니다. 그리고 Go에서 UDP 패킷을 송수신하는 방법에 대해 알아봅니다. 마지막으로, 네트워크로 송신하는 UDP 패킷의 크기를 제한해야 하는 이유와 최적의 패킷 크기를 결정하는 방법에 대해 알아봅니다.

간단하고 신뢰성 없는 UDP 사용하기

UDP는 TCP가 신뢰성 있도록 만드는 많은 기능들을 포함하고 있지 않으며, 따라서 통신에 대한 신뢰성이 없습니다. 소켓 주소(IP 주소와 포트 번호)보다 약간 더 많은 정도의 기능을 제공합니다. 사실상 프로토콜이 너무 단순해서 3페이지 정도 되는 RFC 768 문서 하나에 프로토콜의 전체가 포함되어 있습니다. TCP와는 달리 UDP는 세션의 지원도 없고, 목적지에 접근할 수 있는지 확인 도 하지 않습니다. 그냥 패킷을 전송하는 데에 최선을 다합니다. 수신자는 자동으로 UDP 패킷에 대한 확인 패킷을 보내지 않습니다. 즉, UDP는 기본적으로 전송 확인 메커니즘이 존재하지 않습니다. 또한, UDP는 혼잡 상태를 관리하지도 않고, 데이터의 흐름을 제어하지도 않고, 패킷을 재전송하지도 않습니다. 마지막으로, UDP에는 수신자가 받은 패킷의 순서가 송신자가 보낸 순서와 같다는 보장이 없습니다. UDP는 단순히 애플리케이션과 IP 계층 간의 연결고리에 불과합니다. 이렇게 단순하기 때문에 UDP는 굉장히 빠르며, 어떤 애플리케이션에서는 유용하게 사용됩니다.

UDP가 TCP보다 갖는 강점이 일부 있습니다. TCP에서는 데이터를 여러 노드로 전송하기 전에 각 노드마다 반드시 세션을 수립해야 하는 반면 UDP에서는 **멀티캐스팅**multicasting이라 부르는 절차를 통해 하나의 패킷을 복제하지 않고 여러 노드로 전송할 수 있습니다. 또한, UDP는 데이터를 전송하기 위해 각 노드와 세션을 수립하지 않아도 되기에, 서브넷 내의 모든 노드에게 패킷을 브로드캐스팅할 수도 있습니다.

UDP는 패킷이 손실되더라도 전체적인 통신에는 문제없는 경우에 이상적입니다. 최근에 받은 패킷이 이전에 받은 손실된 패킷을 대체하면 되는 경우가 있습니다. 날씨 및 기후 데이터가 좋은 예시입니다. 핸드폰으로 지역 내 태풍의 위치를 실시간으로 받고 있다고 가정합시다. 현재 태풍의 위치에 대한 정보를 받았다면, 2분 전에 패킷의 손실로 인해 받지 못한 태풍의 위치에 대한 정보는 별로 중요하지 않을 겁니다.

애플리케이션상에서 TCP가 제공하는 모든 기능이 필요하지 않은 경우에 UDP를 고려하기 바랍니다. 대부분의 네트워크 애플리케이션에서는 TCP를 사용하는 것이 좋습니다. 하지만 종종 속도와 구성의 단순함이 더욱 중요하고, 통신 자체의 신뢰성이 상대적으로 중요하지 않은 경우에 UDP를 선택하는 것도 한 방법입니다.

UDP의 패킷 구조는 8바이트의 헤더와 페이로드로 구성됩니다. 헤더는 2바이트의 출발지 포트와 2바이트의 목적지 포트, 2바이트의 패킷 길이(바이트), 그리고 2바이트의 체크섬으로 구성됩니다. UDP 패킷이 갖는 최소 길이는 헤더와 빈 페이로드, 도합 8바이트입니다. 그림 5-1은 UDP 패킷의 구성을 나타냅니다.

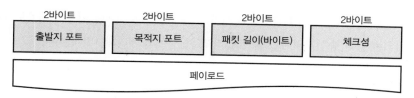

그림 5-1 UDP 패킷 헤더와 페이로드

기술적으로 가능한 UDP 패킷의 최대 길이가 65,535바이트이긴 하지만 128페이지의 '파편화 피하기'에서 더욱 자세하게 살펴볼, 패킷의 파편화를 피하기 위해 애플리케이션 계층 프로토콜 구현 시에 종종 패킷의 길이를 그보다 짧게 사용하도록 제한하곤 합니다.

UDP 데이터 송수신

데이터 송수신에 관하여 UDP는 TCP에 비해 투박합니다. 예를 들어, 여러분의 이웃이 떡을 돌린다고 합시다. TCP를 이용해서 대화하는 것은 마치 여러분의 이웃이 이웃의 창문(출발지의 소켓 주소)에서 여러분의 창문(목적지의 소켓 주소)을 향해 '안녕하세요!'라고 외치는 것 같습니다. 여러분은 이웃의 인사를 듣고 이웃에게 여러분만의 인사(TCP 핸드셰이크)를 합니다. 그 후에 이웃은 여러분에게 떡을 가져다줍니다. 여러분은 떡을 받고, 떡을 정상적으로 받았다고 확인합니다(데이터 전송). 그리고 서로에게 작별 인사를 합니다(연결 종료). 이와는 반대로 UDP는 이웃이 여러분의 창문에 떡을 투척하는 것과 같습니다. 창문이 열려 있건 닫혀 있건, 떡을 받았다는 확인을 기다리지도 않고 말입니다.

82페이지의 'net.Conn 인터페이스 사용하기'에서 클라이언트와 서버 간의 TCP와 같은 스트림 지향 연결을 처리하는 net.Conn 인터페이스에 대해 살펴보았습니다. 이 인터페이스는 UDP가 스트림 지향적인 프로토콜이 아니기 때문에 UDP 연결에 사용하기에는 좋지 않습니다. UDP는 TCP처럼 세션을 관리하거나 핸드셰이크 절차가 없습니다. UDP에는 확인 패킷에 대한 개념이나 데이터 재전송, 흐름 제어와 같은 개념이 없습니다.

UDP는 대신에 패킷 지향적인 net.PacketConn 인터페이스를 주로 사용합니다. 이번 장의 후반부에서 net.Conn을 사용한 UDP의 일부 사용 예시를 살펴보겠지만, 대부분의 UDP 애플리케이션에서는 net.PacketConn 인터페이스가 더 알맞은 선택입니다.

UDP 에코 서버 사용하기

UDP 패킷의 송수신 절차는 TCP 패킷의 송수신 절차와 거의 동일합니다. 다만, UDP에는 세션 기능이 없기 때문에 목록 5-1의 UDP 에코 서버 구현에서 보는 것처럼 연결 객체로부터 데이터를 읽을 때 반환되는 값과 송신자의 주소를 애플리케이션상에서 처리해야만 합니다.

목록 5-1 간단한 UDP 에코 서버 구현(echo.go)

```go
package echo

import (
  "context"
  "fmt"
  "net"
)

func echoServerUDP(❶ctx context.Context, addr string) (net.Addr, error) {
  s, err := ❷net.ListenPacket("udp", addr)
  if err != nil {
    return nil, fmt.Errorf("binding to udp %s: %w", addr, err)
  }

❸go func() {
    go func() {
    ❹<-ctx.Done()
      _ = s.Close()
    }()

    buf := make([]byte, 1024)

    for {
      n, ❺clientAddr, err := ❻s.ReadFrom(buf) // 클라이언트에서 서버로
      if err != nil {
        return
      }

      _, err = ❼s.WriteTo(buf[:n], ❽clientAddr) // 서버에서 클라이언트로
      if err != nil {
        return
      }
    }
  }()

  return s.LocalAddr(), nil
}
```

이 함수는 송신자가 보낸 UDP 패킷을 받아서 그대로 에코잉[16]해 주는 UDP 서버입니다. 이번 장에서 이 함수를 활용할 것이기 때문에 어떤 동작을 하는지 이해해 봅시다.

---

16 [옮긴이] 에코잉(echoing)이란 메아리치는 것처럼 수신받은 데이터를 받아서 그대로 송신해 주는 행위를 의미합니다.

이 함수는 UDP 서버를 종료할 수 있도록 콘텍스트(❶)를 첫 번째 매개변수로, 호스트:포트 형식으로 구성된 문자열 주소를 두 번째 매개변수로 받고, net.Addr 인터페이스와 error 인터페이스를 반환합니다. 이후 net.Addr 인터페이스를 이용하여 에코 서버에 메시지를 전송합니다. 에코 서버를 초기화하는 데 실패한 경우 error 인터페이스는 nil이 아닌 에러 값을 갖게 됩니다.

방금 초기화한 에코 서버에 net.ListenPacket 함수(❷)를 호출하여 UDP 연결을 맺습니다. net.ListenPacket 함수는 net.PacketConn 인터페이스와 error 인터페이스를 반환합니다. net.ListenPacket 함수는 3장과 4장에서 TCP 리스너를 만들 때 사용했던 net.Listen 함수와 유사합니다. 다만, net.ListenPacket 함수는 net.PacketConn 인터페이스를 반환합니다.

고루틴(❸)에서 비동기적으로 메시지 에코잉을 관리합니다. 두 번째 고루틴은 콘텍스트의 Done 채널에서 블로킹되어 있습니다(❹). 콘텍스트가 취소되면 Done 채널의 블로킹이 해제되며 서버가 닫히게 되고, 상위에 있는 고루틴(❸)도 함께 종료됩니다.

UDP 연결로부터 데이터를 읽기 위해서 ReadFrom 메서드(❻)에 바이트 슬라이스를 매개변수로 전달합니다. 이 메서드는 읽은 바이트의 수, 송신자의 주소, 그리고 error 인터페이스를 반환합니다. 이전 장에서 보았던 TCP 기반의 리스너 같이 UDP 연결에는 Accept 메서드가 없다는 점에 주의하기 바랍니다. UDP는 핸드셰이크 과정이 없기 때문에 그렇습니다. 코드를 살펴보면, 해당 UDP 포트로 연결을 대기하고, 입력받는 모든 메시지를 읽습니다. 인사나 악수 같은 화려한 절차나 세션 수립 등이 없기 때문에 메서드로부터 반환된 송신자의 주소(❺)에 의존하여 어떤 노드로부터 메시지가 왔는지 확인해야 합니다.

UDP 패킷을 전송하기 위해서 바이트 슬라이스와 목적지 주소(❽)를 연결의 WriteTo 메서드(❼)의 매개변수로 전달합니다. WriteTo 메서드는 연결로 쓴 바이트의 수와 error 인터페이스를 반환합니다. 데이터를 읽는 것처럼 원격 노드와 수립된 세션이 없기 때문에 WriteTo 메서드의 매개변수로 패킷을 어디로 전송할지에 대한, 주소 정보를 전달해 주어야 합니다. 목록 5-1에서는 송신자에게 메시지를 보냅니다. 한편 이미 존재하는 UDP 연결 객체를 활용하면 더 쉽게 메시지 포워딩이 가능합니다. TCP에서 했던 것처럼 매번 다른 노드로 새로운 연결 객체를 만들 필요 없이, 이미 존재하는 UDP 연결 객체를 이용하여 메시지 포워딩을 할 수 있습니다.

에코 서버에서 데이터 수신하기

이제 UDP 기반 에코 서버 코드를 살펴보았으니 에코 서버와 통신할 클라이언트 코드를 살펴봅시다. 목록 5-2에서는 에코 서버와 간단한 통신을 하는 코드를 보여 줍니다.

목록 5-2 에코 서버로 UDP 패킷을 전송하고 응답받기(echo_test.go)

```go
package echo

import (
  "bytes"
  "context"
  "net"
  "testing"
)

func TestEchoServerUDP(t *testing.T) {
  ctx, cancel := context.WithCancel(context.Background())
❶serverAddr, err := echoServerUDP(ctx, "127.0.0.1:")
  if err != nil {
    t.Fatal(err)
  }
  defer cancel()

❷client, err := net.ListenPacket("udp", "127.0.0.1:")
  if err != nil {
    t.Fatal(err)
  }
  defer func() { _ = client.Close() }()

  msg := []byte("ping")
  _, err = ❸client.WriteTo(msg, serverAddr)
  if err != nil {
    t.Fatal(err)
  }

  buf := make([]byte, 1024)
  n, ❹addr, err := ❺client.ReadFrom(buf)
  if err != nil {
    t.Fatal(err)
  }

  if addr.String() != serverAddr.String() {
    t.Fatalf("received reply from %q instead of %q", addr, serverAddr)
  }

  if !bytes.Equal(msg, buf[:n]) {
    t.Errorf("expected reply %q; actual reply %q", msg, buf[:n])
  }
}
```

echoServer 함수에 매개변수로 콘텍스트와 주소의 문자열을 전달하고, 서버의 주소(❶)를 반환받습니다. 콘텍스트의 취소 함수를 defer로 호출시켜서 함수가 종료되면 서버 또한 종료되도록 합니다. 실제 애플리케이션에서는 콘텍스트를 사용하여 장기적으로 실행되는 프로세스를 취소하면 메모리와 같은 자원이 낭비되지 않도록 하며 불필요하게 파일 디스크립터 핸들을 연 채로 유지하지 않도록 합니다.

에코 서버의 net.PacketConn 인터페이스를 초기화한 방식대로 클라이언트의 net.PacketConn(❷) 인터페이스를 초기화합니다. net.ListenPacket 함수는 클라이언트와 서버 양측의 연결 객체를 생성합니다. 여기서도 마찬가지로 클라이언트에게 메시지를 어디로 전송할 것인지, WriteTo 메서드(❸)를 호출할 때마다 매개변수로 주소를 전달해 줘야 합니다. 에코 서버로 메시지를 전송한 후 클라이언트는 ReadFrom 메서드(❺)를 통해 즉시 메시지를 읽을 수 있습니다. ReadFrom 메서드에서 반환된 주소(❹)를 사용하여 에코 서버가 메시지를 보냈는지 확인할 수 있습니다.

특정한 상황에서 목록 5-2의 테스트가 실패할 수도 있습니다. 컴퓨터의 로컬 네트워크 스택에서 패킷을 읽고 쓰지만, UDP 통신은 네트워크상의 노드 간의 통신에서 발생할 수 있는 손실 가능성을 여전히 갖고 있습니다. 예를 들어, 송신 버퍼나 수신 버퍼가 가득 차거나, 사용할 수 있는 램이 부족하면 패킷이 손실될 수 있습니다. 또한, 큰 UDP 패킷은 이번 장의 후반부에서 살펴볼 파편화 되기 쉬우며, 운영체제가 멀티스레드multi-thread를 이용하여 UDP 패킷을 전송하면 패킷의 순서가 뒤틀릴 수도 있습니다.

모든 UDP 연결 객체는 리스너로 사용할 수 있다

3장에서 Go의 net 패키지는 TCP의 연결 객체TCPConn와 TCP 리스너TCPListener를 구분한다고 배웠습니다. TCP 리스너는 연결을 수립하고 연결의 리스너 측면을 나타내는 객체를 반환하며, 해당 객체를 이용하여 클라이언트에게 메시지를 전송할 수 있습니다.

UDP에는 세션 기능이 없기 때문에 TCPListener와 동일한 기능을 하는 것이 없습니다. 즉, 패킷을 수신한 후 애플리케이션상에서 처리해야 할 일이 더 많다는 뜻입니다. 연결 객체로부터 수신되는 패킷이 모두 같은 송신자에게서 오지 않을 수도 있기 때문에 송신자의 주소를 검증해야만 합니다.

다음 몇 개의 목록에서는 단일 UDP 연결 객체가 하나 이상의 송신자로부터 패킷을 받을 수 있는 테스트를 살펴볼 것입니다. 목록 5-3에서는 테스트를 위해 하나의 에코 서버와 클라이언트를 실행합니다.

목록 5-3 에코 서버와 클라이언트 생성(listen_packet_test.go)

```
package echo

import (
  "bytes"
  "context"
  "net"
  "testing"
)

func TestListenPacketUDP(t *testing.T) {
  ctx, cancel := context.WithCancel(context.Background())
❶serverAddr, err := echoServerUDP(ctx, "127.0.0.1:")
  if err != nil {
    t.Fatal(err)
  }
  defer cancel()

❷client, err := net.ListenPacket("udp", "127.0.0.1:")
  if err != nil {
    t.Fatal(err)
  }
  defer func() { _ = client.Close() }()
```

먼저 에코 서버(❶)와 클라이언트(❷)를 생성합니다. 목록 5-4에서는 클라이언트와 통신할 두 번째 연결을 맺습니다.

목록 5-4 클라이언트와 에코 서버 간에 메시지를 전송하여 인터럽트하기(listen_packet_test.go)

```
--생략--

❶interloper, err := net.ListenPacket("udp", "127.0.0.1:")
  if err != nil {
    t.Fatal(err)
  }

  interrupt := []byte("pardon me")
❷n, err := interloper.WriteTo(interrupt, client.LocalAddr())
  if err != nil {
    t.Fatal(err)
  }
  _ = interloper.Close()

  if l := len(interrupt); l != n {
    t.Fatalf("wrote %d bytes of %d", n, l)
  }
```

클라이언트와 에코 서버 간에 끼어들 새로운 UDP 연결(인터로퍼interloper)[17]을 생성하여(❶) 클라이언트를 인터럽트합니다(❷). 이 메시지는 클라이언트의 수신 버퍼에 큐잉됩니다.

목록 5-5에서 클라이언트는 에코 서버에 ping 메시지를 전송하고, 응답을 조율합니다.

목록 5-5 여러 송신자로부터 한 번에 UDP 패킷을 수신하기(listen_packet_test.go)

```
--생략--

  ping := []byte("ping")
  _, err = ❶client.WriteTo(ping, serverAddr)
  if err != nil {
    t.Fatal(err)
  }

  buf := make([]byte, 1024)
  n, addr, err := ❷client.ReadFrom(buf)
  if err != nil {
    t.Fatal(err)
  }

  if !bytes.Equal(❸interrupt, buf[:n]) {
    t.Errorf("expected reply %q; actual reply %q", interrupt, buf[:n])
  }

  if addr.String() != interloper.LocalAddr().String() {
    t.Errorf("expected message from %q; actual sender is %q",
      interloper.LocalAddr(), addr)
  }

  n, addr, err = client.ReadFrom(buf)
  if err != nil {
    t.Fatal(err)
  }

  if !bytes.Equal(❹ping, buf[:n]) {
    t.Errorf("expected reply %q; actual reply %q", ping, buf[:n])
  }

❺if addr.String() != serverAddr.String() {
    t.Errorf("expected message from %q; actual sender is %q",
      serverAddr, addr)
  }
}
```

---

17 [옮긴이] 인터로퍼(interloper)의 뜻은 끼어든 자, 침입자라는 뜻으로 본문에서는 끼어든 연결, 혹은 외래어 그대로 인터로퍼로 번역하였습니다.

한편 클라이언트는 에코 서버(❶)로 ping 메시지를 쓰고 수신하는 메시지를 즉시 읽습니다(❷). UDP 연결에서 독특한 점은, 서버와 클라이언트 사이에 끼어든 연결(❸)로부터 인터럽트 메시지를 먼저 읽은 후에 에코 서버(❹)로 응답한다는 점입니다. TCP 연결이었다면 인터로퍼가 절대로 존재하지 않았을 것입니다. 그렇기에 애플리케이션상에서 읽어 들이는 패킷마다 ReadFrom 메서드의 두 번째 반환값(❺)을 평가하여 송신자의 주소를 검증해야 합니다.

UDP에서 net.Conn 인터페이스 사용

net.Conn 인터페이스를 구현하는 UDP 객체를 사용하여 연결을 수립할 수도 있습니다. 그러면 TCP에서 net.Conn 인터페이스를 이용하여 구현하는 코드와 동일한 코드를 사용할 수 있습니다. 그를 위해 이전 두 장에서 사용되었던 net.Dial 함수의 첫 번째 매개변수로 udp를 넘겨서 연결을 초기화합니다. UDP 기반 연결로 net.Conn 인터페이스를 사용하면 끼어든 연결에서 인터럽트 메시지를 받을 필요도 없으며, 따라서 응답마다 송신자의 주소를 확인할 필요도 없습니다.

목록 5-6에서는 먼저 UDP 기반의 net.Conn 인터페이스를 생성합니다. 이후 net.Conn 인터페이스의 추상화를 이용하여 UDP 프로토콜이 스트림 지향적인 네트워크 연결을 맺는 방법을 나타냅니다.

목록 5-6 에코 서버와 클라이언트 생성하기(diat_test.go)

```
package echo

import (
  "bytes"
  "context"
  "net"
  "testing"
  "time"
)

func TestDialUDP(t *testing.T) {
  ctx, cancel := context.WithCancel(context.Background())
❶serverAddr, err := echoServerUDP(ctx, "127.0.0.1:")
  if err != nil {
    t.Fatal(err)
  }
  defer cancel()

  client, err := ❷net.Dial("udp", serverAddr.String())
  if err != nil {
    t.Fatal(err)
  }
  defer func() { _ = client.Close() }()
```

클라이언트 측에서의 연결은 UDP를 사용하고도 net.Conn 인터페이스를 이용하여 스트림 지향적인 기능을 사용할 수 있지만, UDP 리스너로는 반드시 net.PacketConn 함수를 사용해야 합니다. 클라이언트로 응답을 전송할 목적의 에코 서버 인스턴스(❶)를 생성합니다. 이후 net.Dial 함수(❷)의 첫 번째 매개변수로 udp를 전달하여 에코 서버에 UDP로 연결을 시도합니다. TCP와는 달리 UDP에서는 핸드셰이크가 필요하지 않으니, UDP의 에코 서버는 net.Dial 함수를 호출한 후에 아무 트래픽도 받지 않습니다.

목록 5-7에서는 에코 서버가 응답을 보내기 전에 메시지를 보내 클라이언트를 인터럽트합니다.

목록 5-7 클라이언트 인터럽트(dial_test.go)

```
--생략--

  interloper, err := net.ListenPacket("udp", "127.0.0.1:")
  if err != nil {
    t.Fatal(err)
  }

  interrupt := []byte("pardon me")
❶n, err := interloper.WriteTo(interrupt, client.LocalAddr())
  if err != nil {
    t.Fatal(err)
  }
  _ = interloper.Close()

  if l := len(interrupt); l != n {
    t.Fatalf("wrote %d bytes of %d", n, l)
  }
```

목록 5-4에서처럼 인터로퍼의 연결(❶)로부터 클라이언트에게 메시지를 보냅니다.

목록 5-8은 목록 5-5에서 net.PacketConn을 이용한 UDP 연결과 net.Conn을 이용한 UDP 연결 간의 차이를 보여 줍니다.

목록 5-8 net.Conn 인터페이스를 이용하여 UDP 트래픽 관리(dial_test.go)

```
--생략--

  ping := []byte("ping")
  _, err = ❶client.Write(ping)
  if err != nil {
    t.Fatal(err)
  }

  buf := make([]byte, 1024)
```

```
  n, err = ❷client.Read(buf)
  if err != nil {
    t.Fatal(err)
  }

  if !bytes.Equal(ping, buf[:n]) {
    t.Errorf("expected reply %q; actual reply %q", ping, buf[:n])
  }

  err = ❸client.SetDeadline(time.Now().Add(time.Second))
  if err != nil {
    t.Fatal(err)
  }

  _, err = ❹client.Read(buf)
  if err == nil {
    t.Fatal("unexpected packet")
  }
}
```

클라이언트는 net.Conn 인터페이스의 Write 메서드(❶)를 이용하여 에코 서버로 ping 메시지를 보냅니다. net.Conn 클라이언트는 net.Dial 함수에서 연결한 주소로 메시지를 전송합니다. 패킷 전송 시마다 이 클라이언트 연결을 이용해서 목적지 주소를 지정해 주지 않아도 됩니다. 마찬가지로 이 클라이언트의 Read 메서드(❷)를 사용해서 패킷을 읽습니다. 클라이언트는 마치 스트림 지향적인 연결 객체에서 읽는 것처럼 net.Dial 함수에 지정된 송신자 주소에서 온 패킷만 읽습니다. 인터로퍼가 보낸 메시지는 절대로 읽지 않습니다. 이를 확인해 보기 위해 데드라인을 길게 설정하고(❸) 다른 메시지를 읽어 보기 바랍니다(❹).

net.PacketConn 대신 net.Conn 인터페이스를 사용하면 UDP 연결에 대한 코드를 훨씬 깔끔하게 작성할 수 있습니다. 하지만 트레이드오프가 있습니다. UDP 연결에 net.Conn 인터페이스를 사용하면 TCP 만큼의 기능은 없습니다. 예를 들어, UDP의 net.Conn 인터페이스의 Write 메서드는 목적지에서 패킷을 정상적으로 수신하지 못하더라도 에러를 반환하지 않습니다. net.Conn 인터페이스를 사용하더라도 UDP 사용 시에는 여전히 애플리케이션상에서 패킷이 정상적으로 도착하였음을 확인해야 합니다.

파편화 피하기

파편화fragmentation란 네트워크상에서 효율적인 전송을 위해 패킷을 작게 조각내서 전송하는 3계층 인터넷 프로토콜의 절차입니다. 모든 네트워크 미디어에는 **MTU**Maximum Transmission Unit(**최대 전송 단위**)라는 패킷 크기의 제한이 존재합니다. 미디어의 MTU 이상의 패킷을 수신하게 되면 파편화가 필요합니다. 즉, 조각난 패킷 파편들이 전송될 노드 간 미디어의 MTU보다 작아야 하는 것입니다. 패킷 파편이 목적지에 도달하면 운영체제는 패킷 파편들을 재조립하고 애플리케이션에게 전달합니다.

하지만 패킷 파편은 다양한 이유로 인해 변질되거나 목적지에 도달하지 못할 수 있습니다. 이는 UDP에서 특히 더 문제인데, 왜냐하면 TCP와는 달리 UDP에는 손실되었거나 변질된 데이터를 우아하게 복구할 수 있는 기능이 없기 때문입니다. 운영체제가 단 하나의 패킷 파편이라도 받지 못한다면 송신자는 모든 UDP 패킷을 전부 다시 보내야 합니다. 당연히 큰 패킷을 재전송하는 것은 끔찍하게 비효율적입니다. 이러한 파편화의 문제를 완화하기 위한 다양한 방법들이 있지만, 여기서는 파편화를 완전히 피하는 방법을 시도할 것입니다. 효과적으로 호스트와 원격 노드 간의 MTU를 알아내고, 알아낸 MTU를 이용하여 페이로드의 크기를 결정하여 파편화를 피합니다.

ping 커맨드를 이용하여 호스트와 원격 노드 간의 MTU를 알아낼 수 있습니다. ping 커맨드는 패킷의 파편화를 금지하는 플래그를 설정하여 특정한 크기의 ICMP 패킷을 전송할 수 있도록 해줍니다. 원격 노드는 자신의 입장에서 패킷의 크기가 너무 커서 파편화를 해야만 하는데 전송된 ICMP 패킷에는 **파편화를 금지하는** 플래그가 설정된 것을 보고, ICMP 메시지로 패킷이 너무 크다는 응답을 보냅니다.

다음의 예시에서는 이더넷으로 ping을 전송합니다. 이더넷은 스펙상 최소 46바이트의 MTU와 최대 1,500바이트의 MTU를 갖습니다. 호스트와 원격 노드 간의 어느 홉에 1,500바이트보다 작은 MTU가 존재한다면 패킷은 파편화될 것입니다. 리눅스에서 ping 커맨드를 통해 확인해 봅시다 (목록 5-9).

목록 5-9 리눅스상에서 1,500바이트의 페이로드를 1.1.1.1을 향해 ping 전송하기

```
$ ping -M ❶do -s ❷1500 1.1.1.1
PING 1.1.1.1 (1.1.1.1) 1500(❸1528) bytes of data.
ping: sendmsg: ❹Message too long
```

파편화를 금지하는 -M 플래그(❶)를 설정합니다. 그리고 1,500바이트의 페이로드를 나타내는 -s 플래그(❷) 값을 1500으로 설정합니다. 패킷 헤더 크기를 지정하지 않았기에 이 ping 커맨드는 이더넷의 MTU를 초과할 것입니다. 그 결과 패킷이 파편화가 필요하다는 결과를 받습니다(❹). 또한, 패킷의 총 크기가 1,528바이트인 것을 볼 수 있습니다(❸). 추가된 28바이트는 ICMP 헤더의 8바이트와 IP 헤더의 20바이트의 합산입니다. 페이로드 크기에는 반드시 전체 프로토콜 간 헤더의 크기도 합산되어야만 합니다.

전송한 패킷이 원격 호스트까지 도달하며 네트워크 홉 간의 미디어들을 지나기에는 너무 크기 때문에 패킷의 파편화 없이는 불가능하며, 그 결과로 목록 5-9에서는 절대로 1.1.1.1로부터 응답을 받지 못합니다. 그 이후 ping 커맨드는 전송한 메시지가 너무 크다고 응답합니다.

페이로드에서 28바이트를 빼고 다시 해 봅시다(목록 5-10).

목록 5-10 리눅스상에서 1,472바이트의 페이로드를 1.1.1.1을 향해 ping 전송

```
$ ping -M do -s 1472 1.1.1.1 PING
1.1.1.1 (1.1.1.1) 1472(1500) bytes of data.
1480 bytes from 1.1.1.1: icmp_seq=1 ttl=59 time=11.8 ms
```

이제 잘 됩니다. 따라서 호스트와 인터넷을 통해 접근한 1.1.1.1 사이의 MTU는 1,500바이트임을 확인하였습니다. 이 수치가 파편화를 요하기 직전의 네트워크를 통해 전송할 수 있는 최대 패킷 크기입니다. 감사하게도 UDP 헤더의 크기 또한 ICMP의 헤더와 같이 8바이트이기 때문에 ICMP를 사용하는 ping 커맨드이기는 하지만 UDP에도 적용할 수 있습니다. 헤더를 제외하고 전송할 수 있는, 파편화를 피하기 위한 최대 UDP 페이로드 크기는 따라서 1,472바이트입니다.

Windows상에서의 동일한 ping 커맨드는 다음과 같습니다.

```
C:\>ping -f -l 1500 1.1.1.1
```

-f 플래그는 패킷 파편화를 금지하는 플래그이며, -l 플래그는 페이로드 크기를 지정합니다.

macOS상에서의 동일한 ping 커맨드는 다음과 같습니다.

```
$ ping -D -s 1500 1.1.1.1
```

-D 플래그는 패킷 파편화를 금지하는 플래그이며, -s 플래그는 페이로드 크기를 지정합니다.

여러분이 직접 실행해 보시면 이번 장의 예시와는 결과가 다를 수도 있습니다. 네트워크상의 미디어들, 혹은 ping을 전송할 호스트와 원격 노드 간의 MTU 설정 값이 다를 수 있기 때문입니다. 따라서 ping 커맨드를 사용하여 직접 다양한 원격 노드로 ping을 전송하여 MTU 값을 결정해 보기를 권고합니다.

이 장에서 배운 것

UDP는 최소한의, 데이터그램 기반 프로토콜이며 TCP가 지원하는 흐름 제어나 신뢰성과 관련된 많은 기능들을 지원하지 않음으로써 속도에 치중된 프로토콜입니다. UDP는 실시간 비디오 스트리밍과 같이 속도와 단순함이 제일 중요하고, 일부 데이터 손실이 허용되는 경우에 이상적입니다.

UDP는 세션 기반 프로토콜이 아니기 때문에 UDP 리스너에는 먼저 세션을 수립하고 연결을 맺는다는 개념이 없습니다. 되려 net.ListenPacket 함수를 이용하여 네트워크 연결을 맺고, net.PacketConn 인터페이스를 반환받습니다. 이후에 net.PacketConn 인터페이스를 통해 모든 수신되는 메시지, 혹은 데이터그램을 읽어 들입니다.

UDP를 사용함에 있어서 파편화는 굉장히 중요한 문제입니다. 패킷이 그나마 정상적으로 도달하기 위해서 가능한 UDP 패킷의 파편화는 피하는 것이 중요합니다. ping 커맨드를 사용하면 호스트와 원격 노드 간의 적절한 MTU 값을 얻어 낼 수 있습니다. ping 커맨드에서 사용하는 ICMP 패킷 헤더의 크기가 UDP 헤더 크기와 같기 때문에 그 지식을 이용하면 파편화가 일어나는 경계 지점의 페이로드 크기를 쉽게 알아낼 수 있습니다. 페이로드의 크기를 적절하게 조절하여 파편화를 관리하는 것 외에도 애플리케이션상에서 신뢰성을 위해 확인 패킷 전송이나 패킷 재전송 등을 관리해야 합니다.

6

UDP 통신의 신뢰성 확보

5장에서는 UDP를 이용한 기본적인 네트워크 애플리케이션에 대해 소개하였습니다. 그리고 Go 언어의 **net** 패키지와 인터페이스를 이용하여 이식 가능한 코드를 작성할 수 있는 유연함에 대해 살펴보았습니다. 이번 장에서는 UDP로 통신할 때 신뢰성을 확보하는 방법에 대해 알아보겠습니다.

먼저 UDP 프로토콜을 사용하는 애플리케이션 프로토콜에 대해 소개합니다. 이 프로토콜이 다루는 타입의 일부에 대해 알아보고, 신뢰성 있게 데이터를 전송하는 방법에 대해 알아봅니다. 그리고 이 애플리케이션 프로토콜을 사용하여 클라이언트들이 파일을 다운로드할 수 있도록 하는 서버를 구현합니다. 마지막으로, 우리가 구현한 서버로부터 파일을 다운로드하고, 무결성을 검증합니다.

TFTP를 이용한 신뢰성 있는 파일 전송

이전 장에서 살펴본 것처럼 UDP는 본질적으로 신뢰성이 없습니다. 즉, UDP 연결의 신뢰성은 애플리케이션이 처리해야 하는 일입니다. 이전 장에서 UDP에 대해서, 그리고 UDP에서 TCP의 일부 기능을 사용하기 위해서 어떻게 하는지에 대해 살펴보았으니 이제는 애플리케이션 계층의 프로토콜에서 이를 어떻게 사용하는지 실제 예시를 살펴봅시다.

TFTPTrivial File Transfer Protocol(**간단한 파일 전송 프로토콜**)는 UDP로 신뢰성 있는 데이터 전송을 가능하게 하는 애플리케이션 프로토콜의 한 예시입니다. TFTP는 TCP 기능 중 신뢰성에 대한 일부 기능을 구현하여 두 노드 간에 UDP상에서 신뢰성 있는 데이터 전송을 할 수 있습니다. 그 기능이란 순차적 패킷 전송, 패킷 전송 확인 및 재전송입니다. 동작의 핵심적인 부분만을 확인하기 위해, 살펴볼 예시에서는 바이너리 데이터를 다운로드하는 기능만 존재합니다. 업로드 기능이나 ASCII 문자열 전송, 또는 RFC 1350 문서 외 향후에 추가된 TFTP 기능들은 지원하지 않습니다. 또한, 클라이언트가 어떠한 파일을 요청하더라도 같은 파일만을 제공합니다.

TFTP 서버가 안전한 파일 전송에 적합하지는 않습니다. UDP 연결 자체에 신뢰성을 더하긴 하지만 패킷 자체의 암호화나 인증을 다루지는 않습니다. 애플리케이션상에서 UDP로 통신을 해야 한다면, 안전한 UDP 통신을 위한 애플리케이션 계층의 구현 WireGuard(https://github.com/WireGuard/wireguard-go/)를 살펴보기 바랍니다.

다음 몇 섹션에서는 신뢰성 있는 UDP 통신의 기초를 알아보기 위해 읽기 전용 TFTP 서버를 구현합니다. **읽기 전용**read-only이란 클라이언트가 파일을 업로드할 수 없고 다운로드만 할 수 있다는 의미입니다. 먼저, TFTP 서버가 지원할 일련의 상수들과 타입을 정의합니다. 타입과 관련된 코드를 각 타입의 메서드에 추상화합니다. 이후 클라이언트와 통신할 TFTP 서버를 구현하고, 이전에 정의한 타입을 이용하여 신뢰성 있는 파일 전송을 구현합니다.

TFTP 타입

TFTP 서버는 클라이언트로부터 읽기 요청을 수락하고, 데이터 패킷을 전송하고, 에러 패킷을 송신한 후 클라이언트로부터 확인 패킷을 수신합니다. 이를 위해 클라이언트의 요청, 전송된 데이터, 확인 패킷 수신 및 에러에 대한 몇 가지 타입을 정의해 주어야 합니다. 목록 6-1에서는 패킷 크기를 제한하고 작업을 식별하며 다양한 에러들을 코드화하는 데 사용되는 핵심 유형을 정리합니다.

목록 6-1 TFTP 서버에서 사용되는 타입과 코드(types.go)

```
package tftp

import (
  "bytes"
```

```
  "encoding/binary"
  "errors"
  "io"
  "strings"
)

const (
  DatagramSize = ❶516                  // 최대 지원하는 데이터그램 크기
  BlockSize    = ❷DatagramSize - 4 // DatagramSize - 4바이트 헤더
)

❸ type OpCode uint16

const (
  OpRRQ OpCode = iota + 1
  _               // WRQ 미지원
  OpData
  OpAck
  OpErr
)

❹ type ErrCode uint16

const (
  ErrUnknown ErrCode = iota
  ErrNotFound
  ErrAccessViolation
  ErrDiskFull
  ErrIllegalOp
  ErrUnknownID
  ErrFileExists
  ErrNoUser
)
```

TFTP 서버는 파편화를 피하기 위해 데이터그램의 패킷 크기를 516바이트 이하로 제한합니다. 데이터그램 크기를 제한하기 위한 상수(❶)와 데이터 블록의 최대 크기를 나타내는 상수(❷)를 정의합니다. 데이터 블록의 최대 크기는 데이터그램의 크기에서 헤더 크기인 4바이트를 뺀 값입니다. TFTP 패킷 헤더의 첫 2바이트는 작업을 나타내는 OP 코드_{operation code}[18]입니다(❸).

각 OP 코드는 2바이트의 양의 정수로 나타냅니다. 서버는 읽기 요청_{Read Request, RRQ}, 데이터 작업, 메시지 승인, 그리고 에러, 총 4개의 동작을 지원합니다. 읽기 전용의 서버를 구현할 것이기에 쓰기 요청_{Write Request, WRQ} 정의는 하지 않습니다.

---

18 [옮긴이] OP 코드(명령 코드)란 수행할 명령어, 혹은 동작을 코드로 나타낸 것입니다.

OP 코드로는 RFC 문서에 따라 일련의 16비트 양의 정수의 에러 코드(❹)를 정의합니다. 서버 기능으로 다운로드만 지원할 것이기 때문에 모든 에러 코드를 사용하진 않지만 클라이언트에서는 메시지 승인 패킷 대신 에러 코드를 반환할 수 있습니다.

다음 섹션에서는 서버가 지원할 네 가지 동작에 대한 타입에 대해 자세히 알아봅니다.

읽기 요청

클라이언트가 다운로드 요청을 하면 서버는 **읽기 요청**read request 패킷을 수신합니다. 서버는 데이터 패킷 혹은 에러 패킷으로 응답해야 합니다(다음 몇 개의 섹션에서 두 패킷에 대해 자세히 알아봅니다). 두 패킷은 서버가 읽기 요청 패킷을 수신하였다고 클라이언트에게 확인해 주는 역할을 합니다. 만일 클라이언트가 데이터 패킷이나 에러 패킷을 받지 못하면 서버가 응답할 때까지 읽기 요청을 재전송하거나 요청을 포기합니다.

그림 6-1은 읽기 요청 패킷의 구조를 나타냅니다.

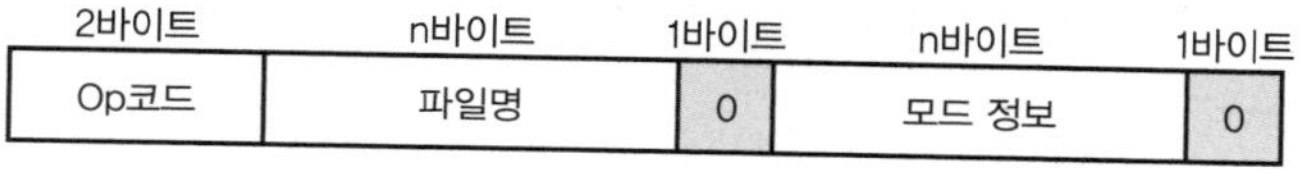

그림 6-1 읽기 요청 패킷 구조

읽기 요청 패킷은 2바이트의 OP 코드와 파일명, 1바이트의 널 문자(null바이트), 모드 정보와 널 문자로 구성됩니다. **OP 코드**operation code는 각 종류별 동작을 고유한 값의 정수로 표현합니다. 각 종류별 OP 코드는 RFC 1350 문서에 기재된 정수 값에 상응합니다. 예를 들어, 읽기 요청의 OP 코드의 정수 값은 1입니다. 파일명과 모드 정보는 다변 길이의 문자열입니다. 모드 정보는 서버가 파일을 전송할 때 netascii 모드로 전송할지 octet 모드로 전송할지에 대한 정보입니다. 클라이언트가 서버에게 **netascii** 모드로 파일을 요청시 클라이언트는 파일의 라인 엔딩 포맷을 맞춰서 변환해 줘야 합니다. 우리는 단순한 구현을 위해 파일을 바이너리 형태의 있는 그대로 보내는 **octet** 모드만을 받도록 합니다.

목록 6-1의 연장으로, 목록 6-2에서는 읽기 요청과 메서드를 정의합니다. 이 메서드는 네트워크 연결에 쓸 데이터의 목적으로 서버가 요청 정보를 슬라이스 바이트로 마샬링marshalling합니다.

목록 6-2 읽기 요청과 바이너리 마샬링 메서드(types.go 파일 계속)

```
--생략--
❶ type ReadReq struct {
```

```
    Filename string
    Mode      string
}

// 서버에서 사용되지는 않지만 클라이언트가 이 메서드를 사용합니다.
func (q ReadReq) MarshalBinary() ([]byte, error) {
  mode := "octet"
  if q.Mode != "" {
    mode = q.Mode
  }

  // OP 코드 + 파일명 + 0바이트 + 모드 정보 + 0바이트
  cap := 2 + 2 + len(q.Filename) + 1 + len(q.Mode) + 1

  b := new(bytes.Buffer)
  b.Grow(cap)

  err := ❷binary.Write(b, binary.BigEndian, OpRRQ) // OP 코드 쓰기
  if err != nil {
    return nil, err
  }

  _, err = b.WriteString(q.Filename) // 파일명 쓰기
  if err != nil {
    return nil, err
  }

  err = ❸b.WriteByte(0) // 0바이트 쓰기
  if err != nil {
    return nil, err
  }

  _, err = b.WriteString(mode) // 모드 정보 쓰기
  if err != nil {
    return nil, err
  }

  err = ❸b.WriteByte(0) // 0바이트 쓰기
  if err != nil {
    return nil, err
  }

  return b.Bytes(), nil
}
```

읽기 요청을 나타내는 구조체(❶)는 파일명과 모드 정보를 포함합니다. 패킷을 바이트 슬라이스로 마샬링하기 위해 OP 코드(❷)와 널 문자(❸)를 버퍼에 씁니다.

목록 6-2의 연장으로, 목록 6-3은 읽기 요청 구현의 마무리로 서버가 일반적으로 클라이언트와의 네트워크 연결에서 읽어 들이는 바이트 슬라이스의 읽기 요청을 언마샬링unmarshalling할 수 있는 방법을 정의합니다.

목록 6-3 읽기 요청 타입 구현(types.go 파일 계속)

```
--생략--

func (q *ReadReq) ❶UnmarshalBinary(p []byte) error {
  r := bytes.NewBuffer(p)

  var code OpCode

  err := ❷binary.Read(r, binary.BigEndian, &code) // OP 코드 읽기
  if err != nil {
    return err
  }

  if code != OpRRQ {
    return errors.New("invalid RRQ")
  }

  q.Filename, err = ❸r.ReadString(0) // 파일명 읽기
  if err != nil {
    return errors.New("invalid RRQ")
  }

  q.Filename = ❹strings.TrimRight(q.Filename, "\x00") // 0바이트 제거
  if len(q.Filename) == 0 {
    return errors.New("invalid RRQ")
  }

  q.Mode, err = r.ReadString(0) // 모드 정보 읽기
  if err != nil {
    return errors.New("invalid RRQ")
  }

  q.Mode = strings.TrimRight(q.Mode, "\x00") // 0바이트 제거
  if len(q.Mode) == 0 {
    return errors.New("invalid RRQ")
  }

  actual := strings.ToLower(q.Mode) // 강제로 octet 모드 설정
  if actual != "octet" {
    return errors.New("only binary transfers supported")
  }

  return nil
}
```

TFTP 서버의 읽기 요청, 데이터, 확인 패킷, 에러 패킷 모두 encoding.BinaryMarshaler와 encoding.BinaryUnmarshaler 인터페이스를 구현합니다. 인터페이스에서 정의하는 메서드는 인터페이스를 구현하는 타입들이 자기 자신의 데이터를 네트워크상에서 전송하기 적합한 바이너리 형태의 바이트로 마샬링할 수 있도록 해 줍니다. 예를 들어, 읽기 요청 타입은 목록 6-2에서의 MarshalBinary 메서드를 이용하여 그림 6-1에서 확인할 수 있는 읽기 요청의 형태와 맞는 바이트 슬라이스를 찾습니다. 마찬가지로 UnmarshalBinary 메서드를 이용하여 네트워크에서 읽은 바이트 슬라이스로부터 읽기 요청의 형태로 언마샬링할 수 있습니다❶. 서버에서 읽기 요청을 보내지 않고 MarshalBinary 메서드를 사용하지 않지만 이번 장을 진행하며 읽기 요청을 바이너리 형태로 마샬링하는 TFTP 클라이언트를 작성해 보기 바랍니다. 해당 구현은 연습 문제로 남겨 둡니다.

UnmarshalBinary 메서드는 주어진 바이트 슬라이스가 읽기 요청 형태와 일치하는 경우에만 nil을 반환합니다. 주어진 바이트 슬라이스가 읽기 요청인지 확인하려면 UnmarshalBinary 메서드의 반환값을 확인해 보면 됩니다. 이에 대한 실질적 동작은 서버 코드에서 확인합니다.

UnmarshalBinary 메서드는 첫 2바이트를 읽고❷ OP 코드가 읽기 요청인지 확인합니다. 이후 첫 널 문자까지 모든 데이터를 읽고❸, 구분자로서의 널 문자를 뗍니다❹. 읽은 데이터의 문자열 형태는 파일명을 나타냅니다. 마찬가지로 모드 정보를 읽습니다. 정상적으로 모든 데이터를 읽었다면 메서드는 nil을 반환합니다. 이후 서버는 ReadReq 인스턴스를 이용하여 클라이언트가 요청한 파일을 읽어 옵니다.

데이터 패킷

클라이언트는 읽기 요청에 대한 응답으로 **데이터 패킷**data packet을 수신합니다. 데이터 패킷을 수신했다면 서버가 요청한 파일을 읽어 오는 데에 성공하였다는 의미입니다. 서버는 일련의 데이터 패킷으로 파일을 전송합니다. 각각의 데이터 패킷은 1을 시작으로 점차 증가하는 숫자의 할당된 블록 번호를 갖습니다. 블록 번호는 클라이언트가 수신된 데이터를 정렬하고 중복된 데이터를 처리하는 목적으로 사용됩니다.

마지막 패킷을 제외한 모든 데이터 패킷은 512바이트의 페이로드를 갖습니다. 클라이언트는 전송의 마지막을 알리는, 512바이트보다 작은 페이로드의 패킷을 수신할 때까지 계속해서 데이터를 읽습니다. 클라이언트는 여느 때라도 확인 패킷 대신 에러 패킷을 반환할 수 있습니다. 마찬가지로 서버도 데이터 패킷 대신 에러 패킷을 반환할 수 있습니다. 에러 패킷을 반환받은 즉시 데이터 전송을 중단합니다.

그림 6-2은 데이터 패킷의 구조를 나타냅니다.

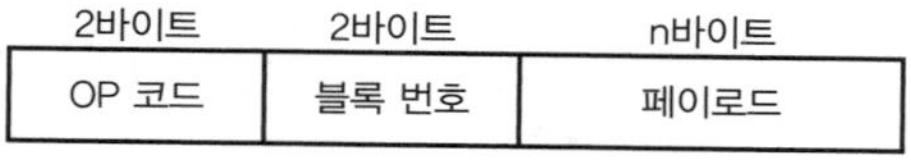

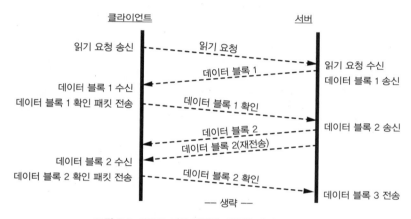

그림 6-2 데이터 패킷 구조

읽기 요청 패킷과 유사하게 데이터 패킷의 첫 2바이트는 OP 코드로 구성됩니다. 다음 2바이트는 블록 번호를 나타냅니다. 이후의 512바이트까지의 바이트는 페이로드입니다.

클라이언트는 서버에서 각각의 데이터 패킷을 수신할 때마다 확인 패킷을 보내야 합니다. 서버가 클라이언트로부터 일정 시간 내에 확인 패킷을 받지 못하거나 에러가 발생한 경우, 서버는 재시도 한도 내에서 재전송을 시도합니다. 그림 6-3은 클라이언트가 TFTP 서버로부터 파일을 다운로드 할 때의 초기 통신 구조를 나타냅니다.

그림 6-3 TFTP 프로토콜을 이용한 파일 다운로드

클라이언트가 초기 읽기 요청 패킷을 읽고 난 후 서버는 첫 번째 데이터 블록으로 응답합니다. 다음으로 클라이언트는 데이터 블록 1을 수신하였다는 확인 패킷을 전송합니다. 서버는 확인 패킷을 받고 두 번째 데이터 블록을 전송합니다. 하지만 이 예시에서 서버는 일정 시간 내에 클라이언트로부터 응답을 받지 못했다고 가정하고, 두 번째 데이터 블록을 재전송합니다. 클라이언트가 두 번째 데이터 블록을 받고 확인 패킷을 전송합니다. 이렇게 서버가 512바이트보다 작은 크기의 페이로드의 마지막 데이터 패킷을 보낼 때까지 데이터 패킷과 확인 패킷을 계속해서 주고받습니다.

목록 6-4는 실제 데이터 전송에 사용되는 데이터 타입을 보여 줍니다.

목록 6-4 데이터 타입과 바이너리 마샬링 메서드(types.go 파일 계속)

```go
--생략--
type Data struct {                                           ❶
  Block    uint16
  Payload io.Reader
}

func (d *Data) MarshalBinary() ([]byte, error) {             ❷
  b := new(bytes.Buffer)
  b.Grow(DatagramSize)

  d.Block++ // 블록 번호는 1씩 증가함

  err := binary.Write(b, binary.BigEndian, OpData) // OP 코드 쓰기
  if err != nil {
    return nil, err
  }

  err = binary.Write(b, binary.BigEndian, d.Block) // 블록 번호 쓰기
  if err != nil {
    return nil, err
  }

  // BlockSize 크기만큼 쓰기
  _, err = ❸io.CopyN(b, d.Payload, BlockSize)
  if err != nil && err != io.EOF {
    return nil, err
  }

  return b.Bytes(), nil
}
```

Data 구조체(❶)는 현재 블록 번호와 데이터의 원본을 포함합니다. 여기서 페이로드로 바이트 슬라이스 대신 io.Reader를 사용하여 페이로드를 어디에서든 얻어 올 수 있도록 합니다. 파일 시스템에서 파일을 읽으려면 *os.File 객체를 사용하면 되고, 다른 네트워크 연결로부터 데이터를 읽으려면 net.Conn 객체를 사용하면 됩니다. io.Reader 인터페이스를 사용하면 단순하게 바이트 슬라이스를 사용할 때와는 달리 선택의 여지가 생깁니다. reader는 읽을 수 있는 남은 바이트를 추적해 주며, 덕분에 많은 코드를 제거할 수 있습니다.

MarshalBinary 메서드(❷)를 호출할 때마다 io.CopyN 함수(❸)와 BlockSize 상수에 의해 최대 516바이트를 반환합니다. MarshalBinary 메서드를 이용하여 구조체의 값을 수정하려면 포인터 리시버를 사용해야 합니다. 서버는 reader로부터 모든 데이터를 읽을 때까지 io.Reader로부터 계속해서 MarshalBinary 메서드를 호출하여 일련의 블록 데이터를 읽습니다. 클라이언트와 마찬가

지로 서버 역시 `MarshalBinary` 메서드의 반환되는 패킷 크기를 모니터링해야 합니다. 패킷의 크기가 516바이트보다 작은 경우 마지막 패킷이라는 의미가 되며, 서버는 더 이상 `MarshalBinary` 메서드를 호출하지 않습니다. 이번 장의 후반부에서 이에 대한 예시를 확인해 봅니다.

16비트의 양의 정수인 블록 번호가 언젠가 오버플로$_{\text{overflow}}$가 될 수도 있습니다. 33.5MB$(65,535 \times 512$바이트)보다 큰 페이로드를 전송하게 되면 블록 번호는 0으로 오버플로될 것입니다. 서버에서는 문제없이 데이터 패킷을 전송하겠지만, 클라이언트에서는 오버플로를 우아하게 처리하지 못할 수 있습니다. 따라서 TFTP 서버에서 파일을 전송할 때에는 이러한 블록 번호 오버플로가 일어날 수 있다는 것을 인지하고 클라이언트가 큰 페이로드를 수신할 수 있는지 확인하거나, 혹은 전혀 다른 프로토콜을 사용하거나, 파일 사이즈를 제한하여 오버플로를 완화하기 바랍니다.

목록 6-4의 연장으로 목록 6-5에서는 데이터 타입의 바이너리 언마샬링 메서드 구현을 마무리합니다.

목록 6-5 데이터 타입 구현(types.go 파일 계속)

```
--생략--

func (d *Data) UnmarshalBinary(p []byte) error {
❶if l := len(p); l < 4 || l > DatagramSize {
    return errors.New("invalid DATA")
  }

  var opcode OpCode

  err := ❷binary.Read(bytes.NewReader(p[:2]), binary.BigEndian, &opcode)
  if err != nil || opcode != OpData {
    return errors.New("invalid DATA")
  }

  err = ❸binary.Read(bytes.NewReader(p[2:4]), binary.BigEndian, &d.Block)
  if err != nil {
    return errors.New("invalid DATA")
  }

  d.Payload = ❹bytes.NewBuffer(p[4:])

  return nil
}
```

데이터를 언마샬링을 위해 초기에 데이터 무결성을 확인(❶)하여 기대한 패킷의 크기인지, 나머지 바이트들을 읽어도 되는지 확인합니다. 이후 OP 코드(❷)를 읽고 확인한 다음, 블록 번호(❸)를 확인합니다. 마지막으로, 남은 바이트들을 새로운 버퍼(❹)로 집어넣고 Payload 필드에 할당합니다.

클라이언트는 블록 번호를 이용하여 서버로 해당하는 번호의 수신 확인 패킷을 보내고, 수신된 데이터 블록들의 순서를 올바르게 정렬합니다.

수신 확인

그림 6-4에서 볼 수 있는 것처럼 **수신 확인 패킷**acknowledgment packet은 4바이트의 길이를 갖습니다.

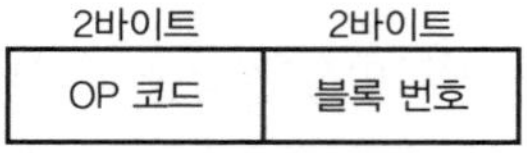

2바이트	2바이트
OP 코드	블록 번호

그림 6-4 수신 확인 패킷 구조

다른 타입과 마찬가지로 첫 2바이트는 OP 코드를 나타냅니다. 마지막 2바이트는 수신된 블록의 숫자를 나타냅니다.

목록 6-5의 코드의 연장으로, 목록 6-6에서는 수신 확인 타입에 대한 전체 구현을 나타냅니다.

목록 6-6 수신 확인 타입 구현(types.go 파일 계속)

```
--생략--
❶ type Ack uint16

func (a Ack) MarshalBinary() ([]byte, error) {
  cap := 2 + 2 // OP 코드 + 블록 번호

  b := new(bytes.Buffer)
  b.Grow(cap)

  err := binary.Write(b, binary.BigEndian, OpAck) // OP 코드 쓰기
  if err != nil {
    return nil, err
  }

  err = binary.Write(b, binary.BigEndian, a) // 블록 번호 쓰기
  if err != nil {
    return nil, err
  }

  return b.Bytes(), nil
}

func (a *Ack) UnmarshalBinary(p []byte) error {
  var code OpCode

  r := bytes.NewReader(p)
```

```
    err := binary.Read(r, binary.BigEndian, &code) // OP 코드 읽기
    if err != nil {
      return err
    }

    if code != OpAck {
      return errors.New("invalid ACK")
    }

    return binary.Read(r, binary.BigEndian, a) // 블록 번호 읽기
}
```

16비트의 양의 정수(❶)를 사용하여 수신 확인 패킷을 표현합니다. 이 정수는 수신 확인된 블록 번호를 나타냅니다. MarshalBinary 메서드와 UnmarshalBinary 메서드를 사용하여 OP 코드와 블록 번호를 바이트 슬라이스로 마샬링하고, 네트워크 연결로부터 읽은 바이트들을 Ack 객체로 언마샬링합니다.

에러 처리

TFTP에서 클라이언트와 서버는 그림 6-5의 **에러 패킷**error packet을 사용하여 에러를 전달합니다.

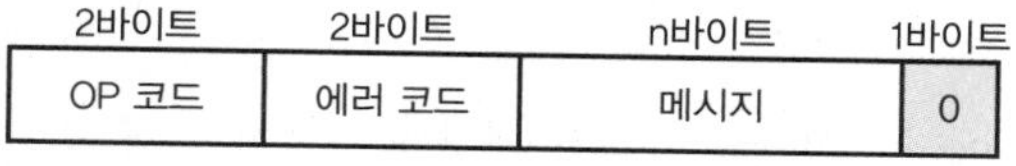

2바이트	2바이트	n바이트	1바이트
OP 코드	에러 코드	메시지	0

그림 6-5 에러 패킷 구조

에러 패킷은 2바이트의 OP 코드와 2바이트의 에러 코드, 그리고 가변 길이의 에러 메시지와 에러 메시지를 종료하는 널 문자로 구성됩니다.

목록 6-6의 연장인 목록 6-7에서는 에러 타입과 에러 타입의 바이너리 마샬링 메서드에 대해 살펴봅니다.

목록 6-7 클라이언트와 서버 간의 에러를 전달하기 위해 사용되는 에러 타입(types.go 파일 계속)

```
--생략--

❶ type Err struct {
    Error   ErrCode
    Message string
  }

  func (e Err) MarshalBinary() ([]byte, error) {
    // OP 코드 + 에러 코드 + 메시지 + 0바이트
    cap := 2 + 2 + len(e.Message) + 1
```

```
  b := new(bytes.Buffer)
  b.Grow(cap)

  err := binary.Write(b, binary.BigEndian, OpErr) // OP 코드 쓰기
  if err != nil {
    return nil, err
  }

  err = binary.Write(b, binary.BigEndian, e.Error) // 에러 코드 쓰기
  if err != nil {
    return nil, err
  }

  _, err = b.WriteString(e.Message) // 메시지 쓰기
  if err != nil {
    return nil, err
  }

  err = b.WriteByte(0) // 0바이트 쓰기
  if err != nil {
    return nil, err
  }

  return b.Bytes(), nil
}
```

읽기 요청과 마찬가지로 에러 타입(❶)은 에러 패킷을 생성하는 데 필요한 최소 데이터, 즉 에러
코드와 에러 메시지를 포함합니다. MarshalBinary 메서드는 그림 6-5로 표현되는 바이트 버퍼를
생성하여 반환합니다.

목록 6-8은 바이너리 언마샬링 메서드와 함께 에러 타입의 구현을 마무리합니다. 해당 코드는 목
록 6-7의 뒤에 추가됩니다.

목록 6-8 에러 타입의 바이너리 언마샬링 구현(types.go 파일 계속)

```
--생략--
func (e *Err) UnmarshalBinary(p []byte) error {
  r := bytes.NewBuffer(p)

  var code OpCode

  err := ❶binary.Read(r, binary.BigEndian, &code) // OP 코드 읽기
  if err != nil {
    return err
  }
```

```
    if code != OpErr {
      return errors.New("invalid ERROR")
    }

    err = ❷binary.Read(r, binary.BigEndian, &e.Error) // 에러 메시지 읽기
    if err != nil {
      return err
    }

    e.Message, err = ❸r.ReadString(0)
    e.Message = ❹strings.TrimRight(e.Message, "\x00") // 0바이트 제거

    return err
}
```

UnmarshalBinary 메서드는 데이터를 읽고 OP 코드(❶)를 검증한 후 에러 코드(❷)와 에러 메시지(❸)를 소비한 다음 널 문자(❹)를 떼냅니다.

TFTP 서버

지금까지 정의해 온 타입을 이용하여 TFTP 클라이언트와 통신할 서버 코드를 작성해 봅시다.

서버 코드 작성

목록 6-9에서는 수신 요청을 처리하는 서버의 타입과 메서드들에 대해 알아보았습니다. 패킷 타입이 encoding.BinaryMarshaler 인터페이스와 encoding.BinaryUnmarshaler 인터페이스를 구현하기 때문에 서버 코드에서는 네트워크 인터페이스와 구현된 타입 간의 파이프 역할을 할 수 있으며, 더욱 단순하게 구현할 수 있습니다. 서버는 네트워크 연결로 정의한 타입이 마샬링된 바이트 슬라이스를 전송하기만 하면 됩니다. 타입 인터페이스의 구현체가 그 외의 부분을 처리할 것입니다.

목록 6-9 서버 타입 구현(server.go)

```
package tftp

import (
  "bytes"
  "errors"
  "log"
  "net"
  "time"
)
```

```go
type Server struct {
❶Payload []byte        // 모든 읽기 요청에 반환될 페이로드
❷Retries uint8         // 전송 실패 시 재시도 횟수
❸Timeout time.Duration // 전송 승인을 기다릴 기간
}

func (s Server) ListenAndServe(addr string) error {
  conn, err := net.ListenPacket("udp", addr)
  if err != nil {
    return err
  }
  defer func() { _ = conn.Close() }()

  log.Printf("Listening on %s ...\n", conn.LocalAddr())

  return s.Serve(conn)
}

func (s *Server) ❹Serve(conn net.PacketConn) error {
  if conn == nil {
    return errors.New("nil connection")
  }

  if s.Payload == nil {
    return errors.New("payload is required")
  }

  if s.Retries == 0 {
    s.Retries = 10
  }

  if s.Timeout == 0 {
    s.Timeout = 6 * time.Second
  }

  var rrq ReadReq

  for {
    buf := make([]byte, DatagramSize)

    _, addr, err := conn.ReadFrom(buf)
    if err != nil {
      return err
    }

    err = ❺rrq.UnmarshalBinary(buf)
    if err != nil {
      log.Printf("[%s] bad request: %v", addr, err)
      continue
    }

  ❻go s.handle(addr.String(), rrq)
```

```
      }
    }
```

서버에서는 읽어 들인 페이로드(❶)와 패킷 전송 시도 횟수 기록(❷), 그리고 각 전송 시도 간의 타임아웃 기간(❸)을 선언합니다. 서버의 Serve 메서드는 net.PacketConn 객체를 매개변수로 받고, 해당 객체를 이용하여 읽기 수신 요청(❹)에 활용합니다. 네트워크 연결을 닫으면 메서드가 반환될 것입니다.

서버는 네트워크 연결로부터 516바이트의 데이터를 읽고 ReadReq 객체(❺)로 언마샬링을 시도합니다. 서버에서 다운로드만 지원하므로 읽기 요청만을 처리합니다. 네트워크 연결에서 읽은 데이터가 읽기 요청인 경우 서버는 데이터를 고루틴의 핸들러(❻)로 전달합니다. 핸들러에 대해서는 다음 섹션에서 정의합니다.

읽기 요청 처리

목록 6-10의 핸들러는 클라이언트로부터의 읽기 요청을 수락하고 서버의 페이로드로 응답합니다. UDP에서 신뢰성 있는 데이터 통신을 위해 이전 섹션들에서 정의한 TFTP 서버의 타입 시스템의 기능을 활용합니다. 핸들러는 하나의 데이터 패킷을 전송하고 다음 데이터 패킷을 보내기 전에 클라이언트로부터 수신 확인 패킷을 대기합니다. 또한, 일정 시간 안에 클라이언트로부터 수신 확인 패킷 응답을 받지 못하면 현재의 데이터 패킷을 다시 보내려 할 것입니다.

목록 6-10 읽기 요청 처리(server.go 파일 계속)

```
--생략--

❶ func (s Server) handle(clientAddr string, rrq ReadReq) {
    log.Printf("[%s] requested file: %s", clientAddr, rrq.Filename)

    conn, err := ❷net.Dial("udp", clientAddr)
    if err != nil {
      log.Printf("[%s] dial: %v", clientAddr, err)
      return
    }
    defer func() { _ = conn.Close() }()

    var (
      ackPkt  Ack
      errPkt  Err
      dataPkt = ❸Data{Payload: bytes.NewReader(s.Payload)}
      buf     = make([]byte, DatagramSize)
    )
```

```go
NEXTPACKET:
❹for n := DatagramSize; n == DatagramSize; {
    data, err := dataPkt.MarshalBinary()
    if err != nil {
        log.Printf("[%s] preparing data packet: %v", clientAddr, err)
        return
    }

RETRY:
    ❺for i := s.Retries; i > 0; i-- {
        ❻n, err = conn.Write(data) // 데이터 패킷 전송
        if err != nil {
            log.Printf("[%s] write: %v", clientAddr, err)
            return
        }

        // 클라이언트의 ACK 패킷 대기
        _ = conn.SetReadDeadline(time.Now().Add(s.Timeout))

        _, err = conn.Read(buf)
        if err != nil {
            if nErr, ok := err.(net.Error); ok && nErr.Timeout() {
                continue RETRY
            }

            log.Printf("[%s] waiting for ACK: %v", clientAddr, err)
            return
        }

        switch {
        case ackPkt.UnmarshalBinary(buf) == nil:
            ❼if uint16(ackPkt) == dataPkt.Block {
                // 클라이언트의 ACK 패킷 대기
                continue NEXTPACKET
            }
        case errPkt.UnmarshalBinary(buf) == nil:
            log.Printf("[%s] received error: %v",
                clientAddr, errPkt.Message)
            return
        default:
            log.Printf("[%s] bad packet", clientAddr)
        }
    }

    log.Printf("[%s] exhausted retries", clientAddr)
    return
}

log.Printf("[%s] sent %d blocks", clientAddr, dataPkt.Block)
}
```

이 핸들러는 클라이언트 주소와 읽기 요청을 매개변수로 받는 Server 타입의 메서드(❶)입니다. Server의 필드 값에 접근해야 할 필요가 있기 때문에 함수가 아니라 메서드로 정의됩니다. 이후 net.Dial 함수(❷)를 이용하여 클라이언트와 연결을 맺고, 그 결과의 UDP 연결 객체는 클라이언트로부터 Read 함수 호출마다 송신자의 주소를 확인할 필요 없이 읽기 전용 모드로 패킷을 수신할 수 있습니다. 서버의 페이로드를 사용하여 데이터 객체(❸)를 준비하고 for 루프에서 각 데이터 패킷(❹)을 전송합니다. 이 for 루프는 데이터 패킷의 크기가 516바이트인 경우 계속해서 데이터를 전송합니다.

데이터 객체를 바이트 슬라이스로 마샬링한 후 재시도 횟수만큼, 혹은 성공적으로 전송할 때까지 데이터 패킷을 재전송하기 위한 for 루프(❺)를 순회합니다. 네트워크 연결(❻)에 데이터 패킷을 쓰는 것은 루프를 순회하는 데 사용하는 변수 n의 값을 쓰인 데이터 패킷의 바이트 수로 업데이트합니다. 이 값이 516바이트인 경우 NEXTPACKET 레이블의 for 루프(❹)를 다시 한번 순회합니다. 이 값이 516바이트보다 작은 경우 루프를 빠져나옵니다.

전송이 완료되었는지 결정하기 전에 먼저 클라이언트가 마지막 데이터 패킷을 성공적으로 수신하였는지 확인해야 합니다. 클라이언트로부터 바이트를 읽은 후 Ack 객체나 Err 객체로 언마샬링을 시도합니다. Err 객체로 언마샬링되면 클라이언트가 에러를 반환하였음을 알 수 있으니 해당 사실을 로깅하고 일찍이 함수를 반환합니다. 이 핸들러에서 일찍이 함수를 반환한다는 의미는 전체 페이로드를 보내기 이전에 전송이 종료되었음을 뜻합니다. 이러한 경우 복구가 불가능하므로 클라이언트는 파일을 다시 요청해야만 합니다.

바이트가 Ack 객체로 언마샬링되면 객체의 Block 값을 확인하여 현재 데이터 패킷에 해당하는 블록 번호를 확인할 수 있습니다(❼). 블록 번호가 맞으면 for 루프(❹)를 순회하고 다음 패킷을 전송합니다. 블록 번호가 맞지 않으면 내부의 for 루프(❺)를 순회하고 현재의 데이터 패킷을 재전송합니다.

서버 시작

TFTP 서버를 시작하려면 페이로드로 사용할 파일과 요청 수신을 대기할 주소, 두 가지를 전달해 주어야 합니다(목록 6-11 참고).

목록 6-11 TFTP 서버 커맨드 라인 구현(tftp.go)

```
package main

import (
```

```
  "flag"
  "io/ioutil"
  "log"

  "github.com/awoodbeck/gnp/ch06/tftp"
)

var (
  address = flag.String("a", "127.0.0.1:69", "listen address")
  payload = flag.String("p", "payload.svg", "file to serve to clients")
)

func main() {
  flag.Parse()

  p, err := ❶ioutil.ReadFile(*payload)
  if err != nil {
    log.Fatal(err)
  }

  s := ❷tftp.Server{Payload: p}
❸log.Fatal(s.ListenAndServe(*address))
}
```

TFTP 서버가 바이트 슬라이스로 제공될 파일(❶)을 읽은 후 서버를 인스턴스화하고 서버의
Payload 필드(❷)에 바이트 슬라이스를 할당합니다. 마지막으로, ListenAndServe 메서드를 호출
하여 요청을 수신할 UDP 연결을 설정합니다. ListenAndServe 메서드(❸)는 내부적으로 연결 요
청을 대기하는 서버의 Serve 메서드를 호출합니다. 서버는 커맨드 라인에서 사용자가 CTRL-C로
강제 종료할 때까지 계속해서 동작합니다.

UDP로 파일 다운로드

방금 작성한 서버에서 파일을 다운로드해 봅시다. 먼저, TFTP 클라이언트가 설치되었는지 확인
하기 바랍니다. Windows에는 제어판의 '프로그램 제거 또는 변경'에서 'Windows 기능 켜기/끄기'
를 통해 TFTP 클라이언트 기능을 네이티브하게 사용할 수 있습니다. **TFTP 클라이언트**TFTP Client
체크박스를 클릭하고 **확인(OK)** 버튼을 눌러서 설치합니다. 대부분의 리눅스 배포판에는 패키지
매니저를 이용하여 설치할 수 있는 TFTP 클라이언트가 존재하며, macOS의 경우는 기본적으로
TFTP 클라이언트가 설치되어 있습니다.

이 예시에서는 Windows 10을 이용합니다. 터미널에서 목록 6-11의 코드를 실행하여 TFTP 서버
를 작동합니다.

```
Microsoft Windows [Version 10.0.18362.449]
(c) 2019 Microsoft Corporation. All rights reserved.

C:\Users\User\gnp\ch06\tftp\tftp>go run tftp.go
2006/01/02 15:04:05 Listening on 127.0.0.1:69 ...
```

서버는 기본적으로 127.0.0.1의 UDP 69번 포트에 바인딩될 것입니다. 69번 포트는 권한 있는 포트이기 때문에 리눅스상에서 실행하려면 루트 권한이 필요합니다. 먼저, go build tftp.go 커맨드를 이용하여 바이너리를 빌드하고, 결과물로 나온 바이너리 파일을 다음과 같이 sudo 커맨드로 sudo ./tftp를 실행하면 69번 포트에 바인딩할 수 있습니다. TFTP 서버는 현재 입력 대기 중임을 알리는 메시지를 표준 출력에 로깅할 것입니다.

다른 터미널에서 TFTP 클라이언트를 실행합니다. 서버에게 바이너리(octet) 모드로 파일을 전송해야 한다고 알려 주기 위해 -i 매개변수를 설정해 줍니다. 요청한 파일명에 상관없이 TFTP 서버는 동일한 파일만 제공하도록 구현되었음을 기억하기 바랍니다. 이 예시에서는 **test.svg**라는 파일을 사용합니다.

```
Microsoft Windows [Version 10.0.18362.449]
(c) 2019 Microsoft Corporation. All rights reserved.

C:\Users\User>tftp -i 127.0.0.1 GET test.svg
Transfer successful: 75352 bytes in 1 second(s), 75352 bytes/s
```

거의 엔터를 누르는 즉시 클라이언트에서는 전송이 성공적으로 완료되었음을 확인할 수 있습니다. TFTP 서버의 터미널에서도 전송 상태를 확인해 볼 수 있습니다.

```
Microsoft Windows [Version 10.0.18362.449]
(c) 2019 Microsoft Corporation. All rights reserved.

C:\Users\User\gnp\ch06\tftp\tftp>go run tftp.go
2006/01/02 15:04:05 Listening on 127.0.0.1:69 ...
2006/01/02 15:04:05 [127.0.0.1:57944] requested file: test.svg
2006/01/02 15:04:05 [127.0.0.1:57944] sent 148 blocks
```

test.svg 파일의 체크섬과 서버의 **payload.svg** 파일의 체크섬을 비교하여 다운로드된 파일이 TFTP 서버에서 제공된 파일과 동일함을 확인할 수 있습니다. **체크섬**checksum은 파일의 무결성을 검증하기 위해 계산된 값입니다. 두 파일이 동일하다면 체크섬 값 역시 동일해야 합니다. 리눅스와 macOS 운영체제에서는 체크섬을 생성하기 위한 다양한 커맨드 라인 유틸리티들이 존재하지만, 목록 6-12에서 확인할 수 있는 것처럼 여기서는 순수하게 Go 구현체를 사용합니다.

목록 6-12 주어진 커맨드 라인 매개변수의 SHA512/256 체크섬 생성(sha512-256sum.go)

```go
package main

import (
  "crypto/sha512"
  "flag"
  "fmt"
  "io/ioutil"
  "os"
)

func init() {
  flag.Usage = func() {
    fmt.Printf("Usage: %s file...\n", os.Args[0])
    flag.PrintDefaults()
  }
}

func main() {
  flag.Parse()
  for _, file := range ❶flag.Args() {
    fmt.Printf("%s %s\n", checksum(file), file)
  }
}

func checksum(file string) string {
  b, err := ❷ioutil.ReadFile(file)
  if err != nil {
    return err.Error()
  }

  return fmt.Sprintf("%x", ❸sha512.Sum512_256(b))
}
```

이 코드는 커맨드 라인 매개변수로 하나 이상의 파일 경로(❶)를 받아서 그 파일 내용(❷)으로부터 SHA512/256 체크섬(❸)을 생성합니다.

SHA512/256 체크섬은 SHA512 체크섬을 추출하여 256비트에 맞추고 남은 비트를 버린 값입니다. 64비트의 컴퓨터에서 SHA512 체크섬을 연산하는 것이 SHA256 체크섬을 연산하는 것보다 빠릅니다. 왜냐하면 SHA512 체크섬은 64비트의 WORD를 사용하는데, SHA256 체크섬은 32비트의 WORD를 사용하기 때문입니다. SHA512 체크섬을 256비트로 잘라 냄으로써 SHA512가 자체적으로 취약한 길이 확장 해싱 공격에 대한 취약점을 제거합니다. 파일의 무결성을 검증하는 것 이상으로 체크섬을 사용하여 무언가를 하지 않으니 지금 상황에서 SHA512/256가 꼭 필요한 것은 아니지만 중요한 해싱 알고리즘이기 때문에 익숙해지기를 권고합니다.

목록 6-12와 목록 6-13의 코드를 사용하면 다운로드한 파일(**test.svg**)이 서버가 보낸 파일 (**payload.svg**)과 동등함을 확인할 수 있습니다. 예시에서는 Windows를 운영체제로 사용하지만, 별다른 변경 없이 리눅스와 macOS에서도 동일한 코드를 사용할 수 있습니다.

목록 6-13 **test.svg 파일과 payload.svg 파일에 대해 SHA512/256 체크섬 생성**

```
Microsoft Windows [Version 10.0.18362.449]
(c) 2019 Microsoft Corporation. All rights reserved.

C:\Users\User\dev\gnp\ch06>go build sha512-256sum\sha512-256sum.go

C:\Users\User\dev\gnp\ch06>sha512-256sum \Users\User\test.svg

\Users\User\test.svg =>
❶ 3f5794c522e83b827054183658ce63cb701dc49f4e59335f08b5c79c56873969

C:\Users\User\dev\gnp\ch06>sha512-256sum tftp\tftp\payload.svg

tftp\tftp\payload.svg =>
❷ 3f5794c522e83b827054183658ce63cb701dc49f4e59335f08b5c79c56873969
```

보시는 것처럼 **test.svg**에 대한 체크섬(❶)이 **payload.svg**에 대한 체크섬(❷) 값과 동일합니다.

여기서 **test.svg** 파일은 이곤 엘브리Egon Elbre의 멋진 고퍼gopher 이미지가 포함된 깃헙 레포지토리 (https://github.com/egonelbre/gophers)에서 가져온 이미지입니다. 이 파일을 웹 브라우저에서 열면 그림 6-6의 이미지를 볼 수 있습니다.

localhost로 페이로드를 전송하였으니 별다른 데이터 손실이나 변질이 일어날 리는 없지만, 클라 이언트와 서버는 모든 패킷을 확인하여 페이로드가 올바르게 전송되었음을 보장합니다.

그림 6-6 **TFTP 서버로부터 다운로드한 페이로드**

이 장에서 배운 것

TFTP 프로토콜을 구현하며 보았듯이 UDP는 애플리케이션 계층에서 신뢰성 있도록 구현될 수 있습니다. TFTP는 데이터 패킷의 순서 번호와 확인 패킷의 조합을 이용하여 클라이언트와 서버가 전송된 데이터를 정상적으로 처리하며, 필요시에는 패킷을 재전송하였습니다.

Go 언어의 바이너리 마샬링 인터페이스와 언마샬링 인터페이스를 사용하여 TFTP의 네트워크 통신을 직관적으로 구현할 수 있었습니다. UDP상에서 전송을 위한 각 TFTP 타입들은 encoding. BinaryMarshaler 인터페이스를 구현하여 데이터의 형태를 네트워크 연결에 쓰기 적합하도록 마샬링할 수 있습니다. 마찬가지로 encoding.Unmarshaler 인터페이스를 구현한 각 TFTP 타입들은 네트워크 연결에서 읽은 데이터를 원래의 형태로 언마샬링할 수 있습니다. 바이너리 데이터를 성공적으로 커스텀 타입으로 언마샬링하면 수신한 데이터의 무결성을 검증할 수 있습니다.

7

유닉스 도메인 소켓

지금까지는 네트워크상의 노드 간의 통신에 대해 살펴보았습니다. 하지만 모든 네트워크 프로그래밍이 노드 간에서만 발생하는 것은 아닙니다. 때때로 애플리케이션은 동일한 노드에 존재하는 데이터베이스 등의 서비스와 통신해야 할 필요가 있습니다.

애플리케이션에서 동일한 시스템 내 동작하는 데이터베이스에 접속하는 한 가지 방법으로 노드 자체의 IP 주소, 혹은 일반적으로 127.0.0.1으로 사용되는 localhost 주소와 데이터베이스의 포트 번호를 사용하는 방법이 있습니다. 또 다른 방법으로는 유닉스 도메인 소켓을 사용하는 방법이 있습니다. **유닉스 도메인 소켓**Unix domain socket은 파일 시스템을 이용하여 패킷의 목적지 주소를 결정하는 통신 방법으로, 동일한 노드 내에 동작하는 서비스 간에 **IPC**Inter-Process Communication(**프로세스 간 통신**)라는 절차를 통해 데이터를 주고받을 수 있도록 해 줍니다.

이번 장에서는 유닉스 도메인 소켓이 무엇인지 정확하게 정의하고, 유닉스 도메인 소켓에 읽기와 쓰기를 제어하는 방법에 대해 알아봅니다. 다음으로 Go 언어의 net 패키지를 사용하여 세 종류의 유닉스 도메인 소켓을 알아보고 각 종류의 소켓을 이용하여 간단한 에코 서버를 만들어 봅니다. 마지막으로, 유닉스 도메인 소켓을 이용하여 사용자와 그룹 아이디 정보로 클라이언트를 인증하는 서비스를 작성합니다.

 참고 모든 운영체제에서 세 종류의 유닉스 도메인 소켓 전부를 지원하지는 않습니다. 이번 장에서는 build constraints[19]와 특수한 접미사 파일명을 사용하여 지원하는 각 플랫폼을 식별하여 코드를 작성합니다.

유닉스 도메인 소켓이란

2장에서 네트워크 소켓이란 IP 주소와 포트 번호라고 정의하였습니다. 소켓 주소를 정의하면 동일한 IP를 가진 동일한 노드 내의 여러 서비스가 서로 구분하여 수신되는 트래픽을 처리할 수 있습니다. 소켓 주소를 정의하지 않는다는 것은 마치 큰 기업 내에서 하나의 전화기만 존재하는 것과 같습니다. 기업 내의 누군가에게 해야 할 말이 있다면 지금 전화기가 사용 중이지 않길 바라야 할 겁니다. 그런 혼잡을 완화하기 위해 대부분의 기업에서는 각 직원에게 전화번호를 할당합니다. 그러면 회사의 대표번호(노드의 IP 주소와 같은 역할)를 통해 전화하고, 내선번호(포트 번호와 같은 역할)를 통해 특정 직원에게 연결할 수 있습니다. 기업 내에서 대표번호와 내선번호를 이용해 각 직원에게 전화를 할 수 있는 것처럼, 소켓 주소의 IP 주소와 포트 번호를 이용하면 노드 내의 모든 소켓 주소에서 수신 대기 중인 서비스와 통신할 수 있습니다.

유닉스 도메인 소켓Unix domain socket은 소켓 주소 정의 원칙을 파일 시스템에 적용합니다. 각 유닉스 도메인 소켓에는 파일 시스템 내에 연관된 파일이 존재하며, 그 파일은 네트워크 소켓의 IP 주소와 포트 번호에 대응합니다. 해당 파일에 네트워크 연결을 맺고 데이터를 읽고 씀으로써 해당 소켓에서 수신 대기 중인 서비스와 통신할 수 있습니다. 마찬가지로 파일 시스템의 소유 권한과 접근 권한을 이용하여 소켓에 읽고 쓰는 접근을 제어할 수 있습니다. 유닉스 도메인 소켓은 운영체제의 네트워크 스택을 지나지 않기 때문에 트래픽 라우팅에 대한 오버헤드가 존재하지 않아 효율적입니다. 동일한 이유로 유닉스 도메인 소켓을 사용할 때에는 패킷 파편화나 패킷 순서에 대해 걱정할 필요가 없습니다. 로컬 서비스와 통신할 때 유닉스 도메인 소켓을 사용하지 않고 네트워크 스택만을 사용한다면(예를 들어, 로컬 데이터베이스나 메모리 캐시 등에 접근하는 애플리케이션), 중요한 보안상 이점과 성능 향상의 효과를 무시하게 됩니다.

유닉스 도메인 소켓이 분명한 이점을 지니고 있지만 주의할 점이 있습니다. 유닉스 도메인 소켓은 소켓을 사용하는 노드 내의 로컬에서만 적용되기 때문에 네트워크 소켓을 사용하는 것처럼 다른 노드 간 통신 시에는 사용할 수 없습니다. 그러므로 유닉스 도메인 소켓은 서비스가 다른 노드와

---

19 [옮긴이] build constraints는 Go에서 빌드를 특정 타깃 플랫폼으로 제한하는 데에 사용됩니다.

통신해야 하거나 이식성이 중요한 경우에는 좋지 않은 선택입니다. 통신을 유지하기 위해서는 먼저 네트워크 소켓으로 마이그레이션해야 합니다.

유닉스 도메인 소켓 파일에 바인딩

net.Listen, net.ListenUnix, net.ListenPacket 함수를 이용하여 사용하지 않는 유닉스 도메인 소켓 주소로 코드상에서 바인딩을 시도하면 유닉스 도메인 소켓 파일이 생성됩니다. 해당 소켓 주소에 해당하는 소켓 파일이 존재하는 경우 운영체제는 주소가 사용 중이라는 에러를 반환합니다. 대부분의 경우 존재하는 유닉스 도메인 소켓 파일을 제거하는 것만으로 에러를 처리할 수 있습니다. 하지만 프로세스가 현재 그 주소를 사용하고 있는 이유 외에도, 좀비 프로세스defunct process 가 소켓 파일을 정상적으로 지우지 않았는지 확인하기 위해 소켓 파일의 존재 유무를 반드시 확인해야만 합니다.

소켓 파일을 재사용하려면 net 패키지의 FileListener 함수를 이용하여 존재하는 소켓 파일을 바인딩합니다. 이 함수에 대한 내용은 이 책에서 다루는 범주를 벗어나지만, 공부를 위해 관련 문서(https://pkg.go.dev/net#FileListener)를 읽어 보기 바랍니다.

소켓 파일의 소유권과 퍼미션 변경

서비스가 소켓 파일에 바인딩되고 나면 Go 언어의 os 패키지를 사용하여 파일의 소유권과 읽기/쓰기 퍼미션을 변경할 수 있습니다. os.Chown 함수를 이용하면 파일의 사용자 소유권 및 그룹 소유권을 변경할 수 있습니다. Windows에서는 이 함수를 지원하지 않으며, WSLWindows Subsystem for Linux, 리눅스와 macOS에서는 지원하긴 하지만 이에 대해 깊이 다루는 것은 이 책의 범주를 벗어납니다. 먼저, 파일의 소유권과 퍼미션을 변경하는 예시 코드를 살펴보고, 이 장의 후반부에서 관련 주제에 대해 살펴봅시다.

다음의 코드는 운영체제가 주어진 파일의 사용자 소유권과 그룹 소유권을 변경시키는 코드입니다.

```
err := os.Chown("/path/to/socket/file", ❶-1, ❷100)
```

os.Chown 함수는 세 개의 매개변수를 받습니다. 각각 파일의 경로, 파일 소유자의 사용자 ID(❶), 그리고 그룹 소유자의 그룹 ID(❷)입니다. 사용자 ID나 그룹 ID가 -1인 경우 Go는 기존의 파일 권한을 그대로 유지합니다. 이 예시에서는 사용자 소유권은 그대로 두고 그룹 소유권의 그룹 ID는 100으로 설정하며, 해당 그룹 ID는 /etc/group 파일 내에 존재하는 유효한 그룹이라 가정합니다.

Go의 os/user 패키지에는 사용자 ID이나 그룹 ID를 이름으로, 혹은 사용자 이름이나 그룹 이름을 ID로 변환해 주는 함수가 있습니다. 예를 들어, 다음의 코드는 LookupGroup 함수를 이용하여 **users** 그룹의 그룹 ID를 찾습니다.

```
grp, err := user.LookupGroup("users")
```

user.LookupGroup이 에러를 반환하지 않는 경우 grp 변수의 Gid 필드에 **users** 그룹의 그룹 ID 값이 있습니다.

os.Chmod 함수는 파일의 모드와 숫자로 표기하는 유닉스 호환 퍼미션 비트를 변경합니다. 이 비트는 운영체제의 파일 모드, 파일의 사용자 읽기/쓰기/실행 퍼미션, 파일의 그룹 읽기/쓰기/실행 퍼미션, 그리고 그룹에 속하지 않은 그 외 사용자의 읽기/쓰기/실행 퍼미션의 정보를 나타냅니다.

```
err := os.Chmod("/path/to/socket/file", os.ModeSocket|0660)
```

os.Chmod 함수는 파일 경로와 파일의 모드, 사용자 퍼미션, 그룹 퍼미션과 그 외 사용자의 퍼미션의 정보를 표현하는 os.FileMode 값을 매개변수로 받습니다. 소켓 파일을 다루기에 파일에 항상 os.ModeSocket 모드를 설정해 주어야 합니다. 이를 위해 os.ModeSocket과 파일 퍼미션의 숫자 표기법 간에 OR 비트 연산을 수행합니다. 여기서는 파일 퍼미션으로 8진법의 0660을 전달합니다. 0660은 사용자와 그룹에 읽기와 쓰기 권한을 주지만 그 외 사용자는 소켓 파일에 읽기나 쓰기 권한을 주지 않습니다. os.FileMode에 대해 더 알아보려면 Go 커뮤니티에서 제공하는 다음의 문서(https://pkg.go.dev/os/#FileMode)를 읽어 보고, 파일 시스템의 퍼미션의 숫자 표기법에 대해 더 알아보려면 다음의 문서(https://en.wikipedia.org/wiki/File-system_permissions#Numeric_notation)를 읽어 보기 바랍니다.

유닉스 도메인 소켓 타입 이해

세 종류의 유닉스 도메인 소켓이 있습니다. 첫 번째는 TCP처럼 동작하는 **스트리밍 소켓**streaming socket이며, 두 번째는 UDP처럼 동작하는 **데이터그램 소켓**datagram socket, 마지막으로 두 요소를 조합한 **시퀀스 패킷 소켓**sequence packet socket입니다. Go에서는 이 소켓의 종류를 각각 unix, unixgram, unixpacket으로 부릅니다. 이번 섹션에서는 각 종류별 소켓과 동작하는 에코 서버를 작성해 봅니다.

한번 net.Conn 인터페이스로 작성된 코드는 여러 네트워크 타입에 적용할 수 있습니다. net.Conn

인터페이스는 TCP, UDP, 유닉스 도메인 소켓에 의해 사용되는 네트워크 소켓 간의 많은 차이점을 추상화하였습니다. 그래서 가령, TCP와 통신하는 코드를 작성한 후에 접속할 주소와 네트워크 타입만 변경하면 유닉스 도메인 소켓과도 통신할 수 있습니다.

스트리밍 소켓 — unix

스트리밍 유닉스 도메인 소켓은 TCP가 갖는 메시지 확인, 체크섬, 혼잡 제어 등의 오버헤드 없이도 TCP처럼 동작합니다. 운영체제는 책임지고 유닉스 도메인 소켓을 이용하여 TCP처럼 동작하는 IPC를 구현합니다.

이 종류의 유닉스 도메인 소켓을 설명하기 위해 일반적인 스트림 기반의 에코 서버를 생성하는 함수를 작성합니다(목록 7-1). 이 함수를 이용하여 다른 스트리밍 네트워크에도 적용할 수 있습니다. 즉, 다른 노드와의 연결을 위해 tcp 타입의 TCP 연결을 생성할 수도 있고, 유닉스 소켓 주소와 통신하기 위한 unix 타입의 유닉스 도메인 소켓 연결을 생성할 수도 있습니다.

참고 리눅스, macOS와 Windows 운영체제 모두 unix 네트워크 타입을 지원합니다.

목록 7-1 스트리밍 에코 서버 함수 생성하기(echo.go)

```
package echo

import (
  "context"
  "net"
  "os"
)

func ❶streamingEchoServer(ctx context.Context, network string,
  addr string) (net.Addr, error) {
  s, err := ❷net.Listen(network, addr)
  if err != nil {
    return nil, err
  }
```

streamingEchoServer 함수(❶)는 스트림 기반의 네트워크를 나타내는 문자열과 주소를 나타내는 문자열을 매개변수로 받고, 생성된 주소 객체와 error 인터페이스를 반환합니다. 이 책의 전반부에서 이미 이러한 매개변수와 반환 타입을 살펴보았습니다.

여기서는 콘텍스트와 네트워크 문자열, 그리고 주소 문자열을 받는 조금 더 일반적인 형태의 에코 서버를 만들었으니 tcp나 unix, unixpacket과 같은 스트림 기반의 네트워크 타입을 네트워크 문자열로 전달할 수 있습니다. 네트워크 타입에 따라 주소 문자열도 적용하면 됩니다. 콘텍스트는 서버 종료를 알리는 시그널링을 위해 사용됩니다. 네트워크 타입이 tcp인 경우 주소 문자열은 127.0.0.1:80과 같이 IP 주소와 포트의 조합이어야 합니다. 네트워크 타입이 unix이거나 unixpacket인 경우 주소 문자열은 존재하지 않는 파일의 경로여야 합니다. 에코 서버가 바인딩을 하게 되면(❷) 소켓 파일이 생성됩니다. 이후 서버는 연결 요청을 수신 대기합니다.

목록 7-2에서는 스트리밍 에코 서버 구현을 마무리합니다.

목록 7-2 스트림 기반 에코 서버(echo.go)

```
--생략--

  go func() {
    go func() {
      ❶<-ctx.Done()
      _ = s.Close()
    }()

    for {
      conn, err := ❷s.Accept()
      if err != nil {
        return
      }

      go func() {
        defer func() { _ = conn.Close() }()

        for {
          buf := make([]byte, 1024)
          n, err := ❸conn.Read(buf)
          if err != nil {
            return
          }

          _, err = ❹conn.Write(buf[:n])
          if err != nil {
            return
          }
        }
      }()
    }
  }()

  return s.Addr(), nil
}
```

net.Listen 함수나 net.ListenUnix 함수로 생성된 리스너는 리스너가 종료되면 자동으로 소켓 파일을 삭제합니다. 이 동작을 수정하려면 net.UnixListener의 SetUnlinkOnClose 메서드를 이용하면 됩니다. 대부분의 경우에는 삭제되도록 기본 값으로 두는 것이 좋습니다. 이번 장 잠시 뒤에 살펴보겠지만, net.ListenPacket 함수로 생성된 유닉스 도메인 소켓은 리스너 종료 시 자동으로 소켓 파일이 삭제되지 않습니다.

이전과 마찬가지로 에코 서버를 별도의 고루틴으로 동작하여 비동기로 연결을 수신할 수 있도록 합니다. 서버가 연결을 수신하고 나면(❷) 수신받는 메시지를 별도의 고루틴에서 에코잉합니다. net.Conn 인터페이스를 사용하고 있으니 Read 메서드(❸)와 Write 메서드(❹)를 사용하여 서버가 네트워크 소켓과 통신하든 유닉스 도메인 소켓과 통신하든 상관없이 클라이언트와 통신할 수 있습니다. 함수 호출자가 콘텍스트를 취소하면(❶) 서버는 종료됩니다.

목록 7-3에서는 unix 네트워크 타입을 이용한 유닉스 도메인 소켓으로 스트리밍 에코 서버를 테스트하는 코드를 보여 줍니다.

목록 7-3 유닉스 도메인 소켓에 에코 서버 테스트 셋업(echo_test.go)

```
package echo

import (
  "bytes"
  "context"
  "fmt"
  "io/ioutil"
  "net"
  "os"
  "path/filepath"
  "testing"
)

func TestEchoServerUnix(t *testing.T) {
  dir, err := ❶ioutil.TempDir("", "echo_unix")
  if err != nil {
    t.Fatal(err)
  }
  defer func() {
    if rErr := ❷os.RemoveAll(dir); rErr != nil {
      t.Error(rErr)
    }
  }()

  ctx, cancel := context.WithCancel(context.Background())
  ❸socket := filepath.Join(dir, fmt.Sprintf("%d.sock", os.Getpid()))
  rAddr, err := streamingEchoServer(ctx, "unix", socket)
  if err != nil {

    t.Fatal(err)
  }
```

```
err = ❹os.Chmod(socket, os.ModeSocket|0666)
if err != nil {
  t.Fatal(err)
}
```

운영체제의 임시 디렉터리에 **echo_unix**라는 이름을 가진 하위 디렉터리를 생성❶하고 에코 서버의 소켓 파일을 저장합니다. **defer**로 호출한 os.RemoveAll 함수❷는 테스트가 종료되면 임시 디렉터리를 삭제합니다. streamingEchoServer 함수에 전달할 매개변수 중 소켓 파일 이름으로 #.sock을 전달❸합니다(#은 임시 디렉터리의 하위 디렉터리 /tmp/echo_unix/123.sock에 저장된 서버의 프로세스 ID). 마지막으로, 모든 사용자가 소켓에 읽기와 쓰기 권한이 있는지 확인합니다❹.

목록 7-4에서는 스트리밍 에코 서버에 연결을 맺고 테스트를 전송해 봅니다.

목록 7-4 유닉스 도메인 소켓으로 데이터 스트리밍(echo_test.go)

```
--생략--

  conn, err := net.Dial("unix", ❶rAddr.String())
  if err != nil {
    t.Fatal(err)
  }
  defer func() { _ = conn.Close() }()

  msg := []byte("ping")
❷for i := 0; i < 3; i++ { // "ping" 메시지 3번 쓰기
    _, err = conn.Write(msg)
    if err != nil {
      t.Fatal(err)
    }
  }

  buf := make([]byte, 1024)
  n, err := ❸conn.Read(buf) // "ping" 메시지 3번 쓰기
  if err != nil {
    t.Fatal(err)
  }

  expected := ❹bytes.Repeat(msg, 3)
  if !bytes.Equal(expected, buf[:n]) {
    t.Fatalf("expected reply %q; actual reply %q", expected,
      buf[:n])
  }

  _ = closer.Close()
  <-done
}
```

익숙한 net.Dial 함수를 사용하여 서버에 다이얼링합니다. 네트워크 타입으로 unix를 사용하고, 유닉스 도메인 소켓 파일(❶)의 전체 경로를 서버의 주소로 전달합니다.

첫 번째 응답(❷)을 읽기 전에 에코 서버로 세 개의 ping 메시지를 전송합니다. 별도의 ping을 세 번 전송하는 이유에 대해서는 이 장 후반부의 unixpacket 네트워크 타입에 대해 살펴볼 때 알아봅니다. 전송한 세 개의 메시지를 읽기에 충분한 크기의 버퍼에 첫 번째 응답(❸)을 읽으면 모든 세 개의 ping 메시지(❹)를 하나의 문자열 pingpingping으로 수신합니다. 스트림 기반의 연결에는 메시지의 구분자가 없음을 기억하기 바랍니다. 서버의 바이트 스트림으로부터 하나의 메시지가 시작하고 끝나는 지점을 읽고 구분하는 것은 코드상에서 해야 하는 일입니다.

데이터그램 소켓 — unixgram

다음으로 udp나 unixgram과 같은 데이터그램 기반 네트워크 타입과 통신하는 에코 서버를 작성합니다. 작성할 서버는 UDP로 통신하든 unixgram 소켓으로 통신하든 결국 동일하게 보일 것입니다. 차이점이 있다면 목록 7-5에서 확인할 수 있는 것과 같이 unixgram 리스너와 통신할 경우 통신이 종료될 때 소켓 파일을 제거해 주어야 한다는 것입니다.

참고   Windows와 WSL(Windows Subsystem for Linux)은 unixgram 도메인 소켓을 지원하지 않습니다.

목록 7-5   데이터그램 기반의 에코 서버(echo.go)

```
--생략--

func datagramEchoServer(ctx context.Context, network string,
  addr string) (net.Addr, error) {
  s, err := ❶net.ListenPacket(network, addr)
  if err != nil {
    return nil, err
  }

  go func() {
    go func() {
      <-ctx.Done()
      _ = s.Close()
      if network == "unixgram" {
        _ = ❷os.Remove(addr)
      }
    }()

    buf := make([]byte, 1024)
    for {
      n, clientAddr, err := s.ReadFrom(buf)
      if err != nil {
```

```
      return
    }

    _, err = s.WriteTo(buf[:n], clientAddr)
    if err != nil {
      return
    }
  }
}()
return s.LocalAddr(), nil
}
```

net.PacketConn 객체를 반환하는 net.ListenPacket 함수를 호출합니다(❶). 이 장 전반부에서 언급했듯 리스너 생성 시 net.Listen 함수나 net.ListenUnix 함수를 사용하지 않으면 Go에서는 연결이 종료될 때 소켓 파일을 제거해 주지 않습니다. 코드상에서 반드시 직접 소켓 파일을 지워 주어야만 하며(❷), 그렇지 않으면 동일한 소켓 파일 경로로 시도하는 바인딩이 모두 실패할 것입니다.

unixgram 네트워크 타입이 Windows에서는 동작하지 않기 때문에 목록 7-6은 build constraint 를 이용하여 이 코드가 Windows에서 동작하지 않도록 하고 필요한 패키지를 플랫폼에 맞게 올바르게 임포트할 수 있도록 합니다.

목록 7-6 macOS와 리눅스를 위한 build constraints(echo_posix_test.go)[20]

```
// +build darwin linux

package echo

import (
  "bytes"
  "context"
  "fmt"
  "io/ioutil"
  "net"
  "os"
  "path/filepath"
  "testing"
)
```

---

20 (옮긴이) Go 1.17 버전에서 build constraint를 주는 방식이 달라지며, // +build 대신에 //go:build를 사용하여 사용법이 개선되었습니다. 관련 문서는 https://pkg.go.dev/go/build/constraint를 참고하기 바랍니다. 목록 7-6의 build constraint를 개선된 방식으로 작성하면 //go:build darwin || linux가 됩니다.

Go는 패키지를 빌드할 때 build constraint를 확인하여 이 코드가 macOS와 리눅스 운영체제에서만 동작하도록 합니다. Go가 macOS와 리눅스 외에도 unixgram 네트워크 타입을 지원하는 많은 다양한 운영체제를 지원하기는 하지만 관련 사항은 이 책의 범위를 넘는 내용이므로 타깃 운영체제에 맞게 코드를 테스트해 보길 바랍니다.

build constraint를 제대로 설정하여 목록 7-7의 테스트를 진행합니다.

목록 7-7 데이터그램 기반 에코 서버 초기화(echo_posix_test.go)

```
--생략--

func TestEchoServerUnixDatagram(t *testing.T) {
  dir, err := ioutil.TempDir("", "echo_unixgram")
  if err != nil {
    t.Fatal(err)
  }
  defer func() {
    if rErr := os.RemoveAll(dir); rErr != nil {
      t.Error(rErr)
    }
  }()

  ctx, cancel := context.WithCancel(context.Background())
❶ sSocket := filepath.Join(dir, fmt.Sprintf("s%d.sock", os.Getpid()))
  serverAddr, err := datagramEchoServer(ctx, "unixgram", sSocket)
  if err != nil {
    t.Fatal(err)
  }
  defer cancel()

  err = os.Chmod(sSocket, os.ModeSocket|0622)
  if err != nil {
    t.Fatal(err)
  }
```

UDP 연결처럼 서버와 클라이언트 모두 주소에 바인딩되어 있어야 데이터그램을 주고받을 수 있습니다. 목록 7-8에서 확인할 수 있는 것처럼, 서버와 클라이언트는 각자 고유의 소켓 파일(❶)을 가집니다.

목록 7-8 데이터그램 기반 클라이언트 초기화(echo_posix_test.go)

```
--생략--

❶ cSocket := filepath.Join(dir, fmt.Sprintf("c%d.sock", os.Getpid()))
  client, err := net.ListenPacket("unixgram", cSocket)
  if err != nil {
```

```
    t.Fatal(err)
  }
❷defer func() { _ = client.Close() }()

  err = ❸os.Chmod(cSocket, os.ModeSocket|0622)
  if err != nil {
    t.Fatal(err)
  }
```

목록 7-5의 datagramEchoServer 함수 내의 os.Remove 함수 호출은 서버가 종료되면 소켓 파일을 제거합니다. 서버와 마찬가지로 클라이언트도 정리 작업이 필요하므로 리스닝이 끝나면 소켓 파일을 제거합니다(❶). 감사하게도 목록 7-7에서 os.RemoveAll 함수를 호출하며 임시 디렉터리의 하위 디렉터리를 지울 때 함께 소켓 파일도 제거됩니다. 다른 방법으로는 defer(❷)를 이용하여 os.Remove 함수를 호출하여 클라이언트의 소켓 파일을 지울 수도 있습니다. 또한, 서버는 자기 자신의 소켓 파일뿐 아니라 클라이언트의 소켓 파일에도 쓸 수 있어야 합니다. 그렇지 않으면 클라이언트에게 응답하지 못할 것입니다. 이 예시에서는 굉장히 허용적인 퍼미션을 주었기 때문에 모든 사용자가 소켓에 쓰기 권한을 갖게 됩니다(❸).

목록 7-9에서는 서버와 클라이언트가 초기화되었으니 스트리밍 기반의 에코 서버와 데이터그램 기반의 에코 서버의 차이점을 테스트합니다.

목록 7-9 unixgram 소켓을 이용하여 메시지 에코잉(echo_posix_test.go)

```
--생략--

  msg := []byte("ping")
  for i := 0; i < 3; i++ { // "ping" 메시지 3번 쓰기
    _, err = ❶client.WriteTo(msg, serverAddr)
    if err != nil {
      t.Fatal(err)
    }
  }

  buf := make([]byte, 1024)
  for i := 0; i < 3; i++ { // "ping" 메시지 3번 읽기
    n, addr, err := ❷client.ReadFrom(buf)
    if err != nil {
      t.Fatal(err)
    }

    if addr.String() != serverAddr.String() {
      t.Fatalf("received reply from %q instead of %q",
        addr, serverAddr)
    }
```

```
    if !bytes.Equal(msg, buf[:n]) {
      t.Fatalf("expected reply %q; actual reply %q", msg,
        buf[:n])
    }
  }
}
```

첫 번째 데이터그램을 읽기 전에 서버로 ping 메시지를 세 번 씁니다(❶). 그리고 세 번의 ping 메
시지를 담기에 충분한 공간의 버퍼에서 세 번 읽습니다(❷). 예상대로 unixgram 소켓은 각 메시지
를 구분하여 관리합니다. 세 번의 메시지를 전송하고 세 번의 응답을 읽습니다. 목록 7-3과 목록
7-4의 unix 소켓에서는 세 번의 ping 메시지 전송에 따른 세 번의 응답을 한 번만에 읽었습니다.

시퀀스 패킷 소켓 — unixpacket

시퀀스 패킷 소켓 타입sequence packet socket은 세션을 지향하는 연결과 TCP의 신뢰성, 그리고 각 메
시지를 구분하여 관리하는 UDP의 데이터그램의 특성을 모두 조합한 하이브리드 타입입니다. 하
지만 시퀀스 패킷 소켓은 각 데이터그램이 요청하지 않은 데이터는 버려 버립니다. 예를 들어, 50
바이트의 데이터 그램에서 32바이트만 읽으면 운영체제는 읽지 않은 18바이트는 버립니다.

세 유닉스 도메인 소켓 타입 중에 unixpacket 타입은 이식성이 가장 낮습니다. unixpacket의 여
러 특성이 혼용되는 하이브리드 특성과 읽지 않은 데이터는 버린다는 특성 때문에 대부분의 경우
unix나 unixgram 타입의 소켓이 더 나은 선택입니다. 인터넷상에서 시퀀스 패킷 소켓을 실제로
사용하는 예시를 보기는 어려울 겁니다. 시퀀스 패킷 소켓은 한때 과거 X.25의 통신망에서 자주
사용되었고, 일부 금융 거래, 또는 아마추어 라디오의 AX.25에서 사용되었습니다.

목록 7-10은 unixpacket 소켓의 사용 예시를 보여 줍니다.

 Windows, WSL, macOS에서는 unixpacket 도메인 소켓을 지원하지 않습니다.

목록 7-10 패킷 기반 스트리밍 에코 서버 초기화(echo_linux_test.go)

```
package echo

import (
  "bytes"
  "context"
  "fmt"
  "io/ioutil"
  "net"
  "os"
  "path/filepath"
```

```
    "testing"
)

func TestEchoServerUnixPacket(t *testing.T) {
  dir, err := ioutil.TempDir("", "echo_unixpacket")
  if err != nil {
    t.Fatal(err)
  }
  defer func() {
    if rErr := os.RemoveAll(dir); rErr != nil {
      t.Error(rErr)
    }
  }()

  ctx, cancel := context.WithCancel(context.Background())
  socket := filepath.Join(dir, fmt.Sprintf("%d.sock", os.Getpid()))
  rAddr, err := streamingEchoServer(ctx, "unixpacket", socket)
  if err != nil {
    t.Fatal(err)
  }
  defer cancel()

  err = os.Chmod(socket, os.ModeSocket|0666)
  if err != nil {
    t.Fatal(err)
  }
```

파일명을 **echo_linux_test.go**로 저장했음을 확인하기 바랍니다. **_linux_test.go** 접미사는 Go 에게 이 파일이 리눅스상에서 테스트할때만 동작하도록 알리는 build constraint입니다.

목록 7-11에서는 에코 서버로 다이얼링을 하고 일련의 ping 메시지를 전송합니다.

목록 7-11 unixpacket 소켓을 이용하여 메시지 에코잉(echo_linux_test.go)

```
--생략--

  conn, err := ❶net.Dial("unixpacket", rAddr.String())
  if err != nil {
    t.Fatal(err)
  }
  defer func() { _ = conn.Close() }()

  msg := []byte("ping")
❷for i := 0; i < 3; i++ { // "ping" 메시지 3번 쓰기
    _, err = conn.Write(msg)
    if err != nil {
      t.Fatal(err)
    }
  }
```

```
    buf := make([]byte, 1024)
❸ for i := 0; i < 3; i++ { // 서버에서 3번 읽기
    n, err := conn.Read(buf)
    if err != nil {
      t.Fatal(err)
    }

    if !bytes.Equal(msg, buf[:n]) {
      t.Errorf("expected reply %q; actual reply %q", msg, buf[:n])
    }
  }
```

unixpacket 타입 네트워크는 세션 지향적이므로 net.Dial 함수(❶)를 이용하여 서버와의 연결을 초기화합니다. 데이터그램 기반의 네트워크와 같이 단순히 서버의 주소를 쓰지 않습니다.

첫 응답을 읽기 전에 서버로 세 번의 ping 메시지를 전송(❷)하며 unix와 unixpacket 소켓 타입의 차이점을 확인할 수 있습니다. unix 소켓 타입은 세 번의 ping 메시지를 한 번만에 읽는 반면 unixpacket 소켓은 데이터그램 기반의 네트워크 타입처럼 동작하여 한 번의 읽기 동작이 하나의 메시지를 반환합니다(❸).

목록 7-12에서는 unixpacket이 각 데이터그램에서 읽지 않은 데이터를 버리는 방법을 보여 줍니다.

목록 7-12 읽지 않은 바이트 버리기(echo_linux_test.go)

```
--생략--

  for i := 0; i < 3; i++ { // "ping" 메시지 3번 더 쓰기
    _, err = conn.Write(msg)
    if err != nil {
      t.Fatal(err)
    }
  }

❶ buf = make([]byte, 2)    // 각 응답의 첫 두 바이트만 읽음
  for i := 0; i < 3; i++ { // 서버에서 3번 읽기
    n, err := conn.Read(buf)
    if err != nil {
      t.Fatal(err)
    }

    if !bytes.Equal(❷msg[:2], buf[:n]) {
      t.Errorf("expected reply %q; actual reply %q", msg[:2],
        buf[:n])
    }
  }
}
```

이번에는 버퍼의 크기를 2바이트로 줄이고(❶) 각 데이터그램의 첫 2바이트를 읽습니다. tcp나 unix와 같은 스트리밍 기반의 네트워크 타입이었다면 첫 번째 읽기에서는 pi을 읽고 두 번째 읽기에서 ng를 읽었을 것입니다. 하지만 unixpacket 타입의 네트워크에서는 전체 메시지 ping 중에서 읽기를 요청한 첫 2바이트, pi 부분만 읽고 나머지 ng 부분은 버립니다. 따라서 각 읽기(❷)에서 데이터그램의 첫 2바이트만 읽는다는 것을 확인하기 바랍니다.

클라이언트와 인증하는 서비스 작성

리눅스 시스템에서 유닉스 도메인 소켓은 피어의 운영체제로부터 인증 정보를 수신하여 소켓의 반대쪽 피어의 프로세스에 대한 상세 정보를 알 수 있습니다. 이 정보를 이용하여 유닉스 도메인 소켓의 반대쪽에 있는 피어의 접근을 허가하거나 거부할 수 있습니다. 예를 들어, **회계부서_데이브**davefromaccounting라는 사용자가 유닉스 도메인 소켓을 통해 관리자 서비스에 접근하려 한다면 시스템에서는 접근을 거부해야 할 것입니다.

특정한 사용자 또는 /etc/group 파일 내의 특정한 그룹의 사용자로부터만 서비스로의 연결을 허용할 수도 있습니다. /etc/group 파일 내의 각 그룹에는 해당하는 그룹 ID 숫자가 있습니다. 클라이언트가 유닉스 도메인 소켓으로 연결을 시도하면 피어의 인증 정보를 요청하고, 클라이언트의 그룹 ID가 허용된 그룹의 ID 목록에 있는지 비교해 볼 수 있습니다. 만약 허용된 목록에 존재한다면 클라이언트에게 권한을 허용할 수 있을 것입니다. 173페이지의 '서비스 작성하기'에서 더욱 살펴보겠지만, Go의 표준 라이브러리에는 리눅스 그룹 처리를 지원하는 기능이 존재합니다.

피어의 인증 정보 요청

피어의 인증 정보를 요청하는 절차는 그렇게 직관적이지 않습니다. 간단히 연결 객체로부터 피어의 인증 정보를 요청할 수 없습니다. golang.org/x/sys/unix 패키지를 이용하여 운영체제로부터 피어의 인증 정보를 요청해야 합니다. 다음의 커맨드를 사용하여 해당 패키지를 내려받을 수 있습니다.

```
go get -u golang.org/x/sys/unix
```

목록 7-13은 유닉스 도메인 소켓 연결을 받아서 피어가 특정한 그룹에 속하지 않는 경우 연결을 거부하는 함수를 보여 줍니다.

> **참고** 목록 7-13부터 목록 7-16의 코드는 리눅스 시스템에서만 동작합니다.

목록 7-13 소켓 연결을 위해 피어의 인증 정보를 얻어 오기(creds/auth/allowed_linux.go)

```go
package auth

import (
  "log"
  "net"
  "os/user"
  "golang.org/x/sys/unix"
)

func Allowed(conn *net.UnixConn, groups map[string]struct{}) bool {
  if conn == nil || groups == nil || len(groups) == 0 {
    return false
  }

  file, _ := ❶conn.File()
  defer func() { _ = file.Close() }()

  var (
    err    error
    ucred  *unix.Ucred
  )

  for {
    ucred, err = ❷unix.GetsockoptUcred(int(❸file.Fd()), unix.SOL_SOCKET,
      unix.SO_PEERCRED)
    if err == unix.EINTR {
      continue // syscall 중단됨, 다시 시도하기
    }
    if err != nil {
      log.Println(err)
      return false
    }

    break
  }

  u, err := ❹user.LookupId(string(ucred.Uid))
  if err != nil {
    log.Println(err)
    return false
  }

  gids, err := ❺u.GroupIds()
  if err != nil {
    log.Println(err)
    return false
  }

  for _, gid := range gids {
    if _, ok := ❻groups[gid]; ok {
```

```
        return true
    }
  }
  return false
}
```

피어의 유닉스 인증 정보를 얻어 오기 위해 먼저 net.UnixConn 파일 객체(❶)를 변수로 저장합니다. 해당 파일 객체는 호스트상의 유닉스 도메인 소켓 연결 객체를 나타냅니다. Go에서의 TCP 연결 객체를 나타내는 net.TCPConn 객체와도 유사합니다. 연결 객체로부터 파일 디스크립터 정보를 획득해야 하므로 리스너의 Accept 메서드로부터 반환된 net.Conn 인터페이스만으로는 충분하지 않습니다. 대신에 리스너의 AcceptUnix 메서드로부터 반환된 net.UnixConn 객체의 포인터를 Allowed 함수의 매개변수로 넘겨주어야 합니다. 다음 섹션에서 이 메서드의 사용법을 살펴봅니다.

이후 unix.GetsockoptUcred 함수(❷)의 매개변수로 파일 객체의 디스크립터(❸), 어느 프로토콜 계층에 속하였는지를 나타내는 상수인 unix.SOL_SOCKET, 그리고 옵션 값의 unix.SO_PEERCRED를 넘겨줍니다. 리눅스 커널에서 소켓 옵션 값을 얻어 오려면 해당하는 옵션과 해당 옵션이 존재하는 계층 값이 모두 필요합니다. unix.SOL_SOCKET 값은 리눅스 커널에 소켓 계층의 옵션 값이 필요하다고 알려 주며, 마찬가지로 unix.SOL_TCP 값은 리눅스 커널에 TCP 계층의 옵션 값이 필요하다고 알려 줍니다. unix.SO_PEERCRED 상숫값은 리눅스 커널에 피어의 인증 정보가 필요하다고 알려 줍니다. 리눅스 커널이 유닉스 도메인 소켓 계층의 피어 인증 정보를 찾으면 unix.GetsockoptUcred 함수는 정상적인 unix.Ucred 객체의 포인터를 반환합니다.

unix.Ucred 객체에는 피어의 프로세스 정보와 사용자 ID, 그룹 ID 정보가 있습니다. 피어의 사용자 ID 정보를 user.LookupId 함수에 매개변수로 전달합니다(❹). 함수가 성공적으로 호출되면 사용자 객체(❺)로부터 그룹 ID의 목록을 반환합니다. 사용자는 하나 이상의 그룹에 속할 수 있으므로 각각의 그룹에 대해 권한을 확인해 보아야 할 것입니다. 마지막으로, 허용된 그룹들에 대해 각각의 그룹 ID를 비교합니다(❻). 피어의 그룹 ID 중 하나가 허용된 그룹과 일치한다면 true를 반환하여 피어가 연결할 수 있도록 합니다.

이 예시는 굉장히 배울 것이 많습니다. 157페이지의 '소켓 파일의 소유권과 퍼미션 변경'에서 다루었던 것처럼, 소켓 파일에 그룹 소유권을 할당하여 비슷한 결과를 이끌어 낼 수 있습니다. 하지만 그룹 구성원 자격에 대한 지식은 접근 제어 및 애플리케이션 내의 기타 보안 결정에 사용될 수 있습니다.

서비스 작성하기

이제 이 함수를 서비스에서 사용하여 커맨드 라인에서 실행하도록 합시다. 이 서비스는 리눅스 운영체제의 **/etc/group** 파일에서 찾을 수 있는 하나 이상의 그룹 이름을 커맨드 라인의 매개변수로 받아서 유닉스 도메인 소켓 파일에서 연결 요청을 대기합니다. 커맨드 라인의 매개변수로 전달한 그룹에 속한 클라이언트만이 유닉스 도메인 소켓을 이용하여 서비스에 연결할 수 있습니다. 서비스는 피어의 클라이언트 인증 정보를 받아온 뒤 클라이언트가 허용된 그룹에 속한 경우에는 계속 연결될 수 있도록 하며, 아닌 경우 즉시 연결을 끊습니다. 서비스는 클라이언트의 그룹 ID를 인증하는 것 외에 무언가를 하지는 않습니다.

목록 7-14에서는 서비스에 대한 의미 있는 사용 설명 메시지를 생성하기 위해 필요한 패키지들을 임포트합니다.

목록 7-14 커맨드 라인에서 그룹 이름 기대(creds/creds.go)

```
package main

import (
  "flag"
  "fmt"
  "log"
  "net"
  "os"
  "os/signal"
  "os/user"
  "path/filepath"

  "github.com/awoodbeck/gnp/ch07/creds/auth"
)

func init() {
  flag.Usage = func() {
    _, _ = fmt.Fprintf(flag.CommandLine.Output(),
      "Usage:\n\t%s ❶<group names>\n", filepath.Base(os.Args[0]))
    flag.PrintDefaults()
  }
}
```

우리의 애플리케이션은 매개변수로 일련의 그룹 이름을 전달하기를 기대합니다(❶). 허용된 그룹 이름 목록 맵에 각 그룹 ID에 해당하는 이름을 추가할 것입니다. 목록 7-15의 코드는 이 그룹 이름들을 파싱합니다.

목록 7-15 그룹 이름을 그룹 ID로 파싱하기(creds/creds.go)

```go
--생략--

func parseGroupNames(args []string) map[string]struct{} {
  groups := make(map[string]struct{})

  for _, arg := range args {
    grp, err := ❶user.LookupGroup(arg)
    if err != nil {
      log.Println(err)
      continue
    }

    groups[❷grp.Gid] = struct{}{}
  }

  return groups
}
```

parseGroupNames 함수는 그룹 이름을 포함하는 문자열 슬라이스를 매개변수로 받아서 각 그룹 이름에 해당하는 그룹 정보를 조회하고(❶) 각 그룹 ID를 그룹 맵(❷)에 주입합니다.

목록 7-16에서는 몇 가지 목록들을 합쳐서 커맨드 라인에서 연결할 수 있는 서비스로 만듭니다.

목록 7-16 피어의 인증 정보를 기반으로 사용자 인증(creds/creds.go 계속)

```go
--생략--

func main() {
  flag.Parse()

  groups := parseGroupNames(flag.Args())
  socket := filepath.Join(os.TempDir(), "creds.sock")
  addr, err := net.ResolveUnixAddr("unix", socket)
  if err != nil {
    log.Fatal(err)
  }

  s, err := net.ListenUnix("unix", addr)
  if err != nil {
    log.Fatal(err)
  }

  c := make(chan os.Signal, 1)
  signal.Notify(c, ❶os.Interrupt)
❷go func() {
    <-c
    _ = s.Close()
```

```
  }()

  fmt.Printf("Listening on %s ...\n", socket)

  for {
    conn, err := ❸s.AcceptUnix()
    if err != nil {
      break
    }
    if ❹auth.Allowed(conn, groups) {
      _, err = conn.Write([]byte("Welcome\n"))
      if err == nil {
        // 여기에 연결을 처리하는 고루틴
        continue
      }
    } else {
      _, err = conn.Write([]byte("Access denied\n"))
    }
    if err != nil {
      log.Println(err)
    }
    _ = conn.Close()
  }
}
```

커맨드 라인 매개변수를 파싱하여 허용된 그룹 ID의 맵을 생성합니다. 그리고 **/tmp/creds.sock** 소켓 리스너를 생성합니다. 리스너는 AcceptUnix 메서드를 이용한 연결 수립 요청을 받아들입니다❸). 위에서 작성한 auth.Allowed 함수에서 net.UnixConn 타입을 첫 번째 매개변수로 필요로 하기 때문에 일반적인 net.Conn 인터페이스 대신 AcceptUnix 메서드를 사용하여 반환되는 net.UnixConn 타입을 사용합니다. 이후 피어의 인증 정보가 허용되었는지 확인합니다❹). 허용된 피어는 계속 연결을 유지합니다. 허용되지 않은 피어는 즉시 연결이 종료됩니다.

작성한 서비스를 커맨드 라인에서 실행하기 때문에 일반적으로 CTRL-C 키 조합을 눌러 인터럽트 시그널을 보내어 서비스를 종료합니다. 하지만 인터럽트 시그널로 서비스를 갑작스럽게 종료시키면 net.ListenUnix 함수를 사용하였음에도 불구하고 Go가 소켓 파일을 정리하고 제거하지 못하게 됩니다. 그러므로 먼저 시그널을 대기하고❶), 별도의 고루틴에서 해당 시그널을 받은 후에 리스너를 종료하도록 합니다❷). 그러면 Go에서 적절하게 소켓 파일을 처리할 수 있습니다.

Netcat을 이용한 서비스 테스트

Netcat은 TCP, UDP, 유닉스 도메인 소켓으로 연결을 생성할 수 있는 유명한 커맨드 라인 유틸리티입니다. 이를 사용하여 작성한 서비스를 커맨드 라인에서 테스트할 것입니다. Netcat은 대부분

의 리눅스 배포판의 패키지 매니저에서 설치할 수 있습니다. 가령, Debian 10에서 OpenBSD 버전
으로 재작성된 Netcat을 설치하려면 다음의 커맨드를 실행합니다.

```
$ sudo apt install netcat-openbsd
```

sudo 커맨드 라인 유틸리티를 사용하여 apt install netcat-openbsd 커맨드를 root 사용자로
실행합니다. CentOS 8.1에서는 Nmap의 패키지 내의 Netcat 버전을 제공합니다. 다음의 커맨드를
실행하여 설치합니다.

```
$ sudo dnf install nmap-ncat
```

설치되고 나면 PATH 환경 변수에서 nc 바이너리를 사용할 수 있습니다.

인증 정보 확인 서비스에 연결하기 전에 먼저 서비스를 실행해서 소켓 파일이 올바르게 바인딩되
도록 합니다.

```
$ cd $GOPATH/src/github.com/awoodbeck/gnp/ch07/creds
$ go run . -- users staff
Listening on /tmp/creds.sock …
```

이 예시는 users 그룹 혹은 staff 그룹에 속한 사용자의 모든 피어로부터 연결을 허용합니다. 서
비스는 어느 한 그룹에 속하지 않은 사용자의 접근을 거부할 것입니다. 시스템상에 해당 그룹이
존재하지 않는다면 /etc/group 파일 내에 존재하는 아무 그룹이나 선택해서 실행하기 바랍니다.

다음으로 그룹 ID를 변경하여서 허용 그룹에 속하지 않은 사용자를 정상적으로 거부하는지를 테
스트해 봅니다. 현재 서비스를 시작한 이래 서비스를 실행 중인 계정의 사용자 ID와 그룹 ID로 서
비스가 작동 중입니다. 따라서 서비스는 이미 실행 중인 계정의 그룹에 대한 인증을 허용하고 있
기 때문에 목록 7-15의 그룹 맵에 따라 실행 중인 계정의 모든 연결을 허용합니다. 서비스로 소켓
연결을 초기화할 때 사용자 그룹을 변경하려면 sudo 커맨드 라인 유틸리티를 사용하면 됩니다.

sudo 커맨드는 권한 상승을 요구하기 때문에 보통 sudo를 시도하면 비밀번호를 입력해야 합니다.
다음의 예시에서는 비밀번호 입력에 대한 부분을 생략하였지만, 여러분이 sudo를 처음 시도할 때
에는 비밀번호를 입력해야 할 수 있습니다.

```
$ sudo -g staff -- nc -U /tmp/creds.sock
```

```
Welcome
^C
$
```

sudo 커맨드로 -g 플래그를 매개변수로 넘겨주어 실행되는 그룹 정보를 수정합니다. 이 경우 그룹 정보를 staff로 수정하였습니다. 이후 nc 커맨드를 실행합니다. -U 플래그는 Netcat에게 /tmp/creds.sock 파일로 유닉스 도메인 소켓 연결을 맺도록 합니다.

staff 그룹이 허용된 그룹에 속하였으므로 연결이 성공하자마자 Welcome 메시지를 받게 됩니다. CTRL-C를 눌러서 클라이언트 측에서 연결을 종료합니다.

허용되지 않은 그룹으로 테스트를 다시 시도해 보면 반대의 결과를 받게 됩니다.

```
$ sudo -g nogroup -- nc -U /tmp/creds.sock
Access denied
$
```

이번에는 서비스가 허용하지 않는 nogroup이라는 그룹으로 그룹 정보를 변경합니다. 예상대로 Access denied 메시지를 받고 서버 측에서 연결을 종료합니다.

이 장에서 배운 것

먼저 유닉스 도메인 소켓에 대해 살펴보았습니다. 유닉스 도메인 소켓이란 동일한 노드 내의 프로세스들이 파일 기반으로 통신하는 방법입니다. 로컬 데이터베이스 서버와 클라이언트와 같은 두 개 이상의 프로세스들이 유닉스 도메인 소켓을 통해 데이터를 주고받을 수 있습니다. 유닉스 도메인 소켓은 주소 지정을 위해 파일시스템에 의존하므로 파일시스템의 소유권과 퍼미션을 이용하여 유닉스 도메인 소켓을 통해 통신하는 프로세스의 접근 제어를 할 수 있습니다.

그리고 Go가 지원하는 세 종류의 유닉스 도메인 소켓, unix, unixgram, unixpacket에 대해 알아보았습니다. net 패키지의 인터페이스를 위주로 사용하면 유닉스 도메인 소켓과의 통신을 상대적으로 손쉽게 해 주며 많은 세부 구현을 처리해 줍니다. 예를 들어, 스트림 기반의 TCP 네트워크에서 사용하기 위한 코드는 비록 로컬 프로세스 간의 통신뿐이지만 약간의 코드 수정만으로 스트림 기반의 unix 타입의 유닉스 도메인 소켓에서 사용할 수 있습니다. 마찬가지로 UDP 네트워크에서 사용되기 위해 작성된 코드는 unixgram 타입의 유닉스 도메인 소켓에서 사용할 수 있습니다. 또한, 하이브리드 유닉스 도메인 소켓 타입인 unixpacket에 대해서 살펴보았고, 장점이 단점보다 크지 않은데, 특히 크로스 플랫폼 지원이 불가능하다는 단점이 있었습니다. 대부분의 경우에 다른 두 종류의 유닉스 도메인 소켓이 더 나은 선택입니다.

이번 장에서는 피어의 인증 정보에 대해 살펴보았고 인증 정보를 이용하여 클라이언트를 인증하는 방법을 알아보았습니다. 유닉스 도메인 소켓의 단순한 파일 기반의 접근 제어를 넘어 유닉스 도메인 소켓의 반대 측에 연결된 피어의 클라이언트 정보를 요청할 수 있습니다.

이제 네트워크를 개발하며 어느 때 유닉스 도메인 소켓을 쓰는 것이 최적인지 알게 되었습니다.

III

애플리케이션
계층
프로그래밍

PART

III

CHAPTER 8	HTTP 클라이언트 작성

CHAPTER 9	HTTP 서비스 작성

CHAPTER 10	Caddy: 모던 웹 서버

CHAPTER 11	TLS를 사용한 통신 보안

8

HTTP 클라이언트 작성

HTTP_{HyperTest Transfer Protocol}(**하이퍼텍스트 전송 프로토콜**)는 월드 와이드 웹에서 사용되는 애플리케이션 계층의 프로토콜입니다. HTTP 통신에서 웹 클라이언트는 **URL**_{Uniform Resource Locator}(**통합 리소스 식별자**)을 웹 브라우저에게 전송하고 웹 서버는 URL에 해당하는 미디어 리소스로 응답합니다. 이러한 문맥에서 **리소스**_{resource}란 이미지, 스타일 시트, HTML 문서, 자바스크립트 파일 등을 의미합니다. 예를 들어, 웹 브라우저가 www.google.com이라는 URL을 구글의 웹 서버로 요청하면 서버는 구글의 메인 페이지를 반환할 것입니다. 우리는 날마다 스마트폰, 컴퓨터, 혹은 도어벨, 스마트 온도조절기 및 토스터 등의 IoT_{Internet of Things} 장치에서 이런 웹 트랜잭션을 만듭니다.

이번 장에서는 Go의 HTTP 클라이언트에 대해 알아봅니다. 먼저, HTTP 요청 메서드와 응답 코드를 포함한 HTTP의 기초에 대해 배웁니다. 다음으로 Go의 HTTP 클라이언트를 사용하여 웹 서버로부터 리소스를 요청하는 방법과 잠재적 위험에 대해 알아봅니다. 그러고 나서 표준 라이브러리 코드를 살펴본 뒤 HTTP 클라이언트와 서버 간의 요청-응답 모델을 활용한 통신 구현에 대해 배웁니다. 마지막으로, Go의 HTTP 클라이언트를 활용하여 웹 서버와 통신할 때 흔히 발생할 수 있는 실수에 대해 살펴봅니다.

이번 장에서는 HTTP를 사용하여 서비스와 통신하는 방법의 기초를 알아봅니다. 이번 장의 배경 지식을 활용하여 다음 장에서는 서버의 관점에서 요청을 처리하는 방법을 이해합니다.

HTTP의 기초 이해

HTTP는 클라이언트-서버 기반의 세션을 갖지 않는 프로토콜입니다. 즉, 클라이언트가 서버로 요청을 만들어 보내며, 서버는 클라이언트에게 응답합니다. HTTP는 애플리케이션 계층의 프로토콜이며 웹상에서 통신하는 기반이 됩니다. 하위 계층의 전송 프로토콜로 TCP를 사용합니다.

이번 장에서는 HTTP 버전 1.1(HTTP/1.1)을 사용한다고 가정합니다. 또한, HTTP 버전 2.0(HTTP/2)에 대해서도 살펴볼 것입니다. 감사하게도 Go에서 두 프로토콜 간의 많은 차이점을 추상화시켜 주어서 동일한 코드를 사용하여 두 프로토콜을 사용할 수 있습니다.

통합 리소스 식별자

URL(통합 리소스 식별자)이란 클라이언트가 웹 서버를 찾고 요청된 리소스를 식별하는 데 사용되는 일종의 주소입니다. URL은 연결에 사용할 프로토콜을 나타내는 데 필수적으로 필요한 **스키마**scheme, 선택적으로 사용할 수 있는 리소스의 **권한 정보**authority, 리소스의 **경로**path, 선택적으로 사용할 수 있는 **쿼리 파라미터**query parameter, 그리고 선택적으로 사용할 수 있는 **정보 조각**fragment, 총 다섯 가지로 구분됩니다. 콜론(:)과 두 개의 슬래시(//)를 이용하여 스키마와 권한 정보를 구분합니다. **권한 정보**에는 콜론으로 구분된 사용자 이름과 비밀번호로 구성되며(비밀번호가 없는 경우 콜론을 사용하지 않을 수도 있음), 접미사로 앳 기호(@)를 사용합니다. 이후 호스트 네임hostname과 선택적으로 콜론으로 구분된 포트 번호port number를 기재합니다. 리소스의 경로는 슬래시를 사용하여 일련의 정보를 구분합니다. 물음표는 쿼리 파라미터의 시작을 알립니다. 쿼리 파라미터는 통상적으로 키-값으로 한 쌍을 이루고 엠퍼샌드(&)로 구분됩니다. 해시(#) 뒤에 붙은 정보 조각은 리소스 내의 하위 섹션을 나타내는 식별자입니다. 이를 합쳐서 보면 URL은 다음의 형태를 지니게 됩니다.

```
scheme://user:password@host:port/path?key1=value1&key2=value2#table_of_contents
```

일반적으로 인터넷상에서 사용하는 URL은 최소한 스키마와 호스트 네임만을 포함합니다. 가령, Go 언어의 마스코트인 **고퍼**gopher 이미지를 찾고 싶다면 다음 URL을 웹 브라우저의 주소창에 입력하고 엔터를 쳐서 구글의 이미지 검색에 들어간 후 이미지 검색 탭에서 고퍼를 검색할 것입니다.

```
①  https://②images.google.com③/
```

스키마(①)는 브라우저에게 images.google.com(②) 주소로 연결하기 위해 HTTPS를 사용한다고 알려 줍니다. 그리고 기본 리소스(③)를 요청하였습니다. 아무런 리소스 지정 없이 웹 서버의 주소를 요청할 경우 웹 서버는 기본 리소스를 반환합니다. 큰 회사에 전화를 할 때 내선 번호를 지정하지 않으면 대표 번호로 안내하는 것이 일반적인 것처럼, 웹 서버 또한 사용자가 아무런 리소스를 지정하지 않은 채로 요청한다면 기본 리소스를 제공합니다. 구글은 사용자의 요청을 받고 이미지 검색 페이지로 응답합니다. 검색 입력 창에 고퍼를 입력하고 폼을 제출하면, 브라우저는 다음과 같은 URL로 요청을 보냅니다(간결함을 위해 불필요한 부분은 생략하였음).

```
https://www.google.com/①search②?③q=gophers&tbm=isch . . .
```

이 URL은 구글에게 리소스의 이름 **검색(①)**을 요청하며, **쿼리 파라미터 스트링**query parameter string을 포함하고 있습니다. 물음표(②)로 시작하는 쿼리 파라미터 스트링은 엠퍼샌드(&)로 구분된 파라미터이며 웹 서버에게 의미 있는 정보를 포함합니다. 이 예시에서 q 파라미터(③)의 값은 검색 쿼리인 고퍼를 나타냅니다. tbm 파라미터의 값, isch은 구글에게 현재 이미지 검색을 하고 있다는 정보를 포함합니다. 구글에서 이러한 파라미터와 값에 대해 정의하였습니다. 사용자의 요청과 함께 구글의 웹 서버로 이러한 정보들을 같이 전달합니다. 브라우저의 주소 창에 보이는 실제 URL은 꽤 길며, 구글이 사용자의 요청을 올바르게 처리하기 위한 많은 그 외의 정보들을 포함합니다.

만약 제 아내가 HTTP를 이용하여 저를 쇼핑에 보낸다면, 아내가 제게 줄 URL은 다음과 같을 것입니다.

```
automobile://the.grocery.store/purchase?butter=irish&eggs=12&coffee=dark_roast
```

이 URL은 **자동차(automobile)**를 이용하여 식료품점(**the.grocery.store**)에 가서 아일랜드산 버터(**butter=irish**)와 계란 열두 개(**eggs=12**), 그리고 진하게 로스팅된 커피(**coffee=dark_roast**)를 사오라는(**purchase**) 의미입니다. 스키마가 어느 문맥에서 사용되는지가 굉장히 중요합니다. 제 브라우저는 이 **automobile** 스키마를 어떻게 처리할지 모르지만 저는 알고 있는 것처럼요.

클라이언트 리소스 요청

HTTP 요청HTTP request은 클라이언트가 서버로 특정한 리소스를 응답하도록 요청하는 메시지입니다. HTTP 요청은 메서드, 대상 리소스, 헤더header와 보디body로 구성됩니다. **메서드**method는 서버에게 대상 리소스로 무엇을 하려는지에 대한 의도를 나타냅니다. 예를 들어, **robots.txt**에서 GET 메서드는 서버에게 **robots.txt** 파일 리소스를 전송해달라고 요청하는 것이며, DELETE 메서드는 서버에게 리소스를 삭제해 달라고 요청하는 것입니다.

요청 헤더request header에는 전송 요청 시 보내는 데이터에 대한 메타데이터가 포함됩니다. 예를 들어, Content-Length 헤더는 요청 보디의 바이트 크기를 나타냅니다. **요청 보디**request body는 요청의 페이로드입니다. 웹 서버로 새로운 프로필 사진을 업로드한다면 요청 보디는 네트워크를 통해 전송되기 적합한 형태로 인코딩된 이미지를 포함할 것이며, Content-Length 헤더 값에는 요청 보디에 포함된 이미지의 바이트 크기가 될 것입니다. 요청 보디가 모든 요청 메서드에서 사용되는 것은 아닙니다.[21]

목록 8-1에서는 구글의 Netcat을 사용하여 구글의 웹 서버로 **robots.txt** 파일의 내용을 얻어 오기 위한 간단한 GET 요청을 자세히 보여 줍니다. 175페이지의 'Netcat을 이용한 서비스 테스트'에서 Netcat을 설치하는 방법을 자세히 설명합니다.

목록 8-1 구글의 robots.txt 파일 요청 보내기 및 파일의 내용 응답받기

```
$ nc www.google.com 80
❶ GET /robots.txt HTTP/1.1

❷ HTTP/1.1 200 OK
❸ Accept-Ranges: none
  Vary: Accept-Encoding
  Content-Type: text/plain
  Date: Mon, 02 Jan 2006 15:04:05 MST
  Expires: Mon, 02 Jan 2006 15:04:05 MST
  Cache-Control: private, max-age=0
  Last-Modified: Mon, 02 Jan 2006 15:04:05 MST
  X-Content-Type-Options: nosniff
  Server: sffe
  X-XSS-Protection: 0
  Transfer-Encoding: chunked

❹ User-agent: *
  Disallow: /search
```

---

21 (옮긴이) GET 메서드에는 요청 보디를 사용할 수 없습니다.

```
Allow: /search/about
Allow: /search/static
Allow: /search/howsearchworks

--생략--
```

목록 8-1의 GET 요청(❶)은 구글의 웹 서버에게 **HTTP/1.1** 프로토콜을 사용하여 **/robots.txt** 파일을 요청합니다. 이후 엔터 키를 두 번 누르면 공백 라인과 함께 요청을 보냅니다. 웹 서버는 상태 라인(❷), 일련의 헤더(❸), 헤더와 응답 보디를 구분하는 공백 라인, 그리고 응답 보디로부터 robots.txt 파일의 내용(❹)을 전송합니다. 잠시 후에 서버의 응답에 대해 알아봅니다.

Go의 net/http 패키지를 이용하면 HTTP 메서드와 URL만 가지고 HTTP 요청을 만들 수 있습니다. net/http 패키지에는 RFC 7231 문서와 RFC 5789 문서에서 나열하는 흔히 사용되는 HTTP 요청 메서드의 상수들을 포함합니다. RFC 문서에는 요청 메서드에 관한 꽤 많은 전문 용어를 포함합니다. 다음은 요청 메서드를 실전에서 사용하는 방법에 대한 설명입니다.

- **GET**: 이전 예시와 같이 GET 메서드는 서버에게 해당 리소스 전송을 요청합니다. 서버는 해당 리소스를 응답의 보디를 통해 전달합니다. 해당 리소스가 반드시 파일이 아니어도 됨을 기억하기 바랍니다. 이전에 살펴본 **고퍼**gopher 이미지 검색 결과처럼, 동적으로 생성한 콘텐츠 또한 서버가 응답할 수 있습니다. 서버는 GET 요청의 결과로 절대로 리소스를 변경하거나 제거하면 안 됩니다.

- **HEAD**: HEAD 메서드는 GET 메서드와 거의 유사하지만 서버가 해당 리소스를 응답하지 않는다는 점만 다릅니다. 서버는 응답 코드와 그 밖의 다양한 메타데이터를 응답 헤더로 보냅니다. HEAD 메서드를 이용하여, 가령, 리소스의 크기와 같이 리소스를 받아 오기 이전에 먼저 필요한 정보를 얻어올 수 있습니다(리소스가 기대한 것보다 클 수 있기 때문입니다).

- **POST**: POST 요청을 사용하면 웹 서버로의 요청 보디에 데이터를 포함시켜 데이터를 업로드할 수 있습니다. POST 메서드는 서버에게 대상 리소스와 관련된 데이터를 전송한다고 알려 줍니다. 예를 들어, 한 인터넷 신문 기사에 댓글을 달고 싶다면, 이 경우에는 인터넷 신문 기사가 대상 리소스가 됩니다. 간단하게 생각하면 POST 메서드는 서버에 새로운 리소스를 생성하는 방법입니다.

- **PUT**: POST 메서드와 같이 PUT 메서드로 요청하면 웹 서버에 데이터를 업로드하게 됩니다. 실전에서 PUT 메서드는 일반적으로 이미 존재하는 리소스를 업데이트하거나 완전히 교체할 때 사용합니다. PUT 메서드를 사용하여 신문 기사에 올린 댓글을 수정하거나 할 수 있습니다.

- **PATCH:** PATCH 메서드는 이미 존재하는 리소스의 일부분만 수정하고 변화된 부분 외에는 수정되지 않는 경우에 사용합니다. 그런 점에서 **diff** 프로그램과도 유사합니다.[22] 가령, 특별한 누군가에게 고퍼 인형을 사주려고 합니다. 이전에 사용한 주소지를 선택하고 결제를 하려던 찰나, 실수로 세부 주소를 잘못 적은 것이 떠올랐습니다. 다시 세부 주소를 적는 항목으로 가서 오탈자를 고친 후에 결제를 진행하여 세부 주소를 포함한 전체 데이터를 서버로 전송합니다. 여기서 PATCH 요청을 사용할 수 있다면 해당하는 부분만 수정하면 되어 더욱 효율적일 것입니다. 이러한 특성상 PATCH 메서드는 아마 HTML의 형태보다 API의 형태로 사용할 것입니다.

- **DELETE:** DELETE 메서드는 서버에게 해당 리소스를 제거하도록 요청합니다. 가령, 인터넷 신문 기사에 남긴 댓글이 너무 논쟁거리가 되어서 친구들이 눈도 마주치기 싫어하게 되어 버렸습니다. 그래서 댓글을 지우기 위해 서버로 DELETE 요청을 하여 친구들과의 관계를 회복할 수 있을 겁니다.

- **OPTIONS:** OPTIONS 메서드를 사용하면 서버가 해당 리소스에 대해 어떠한 메서드를 지원하는지 알아 낼 수 있습니다. 예를 들어, 인터넷 신문 기사의 댓글 리소스에 OPTIONS 요청을 보냈는데 서버가 해당 리소스에 대해 DELETE 메서드를 지원하지 않습니다. 그러면 새로운 친구들을 사귀는 게 최선의 방법이 될 것입니다.

- **CONNECT:** 클라이언트는 CONNECT 메서드를 이용하여 웹 서버에 **HTTP 터널링**(HTTP tunneling)을 요청하거나 대상 목적지와의 TCP 세션을 수립하고 클라이언트와 목적지 간 데이터를 프락싱할 수 있습니다.

- **TRACE:** TRACE 메서드는 웹 서버에게 요청을 처리하지 말고 그대로 에코잉하도록 합니다. TRACE 메서드를 사용하면 클라이언트와 웹 서버 사이의 중간 노드가 요청을 수정하는지 확인해 볼 수 있습니다.

 서버 측에서 TRACE 메서드를 지원하기 전에 XST(Cross-Site Tracking, 사이트 간 추적) 공격에서 TRACE 메서드가 하는 역할에 대해 읽어 보길 권고합니다. XST 공격에서 공격자는 XSS(Cross-Site Scripting, 사이트 간 스크립팅) 공격을 이용하여 인증된 사용자의 인증 정보를 훔쳐 갑니다. 웹 서버에서 TRACE를 지원하여 얻는 이점이 웹 서버가 잠재적으로 공격될 수 있는 요소를 추가하는 위험보다 더 작습니다.

---

22 [옮긴이] diff 프로그램이란 두 파일의 다른 부분만을 비교해서 보여 주는 프로그램입니다.

웹 서버에서 언급한 모든 요청 메서드를 구현할 의무는 없습니다. 게다가 스펙에 따라 올바르게 구현되지 않은 웹 서버도 존재합니다. 메서드가 스펙대로 되었으리라고 신뢰하되, 제대로 되었는지 검증하기 바랍니다.

서버 응답

클라이언트의 요청은 항상 메서드와 대상 리소스를 지정해 주는 반면 웹 서버의 응답에는 클라이언트의 요청에 대한 상태를 알려 주는 상태 코드 정보를 항상 포함합니다. 요청에 대해 성공적으로 응답하는 경우 200번 대역의 상태 코드로 응답합니다.

클라이언트가 서버로 보낸 요청에 대해 클라이언트 측에서 추가로 무언가 해야 하는 경우 서버는 300번 대역의 상태 코드를 응답합니다. 예를 들어, 클라이언트가 마지막으로 요청한 이후 변화되지 않은 리소스에 대해 또 다시 서버로 요청한다면, 서버는 클라이언트에게 304 상태 코드를 반환하여 캐싱된 리소스를 사용하도록 합니다.

클라이언트의 요청이 잘못되어서 에러가 발생한 경우 서버는 400번 대역의 상태 코드를 응답합니다. 가장 일반적으로 발생할 수 있는 예시로 클라이언트가 존재하지 않는 리소스를 요청하는 경우가 있습니다. 이때 서버는 404 상태 코드를 반환하여 현재 클라이언트가 요청한 리소스가 존재하지 않음을 알립니다.

500번 대역의 상태 코드는 서버 측에서 발생한 에러가 요청을 정상적으로 처리하지 못하였음을 클라이언트에게 알리는 경우에 사용합니다. 가령, 어떠한 HTTP 요청을 처리하기 위해 웹 서버가 업스트림 서버로부터 에셋을 받아 와야 하는데, 업스트림 서버가 응답을 실패하는 경우 웹 서버는 504 상태 코드를 반환하여 업 스트림 서버와의 통신에 타임아웃이 발생하였음을 알립니다.

HTTP/1.1에 일부 존재하는 100번 대역의 상태 코드는 클라이언트에게 방향을 제시하는 데 사용됩니다. 예를 들어, 클라이언트가 POST 요청을 보낼 때 서버에게 지침을 요청합니다. 이 경우 클라이언트는 POST 메서드와 대상 리소스, 그리고 요청에 보낼 헤더들을 전송하는데, 그 헤더 중 하나에 클라이언트가 요청 보디를 보내기 위해 서버에게 권한을 요청하는 정보가 포함된 것입니다. 서버는 100 상태 코드를 반환하여 클라이언트가 요청 보디를 전송할 수 있음을 알립니다.

IANA에서는 공식적으로 HTTP 상태 코드들을 관리합니다(https://bit.ly/3u1mapb에서 찾아볼 수 있습니다). 무언가 상대적으로 애매 모호한 상태 코드를 발견한다면 RFC 732 문서(https://tools.ietf.org/html/rfc7231#section-6)에서 관련 설명을 읽어 보기 바랍니다.

Go는 net/http 패키지 내에 이러한 상태 코드를 상수 값으로 정의합니다. 그러므로 코드상에 직접 숫자로 상태 코드를 사용하지 말고 패키지 내의 상수 값을 사용하길 권장합니다. 200이 무슨 의미인지 기억하기보다 http.StatusOK 상수 값을 읽는 게 더 쉽습니다. 흔하게 접할 수 있는 HTTP 상태 코드에는 다음과 같은 값이 있습니다.

- **200 OK**: 요청이 성공하였음을 알려 줍니다. 요청 메서드가 GET인 경우 응답 보디는 대상 리소스를 포함합니다.

- **201 Created**: 서버가 성공적으로 요청을 처리하였고 서버에 새로운 리소스가 추가되었음을 알려 줍니다. 대개 POST 요청의 경우에 사용됩니다.

- **202 Accepted**: 요청이 성공하였으나 서버가 아직 새로운 리소스를 생성하지 못한 경우 종종 응답되는 코드입니다. 요청이 성공하였음에도 리소스의 생성은 여전히 실패할 수 있습니다.

- **204 No Content**: 요청이 성공하였지만 응답 보디가 비어 있는 경우 종종 응답되는 코드입니다.

- **304 Not Modified**: 클라이언트가 요청한 리소스가 변경되지 않은 경우 응답되는 코드입니다. 이 코드를 응답받은 경우 클라이언트는 캐시된 리소스를 사용해야 합니다. 캐싱하는 방법 중 한 가지로 ETag_{Entity Tag} 헤더를 사용하는 방법이 있습니다. 클라이언트가 서버로부터 리소스를 요청할 때 서버가 응답에 선택적으로 ETag 헤더 값을 포함시켜 응답합니다. 클라이언트가 동일한 리소스를 요청하는 경우 클라이언트는 이전에 받은 데이터를 캐싱하고 있다가 ETag 헤더의 값을 요청에 같이 전달합니다. 서버가 클라이언트의 요청에서 해당 ETag 값을 확인하여 요청한 리소스의 변경 상태를 결정할 수 있습니다. 리소스가 변경되지 않은 경우 서버는 304 상태 코드와 함께 빈 응답 보디를 보냅니다.

- **400 Bad Request**: 어떠한 이유로 서버가 명백하게 클라이언트의 요청을 거절하는 경우 응답되는 코드입니다. 요청 메서드는 존재하지만 대상 리소스를 지정하지 않은 경우와 같이 요청 자체가 잘못된 경우에 서버는 400 상태 코드를 보냅니다.

- **403 Forbidden**: 서버가 요청을 수락하였지만 사용자에게 요청한 리소스에 접근할 권한이 없는 경우, 혹은 서버 스스로가 해당 리소스를 접근할 권한이 없는 경우에 종종 응답되는 코드입니다.

- **404 Not Found**: 존재하지 않는 리소스를 요청한 경우 응답되는 코드입니다. 종종 404 상태 코드는 서버가 해당 리소스에 대해 **접근 권한이 있다는 것을 알리고 싶지 않은 경우**_{Glomar response}에도 사용됩니다. 즉, 웹 서버는 사용자가 해당 리소스에 접근할 권한이 없다는 것

을 알리지 않기 위해 403 상태 코드를 보내는 대신 404 상태 코드를 보냅니다. 웹 서버 내의 민감한 리소스에 접근을 시도하는 해커들은 이미 존재하는 리소스에 집중하고 싶을 겁니다. 존재하지 않는 리소스와 존재하지만 접근이 금지된 리소스에 대해 모두 404 상태 코드를 반환하면 해커가 둘을 구분할 수 없을 것이며, 그에 따라 보안이 강화됩니다. 이 방법에 단점이 있다면 개발자나 엔지니어가 서버의 권한을 디버깅할 때 단순히 권한이 모자란 건지 존재하지 않는 리소스인지 파악하기가 조금 더 어려워진다는 것입니다. 따라서 서버의 로그상에서 명확하게 구분하길 추천합니다.

- **405 Method Not Allowed**: 대상 리소스에 대한 해당 요청 메서드가 서버에서 지원하지 않는 경우 응답되는 코드입니다. 이전 섹션에서 인터넷 신문 기사에서 댓글을 지우려고 하며 OPTIONS 요청 메서드에 대해 언급했던 적이 있죠. DELETE 요청을 보내면 405 상태 코드를 받을 겁니다.

- **426 Upgrade Required**: 대상 리소스에 요청하기 전에 먼저 TLS로 연결을 업그레이드하라고 클라이언트에게 알려 주는 코드입니다.

- **500 Internal Server Error**: 서버에서 클라이언트의 요청을 처리하지 못하여 에러가 발생하였고, 알맞은 상태 코드를 충족하지 못한 모든 경우에 응답되는 코드입니다. 서버는 설정이 잘못되어 에러가 발생하거나 서버 측의 코드에서 문법 에러가 발생하거나 하는 등의 이유로 많은 500 상태 코드를 반환할 수 있습니다. 서버가 이 상태 코드를 반환한다면 로그를 확인하기 바랍니다.

- **502 Bad Gateway**: 클라이언트와 업스트림 서비스 간에 데이터를 프락시하려고 했지만 업스트림 서비스가 접근이 불가능하여 요청을 처리할 수 없는 경우에 응답되는 코드입니다.

- **503 Service Unavailable**: 웹 서버가 요청을 처리할 수 없는 경우에 응답되는 코드입니다. 예를 들어, 서비스의 유지 보수를 위해 서버는 모든 연결 요청에 대해 503 상태 코드를 반환할 수 있습니다.

- **504 Gateway Timeout**: 업스트림 서비스가 요청을 수락하였지만 적당한 시간 내에 응답하지 못하여 타임아웃이 발생한 경우 프락시 웹 서버에 의해 응답되는 코드입니다.

요청에서 렌더링된 페이지까지

웹 페이지는 종종 이미지나 비디오, 웹 브라우저 레이아웃 정보, 서드파티 광고 등 다양한 리소스의 조합으로 구성됩니다. 각 리소스에 접근하는 것은 서버로의 개별적인 요청이 필요합니다. HTTP 버전 1.0(HTTP/1.0)에서 클라이언트는 반드시 각 요청마다 별도의 TCP 연결을 시작해야만 했습니다. **HTTP/1.1**에서는 이러한 강제 사항을 제거하여 동일한 웹 서버로 발생하는 여러 HTTP 요청들에 대해 요청 및 연결에서 발생하는 오버헤드와 레이턴시를 줄여, 여러 개의 요청이 발생하더라도 동일한 TCP 연결에서 응답할 수 있게 되었습니다(모든 현대의 웹 서버 소프트웨어와 웹 브라우저는 최소 **HTTP/1.1**을 지원하므로 아마 **HTTP/1.0**을 사용할 일은 거의 없을 것입니다).

표 8-1은 HTML 문서와 문서 내에 필요한 리소스들에 대해 발생하는 GET 요청을 보여 줍니다.

표 8-1 index HTML 문서 이후에 필요한 리소스 추가로 가져오기

상태 코드	메서드	도메인	리소스	리소스 타입	전송된 바이트 크기	전송에 걸린 시간
200	GET	woodbeck.net	/	HTML	1.83KB	49 ms
200	GET	woodbeck.net	main.min.css	CSS	1.30KB	20 ms
200	GET	woodbeck.net	code.css	CSS	0.99KB	20 ms
304	GET	woodbeck.net	avatar.jpeg	JPEG	0 bytes	0 ms
404	GET	woodbeck.net	favicon.ico	IMG	0 bytes	0 ms

최초 https://woodbeck.net/으로의 GET 요청은 성공적으로 기본 리소스를 지정하여 HTML 문서를 받아 옵니다. 이 HTML 문서에는 페이지를 적절하게 렌더링하기 위해 필요한 추가 리소스들에 대한 링크를 포함하며, 웹 브라우저는 해당 리소스들도 요청합니다. 이 전송에 **HTTP/1.1**을 사용하므로 웹 브라우저는 남은 리소스를 받아 오기 위해 동일한 TCP 연결을 사용합니다. 웹 서버는 **avatar.jpeg** 파일에 대해 마지막으로 브라우저가 요청해서 받은 이후로 해당 리소스가 바뀌지 않았기에 304 상태 코드를 반환하여 캐시된 파일을 사용하게 합니다. 웹 서버는 **favicon.ico** 파일을 찾을 수 없기에 404 상태 코드를 반환합니다.

현재 최신의 안정적인 HTTP 버전인 HTTP/2는 레이턴시를 더욱 감소하는 것을 목표로 합니다.[23] 여러 개의 요청에 대해 동일한 TCP 연결을 사용하는 것에 더해 **HTTP/2** 서버는 클라이언트에게 적극적으로 리소스를 푸시할 수도 있습니다. 표 8-1에서의 절차를 **HTTP/2**에서 진행한다면 다음과 같을 것입니다. 클라이언트는 기본 리소스를 요청합니다. 서버는 기본 리소스를 응답합니다. 거기에 더해 서버에서는 기본 리소스에는 의존된 리소스가 있는 것을 알고 있으니 클라이언트가 각 리소스에 대해 별도의 요청을 만들 필요 없이 해당 리소스를 **푸시**push해 줍니다.

Go HTTP 클라이언트와 서버는 투명하게 HTTP/1.0, HTTP/1.1, 그리고 HTTP/2를 지원합니다.

---

23 [옮긴이] 이 책이 번역되는 시점인 2021년 7월 기준 가장 최신의 HTTP 버전은 HTTP/3으로 아직까지는 일부에서 지원됩니다. 2020년 10월 표준이 적립된 HTTP/3은 놀랍게도 TCP가 아닌 UDP를 사용하여 구현되었습니다. 브라우저가 HTTP/3을 지원하는지 알아보려면 다음의 링크를 참고하기 바랍니다: https://caniuse.com/?search=http%2F3

즉, 리소스를 받아 오거나 제공하는 코드를 작성할 때 Go의 net/http 패키지를 이용하여 최적의 HTTP 버전을 협상하도록 할 수 있습니다. 하지만 Go의 HTTP/2 서버에서는 클라이언트에게 리소스를 푸시할 수 있지만 Go의 HTTP/2 클라이언트에는 아직 서버 푸시를 처리할 수 있는 구현체가 없습니다.

Go에서 웹 리소스 가져오기

웹 브라우저와 마찬가지로 Go에서는 net/http 패키지의 HTTP 클라이언트를 사용하여 웹 서버와 통신할 수 있습니다. 웹 브라우저와는 달리 Go는 화면에 HTML 페이지를 직접 렌더링해 주지 않습니다. 대신에 Go를 이용하여 주식 정보와 같은 웹사이트로부터 데이터를 스크래핑하거나, 폼 데이터를 제출하거나, 애플리케이션 계층 프로토콜로 HTTP를 사용하는 API와 통신을 하는 데 사용할 수 있습니다.

Go에서 HTTP 요청을 만들기 쉽긴 하지만 클라이언트 측에서 실수하기 쉬운 부분들을 직접 처리해야만 합니다. 이 부분에 대해 배워 봅시다. 먼저, 다음의 간단한 요청 예시를 봅시다.

Go의 기본 HTTP 클라이언트 이용하기

net/http 패키지는 일회성으로 HTTP 요청을 할 수 있는 기본 클라이언트를 포함합니다. 예를 들어, http.Head 함수를 이용하여 주어진 URL로 Head 요청을 보낼 수 있습니다.

목록 8-2는 신뢰할 수 있는 기관(https://time.gov의 웹 서버)으로부터 현재 시간을 얻어 온 후 컴퓨터의 로컬 타임과 비교하는 한 가지 방법을 소개합니다. 이 방법을 통해 현재 컴퓨터의 로컬 타임이 실제 시간과 얼마나 차이가 나는지 알 수 있습니다. 이 예시에서는 HEAD 요청과 응답을 사용하여 Go HTTP 클라이언트 워크플로를 보여 줍니다.

목록 8-2 time.gov 홈페이지에서 타임스탬프 조회(time_test.go)

```
package main

import (
  "net/http"
  "testing"
  "time"
)

func TestHeadTime(t *testing.T) {
  resp, err := ❶http.Head("https://www.time.gov/")
  if err != nil {
```

```
    t.Fatal(err)
  }
  _ = ❷resp.Body.Close() // 예외 상황 처리 없이 항상 보디를 닫습니다.

  now := time.Now().Round(time.Second)
  date := ❸resp.Header.Get("Date")
  if date == "" {
    t.Fatal("no Date header received from time.gov")
  }

  dt, err := time.Parse(time.RFC1123, date)
  if err != nil {
    t.Fatal(err)
  }

  t.Logf("time.gov: %s (skew %s)", dt, now.Sub(dt))
}
```

net/http 패키지에는 GET, HEAD, POST 요청을 할 때 사용할 수 있는 헬퍼 함수들이 일부 존재합니다. 이 예시에서는 http.Get 함수(❶)를 이용하여 https://www.time.gov/에서 기본 리소스를 조회합니다. Go의 HTTP 클라이언트는 자동으로 URL의 스키마에서 지정된 HTTPS로 프로토콜을 변경합니다. 비록 응답 보디의 내용을 읽진 않지만 반드시 닫아야 합니다(❷). 다음 섹션에서는 응답 보디를 항상 닫아야 하는 이유에 대해 살펴봅니다.

응답을 받은 후 서버가 응답을 생성한 시간에 대한 정보인 Date 헤더(❸)를 받아 옵니다. 이 헤더 정보를 이용하여 현재 컴퓨터의 시간과 얼마나 차이가 나는지 비교해 볼 수 있습니다. 서버가 헤더를 생성하고 코드가 헤더를 읽고 처리하는 데 수 나노초 정도의 레이턴시가 발생할 수도 있습니다.

응답 보디 닫기

이전에 언급하였던 것처럼 HTTP/1.1은 클라이언트가 서버와의 TCP 연결을 유지하여 여러 개의 HTTP 요청을 유지할 수 있는 기능이 존재합니다(이 기능을 **킵얼라이브**keepalive라 합니다). 그럼에도 클라이언트는 이전 응답으로부터 읽지 않은 바이트가 존재하면 TCP 세션을 재사용할 수 없습니다. Go의 HTTP 클라이언트는 응답 보디를 닫으면 자동으로 모든 바이트를 소비하여 재사용할 수 있게 합니다. 따라서 모든 응답 보디를 닫는 것은 TCP 세션을 재사용하기 위해 중요합니다.

목록 8-3에서는 목록 8-1의 응답을 이용하여 Go가 응답을 파싱하는 방법에 대해 살펴봅니다.

목록 8-3 HTTP 응답 파싱

❶
```
HTTP/1.1 200 OK
Accept-Ranges: none
Vary: Accept-Encoding
Content-Type: text/plain
Date: Mon, 02 Jan 2006 15:04:05 MST
Expires: Mon, 02 Jan 2006 15:04:05 MST
Cache-Control: private, max-age=0
Last-Modified: Mon, 02 Jan 2006 15:04:05 MST
X-Content-Type-Options: nosniff
Server: sffe
X-XSS-Protection: 0
Transfer-Encoding: chunked
```

❷
```
User-agent: *
Disallow: /search
Allow: /search/about
Allow: /search/static
Allow: /search/howsearchworks
--생략--
```

Go HTTP 클라이언트는 응답 상태와 헤더(❶)를 네트워크 소켓으로부터 읽고, 읽은 데이터는 응답 객체에서 바로 사용할 수 있습니다. 하지만 클라이언트가 자동으로 응답 보디를 읽지는 않습니다(❷). 응답 보디는 명시적으로 코드상에서 읽기 전까지는 소비되지 않은 상태로 남아 있으며, 응답 보디를 닫게 되면 읽지 않은 바이트를 그대로 소비합니다.

Go HTTP 클라이언트가 소켓을 닫을 때 암묵적으로 응답 보디를 소비하는 것이 잠재적으로 문제가 될 수 있습니다. 예를 들어, GET 메서드로 파일을 요청하고 서버로부터 응답을 받았습니다. 응답의 Content-Length 헤더를 읽었는데, 파일이 기대한 것보다 훨씬 크다는 것을 알았습니다. 그래서 아무런 바이트를 읽지 않은 채로 응답 보디를 닫아 버림에도 불구하고 Go는 응답 보디를 소비하기 위해 서버로부터 전체 파일을 다운로드할 것입니다.

더 나은 선택은 HEAD 요청을 보내어 Content-Length 헤더의 값을 얻어 오는 것입니다. 그러면 응답 보디 내에 읽지 않은 바이트가 존재하지 않게 되며, 응답 보디를 닫더라도 소비 시에 추가로 발생하는 오버헤드가 존재하지 않을 것입니다. 목록 8-2에서는 적절하게 응답 보디를 닫았기에 향후에 Go HTTP 클라이언트가 TCP 세션을 재사용할 수 있습니다.

종종 HTTP 요청을 하였는데 명시적으로 응답 보디를 소비해야 하는 경우, 가장 효율적인 방법은 io.Copy 함수를 이용하는 것입니다.

```
_, _ = io.Copy(ioutil.Discard, response.Body)
_ = response.Close()
```

io.Copy 함수는 response.Body의 모든 바이트를 읽어서 ioutil.Discard에 전부 쓰는 형태로 응답 보디를 모두 소비합니다. 이름에서 알 수 있듯이 ioutil.Discard 함수는 쓰는 모든 데이터를 버려 버리는 특별한 io.Writer입니다.

io.Copy 함수와 response.Close 함수의 반환값을 받지 않아서 무시해도 되지만 언더스코어(_)를 통해 값을 무시함으로써 다른 개발자들에게 이 값들을 의도적으로 무시하였음을 알려 줄 수 있습니다. 어떤 개발자들은 이것이 불필요하게 장황하다 여길 수 있고, 이러한 상황에서 io.Copy나 response.Close 함수가 에러를 반환하는 일은 극히 드물지만 그럼에도 좋은 습관입니다. 종종 암묵적으로 반환값을 반환받지 않는 형태로 무시하는 코드를 발견하곤 합니다. 아마 습관이겠지만, 가능한 한 반드시 에러는 처리해 주어야 합니다.

결론적으로 응답 보디를 읽든 안 읽든 리소스 누수를 막기 위해선 반드시 닫아 줘야만 합니다.

타임아웃과 취소 구현

Go의 기본 HTTP 클라이언트와 http.Get, http.Head, http.Post 헬퍼 함수에서 생성된 요청은 타임아웃되지 않습니다. 이러한 사실은 심각한 문제에 부딪히기 전까지는 그리 와닿지 않습니다. 하지만 부딪히고 나면 절대 잊지 못합니다. 타임아웃이나 데드라인이 없다는 말은 곧 오작동하거나 악의적으로 작동하는 서비스로 인해 코드가 에러를 발생하지 않고 무한정 블로킹되어 모든 게 잘못될 수 있다는 의미입니다. 고객들의 불만이 쌓여 가기 전까지는 서비스가 오작동하고 있다는 것을 모를 수도 있습니다.

예를 들어, 목록 8-4는 HTTP 클라이언트가 무한정 블로킹되도록 하는 간단한 테스트의 예시입니다.

목록 8-4 기본 HTTP 클라이언트를 사용하여 서버가 무한정 블로킹되어 버림(block_test.go)

```
package main

import (
    "context"
    "errors"
    "net/http"
    "net/http/httptest"
    "testing"
    "time"
```

```
)

func blockIndefinitely(w http.ResponseWriter, r *http.Request) {
  select {}
}

func TestBlockIndefinitely(t *testing.T) {
  ts := ❶httptest.NewServer(❷http.HandlerFunc(❸blockIndefinitely))
  _, _ = http.Get(❹ts.URL)
  t.Fatal("client did not indefinitely block")
}
```

net/http/httptest 패키지에는 유용한 HTTP 테스트 서버를 만들 수 있는 함수가 존재합니다. httptest.NewServer 함수(❶)는 http.HandlerFunc(❷)을 매개변수로 받습니다. http.HandlerFunc 은 http.Handler 인터페이스를 구현한 blockIndefinitely 함수(❸)를 매개변수로 받습니다. 테스트 서버는 수신한 요청의 URL(❹)을 http.HandlerFunc의 ServeHTTP 메서드로 전달합니다. 이 메서드는 무한정 블로킹하는 blockIndefinitely 함수로 요청과 응답을 전송합니다.

http.Get 헬퍼 함수가 기본 HTTP 클라이언트를 사용하기 때문에 이 GET 요청은 타임아웃되지 않습니다. Go 테스트 러너는 결국에 타임아웃되어 테스트를 중지시키고 스택 트레이스를 출력합니다.

참고 이 테스트를 실행하는 경우 -timeout 5s를 커맨드 라인 매개변수로 전달하여 너무 오래 기다리지 않도록 합시다.

이 문제를 해결하기 위해 프로덕션 코드에서는 네트워크 소켓을 타임아웃하기 위해 65페이지의 '데드라인 콘텍스트를 사용하여 연결을 타임아웃하기'에서 배웠던 테크닉을 반드시 사용해야 합니다. 콘텍스트를 생성하고 새로운 요청을 초기화하기 위해 생성한 콘텍스트를 사용합니다. 이후 수동으로 콘텍스트의 cancel 함수를 이용하여 요청을 취소하거나, 데드라인을 지닌 콘텍스트를 생성하거나, 타임아웃을 지닌 콘텍스트를 생성합니다.

이 테크닉을 사용하여 목록 8-4의 코드를 변경해 봅시다. 목록 8-5에서는 서버로부터 응답이 없는 경우 5초 뒤에 요청을 타임아웃합니다.

목록 8-5 GET 요청에 타임아웃 추가하기(block_test.go)

```
--생략--

func TestBlockIndefinitelyWithTimeout(t *testing.T) {
  ts := httptest.NewServer(http.HandlerFunc(blockIndefinitely))
```

```
  ctx, cancel := context.WithTimeout(context.Background(), 5*time.Second)
  defer cancel()

  req, err := ❶http.NewRequestWithContext(ctx, http.MethodGet, ts.URL, nil)
  if err != nil {
    t.Fatal(err)
  }

  resp, err := http.DefaultClient.Do(req)
  if err != nil {
    if !errors.Is(err, context.DeadlineExceeded) {
      t.Fatal(err)
    }
    return
  }
  _ = resp.Body.Close()
}
```

먼저 콘텍스트와 요청할 메서드, URL, 그리고 **nil**의 응답 보디를 매개변수로 새로운 요청 객체를 생성합니다(❶). 응답 보디로 nil을 사용하는 이유는 GET 요청에는 페이로드가 없기 때문입니다. 콘텍스트의 타이머는 콘텍스트가 초기화된 직후에 바로 동작함을 기억하기 바랍니다. 콘텍스트는 요청의 전체 생명주기를 제어합니다. 즉, 클라이언트는 총 5초 안에 웹 서버에 연결하고 요청을 보내고 응답 헤더를 읽고 코드상에서 요청을 읽을 수 있도록 처리해야 합니다. 그 이후에 5초에서 남은 시간 안에 응답 보디를 읽어야 합니다. 만약 응답 보디를 읽는 도중에 5초가 지나서 콘텍스트가 타임아웃이 되면 읽기 요청은 그대로 에러를 반환할 것입니다. 따라서 애플리케이션의 필요에 맞게 타임아웃 값을 적절히 설정해 줍니다.

그 외에도 다음과 같이 타임아웃이나 데드라인 없이 콘텍스트를 생성하고 타이머와 콘텍스트의 cancel 함수를 이용하여 콘텍스트를 직접 취소할 수도 있습니다.

```
  ctx, cancel := context.WithCancel(context.Background())
  timer := time.AfterFunc(5 * time.Second, ❶cancel)
  // HTTP 요청을 만들고 응답 헤더를 읽고
  // ...
  // 응답 보디를 읽기 전에 타이머에 5초를 추가함
  timer.Reset(5 * time.Second)
```

이 코드는 만료 이후에 콘텍스트의 cancel 함수(❶)를 호출하는 타이머의 사용법을 보여 줍니다. 이후 필요시에 타이머를 리셋하여 cancel 함수 호출을 뒤로 미룰 수 있습니다.

영속적 TCP 연결 비활성화

기본적으로 Go의 HTTP 클라이언트는 응답을 읽은 후에 명시적으로 서버로의 연결을 끊으라고 하지 않으면 하위에 존재하는 웹 서버로의 TCP 연결을 계속해서 유지합니다. 대부분의 경우에는 여러 요청에 대해 동일한 TCP 연결을 사용할 수 있기에 이러한 동작을 사용하는 것이 옳을 수 있지만, 자칫 컴퓨터가 다른 웹 서버로 TCP 연결을 맺지 못하게 될 수도 있습니다.

그 이유는 컴퓨터가 유지할 수 있는 활성 상태의 TCP의 연결 개수가 유한하기 때문입니다. 여러 웹 서버들에게 단 한 번의 요청을 보내는 프로그램을 작성하면, 컴퓨터가 사용할 수 있는 모든 TCP 연결을 다 소진하고 나면 프로그램이 기대한 대로 동작하지 않고 새로운 연결을 맺지 못하게 될 것입니다. 이러한 경우 TCP 세션을 재사용하는 것이 옳지 않습니다. 클라이언트의 TCP 세션 재사용을 비활성화하는 대신에 좀 더 유연하게는 요청 기반으로 클라이언트에게 TCP 소켓을 어떻게 처리할지 알려 주는 방법이 있을 것입니다.

```
--생략--

  req, err := http.NewRequestWithContext(ctx, http.MethodGet, ts.URL, nil)
  if err != nil {
    t.Fatal(err)
  }
❶ req.Close = true

--생략--
```

요청의 Close 필드(❶)를 true로 두어 Go의 HTTP 클라이언트가 웹 서버의 응답을 읽고 난 후 하위에 존재하는 TCP 연결을 닫도록 합니다. 가령, 웹 서버로 총 네 개의 요청만을 전송한다면, 네 번째 요청을 보낸 후에 Close 필드의 값을 설정하면 될 것입니다. 모든 네 개의 요청이 동일한 TCP 세션을 사용할 것이며, 클라이언트는 네 번째의 응답을 받고 난 후 TCP 연결을 종료합니다.

HTTP로 데이터 전송하기

웹 서버로 POST 요청과 페이로드를 전송하는 것은 지금처럼 GET 요청을 하는 것과 유사합니다. 요청 보디에 실제로 페이로드가 존재한다는 차이점이 있습니다. 이 페이로드는 io.Reader 인터페이스를 구현한 객체라면 어느 것이나 사용할 수 있습니다. 파일 핸들 객체, 표준 입력 HTTP 응답이나 심지어는 유닉스 도메인 소켓도 페이로드로 사용할 수 있습니다. 하지만 데이터를 웹 서버로 전송하는 것은 요청 보디를 준비해야 하기 때문에 GET 요청보다는 조금 더 복잡합니다.

웹 서버로 JSON 전송하기

테스트 서버로 데이터를 전송하기 전에 먼저 요청을 수락하고 처리할 핸들러를 작성합니다. 목록 8-6에서는 User라는 타입을 만들고 이를 이용해 JSON_{JavaScript Object Notation}으로 인코딩하여 핸들러에 전송합니다.

목록 8-6 JSON을 User 객체로 디코딩하는 핸들러(post_test.go)

```go
package main

import (
  "bytes"
  "context"
  "encoding/json"
  "fmt"
  "io"
  "io/ioutil"
  "mime/multipart"
  "net/http"
  "net/http/httptest"
  "os"
  "path/filepath"
  "testing"
  "time"
)

type User struct {
  First string
  Last  string
}

func handlePostUser(t *testing.T) func(http.ResponseWriter, *http.Request) {
  return func(w http.ResponseWriter, r *http.Request) {
    defer func(r io.ReadCloser) {
      _, _ = ❷io.Copy(ioutil.Discard, r)
      _ = r.Close()
    }(r.Body)

    if r.Method != ❸http.MethodPost {
    ❹http.Error(w, "", http.StatusMethodNotAllowed)
      return
    }

    var u User
    err := json.NewDecoder(r.Body).Decode(&u)
    if err != nil {
      t.Error(err)
      http.Error(w, "Decode Failed", http.StatusBadRequest)
      return
    }
```

❶

```
      ❺w.WriteHeader(http.StatusAccepted)
    }
  }
}
```

handlePostUser 함수(❶)는 POST 요청을 처리할 수 있는 함수를 반환합니다. 요청 메서드가 POST가 아닌 경우(❸) 서버가 해당 메서드를 허용하지 않는다는 상태 코드를 반환합니다(❹). 이후 요청 보디에 존재하는 JSON을 User 객체로 디코딩을 시도합니다. 디코딩이 성공적이면 상태 코드를 **StatusAccepted**로 설정합니다(❺).

Go의 HTTP 클라이언트와는 다르게 Go의 HTTP 서버는 반드시 명시적으로 요청 보디(❷)를 닫기 전에 소비해야만 합니다. 9장에서 이에 대해 더욱 자세히 살펴봅니다.

목록 8-7의 테스트는 User 객체를 JSON으로 인코딩하고 테스트 서버에 POST 요청을 전송합니다.

목록 8-7 User 객체를 JSON으로 인코딩하고 테스트 서버로 POST 전송(post_test.go)

```
--생략--
func TestPostUser(t *testing.T) {
  ts := httptest.NewServer(http.HandlerFunc(handlePostUser(t)))
  defer ts.Close()

  resp, err := http.Get(ts.URL)
  if err != nil {
    t.Fatal(err)
  }
  if ❶resp.StatusCode != http.StatusMethodNotAllowed {
    t.Fatalf("expected status %d; actual status %d",
      http.StatusMethodNotAllowed, resp.StatusCode)
  }

  buf := new(bytes.Buffer)
  u := User{First: "Adam", Last: "Woodbeck"}
❷err = json.NewEncoder(buf).Encode(&u)
  if err != nil {
    t.Fatal(err)
  }

  resp, err = ❸http.Post(ts.URL, "application/json", buf)
  if err != nil {
    t.Fatal(err)
  }
  if resp.StatusCode != ❹http.StatusAccepted {
    t.Fatalf("expected status %d; actual status %d",
      http.StatusAccepted, resp.StatusCode)
  }
```

```
    _ = resp.Body.Close()
 }
```

먼저 클라이언트가 잘못된 타입의 요청(❶)을 전송하더라도 테스트 서버의 핸들러가 올바르게
에러를 응답하는지 확인합니다. 테스트 서버가 POST 이외의 메서드를 받을 경우 Method Not
Allowed 에러를 응답합니다. 이후 테스트는 User 객체를 JSON으로 인코딩하고 바이트 버퍼에 씁
니다(❷). 바이트 버퍼에 포함된 요청 보디의 데이터에 JSON이 포함되어 있으니(❸), Content-Type
헤더 값을 **application/json**로 설정하여 테스트 서버의 URL로 POST 요청을 보냅니다. 콘텐츠 타
입은 서버의 핸들러가 요청 보디로부터 데이터를 어떻게 처리할지를 정의합니다. 서버의 핸들러가
요청 보디를 올바르게 디코딩하면 응답 상태 코드는 202 Accepted가 됩니다(❹).

멀티파트 폼으로 첨부 파일 전송

웹 서버로 JSON을 전송하는 것은 쉽습니다. 콘텐츠 타입만 잘 설정해 주고 요청 보디에 JSON
페이로드를 전송하면 됩니다. 하지만 다양한 형태의 데이터를 POST 요청에서 처리하려면 mime/
multipart 패키지를 이용하면 됩니다.

mime/multipart 패키지를 사용하면 멀티파트의 **MIME**Multipurpose Internet Mail Extensions(**다목적 인터넷
메일 교환**) 메시지를 조작할 수 있습니다. 즉, **바운더리**boundary라 부르는 문자열로 전송하고자 하
는 데이터들을 다른 데이터들과 구별하여 여러 형태의 데이터를 전송합니다. 일반적으로 바운더리
자체를 건드릴 일은 잘 없지만, 잠시 후에 바운더리의 예시에 대해 살펴볼 것입니다.

각 MIME 파트에는 콘텐츠를 기술하는 부가적인 헤더 정보와 함께 콘텐츠 자체를 포함하는 보디
로 구성됩니다. 예를 들어, 웹 서버가 Content-Type 헤더가 **text/plain**으로 설정된 MIME 파트를
파싱하면, 해당 파트의 보디는 플레인텍스트plaintext로 취급합니다.

목록 8-8의 테스트에서는 mime/multipart 패키지를 이용하여 멀티파트 요청을 만드는 과정을 살
펴봅니다.

목록 8-8 새로운 요청 보디와 멀티파트 writer를 생성하고 폼 데이터 쓰기(post_test.go)

```
--생략--

func TestMultipartPost(t *testing.T) {
  reqBody := ❶new(bytes.Buffer)
  w := ❷multipart.NewWriter(reqBody)

  for k, v := range map[string]string{
    "date":         time.Now().Format(time.RFC3339),
```

```
      "description": "Form values with attached files",
  } {
    err := ❸w.WriteField(k, v)
    if err != nil {
      t.Fatal(err)
    }
  }
```

먼저 요청 보디가 될 버퍼(❶)를 생성합니다. 이후 버퍼를 래핑_{wrapping}하는 멀티파트 writer(❷)를 생성합니다. 멀티파트 writer는 초기화 시에 랜덤 바운더리를 생성합니다. 마지막으로, 멀티파트 writer에 폼 필드를 씁니다(❸). 멀티파트 writer는 각 폼 필드를 해당하는 고유한 파트로 구분하고, 각 파트의 보디로 바운더리와 헤더, 폼 필드의 값을 씁니다.

이 시점에서 요청 보디로 두 파트가 존재합니다. 첫 번째 파트는 **date** 폼 필드이고, 두 번째 파트는 **description** 폼 필드입니다. 목록 8-9에서 파일 몇 개를 첨부해 봅시다.

목록 8-9 요청 보디로 각각의 MIME 파트를 갖는 두 개의 파일을 쓰기(post_test.go)

```
--생략--

  for i, file := range []string{
    "./files/hello.txt",
    "./files/goodbye.txt",
  } {
    filePart, err := ❶w.CreateFormFile(fmt.Sprintf("file%d", i+1),
      filepath.Base(file))
    if err != nil {
      t.Fatal(err)
    }

    f, err := os.Open(file)
    if err != nil {
      t.Fatal(err)
    }

    _, err = ❷io.Copy(filePart, f)
    _ = f.Close()
    if err != nil {
      t.Fatal(err)
    }
  }

  err := ❸w.Close()
  if err != nil {
    t.Fatal(err)
  }
```

필드를 요청 보디로 첨부하는 것은 폼 필드에 데이터를 넣는 것만큼 직관적이진 않습니다. 추가로 진행해야 하는 단계가 있습니다. 먼저, 목록 8-8의 멀티파트 writer(❶)를 이용해서 멀티파트 섹션 writer를 생성합니다. CreateFormField 메서드는 매개변수로 필드명과 파일명을 받습니다. 서버는 받은 파일명을 이용하여 MIME 파트를 파싱합니다. 첨부한 파일명과 일치할 필요는 없습니다. 이제 파일을 열고 파일의 내용을 MIME 파트의 writer(❷)로 복사합니다.

요청 보디에 파트 추가가 완료되었으면 반드시 멀티파트 writer를 닫아야 요청 보디가 바운더리를 추가하는 작업을 올바르게 마무리합니다(❸).

목록 8-10에서는 잘 알려진 테스트 서버인 **httpbin.org**로 요청을 전송합니다.

목록 8-10 Go의 기본 HTTP 클라이언트를 이용하여 httpbin.org로 POST 요청 전송(post_test.go)

```
--생략--

  ctx, cancel := context.WithTimeout(context.Background(),
    60*time.Second)
  defer cancel()

  req, err := http.NewRequestWithContext(ctx, http.MethodPost,
  ❶"https://httpbin.org/post", ❷reqBody)
  if err != nil {
    t.Fatal(err)
  }
  req.Header.Set("Content-Type", ❸w.FormDataContentType())

  resp, err := http.DefaultClient.Do(req)
  if err != nil {
    t.Fatal(err)
  }
  defer func() { _ = resp.Body.Close() }()

  b, err := ioutil.ReadAll(resp.Body)
  if err != nil {
    t.Fatal(err)
  }
  if resp.StatusCode != http.StatusOK {
    t.Fatalf("expected status %d; actual status %d",
      http.StatusOK, resp.StatusCode)
  }

  t.Logf("\n%s", b)
}
```

먼저 새로운 요청을 만들고 60초 뒤에 타임아웃되도록 콘텍스트를 매개변수로 넘깁니다. 이 요청은 인터넷상에서 동작할 것이기 때문에 로컬 호스트에서 테스트하던 것과는 달리 요청이 성공적으로 목적지까지 도달하리라는 확실함은 없습니다. POST 요청은 https://www.httpbin.org/을 목적지(❶)로, 요청 보디의 페이로드로 멀티파트를 설정합니다(❷).

요청을 전송하기 전에 먼저 요청에 멀티파트를 전송한다고 웹 서버에게 알리기 위해 Content-Type 헤더를 설정해야 합니다. 멀티파트 **writer**의 FormDataContentType 메서드(❸)가 바운더리를 포함하는 Content-Type의 값을 반환합니다. 웹 서버는 요청의 헤더로부터 읽은 바운더리를 이용하여 요청 보디를 읽을 때 각 파트가 어느 부분부터 어느 부분까지인지를 결정할 수 있습니다.

-v 플래그를 주어 테스트를 실행하면 목록 8-11과 같은 JSON 출력을 확인할 수 있습니다.

목록 8-11 멀티파트 POST 요청에 대한 응답 보디

```
{
  "args": {},
  "data": "",
❶"files": {
    "file1": "Hello, world!\n",
    "file2": "Goodbye, world!\n"
  },
❷"form": {
    "date": "2006-01-02T15:04:05-07:00",
    "description": "Form fields with attached files"
  },
  "headers": {
    "Accept-Encoding": "gzip",
    "Content-Length": "739",
  ❸"Content-Type": "multipart/form-data; boundary=e9ad4b62e0dfc8d7dc57ccfa8ba62244342
f1884608e6d88018f9de8abcb",
    "Host": "httpbin.org",
    "User-Agent": "Go-http-client/1.1"
  },
  "json": null,
  "origin": "192.168.0.1",
  "url": "https://httpbin.org/post"
}
```

이 응답은 **httpbin.org**의 기본 POST 응답이며 전송한 요청과는 관계 없는 일부 필드가 존재합니다. 하지만 자세히 살펴보면 첨부했던 텍스트 파일의 내용(❶)과 제출했던 폼 필드의 내용(❷)이 있습니다. 멀티파트 **writer**가 추가한 Content-Type의 헤더(❸)도 살펴볼 수 있습니다. 바운더리가 랜덤한 문자열이라는 것을 기억하기 바랍니다. 여러분이 직접 테스트를 실행시켜 본다면, 요청마다 바운더리가 변할 것입니다. 멀티파트 **writer**의 SetBoundary 메서드를 사용하여 직접 바운더리를 설정할 수도 있습니다.

이 장에서 배운 것

클라이언트는 월드 와이드 웹www상에서 HTTP를 이용하여 서버로 요청을 보내고 리소스를 받을 수 있습니다. 이번 장에서는 Go를 이용하여 HTTP 요청을 다루는 방법에 대해 알아보았습니다. 대상 리소스는 웹 페이지 또는 이미지, 비디오, 문서, 파일, 게임 등의 형태를 보입니다. 리소스를 받아 오기 위해 HTTP 클라이언트는 웹 서버에 리소스의 URL로 GET 요청을 보냅니다. 웹 서버는 URL을 이용하여 올바른 리소스를 식별하고 클라이언트에게 서버의 응답에 해당 리소스를 실어 보냅니다. 클라이언트가 항상 HTTP의 요청-응답 워크플로를 시작합니다.

클라이언트는 서버로 다양한 종류의 리소스 요청을 보낼 수 있습니다. 가장 흔히 사용되는 요청 메서드에는 GET, HEAD, POST, PUT과 DELETE가 있습니다. GET 요청은 서버에게 특정 리소스를 요청합니다. 클라이언트가 HEAD 요청을 보내면 서버는 리소스의 페이로드를 제외한 응답 헤더만을 제공합니다. HEAD 요청은 리소스가 존재하는지 확인하거나 실제로 리소스를 받아 오기 전에 응답 헤더를 확인해 보는 데에 유용합니다. POST 요청은 클라이언트가 서버로 리소스를 보낼 때 사용되며, PUT 요청은 서버에 이미 존재하는 리소스를 업데이트할 때 사용됩니다. 클라이언트는 DELETE 요청을 보내어 서버에게 리소스 삭제를 요청할 수 있습니다.

net/http 패키지에는 HTTP를 이용하여 서버와 통신할 수 있는 모든 필요한 타입과 함수를 제공합니다. 패키지에는 간단하고 빠르게 사용할 수 있는 기본 HTTP 클라이언트가 포함되어 있습니다. 하지만 메모리 누수 등을 막기 위하여 응답 보디를 읽은 여부와는 관계 없이 반드시 응답 보디를 닫아야만 합니다. 또한, 기본 HTTP 클라이언트와 헬퍼 함수인 http.Get, http.Head, http.Post가 타임아웃되지 않는다는 것을 주의해야 합니다. 다시 말해서 오작동하거나 악의적인 서비스가 코드를 무한정 블로킹할 수 있습니다. 그러므로 콘텍스트를 이용하여 필요시에 요청을 취소할 수 있도록 해야 합니다.

mime/multipart 패키지를 사용하면 쉽게 여러 MIME 파트를 요청 보디에 추가할 수 있습니다. 이를 이용하여 효율적으로 웹 서버에 파일이나 폼을 업로드하는 요청을 다룰 수 있습니다.

9

HTTP 서비스 작성

HTTP 요청을 전송하는 클라이언트 코드를 작성해 보았으니 이제 요청을 처리하고 클라이언트에게 리소스를 보낼 수 있는 서버를 작성해 봅니다. net/http 패키지가 대부분의 세부 사항을 처리해 주므로 서버를 초기화하고 설정하고, 리소스를 생성하고, 클라이언트가 보내는 요청을 처리하는 데에 집중할 수 있습니다.

Go에서 HTTP 서버는 서로 활발하게 통신하는 여러 요소에 의존합니다. 여러 요소란 핸들러와 미들웨어, 그리고 멀티플렉서를 의미합니다. **웹 서비스**web service란 이 모든 요소를 포함하는 서버입니다. 이번 장에서는 먼저 간단한 HTTP 웹 서비스를 살펴본 후 각 요소들에 대해 알아봅니다. 전체적인 맥락을 먼저 파악하면 초심자들이 종종 이해하기 어려워 하는 주제에 대해 이해하는 데 도움이 됩니다.

또한, net/http 패키지를 사용하여 TLS를 지원하거나 HTTP/2 클라이언트에 데이터를 푸시하는 등의 고급 사용법에 대해 알아봅니다. 이 장의 내용을 잘 숙지하면 Go 기반의 HTTP 서버를 설정하고 미들웨어를 작성하고 핸들러를 사용하여 사용자의 요청에 응답하는 것에 익숙해질 것입니다.

Go HTTP 서버 해부

그림 9-1은 일반적인 net/http 기반의 서버가 요청을 처리하는 과정을 보여 줍니다.

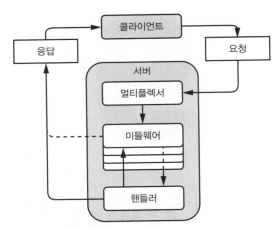

그림 9-1 클라이언트의 요청이 서버에서 처리되어 핸들러에서 응답되는 과정

먼저 서버의 **멀티플렉서**multiplexer(컴퓨터 네트워킹 용어로는 **라우터**router)는 클라이언트의 요청을 수신합니다. 멀티플렉서는 요청의 목적지를 결정한 후 해당 요청을 처리할 수 있는 능력이 있는 객체로 클라이언트의 요청을 전달합니다. 이 객체를 **핸들러**handler라 부릅니다(멀티플렉서 또한 클라이언트의 요청을 받아 적절한 핸들러로 넘겨주는 하나의 핸들러입니다). 핸들러가 요청을 넘겨 받기 전, 멀티플렉서는 먼저 요청을 미들웨어라 불리는 하나 이상의 함수로 전달합니다. **미들웨어**middleware는 핸들러의 동작을 변경하거나 로깅, 인증 및 접근 제어 등의 부가적인 작업을 수행합니다.

목록 9-1은 이러한 기본 구조를 따르는 HTTP 서버를 생성합니다. 쉽게 이해되지 않더라도 걱정하지 않기 바랍니다. 앞으로 이번 장에서 각 부분이 어떻게 동작하는지 살펴볼 겁니다.

목록 9-1 HTTP 서버와 멀티플렉서 초기화(server_test.go)

```go
package main

import (
  "bytes"
  "fmt"
  "io"
  "io/ioutil"
  "net"
  "net/http"
  "testing"
  "time"
```

```
    "github.com/awoodbeck/gnp/ch09/handlers"
)

func TestSimpleHTTPServer(t *testing.T) {
  srv := &http.Server{
    Addr: "127.0.0.1:8081",
    Handler: ❶http.TimeoutHandler(
      handlers.DefaultHandler(), 2*time.Minute, ""),
    IdleTimeout:       5 * time.Minute,
    ReadHeaderTimeout: time.Minute,
  }

  l, err := ❷net.Listen("tcp", srv.Addr)
  if err != nil {
    t.Fatal(err)
  }

  go func() {
    err := ❸srv.Serve(l)
    if err != http.ErrServerClosed {
      t.Error(err)
    }
  }()
```

먼저 요청은 http.TimeoutHandler(❶)의 미들웨어를 지나서 handlers.DefaultHandler 함수에서 반환되는 핸들러로 전달됩니다. 이 간단한 예시에서는 멀티플렉서를 사용하는 대신 모든 요청을 처리하는 하나의 핸들러만을 지정하였습니다.

서버에는 사용할 수 있는 필드가 몇 가지 있습니다. Handler 필드에는 클라이언트의 요청을 처리할 수 있는 객체, 혹은 멀티플렉서를 사용할 수 있습니다. 지금쯤이면 Address 필드는 익숙하실 겁니다. 이 예시에서는 서버가 127.0.0.1의 IP 주소에 8081번 포트에서 요청 수신을 대기합니다. IdleTimeout과 ReadHeaderTimeout 필드에 대해서는 다음 섹션에서 살펴봅니다. Handler 필드와 Address 필드는 필수적으로 값을 할당해야 한다는 것을 꼭 기억하기 바랍니다.

마지막으로 서버의 주소(❷)에 바운드된 net.Listener를 생성한 뒤 리스너의 Serve 메서드(❸)를 사용하여 요청을 처리하도록 합니다. Serve 메서드는 서버가 정상적으로 종료된 경우 http.ErrServerClosed을 반환합니다.

이제 서버를 테스트해 봅시다. 목록 9-1에서 자세하게 다루지 못한 테스트 요청과 결과를 목록 9-2에서 살펴봅니다.

목록 9-2 HTTP 서버로 테스트 케이스 요청(server_test.go)

```
--생략--

  testCases := []struct {
    method   string
    body     io.Reader
    code     int
    response string
  }{
    ❶{http.MethodGet, nil, http.StatusOK, "Hello, friend!"},
    ❷{http.MethodPost, bytes.NewBufferString("<world>"), http.StatusOK,
      "Hello, &lt;world&gt;!"},
    ❸{http.MethodHead, nil, http.StatusMethodNotAllowed, ""},
  }

  client := new(http.Client)
  path := fmt.Sprintf("http://%s/", srv.Addr)
```

첫 번째 테스트에서는 200 OK의 상태 코드로 응답하는 GET 요청(❶)을 보냅니다. 응답 보디에는 Hello, friend!라는 문자열이 있습니다.

두 번째 테스트(❷)에서는 요청 보디에 <world>라는 문자열을 포함하여 POST 요청을 보냅니다. 의도적으로 꺾쇠 괄호(〈〉)를 포함하였습니다. 종종 핸들러에서 클라이언트의 입력 값을 이스케이핑하는 것을 잊어버리곤 하는데, 클라이언트의 입력 값은 반드시 이스케이핑해 줍니다. 212페이지의 '핸들러' 부분에서 클라이언트의 입력 값을 이스케이핑하는 방법에 대해 더 살펴볼 것입니다. 이 테스트 케이스의 결과로 응답 보디에 Hello, <world>!의 문자열이 포함됩니다. 응답이 조금 이상해 보이지만 웹 브라우저는 이를 정상적으로 Hello, <world>!로 렌더링합니다.

세 번째 테스트 케이스(❸)에서는 HTTP 서버로 HEAD 요청을 보냅니다. 잠시 후에 살펴보겠지만, handlers.DefaultHandler 함수에서 반환된 핸들러는 HEAD 메서드를 취급하지 않습니다. 그래서 해당 핸들러는 405 Method Not Allowed 상태 코드와 비어 있는 응답 보디를 반환할 것입니다.

목록 9-2의 코드에 이어 목록 9-3에서는 각각의 테스트 케이스를 실행시켜 봅니다.

목록 9-3 HTTP 서버로 테스트 요청 보내기(server_test.go)

```
--생략--

  for i, c := range testCases {
    r, err := ❶http.NewRequest(c.method, path, c.body)
    if err != nil {
      t.Errorf("%d: %v", i, err)
      continue
```

```
    }

    resp, err := ❷client.Do(r)
    if err != nil {
      t.Errorf("%d: %v", i, err)
      continue
    }

    if resp.StatusCode != c.code {
      t.Errorf("%d: unexpected status code: %q", i, resp.Status)
    }

    b, err := ❸ioutil.ReadAll(resp.Body)
    if err != nil {
      t.Errorf("%d: %v", i, err)
      continue
    }
    _ = ❹resp.Body.Close()

    if c.response != string(b) {
      t.Errorf("%d: expected %q; actual %q", i, c.response, b)
    }
  }
  if err := ❺srv.Close(); err != nil {
    t.Fatal(err)
  }
}
```

먼저 새로운 요청을 생성하고, 테스트 케이스로부터 매개변수를 전달합니다(❶). 그다음 요청을 클라이언트의 Do 메서드로 전달하고(❷), 서버로부터 응답을 받습니다. 이후에 상태 코드를 확인하고 응답 보디 전체를 읽습니다(❸). 클라이언트가 에러를 반환하지 않는다면 응답 보디가 비어 있건, 응답 보디를 무시하건 상관없이 습관적으로 항상 응답 보디를 닫아 주기 바랍니다(❹). 그렇지 않으면 무언가 잘못되었을 경우 클라이언트가 하위에 존재하는 TCP 연결을 재사용하지 못할 수 있습니다.

모든 테스트가 완료된 후 서버의 Close 메서드를 호출합니다(❺). 이 호출로 인해 목록 9-1에서의 Serve 메서드가 반환되며 서버가 중단됩니다. Close 메서드는 갑작스럽게 클라이언트의 연결을 종료합니다. 이 장의 후반부에서 HTTP/2 푸시에 대해 알아볼 때 HTTP 서버의 우아한 종료를 지원하는 방법에 대한 예시를 살펴봅니다.

다음 섹션에서 살펴보겠지만, Go HTTP 서버는 지금까지의 기능 외에도 클라이언트에게 적극적으로 리소스를 서빙하거나 푸시하는 기능 및 우아한 종료 등의 기능을 지원합니다. 웹 서버가 갑작스럽게 종료되면 일부 클라이언트는 웹 서버로부터 절대 응답을 받지 못하여 무한정 대기하는 상태에 빠져 버릴 수 있습니다. 우아한 종료는 현재 클라이언트가 생성한 모든 요청에 대해 서버가 중단되기 이전까지 올바르게 응답할 수 있도록 해 줍니다.

클라이언트는 서버의 시간을 신경쓰지 않음

클라이언트의 타임아웃 값을 설정해야 하는 것과 마찬가지로 서버의 다양한 타임아웃 값들도 관리해 주어야 합니다. 클라이언트는 서버의 시간을 신경쓰지 않기 때문입니다. 클라이언트는 그저 서버로 요청을 보내며 응답이 오기를 기다리고 있을 뿐입니다. 반면, 서버는 서버 내의 컴퓨팅 자원이나 메모리 등의 리소스를 사용하여 요청 전체를 수신할 때까지 대기합니다. 마찬가지로 서버는 클라이언트가 응답을 다 받을 때까지 기다려야 합니다. 서버가 전송할 수 있는 최대 속도는 클라이언트가 읽을 수 있는 최대 속도만큼이기 때문입니다(즉, TCP 버퍼 공간이 남아 있는 만큼만 전송할 수 있음). 클라이언트가 요청-응답 생명주기의 기간을 지정하지 않도록 하기 바랍니다.

목록 9-1에서는 서버 인스턴스에 타임아웃과 관련된 두 개의 값을 설정하였습니다. 각각 클라이언트가 요청 간 유휴 상태로 존재할 수 있는 시간IdleTimeout과 요청 헤더를 읽는 동안 서버의 대기 시간ReadHeaderTimeout입니다.

```
srv := &http.Server{
    Addr:              "127.0.0.1:8443",
    Handler:           mux,
    IdleTimeout:       5 * time.Minute,
    ReadHeaderTimeout: time.Minute,
}
```

http.Server 내에 사용할 수 있는 타임아웃과 관련된 필드가 여러 개 존재하지만 IdleTimeout과 ReadHeaderTimeout 이 두 개의 필드만 설정하기를 권장합니다. IdleTimeout 필드는 통신이 킵얼라이브를 사용할 때 다음 클라이언트 요청을 기다리는 동안 서버 사이드의 TCP 소켓을 열어 두는 시간을 지정합니다. ReadHeaderTimeout 값은 서버가 요청 헤더를 읽는 동안 기다리는 시간을 지정합니다. 이 두 필드가 지정하는 대기 시간은 실제로 요청 보디를 읽는 데 걸리는 시간과는 무관하다는 점을 기억하기 바랍니다.

ReadTimeout 필드를 설정하면 모든 핸들러에 대해 입력 요청에 시간 제한을 강제하여 요청에 데드라인을 관리할 수 있습니다. 클라이언트가 ReadTimeout에 설정된 기간이 지나는 동안 완전한 요청(헤더와 보디)을 전송하지 않으면 서버는 TCP 연결을 끊어 버립니다. 마찬가지로 WriteTimeout 필드에 값을 설정하여 요청을 쓰고 응답을 읽는 동안의 기간을 설정할 수 있습니다. ReadTimeout 필드와 WriteTimeout 필드의 값은 4장에서 살펴본 바와 같이 TCP 소켓에 ReadDeadline과

WriteDeadline 값을 설정하기 때문에 모든 HTTP 요청과 응답에 적용됩니다.

ReadTimeout과 WriteTimeout의 타임아웃 값을 너무 작게 주면 클라이언트가 요청 보디에 큰 파일을 전송하는 핸들러, 혹은 클라이언트에게 지속해서 데이터를 스트리밍해야 하는 핸들러에게는 문제가 됩니다. 이 두 예시에서는 별다른 에러가 발생하지 않더라도 요청 및 응답은 갑작스럽게 타임아웃될 수 있습니다. 따라서 ReadHeaderTimeout 값을 설정하는 것이 더 현명합니다. 각각 별도로 응답 보디를 읽는 데 걸리는 시간과, 미들웨어 혹은 핸들러를 이용하여 응답을 전송하는 시간을 관리할 수 있습니다. 이를 이용하여 리소스마다 요청과 응답을 세밀하게 제어할 수 있습니다.

TLS 지원하기

기본적으로 HTTP 트래픽은 플레인텍스트plaintext이지만, 웹 클라이언트와 서버는 암호화된 TLS 연결을 이용하여 HTTP를 사용할 수 있습니다. 이렇게 사용하는 조합을 **HTTPS**라 부릅니다. Go 의 HTTP 서버에서 HTTP/2 지원은 반드시 TLS 연결을 통해서 가능하지만, TLS를 활성화하는 것은 간단합니다. 목록 9-1의 서버 구현에서 포트 번호와 Serve 메서드, 두 라인만 수정하면 됩니다.

```
srv := &http.Server{
    Addr:              ❶"127.0.0.1:8443",
    Handler:           mux,
    IdleTimeout:       5 * time.Minute,
    ReadHeaderTimeout: time.Minute,
}

l, err := net.Listen("tcp", srv.Addr)
if err != nil {
    t.Fatal(err)
}

go func() {
❷err := srv.ServeTLS(l, "cert.pem", "key.pem")
    if err != http.ErrServerClosed {
        t.Error(err)
    }
}()
```

기술적으로 포트 번호를 변경(❶)할 필요는 없습니다. 하지만 통상적으로 HTTPS는 443번 포트에서, 혹은 443에 어떤 숫자를 추가한, 가령, 8443번 같은 포트에서 서비스하는 것이 일반적입니다. 서버의 ServeTLS 메서드를 사용하여 TLS상에서 HTTP를 사용하도록 합니다(❷). ServeTLS 메서드의 매개변수로 인증서와 개인키의 경로를 지정합니다. mkcert 프로젝트(https://github.com/FiloSottile/mkcert/)를 이용하면 개발용으로 사용할 수 있는, 로컬 내에서 신뢰성 있는 키 페어를 쉽게 얻을 수 있습니다. 프로덕션 시스템에서는 Let's Encrypt(https://letsencrypt.org/)를 사용하여 키 페어 얻는 것을 고려하기 바랍니다.

핸들러

클라이언트가 HTTP 서버로 요청을 보내면 서버는 먼저 그 요청으로 무엇을 할지 파악해야 합니다. 서버는 클라이언트의 요청에 따라 다양한 리소스를 받아와야 할 수도 있고, 혹은 어떠한 동작을 수행해야 할 수도 있습니다. 이러한 문제를 해결하기 위한 일반적인 디자인 패턴은 **핸들러** handler라 부르는, 요청을 처리할 수 있는 코드를 작성하는 것입니다. 이미지를 얻어 오기 위한 핸들러가 있을 수도 있고, 데이터베이스로부터 정보를 얻어 오기 위한 핸들러가 있을 수도 있을 수도 있습니다. 228페이지의 '멀티플렉서'에서 각 요청별로 서버가 각 요청을 어느 핸들러로 보내야 할지 파악하는 방법에 대해 알아봅니다.

Go에서 핸들러는 http.Handler 인터페이스를 구현한 객체입니다. 핸들러는 클라이언트의 요청을 읽고 응답을 씁니다. http.Handler 인터페이스는 요청과 응답 모두 매개변수로 받는 하나의 메서드로 구성됩니다.

```
type Handler interface {
  ServeHTTP(http.ResponseWriter, *http.Request)
}
```

Go HTTP 서버에서는 http.Handler 인터페이스를 구현하는 객체는 모두 클라이언트의 요청을 처리할 수 있습니다. 일반적으로 핸들러는 다음과 같이 함수로 정의하여 사용합니다.

```
handler := http.HandlerFunc(
  func(w http.ResponseWriter, r *http.Request) {
    _, _ = w.Write([]byte("Hello, world!"))
  },
)
```

http.Handler 인터페이스를 구현하기 위해 http.ResponseWriter와 http.Request 포인터를 매개변수로 받는 함수를 http.HandlerFunc 타입에 래핑합니다. 그 결과로 서버가 ServeHTTP 메서드를 호출할 때 래핑된 함수인 func(w http.ResponseWriter, r *http.Request)를 호출하는 http.HandlerFunc 객체가 생성됩니다. 이 핸들러는 클라이언트에게 응답 보디에 Hello, world! 라는 문자열을 반환합니다.

예시 코드에서는 Write 메서드의 반환값(쓰인 바이트 수, 쓰기 시에 발생한 에러)을 모두 무시하였습니다. 실전 상황에서는 다양한 이유로 서버에서 클라이언트에게 데이터를 쓰다가 실패할 수 있습니다. 그래서 발생하는 에러들을 모두 로깅하는 것보다, 어느 정도로 쓰기 에러가 발생하는지를 기록하여 추적하고, 설정해 놓은 임계점을 넘으면 알람을 보내는 것이 효과적인 경우가 많습니다. 13장에서는 코드를 계측하는 방법에 대해 알아볼 것입니다.

이제 핸들러의 구조에 익숙해졌으니, 목록 9-4의 handlers.DefaultHandler 함수가 반환하는 핸들러에 대해 살펴봅시다.

목록 9-4 기본 핸들러 구현(handlers/default.go)

```
package handlers

import (
  "html/template"
  "io"
  "io/ioutil"
  "net/http"
)

var t = ❶template.Must(template.New("hello").Parse("Hello, {{.}}!"))
func DefaultHandler() http.Handler {
  return http.HandlerFunc(
    func(w http.ResponseWriter, r *http.Request) {
    ❷defer func(r io.ReadCloser) {
        _, _ = io.Copy(ioutil.Discard, r)
        _ = r.Close()
      }(r.Body)

      var b []byte

    ❸switch r.Method {
      case http.MethodGet:
        b = []byte("friend")
      case http.MethodPost:
        var err error
        b, err = ioutil.ReadAll(r.Body)
        if err != nil {
      ❹http.Error(w, "Internal server error",
          http.StatusInternalServerError)
        return
        }
      default:
        // "Allow" 헤더가 없기 때문에 RFC 규격을 따르지 않음
      ❺http.Error(w, "Method not allowed",
          http.StatusMethodNotAllowed)
        return
      }
```

```
        _ = ❻t.Execute(w, string(b))
    },
  )
}
```

handlers.DefaultHandler 함수는 매개변수로 받은 함수를 http.HandlerFunc 타입으로 변환합니다. http.HandlerFunc 타입은 http.Handler 인터페이스를 구현합니다. Go 프로그래머는 종종 func(w http.ResponseWriter, r *http.Request)의 형태를 가진 함수를 http.HandlerFunc 타입으로 변환하여 함수가 http.Handler 인터페이스를 구현하도록 합니다.

코드의 첫 부분은 defer로 호출된 함수가 요청 보디를 소비하고 닫습니다(❷). 클라이언트가 응답 보디를 소비하고 TCP 연결을 닫아서 TCP 세션을 재사용하는 것이 중요한 것처럼 서버에서도 요청 보디를 소비하고 TCP 연결을 닫는 것이 매우 중요합니다. 하지만 Go의 HTTP 클라이언트에서는 요청 보디를 닫으면 암묵적으로 소비하는 데 반해, 서버에서의 요청 보디는 소비되지 않습니다. 확실하게 TCP 세션을 재사용하려면 최소한 반드시 요청 보디를 소비해야 합니다. TCP 연결은 선택적으로 닫아 주기 바랍니다.

핸들러는 요청 메서드에 따라 다르게 응답합니다(❸). 클라이언트가 GET 요청을 보내면 핸들러는 Hello, friend!라는 문자열을 응답 writer로 씁니다. 요청 메서드가 POST인 경우 핸들러는 전체 요청 보디를 읽습니다. 요청 보디를 읽는 동안 에러가 발생하면, 핸들러는 http.Error 함수(❹)를 사용하여 응답 보디에 '내부 서버 에러' 메시지를 작성하고 응답 상태 코드를 500으로 설정합니다. 요청 보디를 성공적으로 읽으면 응답 보디로 Hello, 〈POST 요청 보디〉!를 보냅니다. 핸들러가 GET이나 POST 외의 요청 메서드를 받으면 405 Method Not Allowed 상태를 응답합니다(❺). 기술적으로 올바른 RFC 표준을 준수하는 405 응답은 응답 헤더의 Allow 필드에 해당 핸들러가 처리하는 메서드가 무엇인지 알려 주어야 합니다. 이 예시에서는 RFC 표준을 준수하지 않습니다. 이에 관해서는 218페이지의 '모든 타입은 핸들러가 될 수 있음'에서 더 살펴봅니다. 마지막으로, 핸들러는 응답 보디를 씁니다.

이 코드의 응답 보디의 일부는 요청 보디로부터 오기 때문에 보안 취약점이 존재할 수 있습니다. 악의적인 클라이언트가 자바스크립트가 포함된 페이로드를 요청 보디로 실어 보내면 어떤 클라이언트의 컴퓨터에서 해당 자바스크립트가 실행될 수 있을 것입니다. 이러한 동작은 곧 XSS 공격에 사용될 수 있습니다. XSS 공격을 방지하기 위하여 먼저 클라이언트에서 제공되는 콘텐츠는 응답되기 이전에 올바르게 이스케이핑되어야 합니다. 예시 코드에서는 html/template 패키지를 이용하여 Hello, {{.}}!을 읽는 간단한 템플릿(❶)을 생성하였습니다. {{.}}은 응답의 일부가 될 플레이스홀더placeholder입니다. html/template 패키지를 사용한 템플릿은 HTML에서 사용하는 문자열을 생성하거나 결과로 응답 writer로 쓸 때 자동으로 이스케이핑합니다❻. 목록 9-2의 두 번째 테스트 케이스에서 HTML 이스케이핑의 특이한 문자열 처리에 관해 설명합니다. 클라이언트의 브라우저는 HTML 이스케이핑의 결과로 응답 보디의 결과를 HTML이나 자바스크립트로 해석하지 않고 그냥 문자열로 인식할 수 있습니다. 결론적으로 신뢰할 수 없는 데이터를 응답 writer로 쓸 때에는 항상 html/template 패키지를 사용하면 됩니다.

httptest를 이용하여 핸들러 테스트하기

개발자에게 '작성한 코드는 반드시 테스트해 주세요'라고 말하는 것은 어머니께서 '네 방 청소해라'라고 하시는 것과 같습니다. 좋은 충고이지만 아마도 그렇게 하지 않을 겁니다. 하지만 결국 어머니께서 옳으신 것처럼, 테스트 코드를 작성하면 결국에는 득이 됩니다. Go의 표준 라이브러리에는 net/http/httptest 패키지가 존재합니다. 이 패키지를 이용하여 손쉽게 핸들러의 유닛 테스트를 할 수 있습니다.

net/http/httptest 패키지의 NewRequest 함수의 매개변수로 HTTP 메서드, 대상 리소스, 그리고 요청 보디의 io.Reader를 전달합니다. 그러면 http.Handler에서 사용할 수 있는 http.Request 객체의 포인터가 반환됩니다.

```
func NewRequest(method, target string, body io.Reader) *http.Request
```

http.NewRequest 함수와는 다르게 **httptest.NewRequest** 함수는 문제가 생기면 에러를 반환하는 대신 패닉합니다. 프로덕션 환경에서는 에러를 반환하는 것이 좋지만, 테스트 환경이기 때문에 패닉합니다.

httptest.NewRecorder 함수는 http.ResponseWriter 인터페이스를 구현한 httptest.ResponseRecorder 객체의 포인터를 반환합니다. httptest.ResponseRecorder 객체에서 사용할 수 있는 일부 필드는 사용하고 싶게 생겼습니다만(굳이 언급해서 사용하도록 하지 않겠습니다), 필드를 직접 사용하지 마시고 Result 메서드를 사용하기 바랍니다. Result 메서드는 다른 장에서 사용했던 것과 같이 http.Response 객체의 포인터를 반환합니다. Result 메서드는 이름과 같이 핸들러가 처리되고 httptest.ResponseRecorder의 결과를 받아 올 때까지 기다린 후에 결괏값을 반환합니다.

또한, net/http/httptest 패키지에 존재하는 테스트 서버 구현체를 사용하면 통합 테스트에 사용할 수 있습니다. 이 장에서는 httptest.NewRequest 함수와 httptest.NewRecorder 함수를 사용합니다.

응답을 어떻게 쓰느냐의 중요성

한 가지 실수할 수 있는 것이 있습니다. 응답 보디를 쓰는 순서와 응답 상태 코드를 올바르게 설정하는 것은 굉장히 중요합니다. 클라이언트는 서버로부터 먼저 응답 상태 코드를 받은 후에 응답 보디를 받습니다. 만약 응답 보디를 먼저 쓰면 Go는 응답 상태 코드를 200이라고 생각하고 실제로 응답 보디를 보내기 전에 클라이언트에게 먼저 보내 버립니다. 이 동작을 알아보기 위해 목록 9-5를 보기 바랍니다.

목록 9-5 기대한 결괏값을 위해 먼저 상태를 쓰고 나중에 응답 보디를 씀(handlers/pitfall_test.go)

```go
package handlers

import (
  "net/http"
  "net/http/httptest"
  "testing"
)

func TestHandlerWriteHeader(t *testing.T) {
  handler := func(w http.ResponseWriter, r *http.Request) {
    _, _ = ❶w.Write([]byte("Bad request"))
    ❷w.WriteHeader(http.StatusBadRequest)
  }
  r := httptest.NewRequest(http.MethodGet, "http://test", nil)
  w := httptest.NewRecorder()
  handler(w, r)
  t.Logf("Response status: %q", ❸w.Result().Status)

  handler = func(w http.ResponseWriter, r *http.Request) {
    ❹w.WriteHeader(http.StatusB)
    _, _ = ❺w.Write([]byte("Bad request"))
  }

  r = httptest.NewRequest(http.MethodGet, "http://test", nil)
  w = httptest.NewRecorder()
  handler(w, r)
  t.Logf("Response status: %q", ❻w.Result().Status)
}
```

얼핏 보면 첫 번째 핸들러 함수는 응답 상태 코드로 400 Bad Request를 생성하고 응답 보디로 문자열 Bad request을 보내는 것처럼 보입니다만, 실제로는 그렇게 동작하지 않습니다. ResponseWriter의 Write 메서드를 호출하면 Go는 암묵적으로 http.StatusOK 상태 코드로 응답의 WriteHeader 메서드를 호출합니다. 응답의 상태 코드를 명시적이건 암묵적이건 WriteHeader 메서드 호출로 설정하고 나면 변경할 수 없습니다.

Go 언어의 개발자들이 이러한 설계를 한 이유는 무언가 성공적이지 않은 경우에 대해서만 WriteHeader를 호출한다고 생각했기 때문이며, 그러한 경우에 응답 보디를 작성하기 이전에 헤더를 써야 한다고 생각했기 때문입니다. 서버는 먼저 응답 상태 코드를 쓰고 나서 응답 보디를 쓴다는 사실을 기억하기 바랍니다. 명시적이든 암묵적이든 WriteHeader 함수 호출을 통해 응답 상태 코드가 설정되고 나면 이미 클라이언트에게 전송이 되었을 수 있기 때문에 변경할 수 없습니다.

하지만 이 예에서는 먼저 Write 메서드를 호출합니다(❶). 즉, 암묵적으로 WriteHeader(http.StatusOK)를 호출한 셈이 됩니다. 상태 코드가 아직 설정되지 않았기에 200 OK로 설정됩니다. 이후에 호출되는 WriteHeader 메서드(❷)는 이미 상태 코드가 설정되었기 때문에 사실상 아무런 동작을 하지 않습니다. 200 OK의 상태 코드가 계속 유지됩니다(❸).

이제 함수 호출의 순서를 바꿔서 상태 코드를 먼저 설정한 후(❹) 응답 보디를 쓰면(❺) 응답의 상태 코드가 올바르게 설정됩니다(❻).

이를 확인하기 위해 테스트의 출력을 살펴보겠습니다.

```
=== RUN TestHandlerWriteHeader
 TestHandlerWriteHeader: pitfall_test.go:17: Response status: "200 OK"
 TestHandlerWriteHeader: pitfall_test.go:26: Response status: "400 Bad Request"
--- PASS: TestHandlerWriteHeader (0.00s)
PASS
```

테스트의 출력에서 볼 수 있듯이, WriteHeader 메서드를 호출하기 이전에 응답 보디에 데이터를 쓰면 200 OK의 상태 코드를 갖게 됩니다. 올바르게 응답 상태 코드를 설정하려면 응답 보디에 데이터를 쓰기 이전에 WriteHeader 메서드를 호출해야 합니다.

http.Error 함수를 이용하여 응답 상태 코드와 응답 보디를 작성하는 과정을 간소화하여 코드를 개선할 수 있습니다. 예를 들어, 핸들러의 코드를 다음 한 줄로 변경할 수 있습니다.

```
http.Error(w, "Bad request", http.StatusBadRequest)
```

이 함수는 콘텐츠 타입을 **text/plain**으로 설정하고, 상태 코드를 400 Bad Request로 설정하며, 그리고 응답 보디로 에러 메시지를 씁니다.

모든 타입은 핸들러가 될 수 있음

http.Handler가 인터페이스이기 때문에 이를 이용하여 클라이언트의 요청을 처리할 수 있는 강력한 구조를 작성할 수 있습니다. 목록 9-6에서는 목록 9-4의 코드에서 http.Handler 인터페이스를 구현한 새로운 타입을 정의하여 기본 핸들러를 개선시킵니다. 이 새로운 타입은 특정한 HTTP 메서드 요청에 대해 올바르게 응답할 수 있고, 자동으로 OPTIONS 메서드를 구현해 줍니다.

목록 9-6 동적으로 요청을 올바른 핸들러로 전달하는 메서드 맵(handlers/methods.go)

```
package handlers

import (
  "io"
  "io/ioutil"
  "net/http"
  "sort"
  "strings"
)

❶ type Methods map[string]http.Handler

func (h Methods) ❷ServeHTTP(w http.ResponseWriter, r *http.Request) {
❸defer func(r io.ReadCloser) {
    _, _ = io.Copy(ioutil.Discard, r)
    _ = r.Close()
  }(r.Body)

  if handler, ok := h[r.Method]; ok {
    if handler == nil {
❹http.Error(w, "Internal server error",
        http.StatusInternalServerError)
    } else {
❺handler.ServeHTTP(w, r)
    }

    return
  }

❻w.Header().Add("Allow", h.allowedMethods())
  if r.Method != ❼http.MethodOptions {
    http.Error(w, "Method not allowed", http.StatusMethodNotAllowed)
  }
}

func (h Methods) allowedMethods() string {
  a := make([]string, 0, len(h))

  for k := range h {
    a = append(a, k)
```

```
  }
  sort.Strings(a)

  return strings.Join(a, ", ")
}
```

Methods라는 새로운 타입(❶)을 생성합니다. Methods는 키 이름으로 HTTP 메서드를, 값으로 http.Handler를 갖는 맵입니다. Methods 타입에는 ServeHTTP 메서드(❷)가 존재합니다. 즉, http.Handler 인터페이스가 구현되었기 때문에 Methods 자체를 핸들러로 사용할 수 있습니다. ServeHTTP 메서드의 상단부에서는 먼저 defer로 요청 보디(❸)를 소비하고 연결을 닫는 함수를 호출하여 맵의 값으로 존재하는 핸들러에서 직접 해 주지 않아도 됩니다.

ServeHTTP 메서드는 요청 메서드를 보고 맵에서 요청 메서드에 해당하는 핸들러를 가져옵니다. 혹시 모르게 발생할 패닉을 방지하기 위하여 ServeHTTP 메서드는 요청 메서드에 해당하는 핸들러가 nil이 아닌지 확인하며, 만약 nil인 경우 500 Internal Server Error를 반환합니다(❹). 정상적으로 핸들러를 가져오면 해당하는 핸들러의 ServeHTTP 메서드를 호출합니다(❺). Methods 타입은 요청을 보고 적절한 핸들러로 라우팅한다는 점에서 멀티플렉서(라우터)입니다.

요청 메서드에 해당하는 키가 맵에 없는 경우 ServeHTTP 메서드는 현재 맵에서 지원하는 메서드의 목록을 Allow 헤더(❻)에 반환합니다. 그 외에 확인해 볼 사항으로는 클라이언트가 명시적으로 OPTIONS 메서드를 요청했는지 확인하는 것입니다(❼). 해당 메서드의 요청을 받으면 ServeHTTP 메서드는 클라이언트에게 200 OK을 응답합니다. 이도 저도 아닌 경우 405 Method Not Allowed를 응답합니다.

목록 9-7은 Methods 핸들러를 이용하여 목록 9-4보다 더 개선된 기본 핸들러를 구현합니다. 기존의 기본 핸들러에는 자동으로 Allow 헤더를 지원하지 않았고, 또한 OPTIONS 메서드를 지원하지 않았습니다. 새로운 메서드는 해당 기능들을 지원하여 조금 더 처리가 깔끔합니다. 이제 Methods 핸들러가 지원해야 하는 메서드를 결정하고 구현하기만 하면 됩니다.

목록 9-7 Methods 핸들러의 기본 구현(methods.go)

```
--생략--

func DefaultMethodsHandler() http.Handler {
  return Methods{
  ❶http.MethodGet: http.HandlerFunc(
      func(w http.ResponseWriter, r *http.Request) {
        _, _ = w.Write([]byte("Hello, friend!"))
      },
```

```
    ),
  ❷http.MethodPost: http.HandlerFunc(
    func(w http.ResponseWriter, r *http.Request) {
      b, err := ioutil.ReadAll(r.Body)
      if err != nil {
        http.Error(w, "Internal server error",
          http.StatusInternalServerError)
        return
      }
      _, _ = fmt.Fprintf(w, "Hello, %s!",
        html.EscapeString(string(b)))
    },
  ),
 }
}
```

이제 handlers.DefaultMethodsHandler 함수가 반환하는 핸들러는 GET, POST와 OPTIONS 메서드를 지원합니다. GET 메서드는 간단하게 Hello, friend!라는 메시지를 응답 보디로 씁니다(❶). POST 메서드는 요청 보디로 전송한 내용을 이스케이핑하여 Hello, 〈POST 요청 보디〉!를 전송합니다(❷). 그리고 Methods 타입의 상속된 기능으로 ServeHTTP 메서드에서는 OPTIONS 메서드의 기능과 지원하는 메서드를 응답 헤더의 Allow 필드에 올바르게 설정해 줍니다.

handlers.DefaultMethodsHandler 함수가 반환하는 핸들러는 그대로 handlers.DefaultHandler 함수에서 반환하는 핸들러로 교체할 수 있습니다. 목록 9-1의 코드를 다음과 같이 교체할 수 있습니다.

```
Handler: http.TimeoutHandler(handlers.DefaultHandler(), 2*time.Minute, ""),
```

이 코드를 그대로 다음의 코드로 교체하여 Methods 핸들러가 지원하는 기능들을 활용할 수 있습니다.

```
Handler: http.TimeoutHandler(handlers.DefaultMethodsHandler(), 2*time.Minute, ""),
```

핸들러에 의존성 주입

http.Handler 인터페이스를 사용하면 요청과 응답 객체에 접근할 수 있습니다. 하지만 아마도 실제로 사용자의 요청을 처리하기 위해서 로거logger나 메트릭스, 캐시 혹은 데이터베이스와 같은 추가적인 기능에 접근하는 것이 필요할 것입니다. 예를 들어, 요청에서 발생하는 에러를 기록하기 위해 로거를 주입하거나, 응답에서 사용할 데이터를 생성하기 위해 데이터베이스에 접근할 수 있는 객체를 주입할 필요가 있을 것입니다. 객체를 핸들러로 주입하기 위한 가장 쉬운 방법은 클로저closure를 이용하는 것입니다.

목록 9-8은 SQL 데이터베이스 객체를 http.Handler에 주입하는 예시 코드입니다.

목록 9-8 클로저를 이용하여 핸들러에 의존성 주입

```
dbHandler := func(❶db *sql.DB) http.Handler {
  return http.HandlerFunc(
    func(w http.ResponseWriter, r *http.Request) {
      err := ❷db.Ping()
      // 데이터베이스 관련된 작업 수행
    },
  )
}

http.Handle("/three", ❸dbHandler(db))
}
```

SQL 데이터베이스 객체의 포인터를 매개변수로 받아(❶) 핸들러를 반환하는 함수를 생성한 뒤 dbHandler라는 이름의 변수에 할당합니다. 이 함수는 반환된 핸들러에 따라 종료되기에 핸들러 스코프 내의 db 변수에 접근할 수 있습니다(❷). 핸들러를 초기화하려면 단순히 SQL 데이터베이스 객체를 매개변수로 dbHandler 함수를 호출하면 됩니다(❸).

이러한 방식을 사용하는 것은 동일한 데이터베이스 객체를 이용하여 여러 개의 핸들러를 처리하거나 프로젝트가 진화함에 따라 더욱 많은 추가 객체를 핸들러에 포함해야 하는 경우 굉장히 번거롭게 됩니다. 더욱 확장성 있는 방식은 각각의 추가 객체, 핸들러 내에서 접근하고자 하는 데이터를 필드로 포함하는 구조체를 만든 후, 핸들러 자체는 구조체의 메서드로 정의하는 것입니다 (관련하여 목록 9-9를 살펴보기 바랍니다). 의존성을 주입하기 위해 여러 개의 클로저 정의를 수정하는 대신 구조체에 필드를 더하고 구조체 메서드를 추가하면 됩니다.

목록 9-9 여러 개의 핸들러를 구조체 메서드를 이용하여 의존성 주입

```
type Handlers struct {
  db  *sql.DB
❶log *log.Logger
}

func (h *Handlers) Handler1() http.Handler {
  return http.HandlerFunc(
    func(w http.ResponseWriter, r *http.Request) {
      err := h.db.Ping()
      if err != nil {
```

```
      ❷h.log.Printf("db ping: %v", err)
      }
      // 데이터베이스와 관련된 작업 수행
    },
  )
}

func (h *Handlers) Handler2() http.Handler {
  return http.HandlerFunc(
    func(w http.ResponseWriter, r *http.Request) {
      // ...
    },
  )
}
```

데이터베이스 객체와 로거의 포인터를 포함하는 구조체를 정의합니다(❶). 핸들러에 정의하는 메서드는 이 객체에 접근할 수 있게 됩니다(❷). 핸들러에서 추가로 리소스에 접근해야 하는 경우 구조체에 필드를 추가하면 됩니다.

목록 9-10에서는 Handlers 구조체를 이용하는 방법을 보여 줍니다.

목록 9-10 Handlers 구조체 초기화 후 핸들러 사용

```
h := &Handlers{
  db: ❶db,
  log: log.New(os.Stderr, "handlers: ", log.Lshortfile),
}
http.Handle("/one", h.Handler1())
http.Handle("/two", h.Handler2())
```

예를 들어, db(❶) 변수가 sql.DB 객체의 포인터라고 가정하고 Handlers 객체를 초기화한 뒤 http.Handle의 메서드를 사용합니다.

미들웨어

미들웨어는 http.Handler를 매개변수로 받아서 http.Handler를 반환하는, 재사용할 수 있는 함수로 구성됩니다.

미들웨어를 사용하여 요청을 자세히 살펴보거나, 혹은 요청의 내용을 기반으로 다음의 핸들러에게 요청을 전달하기 이전에 결정을 내릴 수도 있습니다. 또는 요청의 내용을 기반으로 응답의 헤더를 미리 설정할 수도 있습니다. 예를 들어, 미들웨어를 이용하여 인증을 필요로 하는 핸들러에 대해 인증되지 않은 사용자가 요청을 보낼 경우 에러를 반환할 수도 있습니다. 미들웨어를 이용하면 메트릭스를 수집하거나 요청을 로깅할 수도 있으며, 리소스의 접근을 제어할 수도 있습니다. 무엇보다도 여러 핸들러에서 미들웨어를 재사용할 수 있습니다. 여러 핸들러에서 동일한 로직을 계속해서 작성해야 한다면 아마도 해당 기능을 미들웨어로 작성한 후에 여러 핸들러에서 작성한 미들웨어를 재사용하는 것이 옳을 것입니다.

목록 9-11에서는 핸들러가 처리할 수 있는 메서드 종류를 강제하거나, 응답에 헤더를 추가하거나, 혹은 로깅과 같이 부가적인 기능을 처리하는 등 미들웨어의 일부 예시를 알아봅니다.

목록 9-11 예시 미들웨어 함수

```
func Middleware(next http.Handler) http.Handler {
  return ❶http.HandlerFunc(
  ❷func(w http.ResponseWriter, r *http.Request) {
      if r.Method == http.MethodTrace {
      ❸http.Error(w, "Method not allowed",
          http.StatusMethodNotAllowed)
      }
    ❹w.Header().Set("X-Content-Type-Options", "nosniff")

      start := time.Now()
    ❺next.ServeHTTP(w, r)
    ❻log.Printf("Next handler duration %v", time.Now().Sub(start))
    },
  )
}
```

Middleware 함수에서는 목록 9-4에서 처음으로 보았던 일반적인 패턴을 사용합니다. http.ResponseWriter 인터페이스와 http.Request 포인터를 매개변수로 받은 후(❷) 이를 http.HandleFunc에서 감쌉니다(❶).

대부분의 경우에 미들웨어는 주어진 핸들러를 호출합니다(❺). 하지만 어떤 경우에는 미들웨어 자체에서 다음 핸들러를 호출하지 않고 미들웨어에서 클라이언트에게 응답합니다(❸). 마찬가지로 미들웨어를 사용하여 메트릭스를 수집하거나, 응답에 특정한 헤더를 설정하거나(❹), 또는 로그 파일을 씁니다(❻).

목록 9-11은 인위적인 예시입니다. 실전에서는 하나의 미들웨어 함수에서 너무 많은 일들을 처리하는 것을 절대 권하지 않습니다. 유닉스의 철학을 따라 각각 최소한의 한 가지 기능을 매우 잘하는 미들웨어를 작성하기 바랍니다. 이상적으로 목록 9-11의 미들웨어를 세 개의 미들웨어 함수로 나눌 수 있습니다. 각각 요청 메서드를 확인하여 클라이언트에게 응답하는 미들웨어(❸), 응답 헤더를 설정하는 미들웨어(❹), 그리고 메트릭스를 수집하는 미들웨어(❻)가 될 것입니다.

net/http 패키지에는 정적 파일을 서빙하거나 요청을 리다이렉트하고 요청의 타임아웃을 관리하는 유용한 미들웨어들이 존재합니다. 각각의 소스코드를 보면 이를 어떻게 활용할지 알 수 있습니다. 이러한 표준 라이브러리 함수 외에도 https://pkg.go.dev/에서 미들웨어들을 더욱 살펴보기 바랍니다.

느린 클라이언트 타임아웃하기

이전에 언급했던 바와 같이 클라이언트가 요청-응답 생명주기의 기간을 정하게 해서는 안 됩니다. 악의적인 클라이언트가 이러한 너그러움을 악용하여 서버의 리소스를 전부 잡아먹게 되어 실제 클라이언트들이 서비스를 사용할 수 없게 됩니다. 하지만 서버의 전체 설정으로 읽기와 쓰기의 타임아웃을 설정하면 서버가 데이터를 스트리밍하거나 각각의 핸들러에 대해 다른 타임아웃을 적용하기가 어려워집니다.

그래서 그 대신 미들웨어, 혹은 각각의 핸들러에서 타임아웃을 관리해야 합니다. net/http 패키지에는 핸들러마다 요청이나 응답에 걸리는 기간을 제어할 수 있는 미들웨어가 있습니다. http. TimeoutHandler 함수는 http.Handler와 대기시간, 그리고 응답 보디에 쓸 문자열을 매개변수로 받은 후 주어진 대기시간으로 내부적으로 동작하는 타이머를 설정합니다. 타이머가 만료되기 전까지 http.Handler가 반환되지 않으면 http.TimeoutHandler 함수는 http.Handler 함수를 블로킹하고 클라이언트에게 503 Service Unavailable 상태를 응답합니다.

목록 9-12는 http.TimeoutHandler를 이용하여 느린 클라이언트를 흉내내는 http.Handler를 래핑합니다.

목록 9-12 클라이언트에게 응답을 읽을 수 있는 유한한 시간 주기(middleware/timeout_test.go)

```
package middleware

import (
  "io/ioutil"
  "net/http"
  "net/http/httptest"
  "testing"
  "time"
)

func TestTimeoutMiddleware(t *testing.T) {
  handler := ❶http.TimeoutHandler(
    http.HandlerFunc(func(w http.ResponseWriter, r *http.Request) {
```

```
        w.WriteHeader(http.StatusNoContent)
    ❷time.Sleep(time.Minute)
    }),
    time.Second,
    "Timed out while reading response",
 )

 r := httptest.NewRequest(http.MethodGet, "http://test/", nil)
 w := httptest.NewRecorder()

 handler.ServeHTTP(w, r)

 resp := w.Result()
 if resp.StatusCode != ❸http.StatusServiceUnavailable {
   t.Fatalf("unexpected status code: %q", resp.Status)
 }

 b, err := ❹ioutil.ReadAll(resp.Body)
 if err != nil {
   t.Fatal(err)
 }
 _ = resp.Body.Close()

❺if actual := string(b); actual != "Timed out while reading response" {
   t.Logf("unexpected body: %q", actual)
 }
}
```

이름과는 달리 http.TimeoutHandler는 http.Handler를 매개변수로 받아서 http.Handler를 반환하는 미들웨어입니다(❶). 래핑된 http.Handler는 의도적으로 1분간 잠들어서(❷) 클라이언트가 응답을 읽는 데 시간이 걸리는 것처럼 시뮬레이션하여 http.Handler가 리턴되지 못하도록 합니다. 핸들러가 1초 내에 응답되지 않으면 http.TimeoutHandler는 응답 상태 코드를 503 Service Unavailable으로 설정합니다(❸). 테스트는 미들웨어가 응답 보디의 전체를 읽은 후(❹) 응답 보디를 닫고 응답 보디에 올바르게 문자열을 썼는지 확인합니다(❺).

민감한 파일에 대한 보안

미들웨어를 사용하면 클라이언트에게 노출하면 안 되는 정보를 보호할 수 있습니다. 예를 들어, 손쉽게 클라이언트에게 정적 파일을 서빙할 수 있는 http.FileServer 함수는 http.FileSystem 인터페이스를 매개변수로 받고 http.Handler 인터페이스를 반환합니다. 하지만 시스템 파일이나 설정 파일 등, 노출되어서는 안 되는 민감한 파일들이 보호되지 않고 그대로 노출된다는 문제가 존재합니다. 서빙할 파일이 있는 대상 디렉터리 내에 있는 파일 모두가 노출되어 버립니다. 일반적으로 대부분의 운영체제는 민감한 파일이나 디렉터리 경로명으로 온점(.)을 접두사로 사용하여 운영체제 내부의 설정 파일이나 그 외의 기밀 정보를 포함하는 파일 및 디렉터리를 저장합니다(특히나 유닉스 기반의 운영체제는 더욱 그렇습니다). 하지만 http.FileServer 함수가 반환하는 핸들러는 온점으로 시작하는 파일이나 디렉터리를 아무런 제재 없이 서빙하곤 합니다.

net/http 패키지의 문서에는 http.FileServer 함수를 사용한 파일 서버가 http.FileSystem으로부터 온점을 접두사로 갖는 파일이나 디렉터리를 서빙하지 못하게 하는 예시 코드가 존재합니다. 목록 9-13에는 미들웨어를 사용하여 동일한 동작을 다른 접근 방법으로 해결합니다.

목록 9-13 주어진 접두사로 시작하는 파일이나 디렉터리를 접근하지 못하게 하는 미들웨어
(middlewares/restrict_prefix.go)

```go
package middleware

import (
  "net/http"
  "path"

  "strings"
)

func RestrictPrefix(prefix string, next http.Handler) http.Handler {
  return ❶http.HandlerFunc(
    func(w http.ResponseWriter, r *http.Request) {
    ❷for _, p := range strings.Split(path.Clean(r.URL.Path), "/") {
        if strings.HasPrefix(p, prefix) {
        ❸http.Error(w, "Not Found", http.StatusNotFound)
          return
        }
      }
      next.ServeHTTP(w, r)
    },
  )
}
```

RestrictPrefix 미들웨어(❶)는 요청 URL 경로를 검사(❷)하여 주어진 접두사로 시작하는지를 확인합니다. 요청 URL 경로가 주어진 접두사로 시작하는 경우 그대로 404 Not Found 상태를 응답합니다(❸).

목록 9-14는 일련의 테스트 케이스에 RestrictPrefix 미들웨어를 사용하는 예시 코드입니다.

목록 9-14 RestrictPrefix 미들웨어 사용(middleware/restrict_prefix_test.go)

```go
package middleware

import (
```

```
   "net/http"
   "net/http/httptest"
   "testing"
)

func TestRestrictPrefix(t *testing.T) {
  handler := ❶http.StripPrefix("/static/",
  ❷RestrictPrefix(".", ❸http.FileServer(http.Dir("../files/"))),
  )

  testCases := []struct {
    path string
    code int
  }{
  ❹{"http://test/static/sage.svg", http.StatusOK},
    {"http://test/static/.secret", http.StatusNotFound},
    {"http://test/static/.dir/secret", http.StatusNotFound},
  }

  for i, c := range testCases {
    r := httptest.NewRequest(http.MethodGet, c.path, nil)
    w := httptest.NewRecorder()
    handler.ServeHTTP(w, r)

    actual := w.Result().StatusCode
    if c.code != actual {
      t.Errorf("%d: expected %d; actual %d", i, c.code, actual)
    }
  }
}
```

요청을 RestrictPrefix 미들웨어(❷)로 넘기기 전에 먼저 http.StripPrefix 미들웨어(❶)로 넘겼습니다. 그리고 RestrictPrefix 미들웨어에서 리소스 경로가 통과되면 요청을 http.FileServer로 넘깁니다(❸). RestrictPrefix 미들웨어는 요청의 리소스 경로를 평가하여 클라이언트가 현재 요청하는 파일이 파일의 존재 유무와 상관없이 민감한 파일인지를 검사합니다. 민감한 파일이라면 RestrictPrefix 미들웨어는 요청을 http.FileServer로 넘기지 않고 그대로 클라이언트에게 에러를 응답합니다.

이 테스트의 http.FileServer에서 서빙되는 정적 파일들의 디렉터리는 **restrict_prefix_test.go** 파일이 존재하는 디렉터리의 부모 디렉터리에 존재합니다. **../files** 디렉터리에 존재하는 파일은 http.FileServer 함수에 매개변수로 전달된 경로의 루트 경로라고 인식합니다. 예를 들어, 운영체제 파일시스템의 ../files/sage.svg 경로에 존재하는 파일은 http.FileSystem에서는 /sage.svg로 변환되어 http.FileServer로 전달됩니다. 클라이언트가 http.FileServer로부터 **sage.svg** 파일을 얻어 오려면 요청 경로를 **/sage.svg**로 해야 합니다.

하지만 각 테스트 케이스의 URL 경로(❹)에는 **/static/** 접두사가 파일명 앞에 붙습니다. 즉, 각 테스트는 http.FileServer에 존재하지 않는 **static/sage.svg** 파일을 요청한다는 의미입니다. 이렇게 경로의 불일치 문제를 해결하기 위해 테스트에서는 net/http 패키지 내의 다른 미들웨어를 사용합니다. http.StripPrefix 미들웨어는 사용자가 요청한 URL로부터 미들웨어에 매개변수로 전달한 접두사를 제거한 후에 http.Handler로 전달합니다. 이 예시에서는 http.FileServer 핸들러로 전달하게 됩니다.

다음으로 http.FileServer 함수를 RestrictPrefix 미들웨어로 감싸서 핸들러가 온점을 접두사로 갖는 파일을 서빙하지 못하도록 하여 민감한 파일의 접근을 막습니다. 첫 번째 테스트 케이스는 URL 경로에 온점을 접두사로 갖는 요소가 없으니 결과로 200 OK를 반환합니다. http.StripPrefix 미들웨어는 테스트 케이스의 URL로부터 **/static/** 접두사를 제거하여 **/static/sage.svg** 경로를 sage.svg로 변경한 후에 http.FileServer로 전달하면, http.FileServer 서버 핸들러는 http.FileSystem으로부터 해당하는 파일을 찾아서 응답 보디로 해당 파일의 내용을 씁니다.

두 번째 테스트 케이스는 **.secret**이라는 파일명의 첫 번째 글자가 온점을 포함하고 있기에 결과로 404 Not Found를 반환합니다. 세 번째 테스트 케이스 또한 URL 경로에 **.dir** 요소를 포함하고 있기에 404 Not Found를 반환합니다(RestrictPrefix 미들웨어는 파일뿐 아니라 각 경로에 해당하는 모든 요소에 대해 접두사가 존재하는지를 검사합니다).

리소스에 대한 접근을 제어하는 더 나은 방법은 기본적으로 모든 리소스의 접근을 막고 명시적으로 선택한 리소스에 대해서만 허용하는 것입니다. 연습 문제로 RestrictPrefix 미들웨어의 반대 동작을 하는 미들웨어를 구현하기 바랍니다. 허용된 리소스의 목록에 포함된 요청만을 허용하는 미들웨어를 생성하면 됩니다.

멀티플렉서

어느 날, 미국에서 네 번째로 큰 미시간 주립대학교 도서관을 갑니다. 커트 보니것Kurt Vonnegut의 《고양이 요람Cat's Cradle》이라는 책을 찾으려는데, 어디서부터 찾기 시작해야 할지 감이 잡히질 않습니다. 책을 찾기 위해 근처에 계신 사서에게 여쭤 봅니다. 사서가 알려 주신 장소로 가 보았지만, 책을 찾을 수 없었습니다(404 Not Found).

나에게 책이 어디 있는지 알려 주는 사서와 같이, **멀티플렉서**multiplexer란 클라이언트의 요청을 특정한 핸들러로 라우팅해 주는 범용 핸들러입니다. http.ServeMux 멀티플렉서는 클라이언트의 요청을 요청된 리소스에 알맞은 핸들러로 라우팅해 주는 http.Handler 인터페이스입니다. 기본적으로 http.ServeMux는 모든 요청에 대해 404 Not Found로 응답합니다. 등록할 핸들러와 핸들러가 동작할 패턴을 등록해 주면 요청 URL의 경로를 등록된 패턴과 비교하여 처리되어야 할 핸들러로 요청을 전달해 줍니다.

목록 9-1은 멀티플렉서를 사용하여 모든 요청을 하나의 엔드포인트로 보냅니다. 목록 9-15는 약간 더 복잡하게 세 개의 엔드포인트로 보냅니다. 목록 9-15의 코드는 요청된 리소스를 평가하여 알맞은 엔드포인트로 요청을 라우팅시킵니다.

목록 9-15 멀티플렉서에 패턴을 등록하고 전체 멀티플렉서를 미들웨어로 래핑(mux_test.go)

```go
package main

import (
  "fmt"
  "io"
  "io/ioutil"
  "net/http"
  "net/http/httptest"
  "testing"
)

❶ func drainAndClose(next http.Handler) http.Handler {
  return http.HandlerFunc(
    func(w http.ResponseWriter, r *http.Request) {
    ❷next.ServeHTTP(w, r)
      _, _ = io.Copy(ioutil.Discard, r.Body)
      _ = r.Body.Close()
    },
  )
}

func TestSimpleMux(t *testing.T) {
  serveMux := http.NewServeMux()
❸serveMux.HandleFunc("/", func(w http.ResponseWriter, r *http.Request) {
    w.WriteHeader(http.StatusNoContent)
  })
  serveMux.HandleFunc(❹"/hello", func(w http.ResponseWriter,
    r *http.Request) {
    _, _ = fmt.Fprint(w, "Hello friend.")
  })
  serveMux.HandleFunc(❺"/hello/there/", func(w http.ResponseWriter,
    r *http.Request) {
    _, _ = fmt.Fprint(w, "Why, hello there.")
  })
  mux := drainAndClose(serveMux)
```

이 테스트는 새로운 멀티플렉서를 생성하고 멀티플렉서의 HandleFunc 메서드를 이용하여 세 개의 라우트를 등록합니다(❸). 첫 번째 라우트는 간단하게 기본 경로, 혹은 공백 URL 경로를 나타내는 슬래시(/)와 응답에 204 No Content 상태를 설정하는 함수입니다. 이 라우트는 등록된 다른 라우트가 모두 일치하지 않는 경우에 실행됩니다. 두 번째 라우트는 응답에 문자열 Hello friend를 쓰는 /hello입니다(❹). 마지막 라우트는 응답에 문자열 Why, hello there.을 쓰는 /hello/there/(❺)입니다.

세 번째 라우트에 트레일링 슬래시trailing slash가 존재합니다. 라우트에 트레일링 슬래시가 존재하는 것은 해당 경로가 서브트리임을 의미합니다. 두 번째 라우트(❹)에는 트레일링 슬래시가 존재하지 않으며, 이는 해당 경로가 절대 경로임을 의미합니다. 익숙하지 않은 사용자가 보기에 이 차이점은 생소해 보입니다. 요청의 URL 경로에 대해 Go의 멀티플렉서의 경우, 절대 경로는 정확하게 일치해야 하는 것으로 취급합니다. 절대 경로와는 달리 서브트리는 접두사가 일치해야 하는 것으로 취급합니다. 즉, URL 경로의 접두사까지 일치하면, 일치하는 것으로 봅니다. 가령, /hello/there/는 /hello/there/you의 접두사이며 일치하는 것으로 보지만, /hello/you의 경우는 아닙니다.

Go의 멀티플렉서는 /hello/there와 같이 트레일링 슬래시를 갖지 않는 URL 경로를 리다이렉트할 수도 있습니다. 그러한 경우 http.ServeMux 핸들러는 먼저 일치하는 절대 경로를 찾도록 시도합니다. 실패할 경우 멀티플렉서는 경로의 끝에 트레일링 슬래시를 붙여서 경로를 가령, /hello/there/로 만든 후에 핸들러로 넘기어, 클라이언트가 이에 대한 응답을 받도록 합니다. 새로운 경로로 영구적인 리다이렉트가 됩니다. 목록 9-16에서 이에 대한 예시를 살펴봅니다.

멀티플렉서에 라우트를 정의하였으니 이제 사용할 준비가 되었습니다. 그런데 핸들러에 한 가지 문제가 있습니다. 어떤 핸들러도 요청 보디를 소비하고 닫지 않는다는 것입니다. 단발성으로 실행되는 이러한 테스트에서는 별로 문제될 것이 없지만, 그럼에도 항상 모범 사례를 따르는 게 좋겠습니다. 프로덕션 시스템에서 요청 보디를 소비하고 닫지 않는다면 오버헤드가 증가하고 잠재적인 메모리 누수가 발생할 것입니다. 여기서는 미들웨어를 사용하여(❶) 요청 보디를 소비하고 닫습니다. drainAndClose 미들웨어에서는 먼저 다음에 처리될 핸들러를 호출하고(❷) 요청 보디를 소비하고 닫아 버립니다. 이미 소비되고 닫힌 요청 보디를 또 다시 닫는다고 해서 문제될 것은 전혀 없습니다.

목록 9-16에서는 목록 9-15의 멀티플렉서의 일련의 요청에 대해 테스트를 진행합니다

목록 9-16 일련의 테스트 케이스 실행 및 응답 상태 코드와 응답 보디 검증(mux_test.go)

```go
--생략--

  testCases := []struct {
    path     string
    response string
    code     int
  }{
❶{"http://test/", "", http.StatusNoContent},
  {"http://test/hello", "Hello friend.", http.StatusOK},
  {"http://test/hello/there/", "Why, hello there.", http.StatusOK},
❷{"http://test/hello/there",

    "<a href=\"/hello/there/\">Moved Permanently</a>.\n\n",
    http.StatusMovedPermanently},
❸{"http://test/hello/there/you", "Why, hello there.", http.StatusOK},
❹{"http://test/hello/and/goodbye", "", http.StatusNoContent},
  {"http://test/something/else/entirely", "", http.StatusNoContent},
  {"http://test/hello/you", "", http.StatusNoContent},
  }

  for i, c := range testCases {
   r := httptest.NewRequest(http.MethodGet, c.path, nil)
   w := httptest.NewRecorder()
   mux.ServeHTTP(w, r)
   resp := w.Result()

   if actual := resp.StatusCode; c.code != actual {
     t.Errorf("%d: expected code %d; actual %d", i, c.code, actual)
   }

   b, err := ❺ioutil.ReadAll(resp.Body)
   if err != nil {
     t.Fatal(err)
   }
   _ = ❻resp.Body.Close()

   if actual := string(b); c.response != actual {
     t.Errorf("%d: expected response %q; actual %q", i,
       c.response, actual)
   }
  }
}
```

/hello/there/ 경로에 대한 요청을 포함하여 처음 세 개의 테스트 케이스(❶)는 멀티플렉서에 등록된 패턴과 정확하게 일치합니다. 하지만 네 번째 테스트 케이스(❷)는 정확한 경로와 일치하지 않습니다. 멀티플렉서가 네 번째 테스트 케이스의 경로에 트레일링 슬래시를 더하고 나서야 정확하게 일치하는 패턴을 발견합니다. 따라서 멀티플렉서는 301 Moved Permanently 상태를 응답하

며, 응답 보디에 새로운 경로에 대한 링크를 포함합니다. 다섯 번째 테스트 케이스(❸)는 **/hello/there/**의 서브트리에 매칭되어 Why, hello there. 응답을 받게 됩니다. 마지막 세 개의 테스트 케이스(❹)는 기본 경로인 /에 매칭되어 204 No Content 상태를 응답합니다.

미들웨어를 사용하여 테스트의 요청 보디를 소비하고 닫는 것처럼 응답 보디에 대해서도 소비하고(❺) 닫아 줍니다(❻).

HTTP/2 서버 푸시

Go HTTP 서버는 HTTP/2상에서 클라이언트에게 리소스를 푸시할 수 있습니다. 이를 이용하면 잠재적으로 효율성을 개선할 수 있습니다. 예를 들어, 클라이언트가 웹 서버에서 홈 페이지를 요청하였을 때, 클라이언트는 응답으로 HTML 페이지를 다 받기 전까지 실제 홈 페이지를 렌더링하기 위해 필요한 관련 스타일 시트 파일이나 이미지가 무엇인지 알 수 없습니다. HTTP/2 서버는 능동적으로 응답으로 HTML과 함께 스타일 시트 파일이나 이미지들을 클라이언트에게 보내어 클라이언트가 해당 리소스에 대해 별도의 요청을 보내지 않아도 됩니다. 하지만 서버 푸시는 잘못 이용하면 악용될 여지가 있습니다. 이번 섹션에서는 서버 푸시를 이용하는 방법과 이용하면 안 되는 경우에 대해 살펴봅니다.

클라이언트에게 리소스 푸시하기

먼저 HTTP/1.1을 사용하여 목록 9-17의 HTML 페이지를 받아 온 후, HTTP/2을 사용하여 동일한 페이지를 받아 온 뒤 차이점을 비교해 봅시다.

목록 9-17 두 리소스의 링크를 포함한 간단한 인덱스 파일(files/index.html)

```
<!DOCTYPE html>
<html lang="en">
<head>
  <meta charset="UTF-8">
  <title>H2 Server Push</title>
❶<link href="/static/style.css" rel="stylesheet">
</head>
<body>
❷<img src="/static/hiking.svg" alt="hiking gopher">
</body>
</html>
```

브라우저가 이 HTML 파일을 이용하여 전체 페이지를 보여 주기 위해서는 스타일 시트 파일(❶)

과 SVG 이미지(❷), 총 2개의 리소스를 더 받아 와야 합니다. 그림 9-2는 HTTP/1.1으로 HTML 과 관련 리소스를 요청했을 때 구글 크롬의 개발자 도구에서의 요청 내역을 보여 줍니다.

Name	Status	Type	Initiator	Size	Time	Waterfall
localhost	200	document	Other	434 B	315 ...	▬▬▬
style.css	200	stylesheet	(index)	390 B	3 ms	
hiking.svg	200	svg+xml	(index)	93.3 KB	3 ms	
favicon.ico	200	text/html	Other	434 B	2 ms	

그림 9-2 HTTP/1.1상의 다운로드된 인덱스 페이지와 연관 리소스

크롬이 자체적으로 다운로드를 시도하는 **favicon.ico** 파일 외에 브라우저는 필요한 리소스를 받아 오기 위해 HTML 파일, 스타일 시트 파일, 그리고 SVG 이미지 파일, 총 세 번의 요청을 보냅니다. **index.html** 파일(그림 9-2의 **localhost**) 요청을 보내는 브라우저는 **index.html** 파일의 페이지 렌더링을 위해 **style.css** 파일과 **hiking.svg** 파일에 대한 요청도 보낼 것입니다. 웹 서버는 이 두 파일을 웹 브라우저에게 적극적으로 푸시해 주어 성능을 일부 개선할 수 있습니다. 웹 브라우저가 결국에는 두 파일을 요청하게 될 것이기 때문입니다. 이렇게 웹 서버가 먼저 적극적으로 웹 브라우저에게 리소스를 제공해 주면, 웹 브라우저는 별도의 요청을 보낼 때 발생하는 오버헤드가 없어지게 됩니다.

그림 9-3은 HTTP/2을 사용한 동일한 요청 내역입니다. 여기서 서버는 **style.css** 파일과 **hiking. svg** 파일을 푸시해 줍니다.

Name	Status	Type	Initiator	Size	Time	Waterfall
localhost	200	document	Other	296 B	7 ms	▫▮
style.css	200	stylesheet	Push / (index)	230 B	2 ms	
hiking.svg	200	svg+xml	Push / (index)	93.2 KB	2 ms	
favicon.ico	200	text/html	Other	307 B	3 ms	

그림 9-3 다운로드된 index 페이지와 서버 사이드에서 푸시된 리소스

클라이언트는 서버에게 **index.html** 파일만을 요청하여 세 개의 리소스를 다 받아 옵니다. 그림 9-3의 Initiator 칼럼을 살펴보면 크롬이 해당 리소스를 푸시 캐시로부터 받아 왔다는 것을 알 수 있습니다.

커맨드 라인에서 실행할 수 있는, 리소스를 클라이언트에게 푸시할 수 있는 기능의 프로그램을 작성해 봅시다. 목록 9-18은 이 프로그램의 첫 부분입니다.

목록 9-18 HTTP/2 서버를 위한 커맨드 라인 매개변수(server.go)

```
package main

import (
  "context"
  "flag"
  "log"
  "net/http"
  "os"
  "os/signal"
  "path/filepath"
  "time"

  "github.com/awoodbeck/gnp/ch09/handlers"
  "github.com/awoodbeck/gnp/ch09/middleware"
)

var (
  addr  = flag.String("listen", "127.0.0.1:8080", "listen address")
❶ cert  = flag.String("cert", "", "certificate")
❷ pkey  = flag.String("key", "", "private key")
  files = flag.String("files", "./files", "static file directory")
)

func main() {
  flag.Parse()

  err := ❸ run(*addr, *files, *cert, *pkey)
  if err != nil {
    log.Fatal(err)
  }

  log.Println("Server gracefully shutdown")
}
```

HTTP/2 서버는 TLS 지원을 필요로 하기에, 이를 위해 매개변수로 인증서의 경로(❶)와 인증서의 개인키의 경로(❷)를 전달해 주어야 합니다. 둘 중 하나의 값이 전달되지 않으면 서버는 평문의 HTTP 연결을 대기합니다. 다음으로 run 함수에 커맨드 라인의 플래그 값을 전달합니다(❸).

목록 9-19에서 정의된 run 함수에는 서버에 필요한 대부분의 로직과, 웹 서버를 실행시키는 부분이 포함됩니다. 이후에 run 함수에 포함된 여러 기능들을 각각의 함수로 분해하면 더욱 쉽게 유닛 테스트를 진행할 수 있습니다.

목록 9-19 HTTP/2 서버의 멀티플렉서, 미들웨어, 핸들러(server.go)

```
--생략--

func run(addr, files, cert, pkey string) error {
  mux := http.NewServeMux()
❶mux.Handle("/static/",
    http.StripPrefix("/static/",
      middleware.RestrictPrefix(
        ".", http.FileServer(http.Dir(files)),
      ),
    ),
  )
❷mux.Handle("/",
    handlers.Methods{
      http.MethodGet: http.HandlerFunc(
        func(w http.ResponseWriter, r *http.Request) {
        ❸if pusher, ok := w.(http.Pusher); ok {
            targets := []string{
            ❹"/static/style.css",
              "/static/hiking.svg",
            }
            for _, target := range targets {
              if err := ❺pusher.Push(target, nil); err != nil {
                log.Printf("%s push failed: %v", target, err)
              }
            }
          }
          ❻http.ServeFile(w, r, filepath.Join(files, "index.html"))
        },
      ),
    },
  )
❼mux.Handle("/2",
    handlers.Methods{
      http.MethodGet: http.HandlerFunc(
        func(w http.ResponseWriter, r *http.Request) {
          http.ServeFile(w, r, filepath.Join(files, "index2.html"))
        },
      ),
    },
  )
```

서버의 멀티플렉서에는 정적인 파일을 제공하기 위한 라우트(❶), 기본 라우트(❷), 그리고 절대 경로 /2(❼), 총 세 개의 라우트가 존재합니다. http.ResponseWriter 인터페이스가 http.Pusher 객체인 경우(❸) 별도의 요청 없이도 클라이언트에게 리소스를 푸시할 수 있습니다(❺). 서버가 푸시를 할 때 요청이 클라이언트에서 온 것으로 취급하기 때문에 서버에 존재하는 파일시스템의 파일의 경로가 아닌, 클라이언트 관점에서 리소스의 경로를 지정해 줍니다(❹). 리소스를 푸시해 주고

난 후에는 핸들러에서 응답을 처리합니다(❻). **index.html** 파일을 푸시해야 할 리소스보다 먼저 보낸 경우, 클라이언트의 브라우저에서는 푸시를 처리하기 전에 해당 리소스에 대한 요청을 보낼 수도 있습니다.

웹 브라우저는 서버와 연결이 되어 있는 동안 HTTP/2에서 푸시된 리소스를 캐시하여 다른 라우트에서도 접근할 수 있도록 합니다. 따라서 /2 경로(❼)에서 획득한 **index2.html** 파일이 기본 라우트에서 참조하는 동일한 리소스를 참조할 경우, 클라이언트의 웹 브라우저는 /2를 렌더링하는 동안 먼저 기본 라우트로 가서 푸시된 리소스를 사용하도록 합니다.

마지막으로 리소스를 서빙하기 위하여 HTTP 서버를 초기화하는 작업이 남았습니다. 목록 9-20 은 멀티플렉서를 이용하여 HTTP 서버를 초기화합니다.

목록 9-20 HTTP/2을 지원하는 서버 구현(server.go)

```
--생략--
  srv := &http.Server{
    Addr:             addr,
    Handler:          mux,
    IdleTimeout:      time.Minute,
    ReadHeaderTimeout: 30 * time.Second,
  }

  done := make(chan struct{})
  go func() {
    c := make(chan os.Signal, 1)
    signal.Notify(c, os.Interrupt)

    for {
  ❶if <-c == os.Interrupt {
      ❷if err := srv.Shutdown(context.Background()); err != nil {
          log.Printf("shutdown: %v", err)
        }
        close(done)
        return
      }
    }
  }()

  log.Printf("Serving files in %q over %s\n", files, srv.Addr)

  var err error
  if cert != "" && pkey != "" {
    log.Println("TLS enabled")
  ❸err = srv.ListenAndServeTLS(cert, pkey)
  } else {
  ❹err = srv.ListenAndServe()
```

```
  }

  if err == http.ErrServerClosed {
    err = nil
  }

  <-done

  return err
}
```

서버가 os.Interrupt 시그널을 받으면(❶) 서버의 Shutdown 메서드를 호출하게 됩니다(❷). 갑작스럽게 서버의 리스너와 모든 활성 상태의 연결을 닫아 버리는 Close 메서드와는 달리 Shutdown 메서드는 우아하게 서버를 종료합니다. Shutdown 메서드는 서버에게 먼저 리스너를 종료하여 더 이상의 수신 연결을 막고 모든 클라이언트의 연결이 끝날 때까지 블로킹됩니다. 이로 인해 서버가 완전히 종료되기 전에 요청 전송을 마무리할 수 있게 됩니다.

인증서의 경로와 인증서의 개인키의 경로를 모두 전달해 주면 서버는 ListenAndServeTLS 메서드를 사용하여 TLS를 지원합니다(❸). 인증서나 인증서의 개인키를 찾지 못하거나 올바른 형식이 아니어서 파싱을 못할 경우 메서드는 에러를 반환합니다. 이 두 경로를 전달해 주지 않으면 서버는 ListenAndServe 메서드를 사용합니다(❹).

지금 구현한 서버를 한번 테스트하기 바랍니다. 8장에서 살펴본 것처럼 Go에는 코드상에서 서버의 푸시 기능을 테스트할 수 있는 HTTP/2 클라이언트의 기능이 존재하지 않지만, 웹 브라우저를 이용하여 이를 테스트해 볼 수 있습니다.

너무 많이 푸시하지 맙시다

HTTP/2 서버 푸시가 통신의 효율을 개선시킬 수는 있지만, 주의하지 않으면 완전히 비효율적이 될 수도 있습니다. 웹 브라우저가 연결 주기 동안 푸시된 리소스를 캐싱한다는 것을 생각해 보기 바랍니다. 자주 변경되지 않는 리소스를 서빙하는 경우 웹 브라우저는 이미 일반적인 캐시에 해당 리소스를 가지고 있을 수 있기 때문에 그런 리소스는 푸시하면 안 됩니다. 이미 캐시되고 난 후에 브라우저는 여러 연결에서 동일한 캐시된 리소스를 사용할 수 있습니다. 예를 들면, 목록 9-19에서의 리소스는 거의 바뀔 일이 없기에 푸시하지 않는 것이 좋습니다.

제 경험상 서버 푸시는 보수적으로 처리하는 것이 좋습니다. 핸들러를 사용하고 메트릭스를 살펴보아 리소스를 푸시해야 하는 때를 파악하기 바랍니다. 리소스를 푸시해야 한다면 응답을 쓰기 전에 푸시하기 바랍니다.

이 장에서 배운 것

Go의 net/http 패키지에는 안정적인 서버 구현체가 존재합니다. 이번 장에서는 패키지 내에 존재하는 핸들러와 미들웨어, 멀티플렉서와 HTTP/2 서버 구현을 이용하여 클라이언트의 요청을 효과적이고 효율적으로 처리하였습니다.

Go의 http.Handler은 요청을 수락하고 상태 코드와 페이로드를 응답할 수 있는 객체를 기술하는 인터페이스입니다. **멀티플렉서**multiplexer라 부르는 특별한 핸들러는 요청의 라우터와 같이 동작하며, 요청을 파싱하여 해당 요청을 처리할 수 있는 알맞은 핸들러로 넘겨 줍니다. **미들웨어**middleware는 핸들러가 해야 하는 동작을 추가해 주거나, 혹은 부가적으로 처리해야 하는 작업을 수행해 줍니다. 미들웨어는 요청 자체를 변경하거나, 응답에 헤더를 추가하거나, 메트릭스를 수집하거나, 혹은 핸들러를 미리 선점하여 미들웨어 단에서 요청을 종료시키는 등의 작업을 수행하는 데 사용됩니다. 마지막으로, Go 서버에서 TLS상의 HTTP/2 지원에 대해 알아보았습니다. HTTP/2를 사용하면 서버는 클라이언트에게 리소스를 푸시하여 잠재적으로 더욱 효율적인 통신을 할 수 있게 됩니다.

이러한 기능을 사용하여 적은 양의 코드로도 다양한 기능의 유용한 HTTP 기반 애플리케이션을 작성할 수 있습니다.

10

Caddy: 모던 웹 서버

9장에서는 Go의 표준 라이브러리를 사용하여 작성할 수 있는 웹 서비스 작성 요소들에 대해 살펴보았습니다. 상대적으로 적은 양의 코드로 핸들러나 미들웨어, 그리고 멀티플렉서를 사용하여 간단한 웹 서버를 만드는 방법을 알아보았습니다. 이 정도로도 충분히 웹 서버를 만들 수 있지만, 밑바닥에서부터 직접 서버를 작성하는 일은 최선의 길이 아닐 수 있습니다. 서버에 로깅 기능을 더하고, 메트릭스, 인증, 접근 제어, 암호화 등의 기능들을 추가하는 것은 어려운 일이 될 수 있으며, 이를 문제없이 올바르게 처리하기란 더욱 어렵습니다. 이 모든 기능들을 직접 작성하는 대신 이미 존재하는 잘 만들어진 웹 서버의 코드를 활용하면 간편하게 웹 서비스를 작성할 수 있습니다.

이번 장에서는 Caddy 웹 서버에 대해 살펴보고, 이를 이용하여 웹 서비스를 작성하고 애플리케이션에 활용하는 법을 알아봅니다. Caddy를 사용하는 방법을 알아보고 실시간으로 구성 설정을 변경할 수 있는 API를 알아봅니다. 그다음으로 커스텀 모듈과 다양한 구성 설정 어댑터를 활용하여 Caddy의 기능을 확장하는 방법에 대해 알아봅니다. 이를 이용하면 Caddy를 사용하여 애플리케이션의 정적 파일을 서빙하고 웹 서비스로 요청을 프락시할 수 있습니다. 끝으로, Let's Encrypt

로부터 무료 인증서를 얻어 오는 Caddy의 자동 TLS 지원 기능과 자동으로 인증서와 키를 관리해 주는 기능에 대해 알아봅니다.

이번 장을 읽고 나면 웹 애플리케이션을 구성할 때 간단하게 net/http 기반의 웹 서버만 사용하여 구성하는 것이 좋을지, 아니면 Caddy와 같이 포괄적인 솔루션을 사용하여 구성하는 것이 좋을지 등 최선의 솔루션을 선택하는 데 큰 도움이 될 것입니다.

Caddy란?

Caddy는 보안과 성능, 그리고 사용성을 중시하는 현대의 웹 서버입니다. 주요 기능 중 하나로서, 자동으로 TLS 인증서를 관리해 주어 손쉽게 HTTPS를 구성할 수 있도록 해 줍니다. Caddy는 Go의 동시성 및 병렬성의 강점을 취하여 상당량의 웹 트래픽을 서빙할 수 있습니다. 엔터프라이즈 레벨의 지원을 해 주는 몇 안 되는 오픈소스 프로젝트 중 하나입니다.

Let's Encrypt 통합

Let's Encrypt는 HTTPS 통신을 위해 디지털 인증서를 공개적으로 무료로 제공해 주는 비영리의 인증서 관리 단체입니다. Let's Encrypt의 인증서를 사용하여 인터넷상의 절반 이상의 웹사이트가 HTTPS로 동작 중이며, 모든 유명한 웹 브라우저는 Let's Encrypt의 인증서를 신뢰합니다. **ACME**Automated Certificate Management Environment(**자동화된 인증서 관리 환경**)라 부르는 Let's Encrypt의 자동화된 인증서 발급 및 갱신의 프로토콜을 사용하여 웹사이트의 인증서를 얻어 올 수 있습니다.

일반적으로 인증서를 얻어 오는 작업에는 세 단계가 존재합니다. 인증서를 요청하고, 도메인을 검증한 뒤, 인증서를 발급받습니다. 먼저, Let's Encrypt로부터 도메인에 대해 인증서를 요청합니다. 그러면 Let's Encrypt는 여러분이 실제로 도메인의 관리자인지를 확인합니다. 실제로 도메인의 소유권이 있음을 확인한 후 Let's Encrypt는 인증서를 발급해 주며, 이를 이용하여 웹 서버는 HTTPS에 활용할 수 있습니다. 발급된 인증서는 최대 90일간 사용할 수 있으며, 서비스가 중단되지 않기 위하여 60일마다 인증서를 갱신해 줍니다.

Caddy는 기본적으로 ACME 프로토콜을 지원하며, 자동으로 인증서를 요청하고 검증한 뒤에 실제로 Caddy가 해당 도메인을 현재 서버 내에서 호스팅하고 있는 경우 Let's Encrypt에서 발급받은 인증서를 설치해 줍니다. 263페이지의 '자동 HTTPS 기능 추가하기'에서 이에 대해 살펴봅니다. 또한, Caddy는 자동으로 인증서를 갱신해 주어 인증서의 만료 기간을 확인할 필요가 아예 없습니다.

Caddy를 웹 서비스에 활용하는 방법

Caddy는 NGINX나 Apache와 같이 유명한 웹 서버와 유사하게 동작합니다. 그림 10-1에서 볼 수 있는 것처럼, 웹 클라이언트와 웹 서비스 사이의 네트워크의 최전방에 위치합니다.

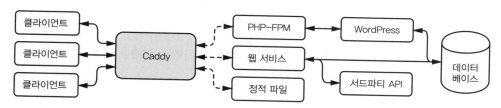

그림 10-1 클라이언트의 요청을 웹 서비스로 리버스 프락시하는 Caddy 서버

Caddy는 정적 파일을 서빙하고 클라이언트와 백엔드 서비스 간에 **리버스 프락시**reverse proxy라 부르는 절차를 통해 요청을 전달합니다. 이 예시에서 Caddy는 PHP-FPM(PHP의 FastCGI 프로세스 매니저)와 정적 파일, 그리고 Go 기반 웹 서비스를 통해 워드프레스 블로그를 서빙합니다. 이번 장 후반부에서 워드프레스 블로그 외의 서비스에 대해 비슷한 환경을 구성해 볼 것입니다.

Caddy를 사용하면 마치 코드상의 추상화처럼 클라이언트로부터 웹 서비스를 추상화시킬 수 있습니다. Caddy의 자동화된 TLS 기능과 정적 파일 서버, 데이터 압축, 접근 제어 및 로깅 기능을 사용하면 구현해야 할 웹 서비스 내에 이러한 기능을 직접 개발하지 않아도 됩니다. 게다가 Caddy를 사용하면 여러 네트워크 구성을 추상화시키어 클라이언트에게는 단순하게 Caddy만을 바라보도록 할 수 있다는 장점이 있습니다. 사용자가 점점 늘어남에 따라 하나의 웹 서비스로는 처리가 어려워지게 되면, 추가로 노드를 늘리고 Caddy에 등록하여 클라이언트가 요청이 중단되지 않고도 여러 노드로 부하를 분산시킬 수 있습니다.

Caddy 사용해 보기

사용할 버전은 Caddy 2입니다. 설치에는 몇 가지 방법이 존재합니다.

Caddy 다운로드하기

Caddy 팀이 빌드한 정적 바이너리를 다운로드하여 설치할 수 있습니다. 공식 홈페이지인 https://caddyserver.com/의 다운로드 링크에서 바이너리를 다운로드할 수 있습니다.

정적 바이너리 외에도 도커 이미지, DigitalOcean 클라우드의 droplet, 데비안Debian 계열의 APT 패키지 매니저, 페도라 계열의 RPM 등의 방법으로 Caddy를 설치할 수 있습니다. 이와 관련한 자세한 문서는 https://caddyserver.com/docs/install에서 찾아볼 수 있습니다.

소스코드에서 Caddy 빌드하기

여러분의 운영체제와 아키텍처에 알맞은 정적 바이너리를 찾지 못하였거나 Caddy를 커스터마이징하려는 경우 소스코드에서 Caddy를 직접 컴파일할 수도 있습니다.

Caddy는 Go 모듈 지원을 필요로 합니다. 따라서 다음의 커맨드 실행을 위해 최소한 Go 버전 1.16 이상을 사용해야 합니다.

```
$ git clone "https://github.com/caddyserver/caddy.git"
Cloning into 'caddy'...
$ cd caddy/cmd/caddy
caddy/cmd/caddy$ go build
```

Caddy의 Git 레포지토리를 클론한 다음 main 패키지가 존재하는 **caddy/cmd/caddy** 서브디렉터리로 이동합니다. go build를 이용하여 **caddy**라는 이름의 바이너리를 현재 경로에 컴파일하여 생성할 수 있습니다. 이후로는 빌드된 **caddy** 바이너리가 PATH 내에 있다고 가정합니다.

main.go 파일을 살펴보기 바랍니다. 이번 장의 후반부에서 Caddy를 커스터마이징하기 위해 모듈을 추가할 때 다시 main.go 파일을 확인할 것입니다.[24]

Caddy 환경구성 및 실행하기

Caddy에서는 환경구성configuration의 목적으로 관리자가 TCP 포트 2019번에서 접근할 수 있는 엔드포인트가 있습니다. 이 엔드포인트에 환경구성 정보의 JSON 데이터와 함께 POST 요청을 전송하여 Caddy의 환경구성을 변경할 수 있으며, GET 요청을 전송하여 환경구성 정보를 읽어 올 수 있습니다. Caddy의 환경구성 정보에 대한 전체적인 JSON API 문서는 https://caddyserver.com/docs/json/에서 확인할 수 있습니다.

Caddy의 환경구성을 변경하기 전에 먼저 Caddy를 시작해야 합니다. 다음을 수행하면 Caddy를 백그라운드 프로세스로 실행합니다.

---

24 옮긴이 Caddy를 빌드하기 위한 별도의 xcaddy라는 프로젝트도 존재합니다. 플러그인과 함께 손쉽게 Caddy를 빌드하는 데 유용합니다. https://github.com/caddyserver/xcaddy에서 확인할 수 있습니다.

```
$ caddy start
2006/01/02 15:04:05.000 INFO admin endpoint started
{"address": "tcp/localhost:2019", "enforce_origin": false,
"origins": ["localhost:2019", "[::1]:2019", "127.0.0.1:2019"]}
2006/01/02 15:04:05.000 INFO serving initial configuration
Successfully started Caddy (pid=24587) - Caddy is running in the background
```

로그 내용을 살펴보면 관리자 엔드포인트_{admin endpoint}가 시작되었고 Caddy가 초기 기본 환경구성 정보를 사용하였습니다. 또한, 로그 내용을 살펴보면 관리자 엔드포인트와 통신한 기록들이 표준 출력으로 출력됩니다.

Caddy는 기본적으로 설정된 별도의 환경구성 정보가 없습니다. Caddy로 의미 있는 환경구성 정보를 전송해 봅시다. 목록 10-1에서는 Caddy가 환경구성 정보를 실시간으로 업데이트할 수 있도록 curl 커맨드를 이용하여 관리자 엔드포인트에 환경구성 정보의 JSON 데이터를 POST 요청으로 전송합니다.

목록 10-1 Caddy의 관리자 엔드포인트에 설정 업데이트

```
$ curl localhost:2019/load \
❶ -X POST -H "Content-Type: application/json" \
-d '
{
  "apps": {
    "http": {
      "servers": {
        "hello": {
          "listen": ["localhost:2020"],
        ❷"routes": [{
            "handle": [{
            ❸"handler": "static_response",
              "body": "Hello, world!"
            }]
          }]
        }
      }
    }
  }
}'
```

환경구성 정보를 실시간으로 업데이트하기 위해 요청 보디에 JSON 데이터(❶)를 포함시켜 2019번 포트에서 요청 대기 중인 Caddy 인스턴스에 POST 요청을 전송합니다. 최상위 계층에 존재하는 **apps**의 네임스페이스는 Caddy가 런타임에서 운영할 애플리케이션의 목록을 보여 줍니다. 이 예시에서 Caddy는 **http** 애플리케이션을 로드합니다. **http** 애플리케이션의 환경구성 정보는 하나 이상의 서버로 구성됩니다. 이 예시에서는 2020번 포트의 localhost에서 리스닝하는 hello라는 이름의 서버를 하나 구성합니다. 서버 이름은 원하는 대로 지으면 됩니다.

listen 필드의 값이 주소의 배열이기 때문에 한 서버에서 하나 이상의 소켓 주소가 리스닝하도록 구성할 수 있습니다. 3장에서 요청 수신 대기를 위해 소켓을 리스닝하던 것처럼, Caddy는 구성된 주소 값을 net.Listen 함수에 전달합니다. 또한, 단일 포트 외에도 localhost:2020-2025와 같이 범위를 지정하여 전달하더라도 Caddy가 이를 인식하여 각각의 소켓 주소로 파싱합니다. Caddy는 소켓 주소에 접두사를 붙여서 리스너를 특정한 종류의 네트워크로 한정할 수 있습니다. 예를 들어, udp/localhost:2020은 서버가 UDP의 2020번 포트에서 localhost 주소로 바인딩되게 합니다. 슬래시는 주소의 일부가 아니고, 구분자로써 사용됩니다. 서버가 유닉스 도메인 소켓의 /tmp/caddy.sock으로 바인딩되게 하려면 unix//tmp/caddy.sock의 주소를 사용하면 됩니다.

hello 서버의 라우트 값(❷)은 이전 장의 멀티플렉서와 같이 라우트의 배열이며, 이는 서버가 요청을 처리하기 위한 방법을 나타냅니다. 사용자의 요청이 처리할 라우트와 일치하면 Caddy는 handle 배열에 있는 각 핸들러로 요청을 전달합니다. handle 필드의 값으로 배열을 받기 때문에 라우트마다 하나 이상의 핸들러를 지정할 수 있습니다. 이전 장에서 미들웨어를 연속적으로 체이닝하였듯 Caddy는 마찬가지로 여러 개의 핸들러에 대해 사용자의 요청을 체이닝하도록 전달합니다. 이 예시에서 모든 요청과 일치하는 하나의 라우트를 지정하였고, 이 라우트에 대해 하나의 핸들러를 추가하였고, 기본 내장된 static_response 핸들러(❸)를 사용하여 응답 보디에 Hello, world!의 값을 쓰도록 하였습니다.

환경구성 정보가 올바르게 설정되었다면 Caddy는 곧바로 새로운 환경구성 정보를 사용합니다. 제대로 새로운 환경구성 정보를 사용하여 관리자 포트인 2019번 포트와 hello 서버 포트인 2020번 포트에서 리스닝 중인지 확인해 봅시다.

```
$ lsof -Pi :2019-2025
COMMAND PID USER FD TYPE DEVICE SIZE/OFF NODE NAME
caddy 24587 user 3u IPv4 811511 0t0 TCP localhost:2019 (LISTEN)
caddy 24587 user 9u IPv4 915742 0t0 TCP localhost:2020 (LISTEN)
```

잘 동작하고 있습니다. 이 커맨드는 Windows에서는 동작하지 않습니다. 대신에 관리자 권한으로 커맨드 프롬프트를 실행하여 netstat -b를 실행하면 비슷한 결과를 확인해 볼 수 있습니다. 이제 Caddy의 관리자 엔드포인트에 GET 요청을 보내서 환경구성 정보를 확인해 봅시다.

```
$ curl localhost:2019/config/
{"apps":{"http":{"servers":{"hello":{"listen":["localhost:2020"],
"routes":[{"handle":[{"body":"Hello, world!","handler":"static_
response"}]}]}}}}}
```

Caddy는 응답 보디로 JSON 포맷의 환경구성 정보를 반환합니다. Caddy는 환경구성 정보와 관련한 리소스를 /config/ 서브트리의 엔드포인트로 접근할 수 있기에 리소스 접두사로 /config/가 존재하며, 따라서 경로 끝 부분에 트레일링 슬래시를 붙여 주었습니다. 실수로 트레일링 슬래시를 붙이지 않으면 Caddy는 2019번 포트의 관리자 API에 존재하지 않는 /config라는 절대 경로에 존재하는 리소스를 요청한 것으로 생각합니다.

Caddy는 **환경구성 순회**configuration traversal를 지원합니다. 환경구성 순회는 구성정보 내의 각 JSON 키를 리소스 주소로 취급하여 요청할 수 있도록 해 줍니다. 가령, 예시의 hello 서버에서 listen 필드의 값을 얻어 오기 위해 다음의 GET 요청을 할 수 있습니다.

```
$ curl localhost:2019/config/apps/http/servers/hello/listen
["localhost:2020"]
```

예상대로 Caddy는 localhost:2020 주소를 포함하는 JSON 배열을 반환합니다. 이 소켓 주소로 GET 요청을 전송해 봅시다.

```
$ curl localhost:2020
Hello, world!
```

static_response 핸들러에서 반환되는 Hello, world! 문자열을 확인할 수 있습니다.

실시간으로 Caddy의 환경구성 수정하기

8장에서 배운 HTTP 메서드를 이용하여 서버의 환경구성을 수정할 수 있습니다. Caddy가 전송한 JSON을 파싱할 수만 있다면 수정한 내역은 즉시 반영되어 적용됩니다. Caddy가 새로운 환경구성 정보의 JSON 파싱에 실패하거나 무언가 근본적인 에러가 존재하게 되면 무엇이 잘못되었는지에 대한 설명과 함께 해당 에러를 로깅하고 기존 환경구성 정보를 사용합니다.

가령, hello 서버를 2021번 포트에서도 리스닝하기 위해 listen 필드에 값을 추가한 환경구성 정보를 이용하여 POST 요청을 보내면 변경된 내용은 즉시 적용됩니다.

```
$ curl localhost:2019/config/apps/http/servers/hello/listen \
-X POST -H "Content-Type: application/json" -d '"localhost:2021"'
$ lsof -Pi :2019-2025
COMMAND PID USER FD TYPE DEVICE SIZE/OFF NODE NAME
caddy 24587 user 3u IPv4 811511 0t0 TCP localhost:2019 (LISTEN)
caddy 24587 user 9u IPv4 915742 0t0 TCP localhost:2020 (LISTEN)
caddy 24587 user 11u IPv4 1148212 0t0 TCP localhost:2021 (LISTEN)
```
❶

Caddy가 2019번 포트와 2020번 포트 외에도 2021번 포트(❶)에서 리스닝 중인 것을 볼 수 있습니다.

여러 개의 리스닝 주소를 포트 범위로 변경하기 위해서 다음의 PATCH 요청을 전송합니다.

```
$ curl localhost:2019/config/apps/http/servers/hello/listen \
-X PATCH -H "Content-Type: application/json" -d '["localhost:2020-2025"]'
$ lsof -Pi :2019-2025
COMMAND PID USER FD TYPE DEVICE SIZE/OFF NODE NAME
caddy 24587 user 3u IPv4 811511 0t0 TCP localhost:2019 (LISTEN)
caddy 24587 user 9u IPv4 915742 0t0 TCP localhost:2020 (LISTEN)
caddy 24587 user 10u IPv4 1149557 0t0 TCP localhost:2021 (LISTEN)
caddy 24587 user 11u IPv4 1166333 0t0 TCP localhost:2022 (LISTEN)
caddy 24587 user 12u IPv4 1169409 0t0 TCP localhost:2023 (LISTEN)
caddy 24587 user 13u IPv4 1169413 0t0 TCP localhost:2024 (LISTEN)
caddy 24587 user 14u IPv4 1169417 0t0 TCP localhost:2025 (LISTEN)
```
❶

❷

Caddy가 관리자 포트인 2019번 포트 외에도 2020번 포트(❶)부터 2025번 포트(❷)까지 리스닝 중인 것을 확인할 수 있습니다.

아마 Caddy의 환경구성 정보를 실시간으로 바꾸는 일이 거의 없겠지만, 개발 중에는 기능을 추가하기 위해 새로운 서버를 손쉽게 동작할 수 있기에 매우 유용하게 사용됩니다. 목록 10-2에서는 동작 중인 Caddy 서버에 2030번 포트에서 리스닝하는 test라는 이름의 새로운 서버를 추가해봅니다.

목록 10-2 Caddy에 실시간으로 새로운 서버 추가하기

```
$ curl localhost:2019/config/apps/http/servers/test \
-X POST -H "Content-Type: application/json" \
-d '{
  "listen": ["localhost:2030"],
  "routes": [{
    "handle": [{
      "handler": "static_response",
      "body": "Welcome to my temporary test server."
    }]
  }]
}'
```

새로운 서버 이름의 test는 POST 요청을 보내는 리소스의 일부분(URL)으로 사용됩니다. 목록 10-1의 원본 환경구성 정보에서 동일한 구성을 한다면 서버 이름의 test는 키, 요청 보디의 JSON 은 값으로 생각할 수 있습니다. 이 시점에서 Caddy에는 2020번 포트부터 2025번 포트까지 리스 닝 중인 hello라는 이름의 서버와 2030번 포트에서 리스닝 중인 test라는 서버, 두 개의 서버를 가지고 있습니다. 제대로 test라는 서버가 동작 중인지 확인하기 위해 2030번 포트의 엔드포인트 를 확인해 봅시다.

```
$ curl localhost:2030
Welcome to my temporary test server.
```

예상대로 static_response 핸들러가 메시지를 응답하는 것을 확인할 수 있습니다. test 서버를 제거하려면 DELETE 요청을 보내면 됩니다.

```
$ curl localhost:2019/config/apps/http/servers/test -X DELETE
```

test 서버를 리소스의 일부분으로 지정하였습니다. 요청이 완료된 이후 test 서버는 더 이상 존 재하지 않게 되며 Caddy는 localhost의 2030번 포트에서 더 이상 리스닝하지 않게 됩니다. hello 서버는 전혀 건드리지 않은 채로 새로운 서버를 시작할 수도 있습니다. 이렇듯 실시간으로 환경구 성을 변경하면 다양한 가능성이 열리게 됩니다. 어떤 날의 특정한 시간에만 서버, 혹은 라우트가 접근하게 할 수도 있으며, 웹 서버를 완전히 껐다 켜지 않고도 일시적으로 트래픽을 리다이렉트하 게 할 수도 있습니다.

환경구성 정보를 파일에 저장하기

일반적으로 Caddy의 환경구성 정보는 서버를 시작할 때 제공해 줍니다. 목록 10-1의 JSON 환경 구성 정보를 **caddy.json**이라는 파일로 저장한 후 다음의 명령으로 Caddy를 시작합니다.

```
$ caddy start --config caddy.json
Successfully started Caddy (pid=46112) - Caddy is running in the background
$ curl localhost:2019/config/
{"apps":{"http":{"servers":{"hello":{"listen":["localhost:2020"],
"routes":[{"handle":[{"b
ody":"Hello, world!","handler":"static_
response"}]}]}}}}}
```

목록 10-1과 같이 Caddy가 백그라운드에서 시작하지만 초기의 환경구성 정보로 **caddy.json** 파일의 환경구성 정보를 사용하여 초기화됩니다.

모듈과 어댑터로 Caddy 확장하기

Caddy는 기능들을 확장하기 위하여 모듈형 구조를 채택하였습니다. 모듈형 구조로 인하여 모듈과 환경구성 어댑터를 작성하여 직접 Caddy의 기능을 확장할 수 있습니다. 이번 섹션에서는 환경구성 어댑터를 직접 작성하여 Caddy의 환경구성 정보를 TOML_{Tom's Obvious, Minimal Language} 파일로 저장해 봅니다. 또한, 이전 장의 restrict_prefix 미들웨어를 모듈로 만들어 봅니다.

환경구성 어댑터 작성하기

환경구성 파일로 JSON 포맷을 사용하는 게 아무런 문제는 없지만 사람이 보기에 다른 포맷에 비해서는 조금 적합하지 않습니다. JSON에는 사람이 환경구성 파일을 읽기 쉽도록 만들어 주는 주석 및 공백을 포함한 여러 줄의 문자열(멀티라인 문자열) 지원 등이 부족합니다. Caddy에는 환경구성을 JSON 포맷에서 TOML과 같은 다른 포맷으로 적용할 수 있는 **어댑터**adapter 기능을 지원합니다. TOML에는 주석과 멀티라인 문자열을 지원합니다. TOML에 대한 자세한 문서는 다음의 링크를 확인하기 바랍니다: https://github.com/toml-lang/toml

Caddy 버전 1에는 환경구성 정보를 저장하기 위한 **Caddyfile**이라는 이름의 커스텀 포맷을 지원합니다. Caddy 버전 2에서도 **Caddyfile**을 사용하려면 환경구성 어댑터를 사용해야 합니다. 파일명이 Caddyfile인 경우 Caddy는 caddyfile 어댑터를 자동으로 사용합니다. 커맨드 라인에서 직접 어댑터를 지정해 주려면 다음과 같이 사용합니다.

```
$ caddy start --config Caddyfile --adapter caddyfile
```

adapter 플래그는 Caddy에게 어느 어댑터를 사용해야 하는지를 명시합니다. Caddy는 어댑터를 실행하여 입력받은 환경구성 정보를 JSON으로 변환하고, 어댑터가 반환한 JSON 데이터를 파싱하여 사용합니다.

하지만 Caddy는 기본적으로 TOML을 위한 공식적인 환경구성 어댑터를 내장하지 않기 때문에 하나 작성해 봅시다. TOML 환경구성 어댑터를 작성하기 위해 먼저 Go 모듈을 생성합니다.

```
$ mkdir caddy-toml-adapter
$ cd caddy-toml-adapter
❶ $ go mod init github.com/awoodbeck/caddy-toml-adapter
```

```
go: creating new go.mod: module github.com/awoodbeck/caddy-toml-adapter
```

이 예시에서 사용한 것과는 다른 전체 주소 모듈 네임fully qualified module name, FQMN을 사용(❶)합니다. 여기서 사용한 예시의 모듈은 깃헙의 **awoodbeck** 계정에 생성하였습니다. 전체 주소 모듈 네임은 어느 곳의 어느 주소에서 호스팅되는지에 따라 다릅니다.

모듈을 생성하고 초기화했으니 이제 코드를 작성합니다. 현재 디렉터리에 **toml.go**라는 이름의 파일을 만들고 목록 10-3의 코드를 추가하기 바랍니다.

목록 10-3 TOML 환경구성 어댑터 생성 및 Caddy에 등록하기

```
package tomladapter

import (
  "encoding/json"

  "github.com/caddyserver/caddy/v2/caddyconfig"
  "github.com/pelletier/go-toml"
)

func init() {
  caddyconfig.RegisterAdapter(❶"toml", ❷Adapter{})
}

// 어댑터는 TOML 형식의 Caddy 구성 파일을 JSON으로 변환
type Adapter struct{}

// TOML 형식의 보디를 JSON으로 변환
func (a Adapter) Adapt(body []byte, _ map[string]interface{}) (
  []byte, []caddyconfig.Warning, error) {
  tree, err := ❸toml.LoadBytes(body)
  if err != nil {
    return nil, nil, err
  }

  b, err := json.Marshal(❹tree.ToMap())

  return b, nil, err
}
```

토마스 펠레티어Thomas Pelletier의 **go-toml** 라이브러리를 사용하여 환경구성 파일의 내용을 파싱합니다(❸). 라이브러리를 사용하여 작성해야 하는 코드를 상당량 절약할 수 있습니다. 이후에 파싱된 TOML을 맵으로 변환하고(❹) 맵을 JSON으로 마샬링합니다.

마지막으로 해야 할 일은 환경구성 어댑터를 Caddy에 등록해 주는 것입니다. 이를 위해 어댑터 의 타입(❶)과 caddyconfig.Adapter 인터페이스를 구현하는 Adapter 객체(❷)를 caddyconfig. RegisterAdatper 함수에 매개변수로 넣어서 init 함수에서 호출합니다. Caddy의 **main.go** 파일 에서 이 모듈을 임포트하면 환경구성 어댑터는 Caddy에 등록되며 TOML으로 작성된 환경구성 파일을 파싱할 수 있게 됩니다. 255페이지의 'Caddy에 모듈 주입하기'에서 Caddy에 모듈을 임포 팅하는 예시를 살펴보며 이에 대한 예시를 확인할 수 있습니다.

이제 **toml.go** 파일을 생성하였으니 모듈을 정리_{tidy up}해 봅시다.[25]

```
$ go mod tidy
go: finding module for package github.com/caddyserver/caddy/v2/caddyconfig
go: found github.com/caddyserver/caddy/v2/caddyconfig in
github.com/caddyserver/caddy/v2 v2.0.0
```

이 커맨드는 Caddy의 의존성 정보를 **go.mod** 파일에 추가합니다. 이제 남은 건 예시와 같이 생성 한 모듈을 깃헙에 배포하거나, 또는 go get을 지원하는 버전 관리 시스템에 배포하는 것입니다.

접두사를 제한하는 미들웨어 모듈 작성하기

9장에서는 서버가 요청을 받았을 때 요청과 응답을 조작하고 요청의 세부 사항을 로깅하는 등의 부가적인 작업을 처리할 수 있도록 해 주는 디자인 패턴인 미들웨어의 개념에 대해 살펴보았습니 다. Caddy에서 미들웨어를 사용하는 방법에 대해 알아봅시다.

Go에서 미들웨어는 http.Handler를 매개변수로 받아서 http.Handler를 반환하는 함수입니다.

```
func(http.Handler) http.Handler
```

어떤 객체가 ServeHTTP 메서드를 구현하면 그 객체는 http.Handler 인터페이스를 구현합니다. ServeHTTP 메서드는 http.RequestWriter와 http.Request를 매개변수로 받습니다.

```
type Handler interface {
    ServeHTTP(http.ResponseWriter, *http.Request)
}
```

---

25 [옮긴이] 모듈을 정리(tidy up)한다는 의미는 곧 프로젝트 내에서 필요한 모듈만을 남겨 놓고 go.mod 파일을 업데이트한다는 의미이며, 새로운 라이브러리 등을 사용할 때마다 자주 사용합니다.

핸들러는 요청으로부터 데이터를 읽고 응답으로 데이터를 씁니다. **myHandler**가 **http.Handler** 인터페이스를 구현한 객체라고 가정해 봅시다. 그리고 middleware1, middleware2, middleware3 모두 http.Handler를 매개변수로 받고 http.Handler를 반환하는 미들웨어라고 하면, 목록 10-4와 같이 myHandler에 미들웨어 함수들을 적용할 수 있습니다.

목록 10-4 핸들러를 래핑하는 여러 개의 미들웨어 함수

```
h := middleware1(middleware2(middleware3(myHandler)))
```

이전 장에서 작성한 RestrictPrefix 미들웨어 역시 http.Handler를 매개변수로 받아서 http.Handler를 반환하는 함수이기 때문에 목록 10-4의 미들웨어 함수 중 아무 함수와 교환하여 사용할 수 있습니다.

불행히도 Caddy의 미들웨어는 이러한 디자인 패턴을 이용하지 않기 때문에 RestrictPrefix 함수를 그대로 사용할 수 없습니다. Caddy에는 핸들러에 대한 인터페이스만 존재하는 net/http와는 달리 핸들러와 미들웨어에 대한 인터페이스가 둘 다 존재합니다. http.Handler 인터페이스의 Caddy 버전으로 caddyhttp.Handler가 있습니다.

```
type Handler interface {
  ServeHTTP(http.ResponseWriter, *http.Request) error
}
```

caddyhttp.Handler 인터페이스와 http.Handler 인터페이스의 유일한 차이점은, caddyhttp.Handler 인터페이스의 ServeHTTP 메서드에서는 error 인터페이스를 반환한다는 점입니다.

Caddy의 미들웨어는 caddyhttp.MiddlewareHandler 인터페이스를 구현하는 특별한 종류의 핸들러입니다.

```
type MiddlewareHandler interface {
  ServeHTTP(http.ResponseWriter, *http.Request, Handler) error
}
```

caddyhttp.Handler 핸들러와 같이 Caddy의 미들웨어는 http.ResponseWriter와 http.Request, caddyhttp.Handler를 매개변수로 받아서 error 인터페이스를 반환합니다. 목록 10-4의 middleware3 함수 다음에 myHandler가 호출되는 것처럼, 미들웨어 다음에 caddyhttp.Handler 함수가 호출됩니다. net/http의 미들웨어처럼 http.Handler를 매개변수로 받아서 http.

Handler를 반환하는 대신, Caddy는 미들웨어가 요청과 응답을 받아서 미들웨어 이후에 처리될 caddyhttp.Handler 핸들러처럼 동작하기를 기대합니다.

RestrictPrefix 미들웨어의 역할을 하는 Caddy 모듈을 생성해 봅시다.

```
$ mkdir caddy-restrict-prefix
$ cd caddy-restrict-prefix
$ go mod init github.com/awoodbeck/caddy-restrict-prefix
go: creating new go.mod: module github.com/awoodbeck/caddy-restrict-prefix
```

이 역시 생성하실 전체 주소 모듈 네임은 제 주소(github.com/awoodbeck/caddy-restrict-prefix)와는 다르게 생성하기 바랍니다. **restrict_prefix.go** 이름을 갖는 파일을 생성한 후에 목록 10-5의 코드를 생성한 파일에 추가하기 바랍니다.

목록 10-5 새로운 Caddy 모듈 정의 및 등록하기

```go
package restrictprefix

import (
  "fmt"
  "net/http"
  "strings"

  "github.com/caddyserver/caddy/v2"
  "github.com/caddyserver/caddy/v2/modules/caddyhttp"
  "go.uber.org/zap"
)

func init() {
❶caddy.RegisterModule(RestrictPrefix{})
}

// RestrictPrefix은 URI의 일부가 주어진 접두사와 일치하는 요청을 제한하는 미들웨어
type RestrictPrefix struct {
❷Prefix string `json:"prefix,omitempty"`
❸logger *zap.Logger
}

// CaddyModule은 Caddy의 모듈 정보를 반환함
func (RestrictPrefix) ❹CaddyModule() caddy.ModuleInfo {
  return caddy.ModuleInfo{
  ❺ID:  "http.handlers.restrict_prefix",
  ❻New: func() caddy.Module { return new(RestrictPrefix) },
  }
}
```

이전 장의 RestrictPrefix 미들웨어 구현은 매개변수로 URL 경로의 접두사를 문자열로 받았습니다. 여기서는 RestrictPrefix 구조체(❷)에 접두사를 저장하고 이를 구조체 태그에 할당하여 json.Unmarshal 함수가 환경구성 정보의 JSON 데이터를 언마샬링할 때 구조체의 해당하는 필드_{Prefix}의 구조체 태그와 일치하도록 하였습니다. RestrictPrefix 구조체에는 또한 필요시에 따라 이벤트를 로깅할 수 있도록 하는 logger 필드(❸)도 존재합니다.

작성한 모듈 스스로 초기화 시에 Caddy에 등록해 주어야 합니다(❶). caddy.RegisterModule 함수는 caddy.Module 인터페이스를 구현하는 객체를 매개변수로 받습니다. 이를 위해 Caddy에게 모듈의 정보를 반환해 주는 CaddyModule 메서드(❹)를 구현합니다. Caddy의 각 모듈은 반드시 ID가 존재해야 합니다(❺). 여기서는 HTTP 미들웨어 핸들러를 생성하기 때문에 restrict_prefix라는 모듈의 고유한 이름을 갖는 http.handler.restrict_prefix라는 ID를 사용합니다. 또한, 모듈의 새로운 인스턴스를 생성하는 함수를 전달합니다(❻).

이제 Caddy에 모듈을 등록하였으니 Caddy로부터 로거를 얻어 오기 위한 기능을 추가하고 모듈의 설정 값을 검증해 봅시다. 목록 10-6의 코드는 목록 10-5의 마지막 부분에서 이어집니다.

목록 10-6 Caddy의 다양한 인터페이스 구현

```
--생략--

// Zap 로거를 RestrictPrefix로 프로비저닝
func (p *RestrictPrefix) ❶Provision(ctx caddy.Context) error {
  p.logger = ❷ctx.Logger(p)
  return nil
}

// 모듈 구성에서 접두사를 검증하고 필요시 기본 접두사를 "."으로 설정
func (p *RestrictPrefix) ❸Validate() error {
  if p.Prefix == "" {
    p.Prefix = "."
  }
  return nil
}
```

구조체에 Provision 메서드를 구현합니다(❶). 이로써 Caddy는 모듈이 caddy.Provisioner 인터페이스를 구현하였음을 알고 해당 메서드를 호출합니다. 이후에는 주어진 caddy.Context를 이용하여 로거를 얻어 옵니다(❷). 마찬가지로 Caddy는 모듈이 caddy.Validator 인터페이스를 구현하였기에 Validate 메서드를 호출합니다(❸). 이 메서드를 이용하여 필요한 모든 설정값이 제대로 환경구성 정보에서 모듈로 언마샬링되었는지 확인합니다. 무언가 문제가 생기면 메서드는 에러를

반환하고 Caddy는 에러를 받아서 이에 대해 표출합니다. 이 예시에서 Validate 메서드를 이용하여 접두사가 설정되지 않은 경우 기본 접두사(.)를 설정합니다.

이제 거의 다 되었습니다. 마지막으로, 미들웨어 자체의 구현만 처리하면 됩니다. 목록 10-7은 작성한 모듈에 caddyhttp.MiddlewareHandler 인터페이스 기능 구현을 추가합니다.

목록 10-7 MiddlewareHandler 인터페이스 구현

```
--생략--

// ServeHTTP는 caddyhttp.MiddlewareHandler 인터페이스를 구현
func (p RestrictPrefix) ServeHTTP(w http.ResponseWriter, r *http.Request,
  next caddyhttp.Handler) error {
❶for _, part := range strings.Split(r.URL.Path, "/") {
    if strings.HasPrefix(part, p.Prefix) {
    ❷http.Error(w, "Not Found", http.StatusNotFound)
      if p.logger != nil {
      ❸p.logger.Debug(fmt.Sprintf(
          "restricted prefix: %q in %s", part, r.URL.Path))
      }
      return nil
    }
  }
  return ❹next.ServeHTTP(w, r)
}

var (
❺_ caddy.Provisioner          = (*RestrictPrefix)(nil)
  _ caddy.Validator           = (*RestrictPrefix)(nil)
  _ caddyhttp.MiddlewareHandler = (*RestrictPrefix)(nil)
)
```

로직 자체는 이전 장의 미들웨어와 거의 동일합니다. URL 경로 컴포넌트들을 순회하여 각 경로 컴포넌트마다 접두사를 확인합니다(❶). 접두사와 일치하면 404 Not Found 상태를 응답하고(❷) 디버깅 목적으로 해당 상황을 로깅합니다(❸). 모두 확인하고 나면 체이닝에 있는 다음 핸들러에게 제어권을 전달합니다(❹).

인터페이스 자체에 변화가 없었는지, 명시적으로 모듈이 기대한 대로 인터페이스를 구현하였는지 능동적으로 방어하는 것은 좋은 습관입니다(❺). 향후에 가령, 새로운 메서드를 추가하여 어느 한 인터페이스가 변경되면, 능동적으로 방어한 인터페이스에 의해 컴파일이 실패하게 되며 코드를 수정해야만 동작하도록 일찍이 경고를 받게 됩니다.

마지막 단계는 모듈의 의존성 정보를 정리하고 이를 배포하는 것입니다.

```
$ go mod tidy
go: finding module for package github.com/caddyserver/caddy/v2
go: finding module for package github.com/caddyserver/caddy/v2/modules/
caddyhttp
go: finding module for package go.uber.org/zap
go: found github.com/caddyserver/caddy/v2 in github.com/caddyserver/caddy/v2
v2.0.0
go: found go.uber.org/zap in go.uber.org/zap v1.15.0
go: downloading github.com/golang/mock v1.4.1
go: downloading github.com/onsi/gomega v1.8.1
go: downloading github.com/smallstep/assert v0.0.0-20200103212524-b99dc1097b15
go: downloading github.com/onsi/ginkgo v1.11.0
go: downloading github.com/imdario/mergo v0.3.7
go: downloading github.com/chzyer/test v0.0.0-20180213035817-a1ea475d72b1
go: downloading github.com/golang/glog v0.0.0-20160126235308-23def4e6c14b
go: downloading github.com/alangpierce/go-forceexport v0.0.0-20160317203124-
8f1d6941cd75
go: downloading github.com/chzyer/logex v1.1.10
go: downloading github.com/hpcloud/tail v1.0.0
go: downloading gopkg.in/tomb.v1 v1.0.0-20141024135613-dd632973f1e7
go: downloading gopkg.in/fsnotify.v1 v1.4.7
```

깃헙이나 go get을 지원하는 버전 관리 시스템에 작성한 모듈을 배포합니다.

Caddy에 모듈 주입하기

작성한 모듈과 어댑터 모두 초기화 시에 스스로 등록합니다. 이 기능들을 사용하기 위해 해야 할 일은 Caddy를 빌드할 때 임포트하는 것입니다. 이를 위해 소스코드로부터 Caddy를 컴파일해야 합니다. 먼저, 빌드를 위한 디렉터리를 생성합니다.

```
$ mkdir caddy
$ cd caddy
```

소스코드에서 Caddy를 빌드하기 위해서는 모듈 내에 포함시킬 소량의 보일러플레이트 코드를 필요로 합니다. 모듈은 임포트의 결과로 스스로 등록하게 됩니다. **main.go** 이름의 새로운 파일을 만들고 목록 10-8의 코드를 생성한 파일에 추가합니다.

목록 10-8 **Caddy에 커스텀 모듈 주입하기**

```
package main

import (
❶ cmd "github.com/caddyserver/caddy/v2/cmd"
❷ _ "github.com/caddyserver/caddy/v2/modules/standard"
```

```
   // Caddy에 커스텀 모듈 주입하기
❸_  "github.com/awoodbeck/caddy-restrict-prefix"
❹_  "github.com/awoodbeck/caddy-toml-adapter"
)

func main() {
  cmd.Main()
}
```

먼저 빌드에 Caddy의 커맨드 모듈을 임포트합니다(❶). 이 빌드에는 Caddy 서버를 시작하는 main 함수가 포함됩니다. 이후에 Caddy의 바이너리 배포판에 존재하는 standard 모듈을 임포트합니다 (❷). 마지막으로, 작성한 restrict prefix 모듈(❸)과 TOML 환경구성 어댑터(❹)를 임포트합니다.

이제 caddy 모듈을 초기화하고 빌드합니다.

```
$ go mod init caddy
$ go build
```

빌드 후 현재 디렉터리 내에 caddy라는 이름의 바이너리가 존재함을 확인할 수 있습니다. caddy 바이너리의 모듈 목록을 살펴보면 작성한 커스텀 모듈 및 어댑터가 존재함을 확인할 수 있습니다. 리눅스나 macOS에서는 다음의 커맨드를 통해 확인할 수 있습니다.

```
$ ./caddy list-modules | grep "toml\|restrict_prefix"
caddy.adapters.toml
http.handlers.restrict_prefix
```

Windows에서는 다음의 커맨드를 이용하여 확인합니다.

```
> caddy list-modules | findstr "toml restrict_prefix"
caddy.adapters.toml
http.handlers.restrict_prefix
```

방금 빌드한 caddy 바이너리를 사용하면 TOML 파일에서 환경구성 정보를 읽을 수 있고, 주어진 접두사를 가진 클라이언트의 리소스 요청을 거절할 수 있습니다.

백엔드 웹 서비스로 요청 리버스 프락시하기

이제 Caddy에서 무언가 의미 있는 것을 만들기 위한 기본 준비는 다 되었으니, Caddy를 사용해서 여태까지 배운 걸 통합 구성하여 클라이언트의 요청을 백엔드 웹 서비스로 리버스 프락시하고, 정적 파일을 서빙해 봅시다. 두 개의 엔드포인트를 만듭니다. 첫 번째 엔드포인트는 Caddy의 파일 서버에서 정적 파일을 서빙하는 엔드포인트이고, 두 번째 엔드포인트는 클라이언트의 요청을 백엔드 웹 서비스로 리버스 프락시하는 엔드포인트입니다. 이 백엔드 웹 서비스는 클라이언트에게 HTML을 전송하며, 이 HTML을 렌더링하기 위한 리소스는 Caddy의 파일 서버에서 서빙할 것입니다.

무언가 만들어 보기 전에 먼저 올바르게 디렉터리 구조를 잡아야 합니다. 지금까지 제대로 따라오셨다면 현재 경로는 목록 10-8의 코드를 빌드하여 caddy 바이너리가 존재하는 **caddy** 디렉터리일 것입니다. 이 디렉터리에 **files**와 **backend**, 두 개의 서브디렉터리를 생성합니다.

```
$ mkdir files backend
```

https://github.com/awoodbeck/gnp/tree/master/ch10/files/에서 서브디렉터리에 존재하는 파일을 받아올 수 있습니다. **backend** 서브디렉터리에는 다음 섹션에서 만들어 볼 간단한 백엔드 서비스 코드를 저장합니다.

간단한 백엔드 웹 서비스 작성하기

그림 10-1에서 보신 것처럼, Caddy가 사용자의 요청을 리버스 프락시할 백엔드 웹 서비스가 필요합니다. 이 서비스는 모든 요청에 대해 HTML 문서를 응답합니다. HTML 문서 내의 리소스는 백엔드 웹 서비스 대신 Caddy에서 서빙합니다.

목록 10-9는 백엔드 웹 서비스의 초기 코드입니다.

목록 10-9 백엔드 서비스 생성하기(backend/main.go)

```go
package main

import (
  "flag"
  "fmt"
  "log"
  "net/http"
  "os"
  "os/signal"
```

```
  "time"
)

var addr = flag.String("listen", ❶"localhost:8080", "listen address")

func main() {
  flag.Parse()

  c := make(chan os.Signal, 1)
  signal.Notify(c, os.Interrupt)

  err := ❷run(*addr, c)
  if err != nil {
    log.Fatal(err)
  }

  log.Println("Server stopped")
}
```

이전 장에서 작성한 코드의 간단한 버전이니, 이제는 익숙하실 겁니다. localhost의 8080번 포트에서 리스닝하는 웹 서비스를 구성합니다(❶). Caddy는 클라이언트의 요청을 이 소켓 주소로 넘겨줍니다. 목록 10-10은 run 함수의 구현체를 나타냅니다(❷).

목록 10-10 백엔드 서비스의 메인 로직(backend/main.go)

```
--생략--

func run(addr string, c chan os.Signal) error {
  mux := http.NewServeMux()
  mux.Handle("/",
    http.HandlerFunc(func(w http.ResponseWriter, r *http.Request) {
      clientAddr := r.Header.Get(❶"X-Forwarded-For")
      log.Printf("%s -> %s -> %s", clientAddr, r.RemoteAddr, r.URL)
      _, _ = w.Write(❷index)
    }),
  )

  srv := &http.Server{
    Addr:              addr,
    Handler:           mux,
    IdleTimeout:       time.Minute,
    ReadHeaderTimeout: 30 * time.Second,
  }

  go func() {
    for {
      if <-c == os.Interrupt {
        _ = srv.Close()
        return
```

```
      }
    }
  }()

  fmt.Printf("Listening on %s ...\n", srv.Addr)
  err := srv.ListenAndServe()
  if err == http.ErrServerClosed {
    err = nil
  }

  return err
}
```

Caddy는 어느 클라이언트가 요청을 보냈든 상관없이 웹 서비스에게 요청을 전달합니다. 마찬가지로 웹 서비스의 모든 응답은 Caddy에게 전달되어 다시 올바른 클라이언트에게로 전달됩니다. Caddy는 어느 클라이언트로부터 요청이 왔는지, 각 요청마다 클라이언트의 IP 주소를 X-Forwarded-For 헤더 필드 값에 추가합니다(❶). 지금은 이 정보를 기록하는 것 이상으로 무언가를 하진 않지만 백엔드 서비스에서 이 IP 주소를 사용하여 어느 클라이언트가 요청을 보냈는지 분간할 수 있습니다. 가령, 클라이언트의 IP 주소를 기반으로 요청을 거부할 수도 있습니다.

핸들러는 목록 10-11에 정의된 HTML 문서를 바이트 슬라이스 포맷(❷)으로 응답에 씁니다.

목록 10-11 백엔드 서비스가 서빙할 인덱스 HTML(backend/main.go)

```
--생략--

var index = []byte(`<!DOCTYPE html>
<html lang="en">
<head>
 <meta charset="UTF-8">
 <title>Caddy Backend Test</title>
 <link href=❶"/style.css" rel="stylesheet">
</head>
<body>
 <p><img src=❷"/hiking.svg" alt="hiking gopher"></p>
</body>
</html>`)
```

/style.css 리소스(❶)와 /hiking.svg 리소스(❷)에 **http://localhost:2020/style.css**처럼 전체 URL을 사용하지 않았습니다. 왜냐하면 백엔드 웹 서비스에서는 Caddy에 대한 정보가 없기 때문이며, 또한 클라이언트가 어떻게 Caddy에 접근해야 할지에 대한 정보가 없기 때문입니다. 리소스 주소에 스키마 정보와 호스트 네임, 포트 번호를 생략하면 클라이언트의 웹 브라우저가 HTML 내의 /style.css라는 리소스를 접했을 때 최초 요청으로부터 스키마 정보와 호스트 네임, 포트

번호를 가져와서 사용합니다. 이를 위해 다음 섹션에서 요청의 일부는 정적 파일을 서빙하도록 하고 그 외에는 백엔드 웹 서비스로 전달하도록 Caddy를 환경구성해야 합니다.

Caddy 환경구성 설정하기

이전 장에서 살펴보았듯이 Caddy는 환경구성의 기본 포맷으로 JSON을 사용합니다. 환경구성 정보를 JSON으로 작성해도 되지만 이미 TOML을 사용할 수 있도록 잘 동작하는 완벽한 환경구성 어댑터를 구현하였으니 이를 이용해 봅시다.

Caddy가 요청의 일부를 백엔드 웹 서비스로 리버스 프락시하도록 하고, 요청의 일부는 **files** 서브 디렉터리에서 파일을 서빙하도록 합시다. 즉, 백엔드 웹 서비스의 라우트와 정적 파일의 라우트, 총 두 개의 라우트가 필요합니다. 먼저, **caddy.toml** 파일(목록 10-12)에 서버의 환경구성 정보를 정의합니다.

목록 10-12 Caddy 테스트 서버 환경구성(caddy.toml)

```
❶ [apps.http.servers.test_server]
  listen = [
    'localhost:2020',
  ]
```

TOML 어댑터는 TOML 정보를 JSON으로 그대로 변환해 줍니다. 따라서 Caddy가 기대하는 네임스페이스를 일치하게 사용할 수 있도록 주의해야 합니다. 여기서 사용할 서버의 네임스페이스는 apps.http.servers.test_server입니다(❶)(간단한 예시의 목적으로 네임스페이스를 test_server 라고 하였습니다). 이 서버는 localhost의 2020번 포트에서 연결 요청을 리스닝합니다.

서비스로 리버스 프락시 구성하기

Caddy는 수신 연결을 그대로 백엔드 웹 서비스로 전송할 수 있는 강력한 리버스 프락시 핸들러를 내장하고 있습니다. 이전 장의 서버 구현처럼 Caddy는 클라이언트의 요청과 일치하는 라우트를 찾은 후에 해당하는 라우트의 핸들러로 요청을 전달합니다.

목록 10-13에서는 **caddy.toml** 파일에 라우트와 리버스 프락시 핸들러를 추가합니다.

목록 10-13 백엔드 서비스로의 리버스 프락시 설정 추가(caddy.toml)

```
  --생략--

❶ [[apps.http.servers.test_server.routes]]
```

```
❷ [[apps.http.servers.test_server.routes.match]]
   path = [
     '/backend',
   ❸'/backend/*',
   ]
❹ [[apps.http.servers.test_server.routes.handle]]
   handler = 'reverse_proxy'
❺ [[apps.http.servers.test_server.routes.handle.upstreams]]
   dial = ❻'localhost:8080'
```

test_server 환경구성에는 routes라는 배열이 존재하며(❶), 배열 내의 각 라우트에는 하나 이상의 matcher가 존재합니다(❷). **매처**matcher는 이전 장에서 살펴본 http.ServeMux.Handle 메서드의 패턴 매칭과 같이 특정한 조건을 만족하는 클라이언트의 요청을 탐색하는 특별한 모듈입니다. Caddy에는 클라이언트의 요청의 각 부분을 탐색할 수 있는 매처 모듈이 존재합니다.

이 라우트에서는 요청하는 리소스가 절대 경로인 **/backend** 혹은 **/backend/**로 시작하는 경우(❸)를 탐색하는 매처를 추가하였습니다. *은 Caddy에게 **/backend/** 접두사와 일치하는 모든 리소스를 찾을 때 와일드카드 문자로서 사용됩니다. 예를 들어, **/backend/this/is/a/test**라는 리소스에 대한 요청 또한 일치합니다.

라우트는 하나 이상의 핸들러를 포함할 수 있습니다(❹). 예시에서는 Caddy에게 일치하는 모든 요청을 리버스 프락시 핸들러에게 전달하도록 하였습니다. reverseproxy 핸들러는 어디로 전송을 보낼지 정보를 입력받아야 합니다. upstream(❺) 필드를 설정해 주고, dial 프로퍼티에 백엔드 서버의 소켓 주소(❻) 값을 설정해 줍니다.

정적 파일 서빙하기

이전 장에서는 http.FileServer를 사용하여 정적 파일을 서빙하였습니다. Caddy에는 비슷한 기능을 하는 file_server 핸들러가 존재합니다. 목록 10-14에서는 caddy.toml 파일에 정적 파일을 서빙하기 위해 두 번째 라우트를 추가합니다.

목록 10-14 정적 파일을 서빙하기 위한 기본 라우트 추가(caddy.toml)

```
--생략--

❶ [[apps.http.servers.test_server.routes]]
❷ [[apps.http.servers.test_server.routes.handle]]
   handler = 'restrict_prefix'
   prefix = '.'
❸ [[apps.http.servers.test_server.routes.handle]]
   handler = 'file_server'
```

```
root = ❹'./files'
index_names = [
❺'index.html',
]
```

목록 10-14에 추가한 라우트에는(❶) 목록 10-13에서 추가한 라우트와는 달리 매처를 포함하지 않았습니다. 따라서 Caddy는 이전 라우트(목록 10-13에서 추가한 라우트)와 일치하지 않는 모든 요청을 지금의 라우트로 전달합니다. 즉, 이 라우트가 기본 라우트가 되며, 환경구성 설정 파일 내의 순서가 중요합니다. 이 라우트를 reverse-proxy 라우트보다 위로 올리면 모든 요청이 이 라우트와 일치하게 되어 리버스 프락시 라우트로는 아무런 요청도 도달하지 못하게 됩니다. 아무런 매처를 등록하지 않는 라우트는 지금과 같이 항상 routes 배열의 마지막에 위치하도록 합니다.

이전 장의 파일 서버처럼 온점을 접두사로 갖는 민감한 파일이 실수로 서빙되지 않도록 보호합시다. 이를 위해 handlers 배열에 작성한 restrict_prefix 미들웨어(❷)를 등록하고, 그다음으로 file_server 핸들러(❸)를 등록합니다. files의 서브디렉터리(❹)의 파일을 서빙하기 위한 정보를 추가하고 아무런 파일이 요청되지 않는 경우 기본적으로 **index.html** 파일을 반환하도록 설정합니다(❺).

구성 확인해 보기

이제 다 구성되었습니다. Caddy를 시작하고 환경구성 작업이 예상대로 되었는지 확인해 봅시다. 일부 이미지 파일이 존재하기 때문에 Caddy가 제대로 동작하는지 확인하기 위해서 웹 브라우저의 사용을 추천합니다.

caddy.toml 파일과 **toml** 어댑터 설정을 사용하여 Caddy를 시작합니다.

```
$ ./caddy start --config caddy.toml --adapter toml
```

윈도에서의 커맨드는 다음과 같습니다.

```
> caddy start --config caddy.toml --adapter toml
```

이제 백엔드 웹 서비스를 시작합니다.

```
$ cd backend
$ go run backend.go
```

웹 브라우저를 켜고 **http://localhost:2020/**을 들어가 봅시다. Caddy는 브라우저의 요청을 파일 서버 핸들러로 전달할 것이며, 파일 서버 핸들러는 브라우저가 특정한 리소스를 요청하지 않았으니 기본 파일인 **index.html** 파일을 반환할 것입니다. 이후 브라우저는 페이지 렌더링을 위하여 Caddy에게 **style.css** 파일과 **sage.svg** 파일을 요청할 것입니다. 정상적으로 동작하였으면 화면상에 고퍼를 확인할 수 있습니다.

이제 백엔드 웹 서비스로 리버스 프락시를 테스트해 봅시다. 브라우저에서 **http://localhost:2020/backend**을 들어가 봅시다. 이 요청은 reverse-proxy 라우트의 매처와 일치하여 reverse-proxy 핸들러가 처리하도록 브라우저의 요청을 백엔드 서비스로 전달합니다. 백엔드 웹 서비스는 HTML 파일로 응답하며, HTML 파일 내의 리소스인 **style.css**와 **hiking.svg**은 Caddy의 파일 서버로부터 가져옵니다. 정상적으로 동작하였으면 화면상에 백엔드 웹 서비스에서 반환된 HTML과 Caddy에서 가져온 정적 파일들로부터 렌더링된 고퍼를 확인할 수 있습니다.

이 책의 소스코드 레포지토리로부터 **files** 서브디렉터리를 복사하였으면 ./files/.secret 파일과 ./files/.dir/secret 파일 또한 포함되어 있을 것입니다. 미들웨어에서 이에 대한 접근을 막아야 합니다. 즉, 정상적으로 미들웨어가 작성되었다면, http://localhost:2020/files/.secret에 대한 요청과 http://localhost:2020/files/.dir/secret에 대한 요청 모두 **404 Not Found** 상태를 반환해야 합니다.

자동 HTTPS 기능 추가하기

이제 Caddy의 핵심 기능인 자동 HTTPS 기능을 추가해 봅니다.

Caddy를 사용하면 잠깐 사이에 현대의 모든 웹 브라우저가 신뢰하는 인증서를 사용하여 HTTPS 지원하는 웹사이트를 구축할 수 있습니다. Caddy 서버는 굉장히 안정적으로 동작하며, 서버 동작에 전혀 영향을 주지 않고 Let's Encrypt의 인증서를 몇 달마다 주기적으로 교체해 줍니다. 직접 Go 기반의 웹 서버를 작성하여 이러한 동작을 구현할 수도 있지만, 검증된 웹 서버의 기능은 Caddy를 사용하는 것이 더욱 효율적입니다. 우리는 서비스에 대한 로직을 구현하는 데 집중하면 됩니다. Caddy에 원하는 기능이 존재하지 않는다면 모듈을 사용하여 추가하면 됩니다.

Caddy는 서빙하기 위해 설정된 도메인 네임을 확인할 수 있는 경우 자동으로 TLS를 활성화시켜 줍니다. 이번 장에서 생성한 **caddy.toml** 환경구성 파일에는 도메인에 대한 정보가 없기 때문에 HTTPS가 활성화되지 않습니다. Caddy의 소켓을 localhost로 바인딩하긴 하였지만, 그건 어느 도메인에서 서빙할지를 설정한 것이 아니라 단지 소켓 주소를 리스닝하도록 한 것입니다.

일반적으로 HTTPS를 활성화하는 방법은 Caddy의 라우트에 호스트 매처를 추가하는 것입니다. 다음은 호스트 매처의 예시입니다.

```
[[apps.http.servers.server.routes.match]]
host = [
 'example.com',
]
```

호스트 매처를 통해 Caddy는 현재 example.com의 도메인에서 서빙 중임을 확인할 수 있습니다. HTTPS를 활성화하기 위해 example.com 도메인에 대해 이미 존재하는 TLS 인증서가 없다면 Let's Encrypt에서 도메인을 검증하고 인증서를 발급받습니다. Caddy는 필요에 따라 인증서를 관리해 주고 자동으로 갱신해 줍니다.

Caddy의 file-server 서브커맨드를 사용하면 Caddy를 이용하여 HTTP로 파일을 서빙할 수 있습니다. file-server에 --domain 플래그로 도메인 정보를 제공하면 Caddy가 자동으로 HTTPS를 활성화하여 HTTPS에서 파일을 서빙할 수 있습니다.

Caddy의 reverse-proxy 서브커맨드를 사용하면 Caddy에 들어오는 모든 요청을 --to 플래그에 지정해 주는 소켓 주소로 전달하는 reverse-proxy-only 모드로 동작하게 합니다. 이 경우 --from 플래그에 호스트 네임을 지정해 주면 TLS 인증서를 얻어온 뒤 자동으로 HTTPS를 활성화해 줍니다.

프로덕션 환경에서 Caddy가 지원하는 HTTPS 자동화를 사용하는 방법에 대해 더 알아보려면 https://caddyserver.com/docs/automatic-https을 읽어 보기 바랍니다.

 Caddy는 로컬 호스트 외의 이름에 대해 기본적으로 Let's Encrypt를 CA(Certificate Authority, 인증 기관)로 사용합니다. 또한, Caddy는 로컬 호스트에서 HTTPS 지원을 위해 내부적으로 자체적인 CA를 지원하며, 테스트 목적으로 유용합니다. 이전 설정 값에서 HTTPS를 자동화하기 위해 주었던 호스트 네임으로 localhost를 사용하면 내부적으로 자체적인 CA를 사용하여 TLS 인증서를 발급받습니다. 또한, 자체적으로 생성한 루트 인증서를 운영체제가 신뢰하는 모든 루트 인증서가 포함된 루트 인증서 신뢰 기관에 설치합니다.

이 장에서 배운 것

Caddy는 Go로 작성되었으며 보안과 성능, 그리고 모듈과 환경구성 어댑터를 통해 확장성을 제공하는 현대적인 웹 서버입니다. Caddy를 이용하면 무료로 디지털 인증서를 발급해 주는 비영리 인증 기관인 Let's Encrypt와의 통합 기능을 이용하여 자동으로 HTTPS를 인증서를 발급받고 활성화할 수 있습니다.

Caddy는 환경구성 포맷으로 JSON을 네이티브하게 지원하며, localhost의 2019번 포트에 관리자 API가 존재하여서 새로운 환경구성 정보를 포함하는 JSON을 관리자 API로 POST 요청을 보내어 즉시 환경구성 정보를 변경할 수 있습니다. 사람이 JSON을 읽고 처리하기 어렵기 때문에 환경구성 어댑터를 사용하여 TOML과 같은 사람이 읽기 쉬운 형태의 포맷을 JSON으로 변환할 수 있습니다. Caddy의 환경구성 정보를 JSON 외의 포맷으로 작성하려는데 적당한 환경구성 어댑터가 없다면, 이번 장을 살펴보고 직접 원하는 어댑터를 구현할 수 있습니다.

또한, 모듈을 사용하여 Caddy의 기능을 확장할 수 있습니다. 이번 장에서는 미들웨어 모듈을 작성하고 Caddy에 컴파일한 뒤 모듈의 환경구성 정보를 설정하여 동작하는 방법에 대해 알아보았습니다.

마지막으로 이번 장에서는 네트워크 아키텍처에 Caddy를 통합하는 방법에 대해 알아보았습니다. 종종 네트워크를 구성할 때 Caddy를 최전방에 두어서 최종 목적지로 요청을 전달하기 이전에 모든 클라이언트의 요청을 받도록 구성하곤 합니다. 이번 장에서는 Caddy를 백엔드 웹 서비스의 리버스 프락시로 사용하였고, 백엔드 웹 서비스 대신 Caddy에서 정적 파일들을 서빙하도록 구성하였습니다. 그 결과 백엔드 웹 서비스는 정적 파일을 관리할 필요 없이 가능한 한 단순하게 구성할 수 있게 되었습니다. 백엔드 웹 서비스는 Caddy를 이용하여 HTTPS 지원과 캐싱, 그리고 파일 서빙을 활용할 수 있습니다.

이제 Caddy에 대해 경험해 보았으니 웹 서비스가 Caddy와 같은 종합적인 웹 서버를 사용해서 구성되어야 할지, 아니면 net/http를 이용하여 구현을 비교적 최소한으로 해야 할지 결정할 수 있을 겁니다. 외부 접근이 가능한 웹 서비스를 만들어야 할 때 웹 서버로는 Caddy와 같이 이미 검증된 서버를 사용하여 애플리케이션의 최전방에 두면 개발자는 백엔드 웹 서비스 구현에 집중할 수 있습니다.

11

TLS를 사용한 통신 보안

내부고발자 에드워드 스노든Edward Snowden이 우리가 디지털 세상의 프라이버시를 얼마나 신경쓰지 않고 있는지 언급하기 5년 전, 저자이자 활동가인 코리 닥터로우Cory Doctorow는 그의 저서에 다음과 같은 글을 남겼습니다. "개인 디지털 데이터를 핵무기를 다루는 수준과 동일한 정도의 관심을 주어 관리해야 합니다. 이는 위험하며, 영속적이고, 한번 유출되면 되돌릴 수 없습니다."

2013년 이전의 대부분의 사람들은 인터넷상에서 플레인텍스트로 통신하였습니다. 주민등록번호나 신용카드 정보, 비밀번호, 개인 이메일정보 및 다른 민감한 정보들이 인터넷을 통해 글자 그대로 전달되었으며, 악의적인 공격자들에 의해 탈취되었습니다. 대부분의 웹사이트는 기본적인 HTTP를 사용하였습니다. 구글은 HTTPS를 지원하는 몇 안 되는 메이저 기술 회사였습니다.

오늘날에는 HTTPS를 지원하지 않는 웹사이트를 찾기가 드뭅니다. 특히, Let's Encrypt에서 무료로 도메인에 대해 TLS 인증서를 발급해 주기 때문입니다. 이제는 인터넷상에서 전송 중인 정보를 핵무기를 다루는 수준과 동일한 정도로 취급하며, 공유하는 정보들의 프라이버시와 무결성을 확증합니다. 이 책에서 작성하는 네트워크 애플리케이션 또한 마찬가지입니다. 정상적으로 올바른

상대방과 통신이 되고 있는지를 확인하고, 안전하지 않은 네트워크를 통해 정보의 유출 가능성이 있다고 여겨지는 경우, 종단 간에 암호화를 사용하여 보안을 강화해야 합니다.

지금까지는 코드를 작성한 이후에 TLS를 적용시켰습니다. 이는 주로 Go의 net/http 라이브러리를 사용하면 TLS 적용이 굉장히 쉽기도 한 이유도 있지만, 또한 아직까지 TLS 프로토콜과 내부 구조에 대해 제대로 알아보지 않았기 때문입니다. 안전한 소프트웨어를 작성하기 위하여 개발을 시작하기 이전에 보안에 대한 계획을 세우고 코드를 작성하며 계획대로 보안 실전 사례들을 적용해야 합니다. TLS는 전송 중인 데이터를 보호하여 소프트웨어의 보안을 향상하는 데 최적의 방법입니다.

이번 장에서는 프로그래머의 관점에서 TLS의 기초에 대해 알아봅니다. 클라이언트와 서버 간의 핸드셰이크 프로세스에 대해 알아보고, 해당 프로세스가 동작할 수 있는 내재적인 신뢰에 대해 알아봅니다. 이후 TLS를 사용하더라도 무언가 잘못될 수 있는 경우에 대해 알아봅니다. 마지막으로, 상호간의 클라이언트-서버 인증을 포함하여 애플리케이션 내에 TLS를 사용하는 실전 사례를 알아봅니다.

전송 계층 보안 심층 탐구

TLS Transport Layer Security(전송 계층 보안) 프로토콜은 클라이언트와 서버 간에 안전한 통신을 제공합니다. TLS는 클라이언트가 정말로 올바른 서버에서 온 것인지 인증할 수 있게 해 주며, 또한 선택적으로 서버에서 정말 올바른 클라이언트인지 인증할 수 있습니다. 클라이언트는 TLS를 사용하여 서버와의 통신을 암호화하여 제3자가 중간에서 통신을 가로채거나 조작할 수 없도록 합니다.

TLS는 특정한 조건을 만족하는 상태가 있는 TLS 세션을 수립하기 위해 핸드셰이크 프로세스를 사용합니다. 클라이언트가 서버와 TLS 1.3 핸드셰이크를 시도하는 경우 대략 다음과 같이 동작합니다.

- **클라이언트**: 안녕하세요, google.com. 버전 1.3의 TLS를 사용하여 당신과 통신하려고 합니다. 메시지를 암호화하기 위해 제가 선호하는 암호화 방식의 목록은 다음과 같습니다. 이 대화를 위해 공개키와 비밀키를 만들었어요. 먼저, 제 공개키를 보내드립니다.

- **서버**: 안녕하세요, 클라이언트. 버전 1.3의 TLS라면 제가 도와드릴 수 있을 것 같네요. 보내 주신 암호화 방식 목록을 살펴보니 **AES-GCM** Advanced Encryption Standard with Galois/Counter Mode 암호화를 사용하면 좋을 것 같네요. 저도 이 대화를 위해 공개키와 비밀키를 만들었습니다. 제 공개키와 인증서를 보내 드릴 테니 제가 정말 google.com인지 확인하면

됩니다. 그리고 사용하시기로 한 TLS 버전 정보의 32바이트 값을 같이 전송합니다. 마지막으로, 지금까지 논의한 사항을 바탕으로 제가 보낸 응답의 무결성을 검증할 수 있도록 당신이 보내신 공개키로부터 시그니처와 함께 **메시지 인증 코드**MAC, Message Authentication Code를 보내 드립니다.

- **클라이언트(스스로):** 내가 신뢰하는 인증 기관에 서버의 인증서를 신뢰하고 있으니 google.com 이 맞다고 할 수 있겠다. 내 비밀키를 이용하여 서버의 시그니처로부터 이 대화에서 사용할 대칭키를 만들어서 서버가 보내 준 응답을 살펴보니 메시지 인증 코드에도 문제가 없네. 응답으로 온 32바이트 역시 TLS 1.3인 걸 보면 중간에 누군가 데이터를 가로채서 보안에 취약한 버전의 TLS 버전으로 낮추지도 않았으니 서버와 안전하게 통신할 준비를 마쳤다.

- **클라이언트(서버에게):** 암호화된 데이터를 보내드립니다.

서버가 초기 핸드셰이크 과정(hello 메시지)에서 32바이트 값을 보내는 이유는 악의적인 공격자가 클라이언트의 핸드셰이크 과정을 가로채서 보안에 취약한 TLS 버전으로 **다운그레이드**downgrade**하는 것**을 막기 위함입니다. 클라이언트가 TLS 1.3을 요청하였는데 공격자가 클라이언트의 핸드셰이크 메시지를 TLS 1.1로 변경해 버린다면 서버는 TLS 1.1에 해당하는 32바이트 값을 전송할 것이며, 클라이언트는 해당 정보를 보고 무언가 TLS 버전이 다르다는 것을 인지하여 핸드셰이크 프로세스를 종료합니다.[26]

이 가상의 예시에서는 이 시점 이후로 클라이언트와 서버 간에 AES-GCM 대칭 암호화 키를 이용하여 통신합니다. 클라이언트와 서버 모두 애플리케이션 계층의 페이로드를 전송 계층으로 전달하기 전에 페이로드를 TLS로 캡슐화합니다.

이름과는 달리 TLS는 전송 계층의 프로토콜Transport Layer Protocol이 아닙니다. 대신 TCP/IP 스택에서 전송 계층과 애플리케이션 계층의 중간에 있습니다. TLS는 애플리케이션 계층의 페이로드를 전송 계층으로 전달하기 전에 페이로드를 암호화합니다. 페이로드가 목적지에 도달하고 나면 전송 계층으로부터 TLS로 암호화된 패킷을 얻어서 복호화한 뒤 페이로드를 애플리케이션 계층의 프로토콜로 전달합니다.

---

26 [옮긴이] 핸드셰이크 최초에 보내는 메시지를 통상적으로 hello 메시지라고 합니다. 우리가 다른 사람을 처음 보았을 때 '안녕하세요' 하고 인사하는 것과 같다고 생각하면 됩니다. 상숫값으로 정해진 규칙은 아니지만, 많은 곳에서 사용되는 약속입니다. 제 개인적으로 개발 시에는 서버 초기 연결 메시지를 hello 메시지라고 칭하고, 연결 종료 요청 메시지를 bye 메시지라고 칭합니다. 연결 종료 시에 bye 메시지를 받았다는 것은 우아하게 종료되었다는 의미가 됩니다. 이 역시 하나의 방법이니 참고해 주시면 됩니다.

순방향 보안

이 예시의 가상의 대화에서 사용한 핸드셰이크 메서드는 디피-헬먼Diffie-Hellman, DH 키 교환 알고리즘으로 버전 1.3의 TLS에서 사용됩니다. **DH 키 교환**DH key exchange 알고리즘은 한 세션 동안 사용할 새로운 클라이언트와 서버 키 페어와 새로운 대칭키를 생성합니다. 세션이 종료되면 클라이언트와 서버는 세션에서 사용한 키들을 모두 버립니다.

세션별로 키를 사용한다는 의미는, 즉 TLS 1.3이 순방향 보안을 제공한다는 의미입니다. **순방향 보안**forward secrecy이란 세션 키를 탈취한 공격자가 세션 내의 데이터만 유출할 수 있다는 의미입니다. 공격자는 탈취한 키를 이용하여 다른 세션의 데이터를 복호화할 수 없습니다.

신뢰하는 인증 기관

이 책을 저술하기 얼마 전 제 아버지와 함께 아일랜드에 여행을 다녀왔습니다. 여행 준비를 위해 기존 여권이 만료되었기 때문에 새로운 여권을 발급받아야 했습니다. 여권 발급을 위한 절차는 간단했습니다. 서류를 작성하고, 건강 상태 기록을 수집하여 다친 부분에 대한 사진을 준비한 뒤 발급 비용과 함께 지역 내의 미연방 우체국 지점으로 전송하고, 본인 인증을 마친 뒤 몇 주 후 우편함으로 새롭게 발급받은 여권이 도착하였습니다.

아일랜드에 도착하여 공항 내 세관원이 여권을 확인하였습니다. 3분이 채 되지 않아 컴퓨터를 사용하여 방문 목적과 신원을 확인하고는 여권을 돌려준 뒤 아일랜드에 온 것을 반갑게 맞이해 주었습니다.

제 여권을 통해 제가 애덤 우드벡Adam Woodbeck이라는 사실을 미국 정부가 공인해 줍니다. 또한, 미국 정부가 신원을 확인해 줌으로써 아일랜드 또한 그 사실을 신뢰할 수 있습니다. 만일 아일랜드가 미국 정부를 믿지 않는다면 미국 정부의 말 또한 신뢰할 수 없을 것이며, 신원을 공인해 주는 사실 또한 신뢰성을 잃게 되어 입국을 거절당하게 될 것입니다(솔직히 말하면 저 스스로만의 매력이나 입담으로 세관원에게 저의 신원을 증명할 수는 없습니다).

TLS 인증서도 여권과 유사한 방식으로 동작합니다. **woodbeck.net** 도메인에 대한 새로운 TLS 인증서를 발급받기 위해서 먼저 Let's Encrypt와 같은 인증 기관에 요청을 보내야 합니다. 인증 기관은 내가 **woodbeck.net**이라는 도메인의 소유권이 있는지를 검증합니다. 소유권을 확인한 후 인증 기관은 **woodbeck.net** 도메인에 대한 새로운 인증서를 발급한 뒤 인증서를 암호학적인 방법으로 사인합니다. 이후 서버에서는 발급받은 인증서를 사용하여 클라이언트에게 인증 기관의 시그니처를 통해 해당 인증서는 공인된 인증 기관으로부터 온 것이며 정말로 **woodbeck.net**과 통신하고 있다고 신뢰를 줄 수 있습니다.

woodbeck.net 도메인에 서명_{signing}된 인증서를 발급하는 인증 기관은 마치 저의 여권을 발급해 주는 미국 정부와 유사합니다. 두 기관 모두 주체의 진실성을 확증하는, 신뢰할 수 있는 기관으로부터 검증된 기관입니다.[27] 아일랜드가 미국을 신뢰하듯이, 클라이언트는 **woodbeck.net** 도메인에 서명된 인증서를 발급해 준 기관을 신뢰할 경우 인증서 또한 신뢰할 것입니다. 제 스스로가 여권을 위조할 수 있는 것처럼 스스로 인증 기관을 만든 후 인증서를 만들 수도 있을 겁니다. 하지만 제가 위조한 여권이 신뢰받는 일은 없겠지요. 마찬가지로 전 세계의 어느 운영체제나 웹 브라우저가 제가 스스로 발급한 인증서를 신뢰할 일은 없을 겁니다.

TLS의 보안을 무력화하는 방법

2013년 12월 24일 터키의 Turktrust라는 인증 기관에서 실수로 악의적인 행위자가 **google.com**인 척하는 인증서를 발급해 주었다는 사실을 구글이 알게 되었습니다. 이 말은 다시 말해서 공격자가 사용자의 웹 브라우저를 속여서 마치 지금 구글과 TLS 연결을 맺고 있다고 착각하게 만들 수 있다는 의미가 됩니다. 구글은 해당 문제를 알아차리고 이를 해결하기 위해 노력하였습니다.

Turktrust의 실수로 인해 인증 기관의 신뢰가 손상되었습니다. 하지만 인증 기관이 정상적으로 작동하더라도 공격자가 사용자 개개인을 대상으로 공격할 수도 있습니다. 공격자가 스스로 발급한 CA 인증서를 사용자 운영체제 내의 신뢰할 수 있는 인증서 저장소에 설치할 수만 있으면 사용자는 공격자가 발급한 모든 인증서를 신뢰하게 됩니다. 즉, 공격자가 사용자의 모든 TLS 트래픽을 탈취할 수 있게 됩니다.

대부분의 사람들은 클라이언트로서 이러한 공격을 받지 않습니다. 공격자는 서버를 노립니다. 서버의 보안이 무력화되고 나면 메모리상에 존재하는 세션 키를 탈취하여 모든 TLS 트래픽을 감시할 수 있게 됩니다.

이러한 일들이 실제로 일어날 일은 거의 없지만, 실제로 가능한 일이라는 것을 알아야 합니다. 전반적으로 TLS 1.3은 전체적인 핸드셰이크 과정과 시그니처, 버전 다운그레이드 보호, 순방향 보안과 강력한 암호화로 인하여 강력한 보안을 제공하며 무력화될 일이 거의 없습니다.

---

27 (옮긴이) 즉, 두 기관 모두 정말 신뢰할 수 있는 기관입니다

전송 중인 데이터의 보안

어느 데이터든지 간에 네트워크를 통해 전송하는 데이터의 무결성을 보장하는 것이 중요합니다. Go는 아주 간편하게 TLS를 지원하므로 사용하지 않을 이유가 없습니다. 이번 섹션에서는 클라이언트 사이드와 서버 사이드에 TLS를 사용하는 방법에 대해 알아봅니다. 또한, TCP상에서 TLS가 동작하는 원리와, 인증서 고정을 통해 악의적인 인증서의 보안 공격을 완화하는 방법에 대해 알아봅니다.

클라이언트 사이드 TLS

클라이언트가 핸드셰이크 프로세스에서 이루고자 하는 바는 인증서를 이용하여 서버를 인증하는 것입니다. 클라이언트가 서버를 신뢰할 수 없다면, 당연하게도 서버와의 통신 또한 안전하다고 여길 수 없을 것입니다. net/http/httptest 패키지에서 제공하는 함수를 이용하면 Go에서 HTTP상에서의 TLS 지원을 쉽게 테스트해 볼 수 있습니다(목록 11-1 참고).

목록 11-1 클라이언트와 서버의 HTTPS 지원 테스팅하기(tls_client_test.go)

```go
package ch11

import (
  "crypto/tls"
  "net"
  "net/http"
  "net/http/httptest"
  "strings"
  "testing"
  "time"

  "golang.org/x/net/http2"
)

func TestClientTLS(t *testing.T) {
  ts := ❶httptest.NewTLSServer(
    http.HandlerFunc(
      func(w http.ResponseWriter, r *http.Request) {
        if ❷r.TLS == nil {
          u := "https://" + r.Host + r.RequestURI
          http.Redirect(w, r, u, http.StatusMovedPermanently)
          return
        }
        w.WriteHeader(http.StatusOK)
      },
    ),
  )
  defer ts.Close()
```

```
resp, err := ❸ts.Client().Get(ts.URL)
if err != nil {
  t.Fatal(err)
}

if resp.StatusCode != http.StatusOK {
  t.Errorf("expected status %d; actual status %d",
    http.StatusOK, resp.StatusCode)
}
```

httptest.NewTLSServer 함수는 HTTPS 서버를 반환합니다(❶). 이 코드는 함수 이름 외에도 8 장에서 사용한 httptest 패키지와 유사합니다. 이 예시에서 httptest.NewTLSServer 함수는 새로운 인증서 생성을 포함하여 HTTPS 서버 초기화를 위한 TLS 세부 환경구성까지 처리해 줍니다. 신뢰받는 인증 기관으로부터 인증서를 서명하지 않았기에 여느 HTTPS 클라이언트도 생성한 인증서를 신뢰하지 않습니다. 잠시 후에 미리 클라이언트를 설정해서 해당 테스트 HTTPS 서버를 신뢰하도록 하는 방법에 대해 살펴봅니다.

서버에서 HTTP로 클라이언트의 요청을 받으면 요청 객체의 TLS 필드는 nil이 됩니다. 이러한 케이스를 확인하고(❷), 그에 따라 클라이언트의 요청을 HTTPS로 리다이렉트시킬 수 있습니다.

테스트를 위하여 서버 객체의 Client 메서드(❸)는 서버의 인증서를 신뢰하는 *http.Client 객체를 반환합니다. 이 클라이언트를 이용하여 핸들러 내의 TLS와 관련된 코드를 테스트할 수 있습니다.

목록 11-2에서는 서버의 인증서를 신뢰하지 않는 새로운 클라이언트를 사용하여 테스트 서버에 통신을 시도할 때 어떤 일이 일어나는지 알아봅니다.

목록 11-2 새로운 클라이언트로 HTTPS 서버 테스트하기(tls_client_test.go)

```
--생략--

  tp := &http.Transport{
    TLSClientConfig: &tls.Config{
      CurvePreferences: []tls.CurveID{❶tls.CurveP256},
      MinVersion:       tls.VersionTLS12,
    },
  }

  err = ❷http2.ConfigureTransport(tp)
  if err != nil {
    t.Fatal(err)
  }
```

```
    client2 := &http.Client{Transport: tp}

    _, err = client2.Get(ts.URL)
    if err == nil || !strings.Contains(err.Error(),
      "certificate signed by unknown authority") {
      t.Fatalf("expected unknown authority error; actual: %q", err)
    }

❸ tp.TLSClientConfig.InsecureSkipVerify = true

    resp, err = client2.Get(ts.URL)
    if err != nil {
      t.Fatal(err)
    }

    if resp.StatusCode != http.StatusOK {
      t.Errorf("expected status %d; actual status %d",
        http.StatusOK, resp.StatusCode)
    }
}
```

새로운 트랜스포트를 생성하고 TLS 구성을 정의하며 이 트랜스포트를 사용하도록 http2를 구성한 뒤 클라이언트 트랜스포트의 기본 TLS 구성을 오버라이딩합니다. 클라이언트의 TLS 구성 설정의 CurvePreferences 필드 값을 P-384나 P-521이 아닌 P-256(❶)으로 설정하는 것이 좋습니다. P-256은 P-384나 P-521과는 달리 시간차 공격에 저항이 있습니다. 그리고 P-256을 사용하면 클라이언트는 TLS 협상negotiation에 최소한 1.2 이상의 버전을 사용할 것입니다.

타원 곡선elliptic curve은 곡선을 따라 있는 모든 점이 동일한 다항 방정식을 만족하는 평면 곡선입니다. RSA와 같은 1세대의 암호화는 거대한 크기의 소수를 사용하여 키를 도출하는 반면, 타원 곡선 암호화는 키 생성을 위해 타원 곡선 위에 있는 점을 사용합니다. P-256과 P-384, P-521은 미국 국립표준기술연구소의 디지털 서명 표준입니다. 이에 대한 자세한 사항을 알아보려면 미 연방 정보 처리 표준Federal Information Processing Standards, FIPS에서 작성한 출판물 186-4, Digital Signature Standard을 살펴보기 바랍니다(https://nvlpubs.nist.gov/nistpubs/FIPS/NIST.FIPS.186-4.pdf).

이제 트랜스포트가 더 이상 기본 TLS 구성을 사용하지 않기에 클라이언트는 HTTP/2를 기본적으로 지원하지 않습니다. HTTP/2를 사용하려면 명시적으로 HTTP/2를 사용하기 위한 함수에 트랜스포트를 전달해 주어야 합니다(❷). 물론 이 테스트에서 HTTP/2를 사용하진 않지만 트랜스포트의 TLS 구성을 오버라이딩할 경우 HTTP/2 지원이 제거된다는 사실을 깜빡하면 문제가 발생할 수 있습니다.

명시적으로 신뢰할 인증서를 선택하지 않으면 클라이언트는 운영체제가 신뢰하는 인증 저장소의 인증서를 신뢰합니다. 테스트 서버로 보내는 첫 번째 요청은 클라이언트가 서버가 보내는 인증서의 서명자를 신뢰하지 않기 때문에 실패하여 에러가 발생합니다. 이를 우회하기 위해 InsecureSkipVerify 필드의 값을 true로 설정하여(❸) 클라이언트의 트랜스포트가 서버의 인증서를 검증하지 않도록 할 수 있습니다. 디버깅 외의 목적으로 InsecureSkipVerify 필드 값을 사용하는 것은 보안상의 이유로 추천하지 않습니다. 이번 장의 후반부에서 더 나은 방법인 **인증서 고정**certificate pinning의 개념에 대해 살펴볼 것입니다. InsecureSkipVerify 필드 값을 사용하면 이름에서 드러나듯이 클라이언트의 보안이 취약해지며, 아무 서버의 인증서나 맹목적으로 신뢰하기 때문에 중간자MITM, Man In The Middle 공격에 취약해집니다. InsecureSkipVerify 필드 값을 사용하여 생성한 클라이언트로 동일하게 서버로 요청을 보내면 클라이언트는 아무런 문제없이 TLS를 협상하고 서버와 통신할 것입니다.

TCP상에서의 TLS

TLS는 스테이트풀stateful합니다. 즉, 클라이언트와 서버가 최초 핸드셰이크 과정에서 세션 매개변수를 협상하고 나면 그 이후 세션이 살아 있는 동안 협상된 대로 암호화된 TLS 정보를 주고받습니다. TCP 또한 스테이트풀하기 때문에 전송 계층에서 TLS를 구현하기에 이상적입니다. 또한, TCP의 신뢰성을 이용하여 TLS 세션을 유지할 수 있습니다.

잠시 애플리케이션 계층의 프로토콜은 잊고, TCP상에서 TLS 연결이 수립되는 과정에 대해 알아봅시다. 목록 11-3에서는 crypto/tls 패키지를 이용하여 몇 줄의 코드로 TLS 연결을 초기화합니다.

목록 11-3 www.google.com으로 TLS 연결 시작(tls_client_test.go)

```
--생략--
func TestClientTLSGoogle(t *testing.T) {
  conn, err := ❶tls.DialWithDialer(
    &net.Dialer{Timeout: 30 * time.Second},
    "tcp",
    "www.google.com:443",
    &tls.Config{
      CurvePreferences: []tls.CurveID{tls.CurveP256},
      MinVersion:       tls.VersionTLS12,
    },
  )
  if err != nil {
    t.Fatal(err)
  }
```

```
    state := ❷conn.ConnectionState()
    t.Logf("TLS 1.%d", state.Version-tls.VersionTLS10)
    t.Log(tls.CipherSuiteName(state.CipherSuite))
    t.Log(state.VerifiedChains[0][0].Issuer.Organization[0])

    _ = conn.Close()
}
```

tls.DialWithDialer 함수(❶)는 *net.Dialer 객체의 포인터와 네트워크 종류(tcp), 네트워크 주소, 그리고 *tls.Config 객체의 포인터를 매개변수로 받습니다. 여기서 다이얼러에 30초의 타임아웃과 TLS 설정을 지정해 주었습니다. 다이얼이 성공하면 TLS 연결의 세부 상태 정보를 탐색할 수 있습니다(❷).

목록 11-4는 목록 11-3의 테스트 결과를 나타냅니다.

목록 11-4 TestClientTLSGoogle 테스트 실행

```
$ go test -race -run TestClientTLSGoogle -v ./...
=== RUN   TestClientTLSGoogle
  TestClientTLSGoogle: tls_client_test.go:89: TLS 1.3
  TestClientTLSGoogle: tls_client_test.go:90: TLS_AES_128_GCM_SHA256
  TestClientTLSGoogle: tls_client_test.go:91: Google Trust Services
--- PASS: TestClientTLSGoogle (0.31s)
PASS
```

TLS 클라이언트가 TLS 버전 1.3에서 TLS_AES_128_GCM_SHA256 암호화 스위트_cipher suite_[28]를 사용하고 있습니다. tls.DialWithDialer 함수가 서버의 인증서를 거절하지 않았음을 확인하기 바랍니다. 하위의 TLS 클라이언트는 운영체제의 신뢰하는 인증 저장소를 사용하여 www.google.com의 인증서가 신뢰받는 인증 기관(이 경우에는 Google Trust Services라는 인증 기관)으로부터 서명된 것임을 확인하였습니다.

서버 사이드 TLS

서버 사이드의 코드는 지금까지 배운 코드와 크게 다르지 않습니다. 주요 차이점은 서버가 핸드셰이크 프로세스에서 클라이언트에게 인증서를 제공해야 한다는 것입니다. Go가 설치된 디렉터리 하위의 **src/crypto/tls** 서브디렉터리 내에 존재하는 **generate_cert.go** 파일을 이용하여 사설

---

28 [옮긴이] 암호화 스위트(cipher suite)란 TLS 협상 단계에서 서버와 클라이언트가 데이터 암호화 시에 사용할 수 있는 암호화 목록입니다. 위의 예시에서는 클라이언트가 많은 암호화 스위트 중 TLS 1.3의 TLS_AES_128_GCM_SHA256 암호화 스위트를 사용하기로 결정한 것입니다.

인증서를 생성할 수 있습니다. 프로덕션 서비스에서는 Let's Encrypt에서 획득한 인증서나 다른 인증 기관으로부터 획득한 인증서를 사용하는 것이 낫습니다. LEGO 라이브러리(https://github.com/go-acme/lego/)를 이용하여 개발 중인 서비스에 인증서 관리를 할 수 있습니다. 다음의 명령어로 새로운 인증서와 개인키를 생성하기 바랍니다.

```
$ go run $GOROOT/src/crypto/tls/generate_cert.go -host localhost -ecdsa-curve P256
```

이 명령어는 **localhost**의 호스트 네임과 **key.pem**이라는 이름을 가진 파일의 개인키를 사용하여 **cert.pem**이라는 이름을 가진 파일의 인증서를 생성합니다. 이 섹션의 나머지 코드에서는 개인키와 인증서 두 파일이 현재 디렉터리에 있다고 가정합니다.

목록 11-5에서는 이전 장의 방식대로 TLS만을 사용한 에코 서버 코드의 일부분을 나타냅니다.

목록 11-5 Server 구조체와 생성자 함수(tls_echo.go)

```go
package ch11

import (
  "context"
  "crypto/tls"
  "fmt"
  "net"
  "time"
)

func NewTLSServer(ctx context.Context, address string,
  maxIdle time.Duration, tlsConfig *tls.Config) *Server {
  return &Server{
    ctx:      ctx,
    ready:    make(chan struct{}),
    addr:     address,
    maxIdle:  maxIdle,
    tlsConfig: tlsConfig,
  }
}

type Server struct {
  ctx   context.Context
  ready chan struct{}

  addr      string
  maxIdle   time.Duration
  tlsConfig *tls.Config
}
```

```
func (s *Server) ❶Ready() {
  if s.ready != nil {
    <-s.ready
  }
}
```

Server 구조체에는 설정값과 TLS 구성값, 그리고 서버가 수신 연결 요청을 받아들일 준비가 된 시그널을 처리할 채널을 포함합니다. 잠시 후에 이에 대한 테스트 케이스를 작성하고 Ready 메서드(❶)를 사용하여 서버가 수신 연결 요청을 받아들일 준비가 끝날 때까지 블로킹합니다.

NewTLSServer 함수는 매개변수로 서버를 중단하기 위한 콘텍스트와 서버가 리스닝할 주소, 서버가 연결을 유휴 상태로 유지할 최대 기간, 그리고 TLS 구성값을 받습니다. 클라이언트의 연결 유휴 상태 제어를 위한 매개변수가 TLS와 관련된 설정 값은 아니지만 3장에서 그랬듯 소켓의 데드라인을 늦추기 위하여 유휴 기간을 최대로 줍니다.

이전 장에서 사용한 서버들은 리스닝과 서빙을 별도로 처리하였습니다. 종종 net/http 패키지의 ListenAndServe 메서드와 같은 헬퍼 함수를 이용하여 두 동작을 동시에 처리하기도 합니다. 목록 11-6의 코드는 에코 서버에 이와 유사한 메서드를 추가합니다.

목록 11-6 리스닝과 서빙을 처리하고 서버 연결의 읽기 가능한 상태를 알리는 메서드 추가하기(tls_echo.go)

```
--생략--

func (s *Server) ListenAndServeTLS(certFn, keyFn string) error {
  if s.addr == "" {
    s.addr = "localhost:443"
  }

  l, err := net.Listen("tcp", s.addr)
  if err != nil {
    return fmt.Errorf("binding to tcp %s: %w", s.addr, err)
  }

  if s.ctx != nil {
    go func() {
      <-s.ctx.Done()
      _ = l.Close()
    }()
  }

  return s.ServeTLS(l, certFn, keyFn)
}
```

생성한 ListenAndServeTLS 메서드는 인증서와 개인키의 전체 경로를 매개변수로 받고 에러를 반환합니다. 서버의 주소로 바인딩된 net.Listener 객체를 생성하고 콘텍스트가 닫히면 리스너를 종료하는 고루틴을 시작합니다. 마지막으로, 서버의 ServeTLS 메서드로 생성한 리스너 객체와 인증서 경로, 개인키 경로를 전달합니다.

목록 11-7에서는 에코 서버의 ServeTLS 메서드 구현을 나타냅니다.

목록 11-7 net.Listener에 TLS 지원 추가하기(tls_echo.go)

```
--생략--

func (s Server) ServeTLS(l net.Listener, certFn, keyFn string) error {
  if s.tlsConfig == nil {
    s.tlsConfig = &tls.Config{
      CurvePreferences:        []tls.CurveID{tls.CurveP256},
      MinVersion:              tls.VersionTLS12,
    ❶PreferServerCipherSuites: true,
    }
  }

  if len(s.tlsConfig.Certificates) == 0 &&
    s.tlsConfig.GetCertificate == nil {
    cert, err := ❷tls.LoadX509KeyPair(certFn, keyFn)
    if err != nil {
      return fmt.Errorf("loading key pair: %v", err)
    }

    s.tlsConfig.Certificates = []tls.Certificate{cert}
  }

  tlsListener := ❸tls.NewListener(l, s.tlsConfig)
  if s.ready != nil {
    close(s.ready)
  }
```

먼저, ServeTLS 메서드는 서버의 TLS 구성을 확인합니다. 구성이 nil이면 PreferServerCipher Suites 필드 값을 true로 설정하여 기본 구성을 사용합니다(❶). PreferServerCipherSuites 필드는 서버에서 사용하며, 클라이언트가 원하는 암호화 스위트를 기다리지 않고 서버에서 먼저 TLS 협상 단계에서 사용할 암호화 스위트를 사용합니다.

서버의 TLS 구성 값에 최소한 하나의 인증서가 포함되어 있지 않거나 GetCertificate 메서드가 nil을 반환하는 경우 매개변수로 입력받은 인증서와 개인키의 경로를 사용하여 파일시스템으로부터 해당 파일을 읽어서 tls.Certificate 객체를 생성합니다(❷).

이제 서버에는 클라이언트와의 통신에서 사용할 수 있는 최소한 하나 이상의 인증서를 포함한

TLS 구성이 존재합니다. 이제 tls.NewListener 함수에 net.Listener 객체와 해당 TLS 구성 정보를 전달하여(❸) TLS를 지원하면 됩니다. tls.NewListener 함수는 리스너를 받아서 해당 리스너의 Accept 메서드에 TLS를 인지하도록 하는 연결 객체를 반환한다는 점에서 마치 미들웨어처럼 동작합니다.

목록 11-8에서는 별도의 고루틴에서 리스너로의 연결 요청을 수립하고 처리하여 ServeTLS 메서드 구현을 마무리합니다.

목록 11-8 리스너로부터 TLS를 인지하는 연결 요청 수립(tls_echo.go)

```
--생략--

  for {
    conn, err := ❶tlsListener.Accept()
    if err != nil {
      return fmt.Errorf("accept: %v", err)
    }

    go func() {
      defer func() { _ = ❷conn.Close() }()

      for {
        if s.maxIdle > 0 {
          err := ❸conn.SetDeadline(time.Now().Add(s.maxIdle))
          if err != nil {
            return
          }
        }

        buf := make([]byte, 1024)
        n, err := ❹conn.Read(buf)
        if err != nil {
          return
        }

        _, err = conn.Write(buf[:n])
        if err != nil {
          return
        }
      }
    }()
  }
}
```

이전 장에서 이와 유사한 방식을 살펴보았습니다. 무한 for 루프에서 계속 순회하며 리스너의 Accept 메서드(❶)를 호출합니다. Accept 메서드는 클라이언트가 연결을 요청할 때까지 블로킹되며, 성공적으로 연결되면 net.Conn 객체를 반환합니다. TLS를 인지하는 리스너를 사용하였기 때문에 내부적으로는 TLS를 지원하는 연결 객체를 반환합니다. 이후 코드상에서는 반환된 연결 객체를 이용합니다. Go에서는 TLS의 세부 구현을 추상화하였기 때문에 이 시점 이후로 더 이상 TLS에 대해 신경쓰지 않고 별도의 고루틴을 만들어서 연결을 처리하면 됩니다.

동일한 방식으로 서버는 각 연결을 처리합니다. 먼저, 서버의 최대 유휴 대기 시간만큼 소켓의 데드라인을 늦춥니다(❸). 이후 클라이언트가 데이터를 보내기까지 대기합니다. 서버가 데드라인이 되기까지 소켓으로부터 아무것도 읽지 못한 경우 연결 객체의 Read 메서드(❹)는 **I/O 타임아웃**I/O time-out 에러를 반환하며 결국 연결이 종료됩니다(❷).

서버가 데이터를 읽으면 읽은 페이로드를 그대로 클라이언트에게 씁니다. 프로그램의 제어는 다시 루프로 넘어가서 데드라인을 초기화하고 클라이언트로부터 다음 페이로드를 대기합니다.

인증서 고정

이 장의 전반부에서 TLS의 보안을 무력화하는 방법(수상한 인증서를 발급하는 인증 기관, 또는 로컬 컴퓨터 내의 신뢰하는 인증서 저장소에 악의적인 인증서를 주입하는 공격자)에 대해 알아보았습니다. 두 공격 모두 인증서 고정을 사용하여 완화할 수 있습니다.

인증서 고정certificate pinning이란 운영체제의 신뢰하는 인증서 저장소 정보를 수집하고 명시적으로 애플리케이션 내에 하나 이상의 신뢰하는 인증서 저장소 정보를 정의하는 프로세스입니다. 애플리케이션은 고정된 인증서를 사용하는 호스트로부터의 연결, 혹은 고정된 인증서로 서명된 인증서를 사용한 연결만 신뢰할 것입니다. 클라이언트를 아무도 신뢰할 수 없어서 서버와의 모든 통신을 반드시 암호화해야만 하는 환경에 클라이언트를 배포할 계획이라면 각 클라이언트마다 서버의 인증서를 고정하는 방법을 고려해 보기 바랍니다.

이전 섹션에서 **localhost**라는 호스트 네임으로 생성한 **cert.pem** 파일과 **key.pem** 파일을 사용하여 서버가 생성한 인증서로 클라이언트와 TLS 협상을 시도하면 해당 인증서는 신뢰하는 인증 기관에서 서명되지 않았기 때문에 클라이언트는 즉시 TLS 연결을 종료합니다.

tls.Config 객체의 InsecureSkipVerify 필드 값을 true로 설정할 수도 있지만, 보안의 문제로 인하여 추천하지 않습니다. 대신에 명시적으로 서버의 인증서를 클라이언트로 고정하여 클라이언트가 서버의 인증서를 신뢰할 수 있도록 합시다. 목록 11-9는 관련 프로세스를 위한 테스트 코드의 도입부입니다.

목록 11-9 새로운 TLS 에코 서버 생성 및 백그라운드에서 시작(tls_echo_test.go)

```go
package ch11

import (
  "bytes"
  "context"
  "crypto/tls"
  "crypto/x509"
  "io"
  "io/ioutil"
  "strings"
  "testing"
  "time"
)

func TestEchoServerTLS(t *testing.T) {
  ctx, cancel := context.WithCancel(context.Background())
  defer cancel()

  serverAddress := "localhost:34443"
  maxIdle := time.Second
  server := NewTLSServer(ctx, serverAddress, maxIdle, nil)
  done := make(chan struct{})

  go func() {
    err := ❶server.ListenAndServeTLS("cert.pem", "key.pem")
    if err != nil && !strings.Contains(err.Error(),
      "use of closed network connection") {
      t.Error(err)
      return
    }
    done <- struct{}{}
  }()
❷server.Ready()
```

cert.pem 인증서 파일 내의 호스트 네임이 **localhost**이기 때문에 **localhost**의 34443번 포트에서 리스닝하는 TLS 에코 서버를 생성합니다. 여기서 포트 번호가 중요한 건 아니지만 클라이언트는 인증서에서 이야기하는 호스트 네임과 동일한 호스트 네임으로 접근할 수 있길 기대합니다. **cert. pem** 파일과 **key.pem** 파일을 매개변수로 사용하여 백그라운드에서 서버를 시작하고(❶) 수신 연결 준비가 완료될 때까지 블로킹합니다(❷).

목록 11-9의 마지막 부분에 이어 목록 11-10에서는 서버의 인증서를 명시적으로 신뢰하도록 TLS 를 구성하여 클라이언트를 생성합니다.

목록 11-10 서버의 인증서를 클라이언트에 고정하기(tls_echo_test.go)

```
--생략--

  cert, err := ioutil.ReadFile("cert.pem")
  if err != nil {
    t.Fatal(err)
  }

  certPool := ❶x509.NewCertPool()
  if ok := certPool.AppendCertsFromPEM(cert); !ok {
    t.Fatal("failed to append certificate to pool")
  }

  tlsConfig := &tls.Config{
    CurvePreferences: []tls.CurveID{tls.CurveP256},
    MinVersion:       tls.VersionTLS12,
  ❷RootCAs:          certPool,
  }
```

서버의 인증서를 클라이언트로 고정하는 것은 직관적입니다. 먼저, **cert.pem** 파일을 읽습니다. 이후 새로운 인증서 풀을 생성하고(❶) 인증서를 인증서 풀에 추가합니다. 마지막으로, 인증서 풀을 tls.Config 객체의 RootCAs 필드에 추가합니다(❷). 이름에서 알 수 있듯이 하나 이상의 신뢰하는 인증서를 인증서 풀에 추가할 수 있습니다. 이를 이용하면 아직 기존 인증서의 만료 기간이 일부 남은 상황에서 새로운 인증서로 마이그레이션하는 데 유용하게 사용할 수 있습니다.

이 구성 정보를 이용하여 생성된 클라이언트는 TLS 협상에서 **cert.pem** 인증서를 사용한 서버만, 혹은 **cert.pem** 인증서로 서명된 인증서를 사용한 서버만을 인증합니다. 남은 테스트에서 이를 확인해 봅시다(목록 11-11 참고).

목록 11-11 고정된 인증서를 사용하여 서버 인증(tls_echo_test.go)

```
--생략--

  conn, err := ❶tls.Dial("tcp", serverAddress, tlsConfig)
  if err != nil {
    t.Fatal(err)
  }

  hello := []byte("hello")
  _, err = conn.Write(hello)
  if err != nil {
    t.Fatal(err)
  }

  b := make([]byte, 1024)
```

```
    n, err := conn.Read(b)
    if err != nil {
      t.Fatal(err)
    }

    if actual := b[:n]; !bytes.Equal(hello, actual) {
      t.Fatalf("expected %q; actual %q", hello, actual)
    }

  ❷time.Sleep(2 * maxIdle)
    _, err = conn.Read(b)
    if err != ❸io.EOF {
      t.Fatal(err)
    }

    err = conn.Close()
    if err != nil {
      t.Fatal(err)
    }

    cancel()
    <-done
}
```

tls.Dial 함수에 고정된 서버 인증서를 사용한 tls.Config 객체를 매개변수로 전달합니다(❶). 이로 인해 생성된 TLS 클라이언트는 서버의 인증서가 사설 인증서로 서명되었음에도 불구하고 InsecureSkipVerify 필드를 설정하거나 보안에 취약한 어떠한 옵션도 사용하지 않고 서버의 인증서를 인증할 수 있습니다.

서버가 사설 인증서를 사용함에도 서버와 신뢰할 수 있는 연결을 맺었으니 예상대로 서버가 동작하는지 확인해 봅시다. 클라이언트로 전송하는 모든 메시지를 그대로 에코잉해야 합니다. 긴 시간 유휴 상태로 있으면(❷) 소켓과의 통신에서 서버가 소켓을 닫았다는 에러가 발생할 것입니다(❸).

상호 TLS 인증

이전 섹션에서는 클라이언트가 서버의 인증서와 신뢰하는 서드파티 인증서를 이용하여 인증하는 방법, 혹은 클라이언트가 명시적으로 서버의 인증서를 신뢰하도록 구성하는 방법에 대해 알아보았습니다. 서버 역시 동일한 방법으로 클라이언트를 인증할 수 있습니다. 이는 서버와 클라이언트 모두 스스로 그들의 신원을 입증해야 하는, 정말 아무도 신뢰할 수 없는 네트워크 인프라에서 특히 유용합니다. 예를 들어, 현재 서버가 존재하는 네트워크 외부에 클라이언트가 존재하고 클라이언트는 프락시를 통하여 서버와 통신해야만 하는데, 클라이언트가 프락시를 이용하여 네트워크 내부의 리소스에 접근할 수 있는지의 여부를 확인하기 전에 먼저 반드시 인증서를 확인해야 합니다. 마찬가지로, 클라이언트는 프락시가 제공한 인증서를 확인하여 정말로 접근하고자 하는 프락시인지, 악의적인 공격자가 생성한 것은 아닌지 확인할 수 있습니다.

서버가 오로지 인증된 클라이언트에게만 TLS 세션을 유지하도록 할 수 있습니다. 인증된 클라이언트들은 신뢰하는 인증 기관으로부터 서명된 인증서를 제공하거나, 혹은 서버에게 고정된 인증서를 제공해야만 합니다. 예시 코드를 살펴보기 전에 클라이언트는 인증을 위해 서버에 제공할 수 있는 인증서가 필요합니다. 하지만 클라이언트의 인증을 위해서는 이전에 소개했던, **$GOROOT/src/crypto/tls/generate_cert.go** 파일로 생성한 인증서를 사용할 수 없고, 직접 인증서와 개인키를 생성해야만 합니다.

인증을 위해 인증서 생성하기

Go의 표준 라이브러리를 사용하면 ECDSA 암호화 알고리즘Elliptic Curve Digital Signature Algorithm(타원 곡선 디지털 시그니처 알고리즘)과 P-256 타원 곡선을 사용하여 인증서를 직접 생성할 수 있습니다. 목록 11-12는 이에 대한 커맨드 라인 유틸리티 소스코드입니다. 해당 예시를 모든 상황에 그대로 적용할 수 없음을 주의하기 바랍니다. 예를 들어, 예시에서는 10년 뒤에 만료되는 인증서를 생성하고, 인증서의 발급 주체로 필자의 이름을 사용합니다. 필요에 따라 변경해서 사용하면 됩니다.

목록 11-12 X.509 인증서 템플릿 생성(cert/generate.go)

```
package main

import (
  "crypto/ecdsa"
  "crypto/elliptic"
  "crypto/rand"
  "crypto/x509"
  "crypto/x509/pkix"
  "encoding/pem"
  "flag"
  "log"
  "math/big"
  "net"
  "os"
  "strings"
  "time"
)

var (
  host = flag.String("host", "localhost",
    "Certificate's comma-separated host names and IPs")
```

```
    certFn = flag.String("cert", "cert.pem", "certificate file name")
    keyFn  = flag.String("key", "key.pem", "private key file name")
)

func main() {
  flag.Parse()

  serial, err := ❶rand.Int(rand.Reader, new(big.Int).Lsh(big.NewInt(1), 128))

  if err != nil {
    log.Fatal(err)
  }

  notBefore := time.Now()
  template := x509.Certificate{
    SerialNumber: serial,
    Subject: pkix.Name{
      Organization: []string{"Adam Woodbeck"},
    },
    NotBefore: notBefore,
    NotAfter:  notBefore.Add(10 * 356 * 24 * time.Hour),
    KeyUsage: x509.KeyUsageKeyEncipherment |
      x509.KeyUsageDigitalSignature |
      x509.KeyUsageCertSign,
    ExtKeyUsage: []x509.ExtKeyUsage{
      x509.ExtKeyUsageServerAuth,
    ❷x509.ExtKeyUsageClientAuth,
    },
    BasicConstraintsValid: true,
    IsCA:                  true,
  }
```

커맨드 라인 유틸리티는 플래그로 인증서를 사용할 호스트 네임과 IP 주소를 쉼표로 구분된 comma-separated 문자열로 받습니다. 그리고 기본적으로 **cert.pem** 파일과 **key.pem** 파일을 인증서와 개인키 파일로 사용하며, 해당 인증서 파일의 경로 또한 플래그로 전달할 수 있습니다.

인증서와 개인키를 생성하는 프로세스에는 이후에 데이터를 X.509 포맷으로 인코딩하기 위해 템플릿을 생성하는 코드가 포함됩니다. 직접 서명한 인증서를 생성하기 때문에 암호학적으로 랜덤의 부호 없는 128비트의 정수를 사용하여 일련의 번호를 생성합니다(❶). 이후 X.509 포맷으로 인코딩된 인증서를 나타내는 x509.Certificate 객체를 생성하고, 해당 객체 내에 일련 번호나 인증서의 발급 주체, 유효 기간, 인증서의 사용처 등의 값을 설정합니다. 이 인증서를 클라이언트와의 인증에 사용할 것이기 때문에 x509.ExtKeyUsageClientAuth 값을 반드시 포함해야 합니다(❷). 이 값을 포함하지 않으면 클라이언트가 TLS 협상 단계에서 해당 인증서를 사용할 때 서버에서는 클라이언트를 확인할 수 없습니다.

이제 템플릿 생성 준비는 거의 끝마쳤습니다. 인증서를 생성하기 전에 호스트 네임과 IP 주소를 설정해 주면 됩니다(목록 11-13 참고).

목록 11-13 PEM(Privacy-Enhanced Mail) 포맷으로 인코딩된 인증서 쓰기

```
--생략--

  for _, h := range ❶strings.Split(*host, ",") {
    if ip := net.ParseIP(h); ip != nil {
    ❷template.IPAddresses = append(template.IPAddresses, ip)
    } else {
    ❸template.DNSNames = append(template.DNSNames, h)
    }
  }

  priv, err := ❹ecdsa.GenerateKey(elliptic.P256(), rand.Reader)
  if err != nil {
    log.Fatal(err)
  }

  der, err := ❺x509.CreateCertificate(rand.Reader, &template,
    &template, &priv.PublicKey, priv)
  if err != nil {
    log.Fatal(err)
  }

  cert, err := os.Create(*certFn)
  if err != nil {
    log.Fatal(err)
  }

  err = ❻pem.Encode(cert, &pem.Block{Type: "CERTIFICATE", Bytes: der})
  if err != nil {
    log.Fatal(err)
  }

  if err := cert.Close(); err != nil {
    log.Fatal(err)
  }
  log.P@rintln("wrote", *certFn)
```

호스트 네임과 IP 주소를 쉼표로 구분된 문자열로 받아들인 후 쉼표를 기준으로 나눈 뒤 순회하며(❶), 각 값을 해당하는 템플릿 내의 슬라이스에 할당합니다. 호스트 네임이 IP 주소인 경우 IPAddresses 슬라이스에 할당하고(❷), 그 외에는 DNSNames 슬라이스에 할당합니다(❸). Go의 TLS 클라이언트는 이 값을 사용하여 서버와 인증합니다. 예를 들어, 클라이언트가 https://www.google.com으로 연결을 시도하였는데 서버가 제공한 인증서의 CN~Common Name~(일반 이름) 값, 혹은

SAN_{Subject Alternative Name} 값이 www.google.com의 호스트 네임 혹은 해석된 IP주소와 일치하지 않을 경우 클라이언트는 서버와의 인증을 실패합니다.

다음으로 P-256 타원 곡선을 이용하여 새로운 ECDSA 개인키를 생성합니다(❹). 이 시점에서 인증서를 생성하기 위한 모든 준비는 마쳤습니다. x509.CreateCertificate 함수(❺)는 암호화를 위해 무작위 값을 추출하기 위한 엔트로피 소스(crypto/rand의 Reader를 사용하는 것이 이상적입니다), 새로운 인증서를 생성하기 위한 템플릿, 상위 인증서, 공개키, 그리고 공개키와 페어인 개인키를 매개변수로 받고, DER_{Distinguished Encoding Rules} 포맷으로 인코딩된 인증서가 포함된 바이트 슬라이스를 반환합니다. 결과적으로 스스로 서명한 인증서를 사용하기 때문에 상위 인증서의 템플릿을 사용합니다. 이제 DER 포맷으로 인코딩된 바이트 슬라이스의 pem.Block 객체를 생성한 뒤 모든 데이터를 PEM 포맷으로 인코딩하여 새로운 파일에 저장합니다(❻). 이런 다양한 인코딩을 직접 처리할 필요는 없습니다. Go가 직접 디스크상에 존재하는 PEM 포맷으로 인코딩된 인증서를 사용합니다.

목록 11-14에서는 인증서와 페어인 개인키를 생성합니다.

목록 11-14 PEM 포맷으로 인코딩된 개인키 생성(cert/generate.go)

```
--생략--

 key, err := os.OpenFile(*keyFn, os.O_WRONLY|os.O_CREATE|os.O_TRUNC,
  ❶0600)
 if err != nil {
   log.Fatal(err)
 }

 privKey, err := ❷x509.MarshalPKCS8PrivateKey(priv)
 if err != nil {
   log.Fatal(err)
 }

 err = ❸pem.Encode(key, &pem.Block{Type: "EC PRIVATE KEY",
   Bytes: privKey})
 if err != nil {
   log.Fatal(err)
 }

 if err := key.Close(); err != nil {
   log.Fatal(err)
 }
 log.Println("wrote", *keyFn)
}
```

인증서는 외부에 공유하기 위한 목적으로 사용되지만 개인키는 글자 그대로 개인적으로 사용합니다. 개인키 자체가 노출되지 않도록 권한 설정에 주의해야 합니다. 여기서는 프로그램을 실행하는 사용자에게만 개인키 파일에 읽기-쓰기 권한을 주었습니다(❶). 개인키를 바이트 슬라이스로 마샬링하고(❷), 개인키 파일을 PEM 포맷으로 인코딩된 파일로 쓰기 전에 먼저 마샬링된 바이트 슬라이스를 pem.Block 객체에 할당하였습니다(❸).

목록 11-15에서는 이전에 작성한 코드를 사용하여 서버와 클라이언트가 사용할 인증서와 개인키 페어를 생성합니다.

목록 11-15 서버와 클라이언트가 사용할 인증서와 개인키 페어 생성

```
$ go run cert/generate.go -cert serverCert.pem -key serverKey.pem -host localhost
2006/01/02 15:04:05 wrote serverCert.pem
2006/01/02 15:04:05 wrote serverKey.pem
$ go run cert/generate.go -cert clientCert.pem -key clientKey.pem -host localhost
2006/01/02 15:04:05 wrote clientCert.pem
2006/01/02 15:04:05 wrote clientKey.pem
```

서버가 **localhost**에 바인딩하였고 클라이언트는 **localhost**에서 서버로 접속하였기에 클라이언트 인증서와 서버 인증서에 **localhost**라는 값을 사용한 것은 좋습니다. 가령, 클라이언트가 다른 호스트 네임에서 접속하거나 서버를 다른 IP 주소에서 바인딩한다면 **host** 플래그 값도 그에 맞추어서 바꾸어 주어야 합니다.

상호 TLS 인증 구현하기

서버와 클라이언트가 사용할 인증서와 개인키 페어를 생성하였으니 코드를 작성해 봅시다. 먼저, 목록 11-16에서 에코 서버와 클라이언트 간의 상호 TLS 인증을 위한 테스트 구현을 작성해 봅시다.

목록 11-16 CA 인증서를 서빙하기 위한 인증서 풀 생성(tls_mutual_test.go)

```
package ch11

import (
    "bytes"
    "context"
    "crypto/tls"
    "crypto/x509"
    "errors"
    "io/ioutil"
    "strings"
    "testing"
)
```

```
func caCertPool(caCertFn string) (*x509.CertPool, error) {
  caCert, err := ❶ioutil.ReadFile(caCertFn)
  if err != nil {
    return nil, err
  }

  certPool := x509.NewCertPool()
  if ok := ❷certPool.AppendCertsFromPEM(caCert); !ok {
    return nil, errors.New("failed to add certificate to pool")
  }

  return certPool, nil
}
```

클라이언트와 서버 모두 **caCertPool** 함수를 이용하여 새로운 X.509 인증서 풀을 생성합니다. 이 함수는 PEM 포맷으로 인코딩된 인증서 파일의 경로를 매개변수로 받은 뒤 파일의 내용을 읽고 (❶), 읽은 내용을 새로운 인증서 풀에 추가합니다(❷). 인증서 풀은 신뢰하는 인증서의 소스로 사용됩니다. 클라이언트는 서버의 인증서를 클라이언트의 인증서 풀에 추가하고, 서버는 클라이언트의 인증서를 서버의 인증서 풀에 추가합니다.

목록 11-17은 클라이언트와 서버 간의 상호 TLS 인증을 확인해 보기 위한 초기 테스트 코드입니다.

목록 11-17 CA 인증서 풀과 서버 인증서 초기화하기(tls_mutual_test.go)

```
--생략--

func TestMutualTLSAuthentication(t *testing.T) {
  ctx, cancel := context.WithCancel(context.Background())
  defer cancel()

  serverPool, err := caCertPool(❶"clientCert.pem")
  if err != nil {
    t.Fatal(err)
  }

  cert, err := ❷tls.LoadX509KeyPair("serverCert.pem", "serverKey.pem")
  if err != nil {
    t.Fatalf("loading key pair: %v", err)
  }
```

서버 생성 전에 먼저 클라이언트의 인증서를 사용하여 새로운 CA 인증서 풀을 생성해야 합니다 (❶). 또한, 이전 목록에서처럼 서버의 ServeTLS 메서드를 사용하여 대신 직접 서버의 인증서를 로드합니다(❷). 목록 11-18에서 TLS 구성을 살펴보면 서버의 인증서가 필요한 이유를 확인할 수 있습니다.

목록 11-18 GetConfigForClient 함수를 이용하여 클라이언트의 hello 메시지 정보 접근하기
(tls_mutual_test.go)

```
--생략--

  serverConfig := &tls.Config{
    Certificates: []tls.Certificate{cert},
  ❶GetConfigForClient: func(hello *tls.ClientHelloInfo) (*tls.Config, error) {
      return &tls.Config{
        Certificates:              []tls.Certificate{❷cert},
      ❸ClientAuth:                 tls.RequireAndVerifyClientCert,
      ❹ClientCAs:                  serverPool,
        CurvePreferences:          []tls.CurveID{tls.CurveP256},
        MinVersion:              ❺ tls.VersionTLS13,
        PreferServerCipherSuites: true,
```

목록 11-13에서 클라이언트의 인증서를 생성하기 위해 IPAddresses 슬라이스와 DNSNames 슬라이스의 템플릿을 정의하였습니다. 이 슬라이스 값들은 클라이언트 인증서의 CN 값이나 SAN 값을 얻는 데에 사용됩니다. Go의 TLS 클라이언트는 이 값들을 이용하여 서버와 인증하지만, 서버는 클라이언트를 인증할 때 클라이언트의 인증서로부터 이 값들을 이용하지 않습니다.

상호 TLS 인증을 구현함에 있어 클라이언트 인증서의 CN 값이나 SAN 값으로부터 클라이언트의 IP 주소 혹은 호스트 네임을 인증하기 위하여 서버의 인증서 검증 과정에 일부 변화를 주어야 합니다. 이를 위해 최소한 서버에서는 클라이언트의 IP 주소를 알고 있어야 합니다. tls.Config 객체의 GetConfigForClient 메서드를 정의하는 것만이 인증서 검증 이전에 클라이언트의 연결 정보를 얻을 수 있는 유일한 방법입니다(❶). 이 메서드는 클라이언트와 TLS 핸드셰이크 프로세스 과정에서 생성되는 tls.ClientHelloInfo 포인터 객체를 매개변수로 받는 함수를 정의할 수 있게 해 줍니다. 이 메서드를 사용하여 클라이언트의 IP 주소를 얻어 올 수 있습니다. 하지만 먼저 메서드가 올바른 TLS 구성을 반환해야 합니다.

TLS 구성에 서버의 인증서 정보(❷)를 추가하고, TLS 구성 객체의 ClientCAs 필드에 서버의 인증서 풀 정보를 추가합니다(❹). 서버 TLS 구성 객체의 ClientCAs 필드는 클라이언트 TLS 구성 객체의 RootCAs 필드와 같은 역할을 하는 필드입니다. 또한, 서버에서 TLS 핸드셰이크 프로세스를 완료하기 이전에 모든 클라이언트가 유효한 인증서를 제공하였는지 확인합니다(❸). 예시에서는 클라이언트와 서버에 대한 코드를 모두 작성하고 있으니 필요한 최소 TLS 버전을 1.3으로 지정해 줍니다(❺).

이 함수는 모든 클라이언트 연결에 동일한 TLS 구성을 반환합니다. 이전에 언급한 대로, hello 메시지 정보에서 클라이언트의 IP 정보를 얻어 오기 위하여 GetConfigForClient 메서드를 사용합

니다. 목록 11-19에서는 클라이언트의 IP 주소와 CN 값, SAN 값을 이용하여 클라이언트를 검증하는 프로세스를 구현합니다.

목록 11-19 서버에서 클라이언트의 IP 주소와 호스트 네임을 인증하기(tls_mutual_test.go)

```
--생략--

    ❶VerifyPeerCertificate: func(rawCerts [][]byte,
      verifiedChains [][]*x509.Certificate) error {
        opts := x509.VerifyOptions{
          KeyUsages: []x509.ExtKeyUsage{
            ❷x509.ExtKeyUsageClientAuth,
          },
          Roots: ❸serverPool,
        }

        ip := strings.Split(hello.Conn.RemoteAddr().String(), ":")[0]
        hostnames, err := ❹net.LookupAddr(ip)
        if err != nil {
          t.Errorf("PTR lookup: %v", err)
        }
        hostnames = append(hostnames, ip)

        for _, chain := range verifiedChains {
          opts.Intermediates = x509.NewCertPool()
          for _, cert := range ❺chain[1:] {
            opts.Intermediates.AddCert(cert)
          }

          for _, hostname := range hostnames {
            opts.DNSName = ❻hostname
            _, err = chain[0].Verify(opts)
            if err == nil {
              return nil
            }
          }
        }

        return errors.New("client authentication failed")
      },
    }, nil
  },
}
```

서버의 일반적인 인증서 검증 절차를 강화하기 위하여 필요한 함수를 정의하고 TLS 구성 객체의 VerifyPeerCertificate 메서드 필드(❶)에 할당해 줍니다. 서버는 일반적인 인증서 검증 확인 이후에 이 메서드를 호출합니다. 일반적인 인증서 검사 이후에 수행하는 확인 절차에는 리프 인증서 leaf certificate를 이용하여 클라이언트의 호스트 네임을 검증하는 작업이 있습니다.

리프 인증서는 클라이언트가 서버에 제출한 인증서 체인의 제일 마지막에 존재하는 인증서입니다. 리프 인증서에는 클라이언트의 공개키가 포함되어 있습니다. 인증서 체인에 존재하는 리프 인증서 외의 인증서에는 최상단 인증 기관RootCA 인증서에 다다르기까지 리프 인증서의 진위 여부를 검증해 주는 중간 인증서들로 구성됩니다. 각각의 verifiedChains 슬라이스의 0번 인덱스에 리프 인증서가 존재합니다. 가령, 첫 번째 체인의 리프 인증서는 verifiedChains[0][0]에 존재합니다. 만일 서버에서 VerifyPeerCertificate 메서드에 할당된 함수를 호출하면 최소한 체인의 첫 번째에 리프 인증서가 존재하게 됩니다.

x509.VerifyOptions 객체를 생성하고 클라이언트 인증을 위한 KeyUsages 메서드를 수정합니다 (❷). 그리고 Roots 메서드에 서버 풀을 할당합니다(❸). 서버는 검증 단계에서 풀에 등록된 인증서를 신뢰합니다.

목록 11-18의 GetConfigForClient 메서드의 매개변수로 hello라는 이름의 *tls.ClientHelloInfo 포인터 객체에서 클라이언트의 연결 객체를 사용하여 클라이언트의 IP 주소를 얻어 옵니다. 얻어 온 IP를 사용하여 역 DNS 추적(❹)을 수행하여 해당하는 IP에 할당된 호스트 네임이 있는지 조회합니다. 이 추적이 실패하였거나 공백 슬라이스가 반환된 경우에는 상황에 따라 처리 방향이 다릅니다. 인증을 위하여 클라이언트의 호스트 네임이 필요한데 역DNS 추적이 실패한 경우 클라이언트를 인증할 수 없습니다. 하지만 클라이언트의 인증서의 CN 값이나 SAN 값을 이용하여 IP 주소만을 사용한다면 역DNS 추적이 실패하더라도 처리할 수 있습니다. 데모를 위해 여기서는 역DNS 추적이 실패한 경우 테스트가 실패했다고 봅니다. 따라서 최소한 테스트가 통과했다면 클라이언트의 IP 주소를 호스트 네임의 슬라이스에 더하게 됩니다.

이제 남은 건 각 검증된 체인 내의 인증서를 순회하며 중간 인증서 풀을 opts.Intermediates에 할당하고, 리프 인증서 외의 모든 인증서를 중간 인증서 풀에 추가한 뒤(❺) 클라이언트 검증을 시도합니다(❻). 검증이 nil 에러를 반환하면 성공적으로 클라이언트가 검증된 것입니다. 각 리프 인증서의 각 호스트 네임 검증에 실패한 경우 클라이언트 인증이 실패하였음을 알리는 에러가 반환됩니다. 클라이언트는 에러를 받고, 서버는 연결을 종료합니다.

서버의 TLS 구성이 클라이언트의 인증서를 인증하였으니 목록 11-20에서는 서버의 구현을 계속합니다.

목록 11-20 TLS 서버 시작하기(tls_mutual_test.go)

```
--생략--

  serverAddress := "localhost:44443"
```

```
  server := NewTLSServer(ctx, serverAddress, 0, ❶serverConfig)
  done := make(chan struct{})

  go func() {
    err := server.ListenAndServeTLS("serverCert.pem", "serverKey.pem")
    if err != nil && !strings.Contains(err.Error(),
      "use of closed network connection") {
      t.Error(err)
      return
    }
    done <- struct{}{}
  }()
❷server.Ready()
```

방금 생성한 TLS 구성을 사용하여 새로운 TLS 서버 인스턴스를 생성합니다(❶). 별도의 고루틴에서 ListenAndServeTLS 메서드를 호출한 뒤 서버가 연결을 받아들일 준비가 될 때까지 대기합니다(❷).

이제 서버 구현이 준비되었으니 클라이언트도 마저 구현합니다. 목록 11-21에서 서버의 요청에 맞춰 **clientCert.pem** 인증서 파일을 제공할 기능이 있는 TLS 클라이언트를 구현합니다.

목록 11-21 서버 인증서를 클라이언트에 고정하기(tls_mutual_test.go)

```
--생략--

  clientPool, err := caCertPool(❶"serverCert.pem")
  if err != nil {
    t.Fatal(err)
  }

  clientCert, err := tls.LoadX509KeyPair("clientCert.pem", "clientKey.pem")
  if err != nil {
    t.Fatal(err)
  }

  conn, err := tls.Dial("tcp", serverAddress, &tls.Config{
  ❷Certificates:    []tls.Certificate{clientCert},
    CurvePreferences: []tls.CurveID{tls.CurveP256},
    MinVersion:      tls.VersionTLS13,
  ❸RootCAs:         clientPool,
  })
  if err != nil {
    t.Fatal(err)
  }
```

클라이언트는 서버의 인증서에서 생성된 새로운 인증서 풀을 받아 옵니다(❶). 이후 클라이언트는

TLS 구성(❸) 내의 RootCA 필드에 존재하는 풀을 사용합니다. 즉, 클라이언트는 **serverCert.pem** 인증서로 서명된 인증서를 사용하는 서버만 신뢰하겠다는 의미가 됩니다. 또한, 클라이언트 내에 서버가 요청하면 응답할 클라이언트 자체의 인증서(❷)의 구성을 설정합니다.

클라이언트와 서버가 아직 별도의 TLS 세션을 맺지 않은 것을 주의하기 바랍니다. 아직 TLS 핸드셰이크가 끝나지 않았습니다. tls.Dial 함수에서 에러가 반환되는 경우 정말로 인증 때문에 발생한 것이 아니라 일반적으로는 TCP의 연결 자체에 문제가 있을 수 있습니다. 핸드셰이크를 진행하기 위한 클라이언트 코드를 살펴봅시다(목록 11-22 참고).

목록 11-22 연결에 필요한 TLS 핸드셰이크 진행(tls_mutual_test.go)

```
--생략--

  hello := []byte("hello")
  _, err = conn.Write(hello)

  if err != nil {
    t.Fatal(err)
  }

  b := make([]byte, 1024)
  n, err := ❶conn.Read(b)
  if err != nil {
    t.Fatal(err)
  }

  if actual := b[:n]; !bytes.Equal(hello, actual) {
    t.Fatalf("expected %q; actual %q", hello, actual)
  }

  err = conn.Close()
  if err != nil {
    t.Fatal(err)
  }

  cancel()
  <-done
}
```

소켓 연결로 읽거나 쓰는 첫 데이터에는 자동으로 클라이언트와 서버 사이에 핸드셰이크 프로세스를 초기화시켜 줍니다. 서버가 클라이언트의 인증서를 거절하면 읽기 요청(❶)은 **인증서 에러**bad certificate가 발생하며 반환될 것입니다. 올바르게 인증서를 생성하고 고정하면, 클라이언트와 서버 모두 정상적으로 통신할 수 있을 것이며, 테스트는 통과하게 됩니다.

이 장에서 배운 것

TLS는 클라이언트와 서버간의 인증 및 암호화된 통신을 위한 기능을 제공합니다. 서버는 TLS 핸드셰이크 프로세스를 위해 인증 기관으로부터 서명받은 인증서를 클라이언트에게 제공합니다. 클라이언트는 서버가 제공한 인증서의 시그니처를 검증합니다. 클라이언트가 신뢰하는 서드파티가 인증서를 서명했다면 클라이언트는 인증서를 신뢰하고 서버를 인증해 줍니다. 이 시점 이후로 클라이언트와 서버는 대칭키 암호화로 통신합니다.

기본적으로 Go의 TLS 구성은 운영체제가 신뢰하는 인증서 저장소를 사용합니다. 이 저장소는 보통 전 세계적으로 가장 신뢰받는 인증 기관들의 인증서로 구성됩니다. 필요한 경우 인증서 고정이라는 작업을 통해 특정한 키만 신뢰하도록 TLS 구성을 수정할 수 있습니다.

서버의 TLS 구성을 수정하여 클라이언트에서도 인증서가 필요하도록 할 수 있습니다. 그러한 경우에 클라이언트가 서버를 인증하는 것과 동일한 방식으로 클라이언트가 제공한 인증서를 이용하여 서버가 클라이언트를 인증합니다.

TLS 1.3은 클라이언트와 서버 간의 모든 통신에 순방향 보안 기능을 제공합니다. 이 말은, 즉 공격자가 한 세션을 탈취하더라도 다른 세션에 영향을 미치지 않는다는 의미입니다. 두 클라이언트와 세션 모두 세션별로 공개키-개인키 페어를 생성합니다. 또한, 핸드셰이크 프로세스 과정에서 임의의 공유 시크릿을 사용합니다. 세션이 종료되면 클라이언트와 서버는 공유 시크릿과 해당 세션에 속한 공개키-개인키 페어를 삭제합니다. 공격자가 공유 시크릿과 세션 내의 트래픽을 탈취하더라도 해당 세션 내의 트래픽만 복호화할 수 있으며, 탈취한 공유 시크릿을 사용하여 다른 세션의 트래픽은 복호화할 수 없습니다.

전 세계 디지털 통신에서 TLS가 범용적이고 안전함에도 불구하고 보안이 무력화될 수도 있습니다. 인증 기관이 해야 할 일 중 하나는 인증서를 요청하는 사람이 정말 해당 도메인을 소유하고 있는지를 검증하는 것입니다. 공격자가 인증 기관을 복제하거나 혹은 인증 기관이 실수하여서, 악의적인 사기 인증서가 발급되어 버리면 악의적인 사기 인증서를 소유한 사람은 자신이 가령, 구글인 척하고 사람들을 속여서 민감한 정보를 획득할 수 있습니다.

또 다른 공격 요소로 클라이언트를 속이고 공격자의 인증서를 클라이언트의 신뢰하는 인증서 저장소에 추가하는 것입니다. 그러면 공격자는 필요에 따라 인증서를 발급하고 서명하며, 그 결과 공격자가 발급한 어떠한 인증서든지 클라이언트가 신뢰하게 됩니다.

공격자는 서버의 보안을 무력화하고 TLS 세션키와 시크릿을 탈취할 수도 있으며, 혹은 애플리케이션에서 서버가 복호화를 마친 트래픽을 탈취할 수도 있습니다.

하지만 전반적으로 이러한 공격은 거의 발생하지 않으며, 결과적으로 TLS를 사용하면 성공적으로 두 노드 간의 인증을 처리하거나 암호화된 통신을 할 수 있습니다.

IV

서비스 아키텍처

PART

IV

CHAPTER 12   데이터 직렬화

CHAPTER 13   로깅과 메트릭스

CHAPTER 14   클라우드로 이동

12

데이터 직렬화

개발자로서 우리가 하는 일의 대부분은 우리가 작성한 네트워크 서비스를 Go 외의 언어로 구현된 이미 존재하는 레거시 혹은 서드파티 서비스들과 통합하는 작업입니다. 이러한 서비스들과 통신하기 위해서는 구현된 프로그래밍 언어와는 별개로 전송자와 수신자 간에 둘 다 의미 있는 형태의 바이트로 표현된 데이터를 교환해야 합니다. 이를 위해 전송자는 표준 포맷을 이용하여 데이터를 바이트로 변환한 뒤, 변환된 바이트를 네트워크를 통해 수신자에게 전달합니다. 전송자가 보낸 포맷을 수신자가 이해할 수 있으면 해당 바이트를 다시 구조화된 데이터로 변환합니다. 이렇게 구조화된 데이터를 일련의 바이트로 변환하는 프로세스를 **데이터 직렬화**data serialization라 합니다.

서비스는 데이터 직렬화를 사용하여 구조화된 데이터를 일련의 바이트로 변환하여 네트워크 전송 혹은 데이터 저장에 사용합니다. 직렬화된 데이터가 네트워크 혹은 스토리지에서 왔든 상관없이 직렬화된 포맷을 이해할 수 있는 코드는 해당 데이터를 역직렬화하여 원래의 객체 형태로 재구성할 수 있습니다.

제가 처음 이 장을 작성하였을 때 데이터 직렬화의 개념을 설명하기 위해 노력했습니다. 그러다가 입으로 말할 때에도 직렬화의 개념을 사용한다는 것을 깨달았습니다. 뇌의 전기적 신호가 단어를 형성합니다. 뇌는 이러한 단어들을 음파로 변하도록 명령하며, 음파는 공기를 타고 귀로 전달됩니다. 음파가 귀의 고막을 울리고, 이후에 내이에 진동으로 전달됩니다. 머리카락처럼 생긴 구조의 내이에서는 진동을 뇌가 이해할 수 있는 전기적 신호로 변경하며, 이 신호를 이용하여 원래의 단어를 떠올리게 됩니다. 지금 이 순간도 우리가 서로 이해할 수 있는 한글로 직렬화된 글자를 보고 의사소통을 하고 있습니다.

이미 Go 코드를 작성하며 데이터를 직렬화해 본 경험이 있습니다. 4장에서 배운 TLV 바이너리 인코딩 역시 데이터 직렬화이며, 8장에서 HTTP 프로토콜을 사용하여 객체를 익숙한 데이터 포맷인 JSON으로 직렬화하여 POST 메서드로 전송해 보았습니다. 또한, 11장에서 인증서와 개인키를 디스크에 저장하기 위하여 PEM 포맷 인코딩했는데, 이 역시 데이터 직렬화 기법입니다.

이번 장에서는 다른 프로그래밍 언어로 작성된 서비스 간에도 사용할 수 있도록, 서비스 간에 통신으로 데이터를 주고받거나 저장하고 읽어 오기 위한 목적으로 데이터 직렬화를 사용하는 방법에 대해 알아봅니다. 굉장히 다양한 데이터 직렬화 포맷이 있지만, Go 네트워크 프로그래밍에서 가장 많이 사용되는 JSON과 프로토콜 버퍼, 그리고 Gob 포맷에 대해 살펴봅니다. 또한, gRPC라 부르는 프레임워크를 사용하여 원격 노드에 존재하는 코드를 실행하는 방법에 대해 알아봅니다. 이 장의 내용을 잘 학습하면 스토리지에 데이터를 저장하거나 네트워크에 데이터를 전송하기 위해 객체를 직렬화하는 방법, 그리고 직렬화된 데이터를 의미 있는 데이터 구조로 디코딩하는 방법에 대해 알게 됩니다. 이번 장에서 배우는 기법들을 이용하여 네트워크를 통해 복잡한 데이터를 주고받는 서비스를 구현하거나, 이미 존재하는 네트워크 서비스 간에 통신하는 코드를 작성할 수 있습니다.

객체 직렬화하기

객체, 혹은 구조화된 데이터는 그 자체로 네트워크 연결을 통해 전송될 수 없습니다. 즉, net.Conn의 Write 메서드의 매개변수로는 바이트 슬라이스만 전달할 수 있으며, 객체를 전달할 수 없습니다. 따라서 객체를 바이트 슬라이스로 직렬화해야 Write 메서드의 매개변수로 전달할 수 있습니다. 감사하게도 Go에서는 데이터 직렬화가 그리 어렵지 않습니다.

Go의 표준 라이브러리의 encoding 패키지를 사용하면 객체를 대부분의 필요한 데이터 포맷으로 직렬화할 수 있습니다. encoding/binary 패키지를 이용하면 숫자를 바이트 시퀀스로 직렬화할 수 있으며, encoding/json 패키지를 이용하면 객체를 HTTP로 전송하기에 적합한 JSON으로 직렬화할 수 있고, encoding/pem 패키지를 이용하면 TLS 인증서와 개인키를 파일로 직렬화할 수 있습니다. 어떠한 함수나 메서드의 이름에 **encode**나 **marshal**이 포함되어 있으면 아마도 그 용도는 데이터의 직렬화일 것입니다. 마찬가지로 이름에 **decode**나 **unmarshal**이 포함되어 있으면 데이터를 역직렬화합니다.

이 섹션에서는 데이터를 JSON과 프로토콜 버퍼, 그리고 Gob의 세 가지의 바이너리 인코딩 포맷으로 직렬화하는 애플리케이션을 작성해 봅니다. 저는 종종 집안일을 깜빡하곤 하기 때문에 작성할 애플리케이션은 해야 할 집안일들을 설명해 줄 것입니다. 이미 끝낸 집안일을 깜빡하고 또 할 수는 없으니, 여러 실행 간의 애플리케이션의 상태는 보존합니다. 각 집안일을 직렬화하여 파일에 저장한 뒤 상태가 변경될 때마다 애플리케이션에서 해당 파일을 업데이트합니다.

간단한 예시를 위해 먼저 집안일에 대한 설명 정보와 집안일이 끝났는지를 결정할 수 있는 방법을 정의합시다. 목록 12-1에서는 집안일을 나타내는 타입을 포함하는 새로운 패키지_{housework}를 정의합니다.

목록 12-1 집안일(household chore)을 나타내기 위한 타입(housework/housework.go)

```
package housework

type Chore struct {
  Complete    bool
  Description  string
}
```

Go의 JSON 인코딩 패키지와 Gob 인코딩 패키지는 구조체 내에 내보내진 필드_{exported fields}만을 직렬화하기 때문에 Chore 구조체를 정의할 때 각 필드를 내보낼 수 있도록 대문자로 정의합니다.[29] Complete 필드의 값은 집안일을 끝낼 경우 참이 되는 불리언 값이며, Description 필드 값은 집안일에 대한 설명을 포함하는 사람이 읽을 수 있는 문자열 값입니다.

필요한 경우 인코더에서 각 필드를 어떻게 취급할지에 대한 정보를 구조체 태그에 담습니다. 예를 들어, Complete 필드에 구조체 태그 'json:"-"' 값을 설정하면 Go의 JSON 인코더가 해당 필드를 무시합니다. 우리는 모든 필드의 값을 JSON으로 인코딩해야 하니 구조체 태그를 생략합니다.

---

29 [옮긴이] Go는 대문자로 된 필드를 직렬화 시에 내보내며, 이를 내보내진 필드(exported field)라고 합니다. 이와는 달리 소문자로 된 필드는 직렬화 시에 내보내지 않으며, 이를 내보내지지 않은 필드(unexported field)라고 합니다.

집안일의 구조체를 정의한 다음, 이를 이용하여 커맨드 라인에서 집안일을 관리하는 애플리케이션을 만들어 봅시다. 만들 애플리케이션은 집안일의 목록과 현재 상태를 보여 주고, 목록에 집안일을 추가하고, 끝낸 집안일을 완료했다고 마킹합니다. 목록 12-2는 커맨드 라인 사용법을 보여주는 도움말을 포함한 애플리케이션의 초기 코드를 나타냅니다.

목록 12-2 집안일 애플리케이션 초기 코드(cmd/housework.go)

```
package main

import (
  "flag"
  "fmt"
  "log"
  "os"
  "path/filepath"
  "strconv"
  "strings"

  "github.com/awoodbeck/gnp/ch12/housework"
❶ storage "github.com/awoodbeck/gnp/ch12/json"
  // storage "github.com/awoodbeck/gnp/ch12/gob"
  // storage "github.com/awoodbeck/gnp/ch12/protobuf"
)

var dataFile string

func init() {
  flag.StringVar(&dataFile, "file", "housework.db", "data file")
  flag.Usage = func() {
    fmt.Fprintf(flag.CommandLine.Output(),
    ❷`Usage: %s [flags] [add chore, ...|complete #]
 add add comma-separated chores
 complete complete designated chore
Flags:
`, filepath.Base(os.Args[0]))
    flag.PrintDefaults()
  }
}
```

이 코드는 커맨드 라인의 매개변수와 사용법(❷)을 나타냅니다. 매개변수로 add와 함께 쉼표로 구분된 집안일을 받아 목록에 더하거나 또는 매개변수로 complete와 함께 완료로 마킹할 집안일의 개수를 숫자로 받습니다. 현재는 별도로 커맨드 라인의 옵션을 받지 않기 때문에 현 상태의 집안일의 목록을 보여 줍니다.

이 애플리케이션의 목적은 데이터 직렬화이기 때문에 여러 데이터 직렬화 포맷을 사용하여 데이터를 저장해 봅니다. 이를 통해 다양한 직렬화 포맷으로 전환하는 것이 얼마나 간단한 일인지 알아봅니다. 이를 위해 다음의 직렬화 포맷들을 임포트합니다(❶).

목록 12-3은 스토리지에서 집안일을 로드하는 코드입니다.

목록 12-3 파일에서 집안일 데이터를 역직렬화하기(cmd/housework.go)

```
--생략--

func load() ([]*housework.Chore, error) {
  if _, err := os.Stat(dataFile); ❶os.IsNotExist(err) {
    return make([]*housework.Chore, 0), nil
  }

  df, err := ❷os.Open(dataFile)
  if err != nil {
    return nil, err
  }
  defer func() {
    if err := df.Close(); err != nil {
      fmt.Printf("closing data file: %v", err)
    }
  }()

  return ❸storage.Load(df)
}
```

이 함수는 목록 12-1의 housework.Chore 구조체 인스턴스의 포인터 슬라이스를 반환합니다. 데이터 파일이 존재하지 않을 경우(❶) 공백 슬라이스를 반환하며 종료됩니다. 이는 애플리케이션을 최초로 실행하였을 때 발생합니다.

애플리케이션이 데이터 파일을 읽은 경우 해당 파일을 열고(❷) io.Reader를 매개변수로 받는 스토리지의 Load 함수로 전달합니다(❸). 이전에 해왔던 것처럼 매개변수로 인터페이스를 받아서 특정한 타입으로 반환하는 동일한 패턴을 사용합니다.

목록 12-4는 데이터 저장을 위해 메모리상의 집안일을 스토리지에 저장해 주는 함수를 정의합니다.

목록 12-4 집안일 데이터를 스토리지에 저장하기(cmd/housework.go)

```
--생략--

func flush(chores []*housework.Chore) error {
  df, err := ❶os.Create(dataFile)
  if err != nil {
    return err
  }
  defer func() {
```

```
    if err := df.Close(); err != nil {
      fmt.Printf("closing data file: %v", err)
    }
  }()

  return ❷storage.Flush(df, chores)
}
```

새로운 파일을 만들거나 이미 존재하는 파일을 버리고(❶) 해당 파일 포인터와 함께 집안일 슬라이스를 스토리지의 Flush 함수에 전달합니다(❷). 이 Flush 함수는 io.Writer와 슬라이스를 매개변수로 받습니다. 이미 직렬화되어 있는 파일을 처리할 때 개선할 수 있는 점이 있긴 하지만, 데모의 목적상 지금 이 정도면 충분합니다.

목록 12-5에서는 애플리케이션에 커맨드 라인상에서 집안일을 보여 주는 함수를 정의합니다.

목록 12-5 표준 출력으로 집안일 목록 출력하기(cmd/housework.go)

```
--생략--

func list() error {
  chores, err := ❶load()
  if err != nil {
    return err
  }

  if len(chores) == 0 {
    fmt.Println("You're all caught up!")
    return nil
  }

  fmt.Println("#\t[X]\tDescription")
  for i, chore := range chores {
    c := " "
    if chore.Complete {
      c = "X"
    }
    fmt.Printf("%d\t[%s]\t%s\n", i+1, c, chore.Description)
  }

  return nil
}
```

먼저 스토리지로부터 집안일 목록을 로드합니다(❶). 로드된 목록에 아무런 집안일이 없으면 없는 대로 표준 출력에 출력합니다. 집안일이 있으면 다음처럼 헤더와 내용을 출력합니다(목록 12-6 참고).

목록 12-6 세 개의 집안일 목록을 보여 주는 list 함수의 출력 예시

```
# [X] Description
1 [ ] Mop floors
2 [ ] Clean dishes
3 [ ] Mow the lawn
```

첫 번째 칼럼은 집안일의 번호를 나타냅니다. 이 번호로 집안일이 끝났음을 마킹하여 두 번째 칼럼의 대괄호 사이에 X를 표기합니다. 세 번째 칼럼은 집안일을 나타내는 설명입니다.

목록 12-7은 집안일 목록에 집안일을 추가하는 add 함수의 구현입니다.

목록 12-7 목록에 집안일 추가하기(cmd/housework.go)

```
--생략--

func add(s string) error {
  chores, err := ❶load()
  if err != nil {
    return err
  }

  for _, chore := range ❷strings.Split(s, ",") {
    if desc := strings.TrimSpace(chore); desc != "" {
      chores = append(chores, &housework.Chore{
        Description: desc,
      })
    }
  }

  return ❸flush(chores)
}
```

길게 동작해야 하는 서비스와는 달리 이 애플리케이션의 생명주기는 커맨드 라인에서 실행한 순간 시작하여 요청한 작업이 종료되면 끝납니다. 그리고 애플리케이션의 실행 도중 생성된 집안일 목록 데이터가 계속 존재하기 위해 이 데이터를 디스크에 저장해야 합니다. 즉, 집안일 목록을 스토리지에서 가져온 후(❶) 수정한 뒤 변화된 부분을 다시 스토리지에 저장합니다(❸). 변화된 부분은 다음 애플리케이션 실행 시에도 계속해서 존재합니다.

동시에 하나 이상의 집안일을 목록에 추가하기 위해 여러 집안일의 설명을 쉼표로 구분된 문자열로 받고(❷) 각 집안일을 슬라이스에 추가합니다. 이렇게 하면 집안일 설명으로 쉼표를 사용할 수는 없기 때문에 설명을 간단하게 써야 합니다(제 의견으로는 그것도 좋은 것 같습니다). 연습 문제로 이 제약 사항을 극복할 방법을 찾아보기 바랍니다. 한 가지 방법으로는 쉼표 외의 구분자를 쓸

수 있겠지만, 어떤 구분자는 커맨드 라인에서 처리가 힘들 수도 있습니다. 다른 방법으로는 쉼표를 포함하여 따옴표로 감싸는 방법이 있습니다.

마지막으로는 제가 집안일에서 가장 좋아하는 부분입니다. 끝냈다고 표기하는 것이지요. 목록 12-8은 이에 대한 코드입니다.

목록 12-8 완료한 집안일 마킹하기(cmd/housework.go)

```
--생략--

func complete(s string) error {
  i, err := strconv.Atoi(s)
  if err != nil {
    return err
  }

  chores, err := load()
  if err != nil {
    return err
  }

  if i < 1 || i > len(chores) {
    return fmt.Errorf("chore %d not found", i)
  }

❶chores[i-1].Complete = true

  return flush(chores)
}
```

complete 함수는 매개변수로 완료하고자 하는 집안일을 커맨드 라인에서 받은 후 정수로 변환합니다. 저는 한 가지 일을 하나씩 할 때 가장 효율적이기 때문에 여기서도 한 번에 하나의 일만 완료하도록 합니다. 이후 스토리지에서 집안일을 로드한 뒤 집안일 목록 번호에 변환된 정수가 존재하는지 확인하여, 존재하면 해당 집안일을 완료했다고 마킹합니다. 집안일의 목록 번호로 0이 아니라 1부터 시작하기 때문에 슬라이스에서 맞춰서 1을 빼 주어야 합니다(❶). 마지막으로, 변경된 부분을 스토리지에 저장합니다.

목록 12-9는 모든 부분을 합친 애플리케이션의 main 함수에 대한 구현입니다.

목록 12-9 집안일 애플리케이션의 메인 로직(cmd/housework.go)

```
--생략--

func main() {
```

```
  flag.Parse()

  var err error

  switch strings.ToLower(flag.Arg(0)) {
  case "add":
    err = add(strings.Join(flag.Args()[1:], " "))
  case "complete":
    err = complete(flag.Arg(1))
  }

  if err != nil {
    log.Fatal(err)
  }

  err = list()
  if err != nil {
    log.Fatal(err)
  }
}
```

이전에 정의한 함수들에 가능한 한 대부분의 로직을 구현했기 때문에 main 함수는 꽤 단순합니다. 먼저, 첫 번째 매개변수가 서브커맨드인지 확인한 뒤, 해당하는 함수를 호출해 줍니다. 해당 함수가 호출된 후에 err 인터페이스가 nil인 경우 list 함수를 호출해 줍니다.

이제 각 스토리지의 Load 함수와 Flush 함수를 JSON, Gob과 프로토콜 버퍼 직렬화 포맷으로 구현해 주면 됩니다.

JSON

JSON은 일반적인, 사람이 읽을 수 있는 텍스트 기반의 데이터 직렬화 포맷으로서 키-값 페어를 사용하며, 복잡한 데이터 구조를 설명하기 위해 배열을 사용합니다. 대부분의 현대 프로그래밍 언어는 JSON에 대한 공식적인 라이브러리를 지원하며, 그 이유로 인해 RESTful한 API에서 대부분 JSON 포맷을 데이터 교환 포맷으로 사용합니다.

JSON의 타입에는 문자열과 불리언, 숫자, 배열, 키-값 페어를 갖는 객체와 **null** 키워드로 표현되는 nil 값이 있습니다. JSON 숫자는 정수와 실수의 구분을 두지 않습니다. https://blog.golang.org/json에서 Go의 JSON 구현에 대해 더 읽어 볼 수 있습니다.

목록 12-6의 집안일을 JSON 인코딩하여 저장할 경우 **housework.db** 파일이 어떤 내용을 갖게 될지 봅시다. 목록 12-10에서는 가독성을 위해 JSON을 정렬하였지만, 일반적으로 별도의 설정 없이는 정렬되지 않습니다. 인코더의 SetIndent 메서드를 호출할 경우 동일하게 정렬되는 것을 확인할 수 있습니다.

목록 12-10 집안일을 JSON으로 직렬화하여 저장한 housework.db 파일의 정렬된 내용

```
❶[
  ❷{
    "Complete": false,
    "Description": "Mop floors"
  },
  {
    "Complete": false,
    "Description": "Clean dishes"
  },
  {
    "Complete": false,
    "Description": "Mow the lawn"
  }
]
```

보시는 것처럼 객체의 배열(❶)을 포함하는 JSON 데이터이며, 배열 내의 각 객체(❷)는 Complete 필드와 Description 필드, 그리고 각 필드에 해당하는 값을 가지고 있습니다.

목록 12-11은 Go의 encoding/json 패키지를 사용하여 JSON 스토리지를 구현합니다.

목록 12-11 JSON 스토리지 구현(json/housework.go)

```
package json

import (
  "encoding/json"
  "io"

  "github.com/awoodbeck/gnp/ch12/housework"
)

func Load(r io.Reader) ([]*housework.Chore, error) {
  var chores []*housework.Chore

  return chores, ❶json.NewDecoder(r).Decode(&chores)
}

func Flush(w io.Writer, chores []*housework.Chore) error {
  return ❷json.NewEncoder(w).Encode(chores)
}
```

Load 함수는 json.NewDecoder 함수(❶)에 매개변수로 io.Reader 인터페이스를 받은 뒤 디코더를 반환합니다. 그리고 집안일 슬라이스의 포인터를 매개변수로 전달하여 디코더의 Decode 메서드를 호출합니다. 디코더는 io.Reader로부터 JSON 데이터를 읽어서 역직렬화한 뒤 집안일 슬라이스를 만들어 냅니다.

Flush 함수는 io.Writer와 집안일 슬라이스를 매개변수로 받습니다. 그리고 json.NewEncoder 함수(❷)에 매개변수로 io.Writer를 전달하고, json.NewEncoder 함수는 인코더를 반환합니다. 인코더의 Encode 함수의 매개변수로 집안일 슬라이스를 전달하여 JSON 데이터로 직렬화한 뒤 해당 데이터를 io.Writer로 씁니다.

목록 12-12에서 지금까지 애플리케이션의 스토리지를 위해 구현한 JSON 패키지를 이용해 봅시다.

목록 12-12 커맨드 라인에서 JSON 스토리지 기능을 갖는 집안일 애플리케이션 테스트하기

```
$ go run cmd/housework.go
You're all caught up!
$ go run cmd/housework.go add Mop floors, Clean dishes, Mow the lawn
#       [X]         Description
1       [ ]         Mop floors
2       [ ]         Clean dishes
3       [ ]         Mow the lawn
$ go run cmd/housework.go complete 2
#       [X]         Description
1       [ ]         Mop floors
2       [X]         Clean dishes
3       [ ]         Mow the lawn
$ cat housework.db
[{"Complete":false,"Description":"Mop floors"},
{"Complete":true,"Description":"Clean dishes"},
{"Complete":false,"Description":"Mow the lawn"}]
```

첫 번째 애플리케이션을 실행하면 집안일 목록에 아무것도 없다는 것을 알게 됩니다. 그러고 나서 세 개의 쉼표로 구분된 집안일을 더하고, 두 번째 집안일을 완료합니다. 잘 되는 것 같습니다. 또한, **housework.db** 파일에 사람이 읽을 수 있는 JSON 데이터가 포함되어 있습니다(Windows에서 파일의 내용을 확인하려면 cat 커맨드 대신 type 커맨드를 사용하기 바랍니다). 이 애플리케이션을 Go의 네이티브 바이너리 인코딩 포맷을 사용하도록 수정해 봅시다.

Gob

'gobs of binary data(바이너리 데이터 덩어리)'와 같은 단어를 사용하는 **Gob**은 Go의 네이티브 바이너리 직렬화 포맷입니다. Go 팀의 엔지니어들은 가장 유명한 바이너리 직렬화 포맷인 프로토콜 버퍼의 효율성과 JSON의 쉬운 사용성을 통합하기 위해 개발하였습니다. 예를 들어, 프로토콜 버퍼는 목록 12-11의 JSON 예시처럼 새로운 인코더를 만든 뒤 객체를 넣어서 쉽게 인코딩할 수 없습니다. 반면에 Gob은 똑똑하게 객체의 구조를 파악하고 직렬화할 수 있기 때문에 Gob은 JSON 인코더와 매우 유사하게 동작합니다.

https://blog.golang.org/gob에서 롭 파이크Rob Pike의 'Gobs of Data' 블로그 포스트를 읽어 보면 Gob을 개발한 이유와 특징점들을 살펴볼 수 있습니다. 목록 12-13에서는 집안일 애플리케이션의 스토리지 백엔드를 Gob으로 구현합니다.

목록 12-13 Gob 스토리지 구현(gob/housework.go)

```go
package gob

import (
  "encoding/gob"
  "io"

  "github.com/awoodbeck/gnp/ch12/housework"
)

func Load(r io.Reader) ([]*housework.Chore, error) {
  var chores []*housework.Chore

  return chores, gob.NewDecoder(r).Decode(&chores)
}

func Flush(w io.Writer, chores []*housework.Chore) error {
  return gob.NewEncoder(w).Encode(chores)
}
```

코드를 잘 살펴보시면 목록 12-11의 json 부분을 전부 gob으로 바꿨다는 것을 알 수 있습니다. Gob은 객체 스스로 어느 것을 인코딩해야 할지 알 수 있기 때문에 별도의 구조체 태그를 작업해 주는 등의 필요 없이 마치 JSON을 쓰는 것처럼 간단하게 사용할 수 있습니다. 다음 섹션에서 프로토콜 버퍼 구현을 살펴보면 차이점을 알게 될 것입니다.

목록 12-14에서는 목록 12-2에서 임포트하던 부분의 JSON 스토리지 구현을 Gob으로 교체합니다.

목록 12-14 JSON 스토리지 패키지를 Gob 스토리지 패키지로 교체하기(cmd/housework.go)

```go
--생략--
  "github.com/awoodbeck/gnp/ch12/housework"
❶// storage "github.com/awoodbeck/gnp/ch12/json"
❷storage "github.com/awoodbeck/gnp/ch12/gob"
  // storage "github.com/awoodbeck/gnp/ch12/protobuf"
--생략--
```

목록 12-2의 JSON 스토리지 패키지 임포트를 주석 처리하고(❶) Gob 스토리지 패키지의 주석을 해제합니다(❷).

기존의 **housework.db** 파일에 JSON 데이터가 포함되어 있기에 Gob에서는 사용이 불가능합니다. 따라서 Gob으로 JSON 데이터를 디코딩하려 하면 애플리케이션에서 에러가 발생할 것이기 때문에 먼저 애플리케이션을 테스트하기 전에 **housework.db** 파일을 제거합니다(목록 12-15).

목록 12-15 커맨드 라인에서 Gob 스토리지 기능을 갖는 집안일 애플리케이션 테스트하기

```
$ rm housework.db
$ go run cmd/housework.go
You're all caught up!
$ go run cmd/housework.go add Mop floors, Clean dishes, Mow the lawn
#       [X]       Description
1       [ ]       Mop floors
2       [ ]       Clean dishes
3       [ ]       Mow the lawn
$ go run cmd/housework.go complete 2
#       [X]       Description
1       [ ]       Mop floors
2       [X]       Clean dishes
3       [ ]       Mow the lawn
$ hexdump -c housework.db
0000000  \r 377 203 002 001 002 377 204  \0 001 377 202  \0  \0   ) 377
0000010 201 003 001 002 377 202  \0 001 002 001  \b   C   o   m   p   l
0000020   e   t   e 001 002  \0 001  \v   D   e   s   c   r   i   p   t
0000030   i   o   n 001  \f  \0  \0  \0   1 377 204  \0 003 002  \n   M
0000040   o   p   f   l   o   o   r   s  \0 001 001 001  \f   C   l
0000050   e   a   n   d   i   s   h   e   s  \0 002  \f   M   o   w
0000060   t   h   e   l   a   w   n  \0
000006a
```

아직까진 기대대로 잘 동작합니다. hexdump 도구를 사용해 보면 **housework.db** 파일에 바이너리 데이터가 포함된 것을 확인할 수 있습니다. 목록 12-12의 JSON처럼 확실히 사람이 읽을 수 있는 형태의 것은 아니지만, Go는 Gob으로 인코딩된 데이터를 역직렬화할 수 있습니다. (Windows에서 는 https://www.di-mgt.com.au/hexdump-for-windows.html에서 hexdump 도구의 바이너리를 다운로드할 수 있습 니다. 다만, 동일한 결과를 얻으려면 -C 플래그를 추가해 주기 바랍니다.)

만일 어떤 Go 서비스가 Gob을 지원한다면 JSON보다 Gob을 사용하는 것을 추천합니다. Go의 encoding/gob 패키지가 encoding/json보다 더 성능이 좋습니다. 또한, JSON보다 더욱 적은 스 토리지를 사용하기에 간결하며, 직렬화된 데이터를 저장하거나 전송할 때 이점이 있습니다.

encoding/json과 encoding/gob을 이용하여 데이터를 직렬화하는 법을 알았으니, 이제 스토리지 백엔드로 프로토콜 버퍼를 지원해 봅시다.

프로토콜 버퍼

프로토콜 버퍼protocol buffer는 Gob처럼 바이너리 인코딩을 사용하여 다양한 플랫폼에서 정보를 저장하고 교환하는 데 사용하는 직렬화 포맷입니다. 프로토콜 버퍼는 Go의 JSON 인코딩보다 더욱 빠르고 간결하지만, Gob과는 달리 프로토콜 버퍼는 JSON처럼 언어에 종속적이지 않으며, 대다수의 프로그래밍 언어에서 지원됩니다. 그러한 특성 덕분에 프로토콜 버퍼는 Go 기반의 서비스를 다른 언어로 작성된 서비스와 통합할 때 사용되기에 이상적입니다. 이번 장에서는 프로토콜 버퍼 포맷의 **proto3** 버전을 사용합니다.

프로토콜 버퍼는 **.proto** 확장자를 갖는 별도의 파일에 메시지를 정의합니다. **메시지**message는 데이터를 저장하거나 전송하기 위해 직렬화할 구조화된 데이터입니다. 예를 들어, 집안일 타입을 나타내는 프로토콜 버퍼 메시지는 다음과 같습니다(목록 12-16).

목록 12-16   집안일 타입을 나타내는 프로토콜 버퍼 메시지

```
message Chore {
  bool complete = 1;
  string description = 2;
}
```

message 키워드와 메시지를 식별하는 고유 이름으로 새로운 메시지를 정의합니다. 프로토콜 버퍼 메시지의 네이밍 컨벤션으로 파스칼 케이스를 사용합니다(**파스칼 케이스**Pascal case란 **ThisIsPascal Casing**과 같이 단어별 첫 글자를 대문자로 이어 붙이는 방식의 포맷팅을 의미합니다). 그리고 Chore 메시지에 필드를 추가합니다. 각 필드의 정의에는 타입, 네이밍 컨벤션으로 스네이크 케이스를 사용한 이름, 그리고 메시지에 고유한 필드 번호를 사용합니다(**스네이크 케이스**snake case란 파스칼 케이스와 유사하지만, **thisIsSnakeCasing**과 같이 첫 단어의 첫 글자를 소문자로 사용합니다). 필드의 타입과 필드 번호는 바이너리 페이로드에서 필드를 고유하게 식별하는 식별자가 되기 때문에 한번 사용된 다음에 변경하면 하위 호환성이 깨지게 됩니다. 하지만 이미 존재하는 **.proto** 파일에 새로운 메시지와 메시지 필드를 추가하는 것은 아무런 문제없습니다.

하위 호환성과 관련하여 프로토콜 버퍼 정의와 API를 동일하게 취급하는 것이 좋습니다. 어떤 서드파티가 여러분이 개발한 프로토콜 버퍼 정의를 이용하여 서비스와 통신해야 한다면, 정의 파일 자체를 버전 관리하기 바랍니다. 이렇게 프로토콜 버퍼 정의 파일을 버전 관리하면 하위 호환성을 깨야 할 필요가 있을 때 그냥 새로운 버전을 만들면 됩니다. 개발은 최신 버전대로 진행하면 되고, 모든 클라이언트가 최신 버전을 사용할 때까지는 계속해서 이전 버전을 사용하면 됩니다. 이 섹션의 후반부에서 프로토콜 버퍼 정의의 버전을 관리하는 메서드를 살펴봅니다.

애플리케이션에서 프로토콜 버퍼를 사용하려면 먼저 .proto 파일을 컴파일하여 Go 코드를 생성해야 합니다. 생성된 코드를 사용하면 .proto 파일에 정의된 메시지를 Go에서 직렬화하거나 역직렬화할 수 있습니다. 외부의 서드파티는 동일한 .proto 파일을 사용하여 해당 플랫폼의 프로그래밍 언어에 맞게 생성한 코드를 사용하여 서비스와 메시지를 주고받을 수 있습니다. 그리고 프로토콜 버퍼를 사용하기 전에 먼저 프로토콜 버퍼 컴파일러와 Go 코드 생성 모듈을 설치해야 합니다. 운영체제의 패키지 레지스트리에 이미 프로토콜 버퍼 컴파일러가 있을 수도 있습니다. 가령, 데비안 10에서는 다음 커맨드를 실행하면 프로토콜 버퍼 컴파일러를 설치합니다.

```
$ sudo apt install protobuf-compiler
```

macOS에서는 Homebrew로 다음 커맨드를 실행하면 됩니다.

```
$ brew install protobuf
```

Windows에서는 https://github.com/protocolbuffers/protobuf/releases/에서 프로토콜 버퍼 컴파일러 ZIP 파일을 다운로드해서[30] 압축을 해제하고 바이너리를 PATH 경로의 하위 디렉터리로 이동시킵니다. 정상적으로 되었다면 커맨드 라인에서 **protoc** 바이너리를 사용할 수 있습니다.

이후 시스템에 Go 코드 생성 모듈을 설치하기 위해 간단히 go get을 해 주면 됩니다. PATH 경로에 **GOPATH/bin** 경로가 올바르게 설정되어 있는지, 그래서 다음 커맨드 라인의 실행 결과로 **protoc-gen-go** 바이너리를 PATH 경로에서 찾을 수 있는지 확인해 보기 바랍니다. 정상적으로 찾지 못하면 **protoc** 커맨드에서 Go 코드 생성 모듈 플러그인을 인식할 수 없습니다.

```
$ GO111MODULE=on go get -u github.com/golang/protobuf/protoc-gen-go
```

프로토콜 버퍼 컴파일러와 Go 코드 생성 모듈을 설치하였으니 집안일 애플리케이션을 위한 **.proto** 파일을 생성해 봅시다(목록 12-17 참고). 이 파일을 **housework/v1/housework.proto** 경로

---

30 [옮긴이] protoc-〈버전〉-win64.zip 파일을 다운로드하면 됩니다.

에 생성합시다. 경로 내의 v1은 **버전 1**을 의미하며, 향후에 새로운 버전을 추가할 수 있음을 의미합니다.

목록 12-17 집안일 애플리케이션의 프로토콜 버퍼 정의(housework/v1/housework.proto)

```
❶ syntax = "proto3";
❷ package housework;

❸ option go_package = "github.com/awoodbeck/gnp/ch12/housework/v1/housework";
  message Chore {
    bool complete = 1;
    string description = 2;
  }

  message Chores {
   ❹repeated Chore chores = 1;
  }
```

먼저, proto3 버전 문법을 사용하는 것을 지정해 준 뒤(❶), 생성된 코드의 패키지 명이 housework가 되도록 설정합니다(❷). 그리고 생성된 모듈의 전체 임포트 경로와 함께 go_package 옵션을 추가해 줍니다(❸). 그다음 하나의 집안일을 나타내는 Chore 메시지를 정의하고, repeated 필드 타입을 지정하여 여러 개의 집안일을 나타내는 Chores 메시지를 정의합니다(❹).

이제 **.proto** 파일을 Go 코드로 컴파일합니다.

```
$ protoc ❶--go_out=. ❷--go_opt=paths=source_relative housework/v1/housework.proto
```

목록 12-17에서 생성한 **housework/v1/housework.proto** 파일에서 Go 코드를 생성하기 위해 지정한 플래그(❶)와 **.proto** 파일에서 현재 경로 기준으로 상대 경로에 코드가 생성되도록 플래그(❷)를 설정하여 **protoc** 커맨드를 호출합니다.

protoc가 **protoc-gen-go** 바이너리를 찾을 수 없다는 에러가 발생하면 **protoc-gen-go** 바이너리가 PATH 환경변수 내에 올바르게 위치하고 있는지 확인하기 바랍니다(아마도 **$GOPATH/bin** 환경변수 내에 존재할 것입니다).

```
protoc-gen-go: program not found or is not executable
--go_out: protoc-gen-go: Plugin failed with status code 1.
```

protoc 커맨드가 성공적으로 **.proto** 파일을 받아서 Go 코드를 생성하였다면 버전 정보가 조금 다를 수는 있지만, **housework/v1/housework.pb.go** 파일의 첫 부분이 다음과 같을 것입니다. 리눅스와 macOS에서 head 커맨드를 사용하여 파일의 첫 7줄을 출력해 봅니다.

```
$ head -n 7 housework/v1/housework.pb.go
// Code generated by protoc-gen-go. DO NOT EDIT.
// versions:
//        protoc-gen-go v1.25.0
//        protoc v3.6.1
// source: housework/v1/housework.proto

package housework
```

주석 내용에 따라 이 모듈을 수정하면 안 됩니다(DO NOT EDIT). 필요한 경우 **.proto** 파일을 수정하고 다시 컴파일해 주기 바랍니다.

이제 **.proto** 파일에서 Go 모듈을 생성하였으니, 목록 12-18에서는 프로토콜 버퍼를 사용하여 스토리지 백엔드를 구현하는 예시를 살펴봅니다.

목록 12-18 프로토콜 버퍼 스토리지 구현(protobuf/housework.go)

```
package protobuf

import (
  "io"
  "io/ioutil"
  "google.golang.org/protobuf/proto"

❶"github.com/awoodbeck/gnp/ch12/housework/v1"
)

func Load(r io.Reader) ([]*housework.Chore, error) {
  b, err := ioutil.ReadAll(r)
  if err != nil {
    return nil, err
  }

  var chores housework.Chores

  return chores.Chores, proto.Unmarshal(b, &chores)
}

func Flush(w io.Writer, chores []*housework.Chore) error {
  b, err := proto.Marshal(❷&housework.Chores{Chores: chores})
  if err != nil {
    return err
  }
```

```
    _, err = w.Write(b)

    return err
}
```

프로토콜 버퍼에서는 JSON과 Gob에서 목록 12-1의 housework 패키지에 의존하여 구현하던 것과 달리 housework로 명명하였지만, **protoc** 컴파일러에서 생성된 패키지 명인 v1을 임포트합니다(❶). 컴파일되어 생성된 Chores 타입(❷)은 Chore 슬라이스의 포인터를 받는 Chores 필드를 갖는 구조체입니다. 그리고 Go의 프로토콜 버퍼 패키지는 인코더와 디코더를 구현하지 않기 때문에 객체를 바이트로 마샬링한 뒤 마샬링된 바이트를 io.Writer로 쓰고, io.Reader로부터 읽은 바이트를 언마샬링하는 코드를 직접 구현해야 합니다.

목록 12-19에서는 목록 12-2의 코드의 두 줄을 바꾸어 프로토콜 버퍼 구현을 추가합니다.

목록 12-19 JSON 스토리지 패키지를 프로토콜 버퍼(protobuf) 스토리지 패키지로 교체하기 (cmd/housework.go)

```
--생략--
❶"github.com/awoodbeck/gnp/ch12/housework/v1"
 // storage "github.com/awoodbeck/gnp/ch12/json"
 // storage "github.com/awoodbeck/gnp/ch12/gob"
❷storage "github.com/awoodbeck/gnp/ch12/protobuf"
--생략--
```

목록 12-1의 housework 패키지를 프로토콜 버퍼 컴파일러가 생성한 패키지로 교체합니다(❶). json과 gob 임포트를 주석 처리하고, protobuf 스토리지 임포트의 주석을 해제하도록 합니다(❷). 집안일 애플리케이션 자체의 핵심 기능은 변하지 않습니다.

직렬화된 객체 전송하기

객체를 직렬화하고 파일 시스템에 저장할 필요가 있긴 하지만, 보통은 직렬화된 객체를 네트워크 서비스에서 더욱 많이 사용합니다. 예를 들어, 온라인 상점에서는 고객의 주문을 처리하고 고객의 장바구니, 계정 정보, 결제 정보, 배송 정보 및 알림 서비스 등을 위한 웹 서비스가 존재합니다. 이러한 서비스들이 동일한 서버 내에 존재한다면 사업이 확대됨에 따라 더욱 고성능의 서버를 구매해야 합니다. 확장성을 위한 또 다른 방법으로는 각각의 서비스를 각 고유의 서버에 운영하고 서버의 대수를 늘리는 것입니다. 그러면 새로운 문제가 발생합니다. 서비스들이 동일한 서버 내에 존재하지 않으니 동일한 메모리를 사용하지 않는 상황에서, 다른 서버 간의 데이터를 어떻게 하면 공유할 수 있을까요?

거대 기술 기업들은 이러한 문제를 **RPC** Remote Procedure Call(**원격 프로시저 호출**)라는 방법으로 해결합니다. RPC란 클라이언트가 원격에 존재하는 서버의 서브루틴을 호출할 수 있는 기술입니다. 애플리케이션의 관점에서 볼 때 RPC 서비스는 동일한 서버 내에 존재하는 것처럼 보이지만, 실제로는 네트워크상의 여러 서버 내에 분산되어 있습니다. 코드상에서는 함수를 호출하고, 함수 내에서는 메시지를 서버로 전송합니다. 메시지를 받은 서버는 함수를 실행하고 결괏값을 함수에게 응답하며, 함수는 서버에서 실행되어 응답된 결과를 반환합니다. 코드의 관점으로 볼 때 함수는 실제로 RPC가 서버와 통신하는 것과 상관없이 하나의 노드에서 지역적으로 동작합니다. 이러한 접근으로 인해 코드상에서는 내부 구현의 복잡성을 추상화하고 여러 서비스들을 수평적으로 확장할 수 있습니다. 즉, 작성한 코드는 하나의 노드에서 지역적으로 동작하든 네트워크상에서 동작하든 상관없이 동일하게 동작합니다.

최근 대다수의 기업은 **gRPC**를 사용하여 RPC를 구현합니다. gRPC란 HTTP/2와 프로토콜 버퍼를 활용한 크로스 플랫폼 RPC 프레임워크입니다. 이제 gRPC를 활용하여 지금까지 만든 집안일 애플리케이션보다 조금 더 정교한 것을 만들어 봅시다. 만들어 볼 서비스는 해야 할 일을 로시 Rosie에게 전송하는 서비스입니다. 로시는 집안일을 책임지는 고전 애니메이션 시리즈 '**젯슨 가족** The Jetsons'의 로봇 메이드입니다. 물론 2062년이 되어야 그녀가 존재하겠지만,[31] 미리 준비해서 코드를 작성해 봅시다.

gRPC로 서비스 연결하기

gRPC 프레임워크는 많은 RPC 세부 구현을 추상화한 라이브러리들의 집합입니다. 플랫폼에 중립적이며 프로그래밍 언어에도 독립적입니다. 즉, gRPC를 사용하면 Windows에서 동작 중인 Go 언어로 개발된 서비스와 리눅스에서 동작 중인 Rust 언어로 개발된 서비스를 통합할 수 있습니다. 이전 섹션에서 프로토콜 버퍼의 사용법에 대해 알아보았으니 애플리케이션 내에 gRPC를 지원할 준비의 기초는 마련되었습니다. 이전 섹션에서 만들었던 **.proto** 파일을 다시 사용합시다.

먼저, **gRPC** 패키지가 최신인지 확인합니다.

```
$ go get -u google.golang.org/grpc
```

그리고 gRPC Go 코드를 생성하기 위한 모듈을 받습니다.

---

31 (옮긴이) 미래를 배경으로 한 애니메이션이기 때문입니다.

```
$ go get -u google.golang.org/grpc/cmd/protoc-gen-go-grpc
```

프로토콜 버퍼 컴파일러에는 gRPC 모듈이 포함되어 있습니다. 이 모듈을 사용하면 간단하게 gRPC를 지원하는 Go 코드를 생성할 수 있습니다. 먼저, .proto 파일 내에 몇 가지 정의를 추가합니다. 목록 12-20에서는 서비스와 두 개의 메시지에 대한 정의를 추가합니다.

목록 12-20 gRPC RobotMaid 서비스를 지원하기 위한 프로토콜 버퍼 정의 추가하기
(housework/v1/housework.proto)

```
--생략--

service RobotMaid {
❶rpc Add (Chores) returns (Response);
  rpc Complete (CompleteRequest) returns (Response);
  rpc List (Empty) returns (Chores);
}

message CompleteRequest {
  int32 ❷chore_number = 1;
}

❸  message Empty {}
    message Response {
      string message = 1;
    }
```

우리가 작성할 서비스는 커맨드 라인에서 지원한 세 개의 명령(add, complete, list)을 지원해야 합니다. RobotMaid라는 이름의 새로운 서비스를 정의하고, 세 개의 RPC 메서드를 추가합니다. 이 RPC 메서드는 각각 목록 12-5의 list 함수, 목록 12-7의 add 함수, 목록 12-8의 complete 함수에 해당합니다. 이 함수들을 지역적으로 호출하는 대신 RPC를 통해 RobotMaid의 해당하는 메서드를 호출합니다. 각 메서드의 접두사로 rpc 키워드를 사용하고 메서드 이름으로 파스칼 케이스를 사용합니다. 다음으로 소괄호 안에 요청 메시지 타입과 returns 키워드를, 그리고 소괄호 안에 return할 메시지 타입을 작성합니다(❶).

List 메서드는 사용자의 입력 값을 필요로 하지 않지만, 커맨드 라인 애플리케이션에선 입력 값이 nil이더라도 요청 메시지 타입이 제공되어야만 합니다. gRPC에서 nil 값에 해당하는 메시지 타입은 empty 메시지이며, 이를 Empty라고 명명합시다(❸).

로봇이 인공지능을 갖기 전까진 우리가 직접 로시에게 어느 집안일이 끝났는지를 알려 주어야 합니다. 이를 위해 끝난 집안일의 번호를 알려 주기 위한 메시지를 추가합니다(❷). 또한, 우리는 로

시가 응답하기를 기대하기 때문에 문자열을 포함하는 응답 메시지를 추가합니다.

이제 새로운 서비스와 메시지를 이용하여 .proto 파일을 컴파일합니다. PATH 환경 변수에 **protoc-gen-go-grpc** 바이너리가 존재하는지 확인한 뒤 다음을 실행합니다.

```
$ protoc ❶--go-grpc_out=. ❷--go-grpc_opt=paths=source_relative \
housework/v1/housework.proto
```

--go-grpc_out 플래그(❶)는 생성된 코드에 gRPC 지원을 추가하기 위해 **protoc-gen-go-grpc** 바이너리를 호출합니다. 이 바이너리는 .proto 파일에 정의된 내용과 연관되어 Go에서 사용하기 위한 gRPC 서비스 코드를 생성해 주며, 상대 경로를 사용하도록 하였으니(❷) gRPC와 관련된 코드를 **housework/v1/housework_grpc.pb.go** 파일에 생성합니다. 이렇게 생성된 코드를 이용하여 gRPC 서버와 클라이언트를 구현할 수 있습니다.

TLS가 적용된 gRPC 서버 구현하기

이제 gRPC 클라이언트와 서버를 구현해 봅시다. 기본적으로 gRPC는 보안 연결을 필요로 하기 때문에 서버에서는 TLS를 지원해야 합니다. 이전 장에서 생성한 서버의 **cert.pem** 파일과 **key.pem** 파일을 이용하여 클라이언트가 gRPC 서버의 인증서를 고정하도록 합니다. 이에 대한 자세한 내용은 284페이지의 '인증을 위해 인증서 생성하기'를 살펴보기 바랍니다.

.proto 파일에서 생성된 Go 코드를 이용하여 RobotMaid 클라이언트와 서버를 정의하고, gRPC를 이용하여 RobotMaid 클라이언트로 네트워크상의 서버와 통신합니다. 먼저, 로봇 메이드의 서버를 만들어 봅시다. **.proto** 파일에서 생성된 RobotMaidServer 인터페이스는 다음과 같습니다.

```
type RobotMaidServer interface {
  Add(context.Context, *Chores) (*Response, error)
  Complete(context.Context, *CompleteRequest) (*Response, error)
  List(context.Context, *empty.Empty) (*Chores, error)
  mustEmbedUnimplementedRobotMaidServer()
}
```

목록 12-21에서 새로운 Rosie 타입을 만들며 RobotMaidServer 인터페이스를 구현합니다.

목록 12-21 RobotMaidServer 인터페이스를 구현하는 Rosie 타입 만들기(server/rosie.go)

```go
package main

import (
  "context"
  "fmt"
  "sync"

  "github.com/awoodbeck/gnp/ch12/housework/v1"
)

type Rosie struct {
  mu sync.Mutex
❶chores []*housework.Chore
}

func (r *Rosie) Add(_ context.Context, chores *housework.Chores) (
  *housework.Response, error) {
  r.mu.Lock()
  r.chores = append(r.chores, chores.Chores...)
  r.mu.Unlock()

  return ❷&housework.Response{Message: "ok"}, nil
}

func (r *Rosie) Complete(_ context.Context,
  req *housework.CompleteRequest) (*housework.Response, error) {
  r.mu.Lock()
  defer r.mu.Unlock()

  if r.chores == nil || req.ChoreNumber < 1 ||
    int(req.ChoreNumber) > len(r.chores) {
    return nil, fmt.Errorf("chore %d not found", req.ChoreNumber)
  }

  r.chores[req.ChoreNumber-1].Complete = true

  return &housework.Response{Message: "ok"}, nil
}

func (r *Rosie) List(_ context.Context, _ *housework.Empty) (
  *housework.Chores, error) {
  r.mu.Lock()
  defer r.mu.Unlock()

  if r.chores == nil {
    r.chores = make([]*housework.Chore, 0)
  }

  return &housework.Chores{Chores: r.chores}, nil
}
```

```
func (r *Rosie) Service() *housework.RobotMaidService {
  return ❸&housework.RobotMaidService{
    Add:      r.Add,
    Complete: r.Complete,
    List:     r.List,
  }
}
```

새로 만드는 Rosie 구조체는 메모리상(❶)에 집안일 목록을 저장하고, 하나 이상의 클라이언트
가 동시에 서비스를 사용할 수 있도록 뮤텍스mutex를 사용하여 동시 접근을 보호합니다. Add,
Complete, List 메서드는 모두 클라이언트에게 전달되는 응답 메시지 혹은 에러를 반환합니다
(❷). Service 메서드는 Rosie의 Add, Complete, List 메서드를 포함하는 새로운 housework.
RobotMaidService 인스턴스의 포인터를 반환합니다(❸).

목록 12-22에서는 Rosie 구조체를 사용하여 새로운 gRPC 서버 인스턴스를 설정해 봅니다.

목록 12-22 Rosie 구조체를 사용하여 gRPC 서버 생성(server/server.go)

```
package main

import (
  "crypto/tls"
  "flag"
  "fmt"
  "log"
  "net"

  "google.golang.org/grpc"

  "github.com/awoodbeck/gnp/ch12/housework/v1"
)

var addr, certFn, keyFn string

func init() {
  flag.StringVar(&addr, "address", "localhost:34443", "listen address")
  flag.StringVar(&certFn, "cert", "cert.pem", "certificate file")
  flag.StringVar(&keyFn, "key", "key.pem", "private key file")
}

func main() {
  flag.Parse()

  server := ❶grpc.NewServer()
  rosie := new(Rosie)
❷housework.RegisterRobotMaidServer(server, ❸rosie.Service())
```

```
cert, err := tls.LoadX509KeyPair(certFn, keyFn)
if err != nil {
  log.Fatal(err)
}

listener, err := net.Listen("tcp", addr)
if err != nil {
  log.Fatal(err)
}

fmt.Printf("Listening for TLS connections on %s ...", addr)
log.Fatal(
❹server.Serve(
  ❺tls.NewListener(
      listener,
      &tls.Config{
        Certificates:           []tls.Certificate{cert},
        CurvePreferences:       []tls.CurveID{tls.CurveP256},
        MinVersion:             tls.VersionTLS12,
        PreferServerCipherSuites: true,
      },
    ),
  ),
 )
}
```

먼저 새로운 서버 인스턴스를 받아 옵니다(❶). 그리고 생성된 gRPC 코드의 RegisterRobotMaid
Server 함수(❷)로 Rosie의 서비스 메서드(❸)가 반환하는 *housework.RobotMaidService
포인터를 매개변수로 전달합니다. RegisterRobotMaidServer 함수를 호출하면 Rosie의
RobotMaidService 구현을 gRPC 서버에 등록합니다. 서버의 Serve 메서드를 호출하기 전에 반드
시 RegisterRobotMaidServer 함수가 호출되어야 합니다(❹). 그리고 서버의 키 페어key pair를 로
드한 뒤 새로운 TLS 리스너를 생성하고(❺), Serve 메서드를 호출할 때 생성한 리스너를 전달합니
다. 이제 gRPC 서버 구현은 완료되었으니 클라이언트를 구현해 봅시다.

gRPC 클라이언트를 구현하여 서버 테스트하기

클라이언트 사이드의 코드는 300페이지의 '객체 직렬화하기'에서 작성했던 코드와 크게 다르지 않
습니다. 주요한 차이점으로는 gRPC 클라이언트를 초기화하고 add, complete, list 함수를 수정
해서 사용한다는 점입니다. 또한, 프로토콜 버퍼를 지원하는 다른 프로그래밍 언어를 사용하여
클라이언트 부분을 별도로 구현할 수 있습니다. 동일한 .proto 파일을 이용하여 클라이언트를 구
현하면 프로그래밍 언어와 상관없이 목록 12-22에서 구현한 서버와 아무런 문제없이 동작할 것입
니다.

목록 12-23의 집안일 애플리케이션에 gRPC를 지원하기 위해 필요한 변경 사항을 목록 12-23에서 자세히 설명합니다.

목록 12-23 집안일 애플리케이션의 gRPC 클라이언트 초기 코드(client/client.go)

```
package main

import (
❶"context"
❷"crypto/tls"
❸"crypto/x509"
  "flag"
  "fmt"
❹"io/ioutil"
  "log"
  "os"
  "path/filepath"
  "strconv"
  "strings"

  "google.golang.org/grpc"
  "google.golang.org/grpc/credentials"

  "github.com/awoodbeck/gnp/ch12/housework/v1"
)

var addr, caCertFn string

func init() {
❺flag.StringVar(&addr, "address", "localhost:34443", "server address")
❻flag.StringVar(&caCertFn, "ca-cert", "cert.pem", "CA certificate")

  flag.Usage = func() {
    fmt.Fprintf(flag.CommandLine.Output(),
      `Usage: %s [flags] [add chore, ...|complete #]
 add        add comma-separated chores
complete complete designated chore

Flags:
`, filepath.Base(os.Args[0]))
    flag.PrintDefaults()
  }
}
```

새로운 임포트(❶, ❷, ❸, ❹) 외에도 gRPC 서버 주소(❺)에 대한 플래그와 인증서(❻)에 대한 플래그를 추가합니다.

목록 12-24는 gRPC 클라이언트를 이용하여 현재 상태의 집안일 목록을 확인합니다.

목록 12-24 gRPC 클라이언트를 이용하여 현재 집안일 목록 확인

```
--생략--

func list(ctx context.Context, client housework.RobotMaidClient) error {
  chores, err := client.List(ctx, ❶new(housework.Empty))
  if err != nil {
    return err
  }

  if len(chores.Chores) == 0 {
    fmt.Println("You have nothing to do!")
    return nil
  }

  fmt.Println("#\t[X]\tDescription")
  for i, chore := range chores.Chores {
    c := " "
    if chore.Complete {
      c = "X"
    }
    fmt.Printf("%d\t[%s]\t%s\n", i+1, c, chore.Description)
  }

  return nil
}
```

코드가 목록 12-5와 꽤 유사하지만, gRPC 클라이언트를 이용하여 집안일 목록을 gRPC 서버로부터 받아온다는 점이 다릅니다. gRPC 요청을 보내기 위해 empty 메시지를 전달해야 합니다(❶).

목록 12-25는 gRPC 클라이언트를 이용하여 gRPC 서버의 집안일에 새로운 집안일을 추가합니다.

목록 12-25 gRPC 클라이언트를 이용하여 집안일 추가하기(client/client.go)

```
--생략--

func add(ctx context.Context, client housework.RobotMaidClient,
  s string) error {
  chores := new(housework.Chores)

  for _, chore := range strings.Split(s, ",") {
    if desc := strings.TrimSpace(chore); desc != "" {
      chores.Chores = append(chores.Chores, &housework.Chore{
        Description: desc,
      })
    }
  }

  var err error
```

```
  if len(chores.Chores) > 0 {
    _, ❶err = client.Add(ctx, chores)
  }

  return err
}
```

이전 섹션과 마찬가지로 쉼표로 구분된 집안일 목록을 파싱합니다. 이 집안일들을 바로 디스크에 저장하는 대신 gRPC 클라이언트에게 전달합니다. gRPC 클라이언트는 파싱한 집안일을 gRPC 서버에 전송하고, 서버로부터 받은 응답을 반환합니다. Add 함수가 실패할 경우 로시가 nil이 아닌 에러를 반환하는 것을 이미 알고 있기 때문에 함수의 결과를 err로 받아서 반환합니다(❶).

목록 12-26에서는 완료한 집안일을 마킹하는 코드를 작성합니다. gRPC를 사용하여 집안일을 마킹하는 일은 목록 12-8에서 작성했던 코드보다 필요한 코드의 양이 적은데, 대부분의 로직이 서버에서 동작하기 때문입니다.

목록 12-26 gRPC 클라이언트를 사용하여 완료된 집안일 마킹하기(client/client.go)

```
--생략--

func complete(ctx context.Context, client housework.RobotMaidClient,
  s string) error {
  i, err := strconv.Atoi(s)
  if err == nil {
    _, err = client.Complete(ctx,
      &housework.CompleteRequest{❶ChoreNumber: int32(i)})
  }

  return err
}
```

protoc-gen-go 모듈이 목록 12-20의 chore_number와 같이 스네이크 케이스로 된 필드를 Go 코드로 컴파일한 후에는 파스칼 케이스로 바꾸었습니다(❶). 또한, 집안일 번호를 나타내기 위해 strconv.Atoi 함수의 결과로 변환된 int 타입을 complete 요청 메시지로 보내기 전에 먼저 ChoreNumber 타입에 맞게 int32 타입으로 바꾸어야 합니다.

목록 12-27에서는 새로운 gRPC 연결을 생성하고 TLS 구성에 서버의 인증서를 고정합니다.

목록 12-27 TLS와 인증서 고정을 이용하여 새로운 gRPC 연결 생성(client/client.go)

```
--생략--

func main() {
```

```
flag.Parse()

caCert, err := ioutil.ReadFile(caCertFn)
if err != nil {
  log.Fatal(err)
}
certPool := x509.NewCertPool()
if ok := certPool.AppendCertsFromPEM(caCert); !ok {
  log.Fatal("failed to add certificate to pool")
}

conn, err := ❶grpc.Dial(
  addr,
❷grpc.WithTransportCredentials(
  ❸credentials.NewTLS(
    &tls.Config{
      CurvePreferences: []tls.CurveID{tls.CurveP256},
      MinVersion:       tls.VersionTLS12,
      RootCAs:          certPool,
    },
  ),
 ),
)
if err != nil {
  log.Fatal(err)
}
```

클라이언트 사이드에서는 먼저 새로운 gRPC 네트워크 연결을 생성하고(❶) 네트워크 연결을 이용하여 새로운 gRPC 클라이언트를 초기화합니다. 대부분의 경우에 grpc.Dial 함수의 매개변수로 주소를 전달해 주면 됩니다. 하지만 클라이언트 연결에 서버의 인증서를 고정해 주고 싶다면 grpc.DialOption 객체에 필요한 TLS 인증 정보를 명시적으로 전달해 주어야 합니다. 이 과정에는 grpc.WithTransportCredentials 함수(❷)가 반환하는 grpc.DialOption 구조체를 이용하는 것과, 현재 TLS 구성 정보로부터 트랜스포트 인증 정보를 생성하기 위한 credentials.NewTLS 함수(❸)를 이용하는 것이 포함됩니다. 결과적으로 인증서가 고정된 서버와 인증되어 TLS 통신을 할 수 있는 gRPC 네트워크 연결 객체가 반환됩니다.

목록 12-28에서는 생성된 gRPC 네트워크 연결을 사용하여 새로운 gRPC 클라이언트를 초기화합니다.

목록 12-28 새로운 gRPC 클라이언트 초기화하고 서버로 요청하기(client/client.go)

```
--생략--

rosie := ❶housework.NewRobotMaidClient(conn)
ctx := context.Background()
```

```
  switch strings.ToLower(flag.Arg(0)) {
  case "add":
    err = add(ctx, rosie, strings.Join(flag.Args()[1:], " "))
  case "complete":
    err = complete(ctx, rosie, flag.Arg(1))
  }

  if err != nil {
    log.Fatal(err)
  }

  err = list(ctx, rosie)
  if err != nil {
    log.Fatal(err)
  }
}
```

이 코드는 gRPC 네트워크 연결에서 새로운 gRPC 클라이언트를 초기화하는 것 외에는❶ 목록 12-9의 코드와 크게 다르지 않습니다. 당연히 차이점이라면 모든 집안일 목록 데이터와 발생하는 작업이 TLS 연결을 통한 gRPC 서버와 발생한다는 점이 있습니다.

한번 해봅시다. 먼저, 터미널에서 서버를 시작합니다.

```
$ go run server/server.go server/rosie.go -cert server/cert.pem -key server/key.pem
Listening for TLS connections on localhost:34443 ...
```

다른 터미널을 켜고 클라이언트를 실행합니다.

```
$ go run client/client.go -ca-cert server/cert.pem
You have nothing to do!
$ go run client/client.go -ca-cert server/cert.pem add Mop floors, Wash dishes
#       [X]     Description
1       [ ]     Mop floors
2       [ ]     Wash dishes
$ go run client/client.go -ca-cert server/cert.pem complete 2
#       [X]     Description
1       [ ]     Mop floors
2       [X]     Wash dishes
```

물론 서버를 재시작하면 서버 내의 모든 집안일 정보가 사라집니다. 서버상의 데이터 스토리지 저장 구현은 연습 문제로 남겨 둡니다. 가능한 한 가지 방법으로는 이전 장에서 했던 것처럼 디스크를 사용하여 집안일 정보를 읽어 오거나 저장할 수 있을 것입니다.

이 장에서 배운 것

데이터 직렬화를 사용하면 플랫폼이나 프로그래밍 언어에 상관없이 데이터를 교환할 수 있습니다. 또한, 데이터를 직렬화하여 오랜 기간 저장하거나long-term storage, 저장된 데이터를 읽어 오고 역직렬화하여 원래의 형태로 변환하고 애플리케이션이 저장한 마지막 시점으로 돌아올 수 있습니다.

단언컨대 JSON은 가장 유명한 텍스트 기반의 데이터 직렬화 포맷입니다. 현대의 프로그래밍 언어는 훌륭한 수준으로 JSON을 지원하며, JSON이 범용적으로 RESTful한 API에 사용되는 이유 중 하나는 대부분의 프로그래밍 언어가 JSON을 잘 지원하기 때문입니다. 또한, Go는 바이너리 기반의 데이터 직렬화 포맷에 대한 지원도 훌륭하며, Gob의 경우는 코드상에서 거의 그대로 JSON을 대체하여 사용할 수 있습니다. Gob은 Go의 네이티브 바이너리 데이터 직렬화 포맷이며 효율성과 사용성을 고려하여 설계되었습니다.

Go 언어 외에도 다양한 플랫폼에서 바이너리 데이터 직렬화 포맷을 사용해야 한다면, 프로토콜 버퍼가 좋은 선택지입니다. 구글은 여러 프로그래밍 언어와 플랫폼에서 직렬화된 바이너리 데이터를 전송하고 교환하기 위하여 프로토콜 버퍼를 설계하였습니다. 대부분의 현대 프로그래밍 언어는 현재 프로토콜 버퍼를 지원합니다. Go에서 프로토콜 버퍼를 사용하는 것이 JSON을 사용하다가 Gob으로 그대로 교체하는 것만큼 간단한 일은 아니지만, 그럼에도 불구하고 Go에는 충분하게 프로토콜 버퍼를 지원합니다. 먼저, **.proto** 파일에 직렬화하고자 하는 데이터 구조를 정의하고, 프로토콜 버퍼 컴파일러와 Go 모듈을 사용하여 정의한 데이터 구조에 해당하는 Go 코드를 생성합니다. 마지막으로, 생성된 코드를 사용하여 데이터를 프로토콜 버퍼 포맷의 바이너리 데이터로 직렬화하거나 혹은 바이너리 데이터로부터 원래의 데이터 구조에 맞게 역직렬화합니다.

gRPC 프레임워크는 네트워크상의 분산된 환경에서 함수를 호출할 수 있는 고성능의 플랫폼에 무관한 표준 RPC 프레임워크입니다. gRPC의 **RPC**는 **원격 프로시저 콜**Remote Procedure Call을 의미하며, 이는 한 노드에서 원격 시스템에 존재하는 함수를 호출하고 결과를 받아 마치 동일 노드 내의 로컬 시스템에서 함수를 실행시킨 것처럼 처리하는 기술입니다. gRPC는 하위의 데이터 직렬화 포맷으로 프로토콜 버퍼를 사용합니다. Go의 프로토콜 버퍼 모듈을 사용하면 **.proto** 파일 내에 서비스를 정의하여 쉽게 gRPC를 지원하고, 컴파일러에서 생성된 Go 코드를 사용할 수 있습니다. 이를 통해 빠르고 효율적으로 분산된 서비스를 운영하거나 이미 존재하는 gRPC 서비스와 통합할 수 있습니다.

13

로깅과 메트릭스

이상적인 세계에서는 우리가 작성한 코드에는 아무런 버그가 발생하지 않을 겁니다. 우리가 작성한 네트워크 서비스는 우리의 기대치를 넘어서 성능이 매우 뛰어나고 별도로 우리가 개입하지 않더라도 예기치 않은 데이터를 안정적으로 처리할 수 있을 것입니다. 하지만 실제 세계에서는 예기치 않은 데이터, 혹은 잠재적으로 악의적인 데이터나, 하드웨어 고장 및 네트워크 중단, 그리고 코드상의 버그가 발생합니다.

온프레미스건 클라우드건 상관없이 애플리케이션을 모니터링하는 것은 사용자에게 안정적이고 문제없이 기능을 제공하는 데 있어서 필수적입니다. 필요한 정보들을 충분히 로깅하면 필요시에 에러나 이상 현상, 혹은 우리가 대처할 수 있는 이벤트들에 대해 자세한 정보를 파악할 수 있으며, 또한 메트릭스 정보를 통해 현재 서비스의 상태를 파악하고 어느 지점에서 병목 현상이 생겼는지 파악할 수 있습니다. 로깅과 메트릭스를 종합하면 서비스에서 발생하는 문제를 관리하고 미래에 발생할 수 있는 문제를 미리 대처하여 개발에 집중할 수 있습니다.

이전 장에서는 Go의 log와 fmt 패키지를 이용하여 정보를 화면에 출력하여 현재 상태를 파악할 수 있었지만, 이번 장에서는 그보다 깊은 수준에서 로깅을 사용하여 서비스의 정보를 파악하는 방법을 알아봅니다. 로그에 레벨을 사용하여 로그가 찍혀야 하는 정도, 곧 상세함의 수준을 결정하는 방법을 알아볼 것이며, 언제 어느 레벨을 사용해야 하는지 알아봅니다. 구조적으로 로그를 작성하는 방법을 알아볼 것이며, 이를 활용하여 프로그램상에서 로그를 파악하고 연관된 로그에 집중할 수 있습니다. 그리고 서비스의 규모가 커짐에 따라 쌓여 가는 로그 데이터의 양을 처리할 수 있는 광범위한 이벤트 로깅wide event logging이라는 개념에 대해 소개합니다. 코드상에서 동적으로 디버그 로깅을 활성화하는 기법과, 로그 파일 로테이션 기법에 대해 알아봅니다.

또한, 이번 장에서는 Go kit의 `metrics` 패키지에 대해 소개합니다. Go kit의 문서에서 `metrics` 패키지는 '서비스 계측을 위한 단일 통합 인터페이스를 제공'해 준다고 소개합니다. 카운터와 게이지, 히스토그램을 이용하여 서비스를 계측하는 방법을 알아봅니다.

이번 장을 읽고 나면 로깅을 처리하는 방법, 로그 파일이 하드 드라이브 공간을 너무 많이 차지하지 않도록 관리하는 방법, 그리고 서비스의 현재 상태를 파악하기 위한 계측 방법을 알게 됩니다.

이벤트 로깅

로깅은 어렵습니다. 숙련된 개발자들도 올바른 로깅을 위해 고군분투합니다. 미래에 로깅을 하기 위해 어느 데이터가 필요할지 예측하는 것은 어려운 일이며, 특히나 서비스에 문제가 발생하면 발생한 문제들의 모든 것을 기록해야 합니다. 너무 넘치도록 불필요한 로깅을 하지 않으며, 문제를 해결하는 데 필요한 정보를 얻기 위한 최소한의 로깅을 할 수 있도록 균형을 잡도록 노력해야 합니다. 너무 과한 로깅은 개발 단계에서는 테스트의 정도나 크기를 제어하고 서비스 전체의 복잡성을 제어하기 위해 적합할지 모르나 실서비스에서는 눈덩이처럼 불어나는 로그의 양으로 인해 건초 더미에서 바늘 찾기처럼 필요한 정보를 찾기가 어렵게 됩니다.

로깅에 있어서 무엇을 기록해야 할지를 결정하는 것 외에도 로깅 자체가 아무런 대가 없이 가능한 게 아니라는 것을 생각해 보아야 합니다. 로깅은 애플리케이션에서 사용할 수 있는 CPU 자원과 I/O 시간을 소모합니다. 개발 도중에 반복적으로 로깅을 하는 것은 서비스의 현재 상태를 파악하는 데 도움이 될 수 있지만, 실제 서비스에서는 서비스에 엄청난 지연시간을 더하며 병목 현상이 생길 수 있습니다.

모든 로그를 기록하는 대신 이러한 로그 기록을 샘플링하거나, 필요시에만 로깅하는 것이 로그의 출력 결과 측면에서도 오버헤드의 측면에서도 더 나은 선택입니다. 트랜잭션 단위에서 정보를 로깅하는 **광범위한 이벤트**wide event 로그가 도움이 됩니다. 예를 들어, 개발 중인 서비스의 경우 요청에 대한 로그와 중간 단계에 대한 로그, 그리고 응답에 대한 로그까지 열 개 내외의 로그를 기록한다면, 프로덕션의 실제 서비스에서는 하나의 광범위한 이벤트 로그만을 기록할 수 있습니다. 349페이지의 '광범위한 이벤트 로깅으로 확장하기'에서 광범위한 이벤트 로그에 대해 알아봅니다.

마지막으로, 로깅은 주관적이라는 사실을 기억하기 바랍니다. 한 애플리케이션 내에 발생한 이상 현상은 어떤 곳에서는 별 문제가 아닐 수도 있지만, 또 다른 곳에서는 심각한 문제가 될 수 있는 지표가 되고는 합니다. 별 문제가 아닌 곳에서는 이상 현상을 무시해 버릴 수 있지만, 심각한 문제가 될 수 있는 곳에서는 이상 현상에 대해 정확히 파악해야 할 것입니다. 이러한 이유로 로깅의 모범 사례에 대해 알아봅니다. 이러한 사례들을 활용하면 로깅을 할 기반이 되어 줄 것이며, 각 애플리케이션에 맞게 다듬어 사용하면 됩니다.

log 패키지

이미 이전 장에서 log 패키지를 사용하여 로그 엔트리의 타임스탬프를 기록하는 등의 기본적인 로깅을 사용하였고, 또한 애플리케이션이 에러를 반환하며 종료될 경우 log.Fatal 함수를 이용하여 로깅하는 것을 사용해 보았습니다. 하지만 더 살펴볼 기능들이 있습니다. 이를 위해 단순히 패키지에서 제공되는 로거를 사용하지 않고, 별도로 직접 *log.Logger 인스턴스를 초기화할 것입니다. log.New 함수를 사용하여 인스턴스를 초기화할 수 있습니다.

```
func New(out io.Writer, prefix string, flag int) *Logger
```

log.New 함수는 매개변수로 io.Writer와 각 로그에 사용할 접두사 문자열, 그리고 로거의 출력을 수정할 플래그를 받습니다. io.Writer를 매개변수로 받으니 io.Writer 인터페이스를 만족하는 모든 곳, 가령, 인메모리 버퍼나 또는 네트워크 소켓 등에 로깅을 할 수 있다는 것을 의미합니다.

기본 로거는 출력을 표준 에러인 os.Stderr로 씁니다. 목록 13-1에서 표준 출력인 os.Stdout에 로그를 쓰는 예시를 살펴봅시다.

목록 13-1 표준 출력으로 로그 쓰기(log_test.go)

```
func Example_log() {
  l := log.New(❶os.Stdout, ❷"example: ", ❸log.Lshortfile)
  l.Print("logging to standard output")

  // Output:
  // example: ❹log_test.go:12: logging to standard output
}
```

표준 출력(❶)으로 로그를 쓰는 *log.Logger 인스턴스를 생성합니다. 생성한 로거는 각 라인에 **example:**이라는 문자열의 접두사를 붙입니다(❷). 기본 로거의 플래그는 log.Ldate와 log.Ltime 이며, log.LstdFlags 플래그는 이 두 플래그를 합친, 타임스탬프를 기록하기 위한 플래그입니다.[32] 커맨드 라인에서 예시를 실행할 때 테스트의 목적으로 출력을 간소화하기 위해 타임스탬프 는 생략하고, 각 로그 라인에 소스코드의 파일명을 쓰도록 설정해 줍니다(❸). **log_test.go** 파일 12번 줄의 l.Print 함수는 (❹)의 결과를 출력합니다. 이렇게 로그 엔트리에 정확한 파일명과 발 생한 코드의 위치를 기록하면 개발과 디버깅에 도움이 됩니다.

로거를 생성할 때 매개변수로 io.Writer를 받기 때문에 io.MultiWriter 함수를 활용하여 로그를 동시에 여러 writer로 쓸 수도 있습니다. 가령, 로그 파일과 표준 출력으로 동시에 쓴다든지, 인메 모리의 링 버퍼와 네트워크상의 중앙 로깅 서버에 동시에 쓴다든지 등의 작업을 할 수 있습니다. 하지만 불행하게도 io.MultiWriter 함수는 매개변수로 입력받은 여러 writer에 순차적으로 쓰기 를 시도하는데, 한 번이라도 Write 호출이 실패하면 그대로 종료되기 때문에 로깅에서 사용하기 에는 적합하지 않을 수 있습니다(즉, io.MultiWriter를 로그 파일과 표준 출력으로 쓰도록 구성하였 는데 파일에 쓰기를 실패할 경우 표준 출력으로는 절대 로그가 출력되지 않습니다).

걱정할 필요는 없습니다. 간단한 해결 방법이 있습니다. 목록 13-2에서는 에러가 발생하더라도 writer가 실패하지 않고 동작하도록 직접 io.MultiWriter를 구현해 봅니다.

목록 13-2 에러가 발생하더라도 지속해서 동작하는 multiwriter(writer.go)

```go
package ch13

import (
  "io"

  "go.uber.org/multierr"
)

type sustainedMultiWriter struct {
  writers []io.Writer
}

func (s *sustainedMultiWriter) ❶Write(p []byte) (n int, err error) {
  for _, w := range s.writers {
    i, wErr := ❷w.Write(p)
    n += i
    err = ❸multierr.Append(err, wErr)
```

---

32 [옮긴이] 시간과 날짜를 합쳐서 타임스탬프라 합니다.

```
      }

   return n, err
}
```

io.MultiWriter 함수와 유사하게, 지속해서 동작하는 multiwriter 구현체를 위해 io.Writer 인스턴스의 슬라이스를 포함하는 구조체를 정의합니다. 정의한 multiwriter는 io.Writer 인터페이스를 구현(❶)하기 때문에 로거에 전달하여 초기화할 수 있습니다. 구현할 multiwriter는 입력받은 writer를 순회하며 Write 메서드를 호출하고(❷), 우버의 multierr 패키지를 사용하여 순회 도중 발생하는 에러는 누적한 뒤(❸) 최종적으로 쓰인 전체 바이트 수와 누적된 에러를 반환합니다.

목록 13-3은 하나 이상의 writer에서 새로 구현하는 지속적인 multiwriter를 초기화하는 함수에 대한 코드입니다.

목록 13-3 지속적인 multiwriter 생성하기(writer.go)

```
--생략--

func SustainedMultiWriter(writers ...io.Writer) io.Writer {
  mw := &sustainedMultiWriter{writers: ❶make([]io.Writer, 0, len(writers))}

  for _, w := range writers {
    if m, ok := ❷w.(*sustainedMultiWriter); ok {
      mw.writers = ❸append(mw.writers, m.writers...)
      continue
    }

    mw.writers = ❹append(mw.writers, w)
  }

  return mw
}
```

먼저 *sustainedMultiWriter의 인스턴스를 생성한 뒤 최대 수용량을 매개변수로 받은 writers의 길이만큼 설정하여 writer 슬라이스를 초기화합니다(❶). 이후 매개변수로 받은 writers를 순회하며 초기화한 슬라이스에 추가합니다(❹). 매개변수로 받은 writer가 *sustainedMultiWriter이면(❷) 하위에 존재하는 writer 슬라이스를 추가합니다(❸). 마지막으로, 초기화된 sustained MultiWriter의 포인터를 반환합니다.

목록 13-4은 지속적인 multiwriter을 사용하는 예시 코드입니다.

```
package ch13

import (
  "bytes"
  "fmt"
  "log"
  "os"
)

func Example_logMultiWriter() {
  logFile := new(bytes.Buffer)
  w := ❶SustainedMultiWriter(os.Stdout, logFile)
  l := log.New(w, "example: ", ❷log.Lshortfile|log.Lmsgprefix)

  fmt.Println("standard output:")
  l.Print("Canada is south of Detroit")

  fmt.Print("\nlog file contents:\n", logFile.String())

  // Output:
  // standard output:
  // log_test.go:24: example: Canada is south of Detroit
  //
  // log file contents:
  // log_test.go:24: example: Canada is south of Detroit
}
```

새로운 지속적 **multiwriter**를 생성하고(❶) 표준 출력과 이 예시에서 로그 파일 역할의 bytes. Buffer에 출력합니다. 다음으로 생성한 지속적 **multiwriter**을 이용하여 example:이라는 접두사와 두 개의 플래그를 주어(❷) 새로운 로거를 생성합니다. log.Lmsgprefix 플래그(Go 1.14 이상 버전부터 사용 가능)를 사용하면 로그 메시지 앞에 접두사를 사용하도록 합니다. 예시를 실행해 보면 로거가 로그 엔트리를 지속적인 **multiwriter**에 출력하고, 이어 **multiwriter**는 로그 엔트리를 표준 출력과 로그 파일에 출력합니다.

레벨별 로그 엔트리

이전 장에서 프로덕션 실서비스에서의 너무 자세한 로깅은 서비스가 확장함에 따라 로그 엔트리가 너무나도 많아지게 되기 때문에 비효율적이라고 하였습니다. 이를 해결하기 위한 한 가지 방법은 **로그 레벨**logging level을 사용하여 레벨의 종류에 따라 우선순위를 할당하고, 높은 우선순위의 에러는 항상 활성화하고, 개발이나 디버깅 목적에 적합한 낮은 우선순위의 로그는 선택적으로 활성화하는 것입니다. 예를 들어, 서비스가 데이터베이스에 연결할 수 없는 상태인지는 항상 알고 싶은 정보이지만, 각 클라이언트와의 개별 연결 정보에 대한 로그는 개발 중이거나 뭔가 문제가 발생하였을 때에만 중요한 정보가 됩니다.

먼저 두어 개의 로그 레벨만 사용하길 추천합니다. 제 경험상 **에러**error와 **디버그**debug, 두 개의 로그 레벨이면 충분하며 종종 **인포**info 레벨 정도가 필요합니다. 에러 로그 엔트리의 경우 무언가 주의해야 할 조건을 만족하였을 때에만 발생하는 것이니 일종의 경고가 존재해야 할 것입니다. 인포 로그 엔트리의 경우 일반적으로 에러가 아닌 정보를 포함합니다. 예를 들어, 데이터베이스에 성공적으로 연결된 경우에 인포 레벨의 로그 엔트리를 기록한다든지, 혹은 네트워크 소켓에서 리스너가 수신 연결 요청 준비가 완료된 경우 로그 엔트리를 기록해야 할 것입니다. 디버그 로그 엔트리는 개발 도중에 프로그램의 워크플로를 파악하고 문제가 발생하였을 때 진단하는 데 도움이 되도록 상세해야 합니다.[33]

Go의 에코 시스템에서는 여러 로깅 패키지를 제공하며, 대부분의 패키지에서는 여러 로그 레벨을 지원합니다. Go의 log 패키지에는 레벨별 로그 엔트리에 대한 기본 지원이 없지만 필요에 따라 레벨마다 별도의 로거를 생성할 수 있습니다. 목록 13-5에서는 로그 엔트리를 로그 파일로 출력하고, 디버그 레벨의 로그는 표준 출력으로만 출력하는 별도의 로거를 생성합니다.

목록 13-5 디버그 로그 엔트리는 표준 출력으로 출력하고 에러 로그 엔트리는 로그 파일과 표준 출력으로 모두 출력 (log_test.go)

```
--생략--

func Example_logLevels() {
  lDebug := log.New(os.Stdout, ❶"DEBUG: ", log.Lshortfile)
  logFile := new(bytes.Buffer)
  w := SustainedMultiWriter(logFile, ❷lDebug.Writer())
  lError := log.New(w, ❸"ERROR: ", log.Lshortfile)

  fmt.Println("standard output:")
  lError.Print("cannot communicate with the database")
  lDebug.Print("you cannot hum while holding your nose")

  fmt.Print("\nlog file contents:\n", logFile.String())

  // Output:
  // standard output:
  // ERROR: log_test.go:43: cannot communicate with the database
  // DEBUG: log_test.go:44: you cannot hum while holding your nose
  //
```

---

33 [옮긴이] 흔히 사용하는 로그의 이벤트 레벨에는 추적(TRACE), 디버그(DEBUG), 인포(INFO), 경고(WARN), 에러(ERROR), 치명(FATAL) 이 있습니다(중요도에 따른 오름차순 정렬).

```
    // log file contents:
    // ERROR: log_test.go:43: cannot communicate with the database
}
```

먼저, DEBUG: 접두사를 갖고, 표준 출력으로 로그를 출력하는 디버그 로거를 생성합니다(❶). 또한, 이 예시에서 로그 파일의 역할을 흉내 낼 *bytes.Buffer를 생성하고, 이를 이용하여 지속적 multiwriter를 초기화합니다. 지속적 multiwriter는 로그 파일에도 출력하고, 디버그 로거의 io.Writer로도 출력합니다(❷). 그리고 디버그 로거와 구별되도록 ERROR: 접두사를 갖는 에러 로거를 생성합니다(❸). 마지막으로, 각 로거를 사용하여 예상대로 출력되는지 검증합니다. 표준 출력은 두 로거에서 모두 출력되어야 하고, 로그 파일에는 에러 로그 엔트리만 출력되어야 합니다.

연습 문제로, Print 함수 호출을 조건문으로 감싸지 않고도 디버그 로거가 선택적으로 출력되도록 해 보기 바랍니다. 힌트를 드리면, io/ioutil 패키지에 존재하는 특정 writer를 사용하여 출력을 버릴discard 수 있습니다.

이번 섹션의 목적은 기본 내장 log 패키지를 이용하여 지금까지 이 책에서 사용한 것 이상의 예시를 보여 주기 위함이었습니다. 이런 기법을 사용하여 여러 레벨의 로깅을 처리할 수 있지만, 다음 섹션에서 소개할 Zap 로거와 같은, 로그 레벨을 내장 지원하는 로거를 사용할 수도 있습니다.

구조화된 로깅

지금까지 작성한 코드에서 만든 로그 엔트리는 사람이 읽고 소비하기 위한 목적이었습니다. 각 로그 엔트리는 간단한 메시지 이상의 정보를 포함하고 있었기에 사람이 읽기에 쉬웠습니다. 이 말은, 즉 무언가 문제가 발생하였을 때 로그를 찾으려면 grep 커맨드를 사용하거나, 최악의 경우, 로그 엔트리를 눈으로 하나하나 훑어봐야 할 수도 있다는 것을 의미합니다. 로그의 양이 적으면 괜찮지만, 많아질 경우 건초 더미에서 바늘 찾는 셈이 되어 버립니다. 로깅은 내가 원하는 정보를 빠르게 찾을 수 있을 때에만 유용하다는 사실을 기억하기 바랍니다.

이 문제를 해결하기 위한 일반적인 방법으로는 각 로그 엔트리에 메타 데이터를 추가하고 이러한 메타 데이터를 정렬해 주는 소프트웨어를 사용하여 메타 데이터를 파싱하는 방법이 있습니다. 이러한 종류의 로깅을 **구조화된 로깅**structured logging이라 부릅니다. 구조화된 로그 엔트리를 생성하는 것은 각 로그 엔트리에 키-값 페어를 추가하는 것을 의미합니다. 이 키-값 페어 내에는 로그 엔트리를 기록한 시간값, 애플리케이션 내에서 로그 엔트리를 기록한 지점에 대한 정보, 애플리케이션이 동작하는 노드의 호스트 네임 정보와 IP 주소 정보, 그리고 로그 엔트리를 인덱싱하고 필터링하기 위해 필요한 그 외 메타데이터 정보가 포함됩니다. 대부분의 구조화된 로거는 로그 파일로 쓰거나 중앙 로깅 서버로 전송하기 전에 로그 엔트리를 JSON으로 인코딩합니다. 구조화된 로깅을 사용하면 각 로그 엔트리의 메타 데이터를 사용하여 로그 엔트리를 정돈하고 서비스 간의 연계를 할 수 있기 때문에 중앙 서버에 로그를 수집하는 전체 과정이 간단해집니다. 로그 서버에 로그들이 인덱싱되고 나면 필요한 로그를 쉽게 조회하여 문제를 해결할 수 있습니다.

Zap 로거 사용하기

어떤 특정한 중앙 로깅 솔루션을 다루는 것은 이 책의 범위를 넘어섭니다. 관련 솔루션에 대해 더 알아보려면 먼저 일래스틱서치Elasticsearch 혹은 아파치 솔라Apache Solr에 대해 연구하길 권장합니다. 이 섹션에서는 로거 구현 자체에 집중합니다. 로그 파일 로테이션 기능이 통합된 우버Uber의 **Zap** 로거를 사용합니다(https://pkg.go.dev/go.uber.org/zap/에서 관련 패키지를 찾아볼 수 있습니다).

로그 파일 로테이션log file rotation이란 현재의 로그 파일이 특정 시간 이상 존재하였거나 특정 크기보다 커질 경우 현재의 로그 파일을 닫고, 파일의 이름을 변경한 뒤 새로운 파일을 여는 일련의 프로세스를 의미합니다. 파일을 로테이션하는 것은 하드 드라이브의 공간이 너무 많이 차지하지 않도록 예방하는 좋은 습관입니다. 게다가 요일별로 구분된 작은 크기의 로그 파일에서 내용을 찾는 것이 하나의 큰 로그 파일에서 내용을 찾는 것보다 빠르고 효율적입니다. 예를 들어, 매주 로그 파일을 로테이션하고 총 8주치의 로그 파일만 보관하고 싶다고 합시다. 지난 주에 발생한 이벤트에 대한 로그 엔트리만을 찾아보려면 하나의 파일 내에서 검색하면 됩니다. 또한, 로테이션된 로그 파일을 압축하여 보관하면 더욱 용량을 절감할 수 있습니다.

대규모 프로젝트에서 다른 구조화된 로거들도 사용해 보았지만 경험상 Zap이 가장 성능적인 측면에서 뛰어났습니다. 바쁘게 동작하는 코드에서도 Zap은 다른 무거운 구조화된 로거와는 달리 거의 성능상의 문제없이 동작하였습니다. 물론 상황마다 다를 수 있습니다. 그래서 여러분의 상황에 최적인 방법을 찾으면 됩니다. 여기서 소개하는 구조화된 로깅의 원칙과 로그 파일 관리 기법을 다른 구조화된 로거에도 적용해서 여러분의 상황에 맞게 적용해 보기 바랍니다.

Zap 로거는 zap.Core 함수와 함수 내에 사용할 옵션으로 구성됩니다. zap.Core는 로그 레벨 경계 설정값log-level threshold, 아웃풋output과 인코더encoder, 세 개의 컴포넌트가 존재합니다. **로그 레벨 경계 설정값**은 Zap이 로깅할 최소의 로그 레벨을 설정합니다. Zap은 설정값 미만 레벨의 로그 엔트리는 기록하지 않도록 하여 코드상의 디버그 로깅은 건드리지 않고 선택적으로 출력하지 않도록 합니다. Zap의 **아웃풋**은 io.Writer 구현체에 Sync 메서드가 추가된 zapcore.WriteSyncer 인터페이스로, Zap은 해당 인터페이스를 구현한 객체를 사용하여 로그 엔트리를 출력합니다. **Zap**의 **인코더**는 아웃풋으로 로그 엔트리를 출력하기 전에 인코딩을 하는 데 사용됩니다.

인코더 작성

Zap에서는 이미 빠르게 프로덕션 로거나 개발 로거를 생성할 수 있도록 zap.NewProduction이나 zap.NewDevelopment와 같은 일부 헬퍼 함수들을 제공하긴 하지만, 새로운 헬퍼 함수를 하나 만들어 봅시다. 이를 위해 목록 13-6에서는 먼저 인코더를 구성합니다.

목록 13-6 Zap 로거에서 사용할 인코더 구성(zap_test.go)

```
package ch13

import (
  "bytes"
  "fmt"
  "io/ioutil"
  "log"
  "os"
  "path/filepath"
  "runtime"
  "testing"
  "time"

  "go.uber.org/zap"
  "go.uber.org/zap/zapcore"
  "gopkg.in/fsnotify.v1"
  "gopkg.in/natefinch/lumberjack.v2"
)

var encoderCfg = zapcore.EncoderConfig{
  MessageKey:  ❶"msg",
  NameKey:     ❷"name",
  LevelKey:       "level",
  EncodeLevel: ❸zapcore.LowercaseLevelEncoder,
  CallerKey:      "caller",
  EncodeCaller:❹zapcore.ShortCallerEncoder,
❺// TimeKey: "time",
  // EncodeTime: zapcore.ISO8601TimeEncoder,
}
```

동일한 인코더 구성 정보는 JSON 인코더나 콘솔 인코더 등 여러 곳에서 사용할 수 있기에, 인코더 구성은 인코더 자체와는 독립적으로 존재합니다. 인코더는 위에서 구성한 인코더 구성 설정 값을 이용하여 아웃풋 포맷을 설정합니다. 예시에서는 로그 메시지에 대한 키로 msg를 사용하고 (❶), 로거의 이름에 대한 키로 name을 사용하도록(❷) 인코더 구성을 설정하였습니다. 마찬가지로 로깅 레벨에 대한 키로 level을 사용하고, 레벨 네임을 소문자로 사용하도록 인코딩을 설정하였습니다(❸). 로거가 호출자 세부 정보를 추가하도록 구성된 경우 인코더가 이러한 세부 정보를 호출자 키와 연결하고 세부 정보를 약어_{abbreviation} 형식으로 구성되도록 합니다(❹).

예시의 아웃풋을 일관되게 유지하기 위하여 time 키는 생략하여(❺) 출력되지 않도록 합니다. 실 서비스에서는 이 두 필드를 사용하도록 합시다.

로거와 로거 옵션 생성

목록 13-7에서는 인코더 구성을 정의하였으니 이를 이용하여 Zap 로거를 초기화합니다.

목록 13-7 인코더 구성을 사용하여 새로운 로거 초기화 및 JSON으로 로깅하기(zap_test.go)

```
--생략--

func Example_zapJSON() {
  zl := zap.New(
  ❶zapcore.NewCore(
    ❷zapcore.NewJSONEncoder(encoderCfg),
    ❸zapcore.Lock(os.Stdout),
    ❹zapcore.DebugLevel,
    ),
  ❺zap.AddCaller(),
    zap.Fields(
    ❻zap.String("version", runtime.Version()),
    ),
  )
  defer func() { _ = ❼zl.Sync() }()

  example := ❽zl.Named("example")
  example.Debug("test debug message")
  example.Info("test info message")

  // Output:
❾// {"level":"debug","name":"example","caller":"ch13/zap_test.go:49","msg":"test debug
message","version":"go1.17.1"}
  // {"level":"info","name":"example","caller":"ch13/zap_test.go:50","msg":"test info
message","version":"❿go1.17.1"}
}
```

zap.New 함수는 매개변수로 zap.Core 구조체(❶)와 하나 이상의 zap.Options 구조체를 받습니다. 이 예시에서는 로거에게 각 로그 엔트리에 호출자 정보를 포함하도록 하는 zap.AddCaller 옵션(❺) 과 각 로그 엔트리에 런타임 버전을 포함하도록 version이라는 필드(❻)를 추가하도록 합니다.

zap.Core 구조체는 위에서 정의한 인코더 구성(❷)을 사용하는 JSON 인코더, zapcore.Write Syncer 인터페이스(❸), 그리고 로깅의 경곗값(❹)으로 구성됩니다. 사용할 zapcore.WriteSyncer 인터페이스가 여러 고루틴에서 동시에 사용하기에 안전하지 않다면 예시와 같이 zapcore.Lock 함수를 사용하여 동시성 사용에도 안전하게 사용할 수 있습니다.

Zap 로거에는 위험도 수준에 따라 오름차순으로, DebugLevel, InfoLevel, WarnLevel, ErrorLevel, DPanicLevel, PanicLevel, 그리고 FatalLevel까지 총 7개의 로그 레벨이 존재합니다. 기본 값은 InfoLevel입니다. DPanicLevel과 PanicLevel의 로그 엔트리는 로그 기록 후 패닉하도록 합니다. FatalLevel의 로그 엔트리는 로그 기록 후 os.Exit을 호출하도록 합니다(❶). 현재 로거에서는 DebugLevel의 레벨을 사용하고 있으니 모든 엔트리의 로그를 기록합니다.[34]

DPanicLevel과 PanicLevel 레벨 로그는 개발 단계에서만 사용하고, FatalLevel은 프로덕션에서만 사용하도록, 그것 또한 애플리케이션 시작 단계에 발생하는, 데이터베이스 연결 실패와 같은 치명적인 에러에서만 사용하기를 권고합니다. 다른 곳에서도 사용할 경우 심각한 문제가 발생할 수 있습니다. 이전에 언급하였던 것처럼 DebugLevel과 ErrorLevel 두 가지만으로도 대부분의 경우를 충분히 대처할 수 있고, 종종 필요에 따라 InfoLevel까지 세 가지 레벨만 사용하는 것이 좋습니다.

로거를 사용하기 전에 먼저 defer로 Sync 메서드를 호출(❼)하여 버퍼링된 데이터가 출력되도록 해 주기 바랍니다.

Named 메서드(❽)를 호출하여 반환된 로거를 사용하여 로거에 이름을 할당할 수도 있습니다. 로거에는 기본적으로 이름이 없습니다. 이름을 갖게 된 로거는 인코더 구성에서 정의된 대로 로그 엔트리 내에 name 키를 갖게 됩니다.

이제(❾) 로그 엔트리에는 로그 메시지에 대한 충분한 메타 데이터들을 포함하여 출력될 로그 라인이 이 책의 너비보다 길게 되었습니다. 또한, 출력 예시에서의 Go 버전(❿)은 실제 테스트를 수행하기 위해 사용된 Go 버전에 의존적입니다. 개별 로그 엔트리를 JSON으로 인코딩하긴 하지만, 여전히 로그 내에 추가로 포함된 메타 데이터를 읽을 수 있습니다. 일래스틱서치 등의 검색 엔진을 활용하여 JSON 로그 데이터를 인덱싱하고 필요한 부분만을 질의하는 등의 작업을 처리할 수 있습니다.

콘솔 인코더 사용하기

이전 예시는 비교적 적은 양의 코드에 많은 기능을 포함하였습니다. 이제 무언가 사람이 읽기 편하면서 구조를 갖도록 로깅해 봅시다. Zap에는 JSON 인코더를 그대로 교체할 수 있는 콘솔 인코더가 있습니다. 목록 13-8은 콘솔 인코더를 이용하여 표준 출력으로 구조화된 로그 엔트리를 출력합니다.

34　[옮긴이] 설정된 기준의 레벨보다 높은 수준의 로그를 기록합니다. 가령, 로그 레벨을 InfoLevel로 설정하면 그보다 낮은 수준의 DebugLevel은 기록하지 않습니다.

목록 13-8 콘솔 인코딩을 사용하여 구조화된 로그 출력하기(zap_test.go)

```go
--생략--

func Example_zapConsole() {
  zl := zap.New(
    zapcore.NewCore(
    ❶zapcore.NewConsoleEncoder(encoderCfg),
      zapcore.Lock(os.Stdout),
    ❷zapcore.InfoLevel,
    ),
  )
  defer func() { _ = zl.Sync() }()

  console := ❸zl.Named("[console]")
  console.Info("this is logged by the logger")
❹console.Debug("this is below the logger's threshold and won't log")
  console.Error("this is also logged by the logger")

  // Output:
❺// info [console] this is logged by the logger
  // error [console] this is also logged by the logger
}
```

콘솔 인코더(❶)는 필드를 구분하기 위해 탭을 사용합니다. 인코더 구성 정보로부터 어느 필드를 포함하고 각 필드를 어떻게 포맷팅할지를 결정합니다.

이 예시에서는 로거 생성 시에 zap.AddCaller와 zap.Fields 옵션을 전달하지 않았습니다. 그 결과로 로그 엔트리에 호출자 정보와 버전 정보가 포함되지 않습니다. 로그 엔트리에서 호출자 정보를 포함하려면 목록 13-6에서와 같이 로거에 zap.AddCaller 옵션이 필요하며, 또한 구성 정보에 CallerKey 필드를 정의해 주어야 합니다.

로거의 이름을 지어 주고(❸) 각각 다른 로그 레벨로 세 개의 로그 엔트리를 출력합니다. 로거의 로그 레벨 경곗값이 인포 레벨이기 때문에(❷) 그보다 낮은 레벨의 디버그 로그 엔트리(❹)는 아웃풋에 출력되지 않습니다.

아웃풋(❺)에는 키 이름 값은 없지만, 탭 문자로 구분된 필드 값들이 존재합니다. 출력하기에는 불분명하지만, 로그 레벨과 로그 이름, 로그 메시지 간에 탭 문자로 구분되어 있어서 볼 수 있습니다. 에디터에 테스트 결과를 직접 입력한다면, 이 요소들 간에 탭 문자를 정확하게 입력해야 예시를 실행할 때 정상적으로 동작할 것입니다.

다양한 아웃풋과 인코딩으로 로깅하기

Zap에는 동시에 여러 아웃풋으로 로그 레벨마다 각기 다른 인코딩을 사용하여 로깅할 수 있는 유용한 함수들이 있습니다. 목록 13-9에서는 JSON을 로그 파일로 출력하고 콘솔 인코딩을 표준 출력으로 출력하는 로거를 생성하는 예시 코드입니다. 생성한 로거는 디버그 로그 엔트리만을 콘솔로 출력합니다.

목록 13-9 *bytes.Buffer를 로그 아웃풋으로 사용하여 JSON 로깅하기(zap_test.go)

```
--생략--

func Example_zapInfoFileDebugConsole() {
  logFile := ❶new(bytes.Buffer)
  zl := zap.New(
    zapcore.NewCore(
      zapcore.NewJSONEncoder(encoderCfg),
      zapcore.Lock(❷zapcore.AddSync(logFile)),
      zapcore.InfoLevel,
    ),
  )
  defer func() { _ = zl.Sync() }()

❸zl.Debug("this is below the logger's threshold and won't log")
  zl.Error("this is logged by the logger")
```

로그 파일의 대용으로 *bytes.Buffer(❶)를 사용하였습니다. 이렇게 사용하면 *bytes.Buffer에는 Sync 메서드가 없기 때문에 zapcore.WriteSyncer 인터페이스가 구현되지 않는다는 문제가 있습니다. 다행히도 Zap의 헬퍼 함수인 zapcore.AddSync(❷)을 사용하면, 스마트하게 io.Writer에 아무런 동작을 하지 않는 Sync 메서드를 추가해 줍니다. 이 함수 외의 로거 구현은 이전과 유사하게, 인포 레벨 이상의 로그 엔트리를 JSON 포맷으로 인코딩하여 로그 파일로 출력합니다. 그래서 첫 번째 로그 엔트리(❸)는 로그 파일에 전혀 나타나지 않습니다.

JSON을 로그 파일로 출력하는 로거를 구현하였으니, 목록 13-10에서는 Zap을 이용하여 동시에 JSON 로그 엔트리는 로그 파일로 출력하고 콘솔 로그 엔트리는 표준 출력으로 출력하는 새로운 로거를 생성합니다.

목록 13-10 로거를 여러 개의 아웃풋으로 로깅할 수 있도록 확장하기(zap_test.go)

```
--생략--

  zl = ❶zl.WithOptions(
  ❷zap.WrapCore(
      func(c zapcore.Core) zapcore.Core {
```

```
        ucEncoderCfg := encoderCfg
    ❸ucEncoderCfg.EncodeLevel = zapcore.CapitalLevelEncoder
        return ❹zapcore.NewTee(
          c,
        ❺zapcore.NewCore(
            zapcore.NewConsoleEncoder(ucEncoderCfg),
            zapcore.Lock(os.Stdout),
            zapcore.DebugLevel,
          ),
        )
      },
    ),
  )

  fmt.Println("standard output:")
❻zl.Debug("this is only logged as console encoding")
  zl.Info("this is logged as console encoding and JSON")

  fmt.Print("\nlog file contents:\n", logFile.String())

  // Output:
  // standard output:
  // DEBUG this is only logged as console encoding
  // INFO this is logged as console encoding and JSON
  //
  // log file contents:
  // {"level":"error","msg":"this is logged by the logger"}
  // {"level":"info","msg":"this is logged as console encoding and JSON"}
}
```

Zap의 WithOptions 메서드(❶)는 현재 존재하는 로거를 복제하고 주어진 옵션으로 복제된 로거를 구성합니다. zap.WrapCore 함수(❷)를 이용하면 해당 로거의 하위에 존재하는 zap.Core의 복제본을 반환하여 사용합니다. 즉, 인코더 구성의 복제본을 만들고 인코더가 레벨 정보를 대문자로 출력할 수 있도록 설정합니다(❸). 마지막으로, io.MultiWriter와 유사한 동작을 하는 zapcore.NewTee 함수를 이용하여 여러 코어들로 출력하는 zap.Core를 반환받습니다(❹). 이 예시에서는 zapcore.NewTee 함수에 이미 존재하는 코어와 디버그 레벨의 로그 엔트리를 표준 출력으로 출력하는 새로 생성한 코어(❺)를 매개변수로 전달합니다.

복제된 로거는 인포 레벨 이상의 로그 엔트리를 로그 파일과 표준 출력으로 출력하며, 디버그 레벨의 로그 엔트리는 표준 출력으로 출력됩니다(❻).

로그 엔트리 샘플링하기

로깅에 대해 주의해야 할 사항 중 하나는 CPU와 I/O의 관점에서 애플리케이션에 미치는 영향에 대해 고려해야 한다는 점입니다. 애플리케이션이 로깅 때문에 병목이 생기면 안 됩니다. 즉, 애플리케이션 내에서 무언가 바쁘게 동작하는 부분을 로깅할 때에는 세심한 주의가 필요합니다.

가령, 반복문처럼 애플리케이션상에서 바쁘게 동작하는 부분에서의 로깅 오버헤드를 완화하는 방법 중 하나는 로그 엔트리를 샘플링하는 겁니다. 로거가 여러 중복된 로그 엔트리를 출력하는 경우 모든 엔트리를 다 로깅하지 않고, 중복된 로그 엔트리의 n번째까지만 로깅하도록 하는 겁니다.

Zap에는 편리하게도 이미 이를 위한 로거가 존재합니다. 목록 13-11에서는 로그 엔트리의 일부분 subset만 로깅하여 CPU와 I/O 오버헤드를 제한하는 로거를 생성합니다.

목록 13-11 CPU와 I/O 오버헤드를 제한하기 위해 로그 엔트리의 일부분만 로깅하기(zap_test.go)

```go
--생략--

func Example_zapSampling() {
  zl := zap.New(
  ❶zapcore.NewSamplerWithOptions(
      zapcore.NewCore(
        zapcore.NewJSONEncoder(encoderCfg),
        zapcore.Lock(os.Stdout),
        zapcore.DebugLevel,
      ),
    ❷time.Second, ❸1, ❹3,
    ),
  )
  defer func() { _ = zl.Sync() }()

  for i := 0; i < 10; i++ {
    if i == 5 {
    ❺time.Sleep(time.Second)
    }
  ❻zl.Debug(fmt.Sprintf("%d", i))
  ❼zl.Debug("debug message")

  }
  // ❽Output:
  // {"level":"debug","msg":"0"}
  // {"level":"debug","msg":"debug message"}
  // {"level":"debug","msg":"1"}
  // {"level":"debug","msg":"2"}
  // {"level":"debug","msg":"3"}
  // {"level":"debug","msg":"debug message"}
  // {"level":"debug","msg":"4"}
  // {"level":"debug","msg":"5"}
  // {"level":"debug","msg":"debug message"}
  // {"level":"debug","msg":"6"}
  // {"level":"debug","msg":"7"}
  // {"level":"debug","msg":"8"}
  // {"level":"debug","msg":"debug message"}
  // {"level":"debug","msg":"9"}
}
```

NewSamplerWithOptions 함수(❶)는 zap.Core에 샘플링 기능을 래핑하는 함수입니다. 이 함수는 샘플링 간격(❷), 기록할 초기 중복 로그 엔트리 개수(❸), 그리고 *n*번째마다 로깅할 n을 나타내는 정수(❹), 총 세 개의 매개변수를 받습니다. 이 예시에서는 먼저 첫 번째 로그 엔트리를 로깅하고 나서 1초 간격 이내에 중복으로 발생하는 세 번째 로그 엔트리를 로깅합니다. 1초라는 기간이 지나고 나면 로거는 다시 기간 이후로 첫 번째 발생하는 로그 엔트리를 기록하고 1초 간격 이내에 발생하는 여러 중복 로그 엔트리의 세 번째만을 로깅합니다.

이게 실제로 어떻게 사용되는지 알아봅시다. 반복문 내에서 10번의 순회를 합니다. 각 순회마다 현재 몇 번째 순회인지를 기록하는 카운터(❻)와 모든 순회에서 동일한 일반적인 디버그 메시지(❼)를 로깅합니다. 예시는 여섯 번째 순회에서 샘플 로거가 다음 1초 간격 동안 다시 로깅을 시작할 수 있도록 1초 간 대기(❺)합니다.

출력 결과(❽)를 살펴봅시다. 디버그 메시지가 첫 번째 순회에서 출력되고, 이후의 네 번째 순회까지 세 번째 중복 메시지를 발견할 때까지 출력되지 않습니다. 그리고 여섯 번째 순회에서 예시 코드는 대기하며, 샘플링 로거는 다음 1초 간격 동안 다시 로깅을 시작하게 됩니다. 여섯 번째 순회에서는 디버그 메시지를 로깅하고 아홉 번째 순회까지 세 개의 중복 디버그 메시지를 로깅합니다.

물론 이 예시는 일반적이지 않은 조작된 예시이지만, 코드상에서 CPU와 I/O에 예민하게 처리해야 할 부분에서 로그 샘플링을 처리하는 기법을 보여 줍니다. 이 기법은 어떠한 작업을 워커worker 고루틴으로 보내어 처리할 때 유용하게 사용됩니다. 우리는 워커 고루틴이 가급적 빠르게 작업을 처리하길 기대하지만, 각 워커가 너무 많은 로깅 오버헤드를 발생하지 않으면서도 자신의 상태를 알리는 로깅이 필요합니다. 샘플링 로거를 사용하면 이렇게 시스템의 복잡한 부분에서도 로깅을 처리하여 주기적으로 로깅의 결과를 업데이트하는 것과 최소한의 오버헤드 사이의 밸런스를 유지해 줍니다.

온디맨드 디버그 로깅

애플리케이션의 일반적인 동작 중의 디버그 로깅이 너무나 큰 부담이거나, 너무나도 많은 디버그 로그 데이터 양으로 인해 남은 스토리지 공간을 다 잡아먹게 된다면 필요에 따라on-demand 디버그 로깅을 활성화해야 할 것입니다. 이를 위한 한 가지 기법으로는 세마포어 파일을 이용할 수 있습니다. **세마포어 파일**semaphore file이란 해당 파일의 존재로 인해 로거의 동작을 변경하는 신호의 역할을 하는 공백 파일입니다. 세마포어 파일이 존재하면 로거가 디버그 레벨의 로그를 출력하도록 합니다. 세마포어 파일을 제거하면 로거가 다시 이전의 로그 레벨로 돌아오게 합니다.

fsnotify 패키지를 이용하여 애플리케이션에서 파일시스템의 변화를 감시watch해 봅시다. 표준 라이브러리 외에도 fsnotify 패키지는 x/sys 패키지를 사용합니다. 먼저, 코드를 작성하기 전에 go get을 이용하여 x/sys 패키지를 받아 옵니다.

```
$ go get -u golang.org/x/sys/...
```

모든 로깅 패키지가 안전하게 비동기적으로 로그 레벨을 수정할 수 있는 메서드를 제공하지는 않습니다. 로거가 로그 레벨을 읽는 순간 동시에 로거의 레벨을 수정하게 되면 경쟁 상태race condition가 발생할 수 있음을 유의하기 바랍니다. Zap 로거는 sync 기반 혹은 atomic 기반의 레벨러leveler를 사용하여 경쟁 상태를 유발하지 않고도 동적으로 로거의 레벨을 수정할 수 있습니다. zapcore.NewCore 함수의 매개변수의 로그 레벨 위치에 atomic 레벨러를 전달하여 코어를 생성합니다.

zap.AtomicLevel 구조체는 http.Handler 인터페이스를 구현합니다. 해당 API를 서버와 통합하여 동적으로 로그 레벨을 변경하기 위해 세마포어를 사용하는 대신 HTTP를 사용할 수 있습니다.

목록 13-12에서는 세마포어 파일을 사용하여 동적으로 로그 레벨을 변경하는 예시 코드의 시작 부분입니다. 다음 몇 개의 목록에서 해당 예시를 구현합니다.

목록 13-12 atomic 레벨러를 사용하여 새로운 로거 생성하기(zap_test.go)

```
--생략--
func Example_zapDynamicDebugging() {
  tempDir, err := ioutil.TempDir("", "")
  if err != nil {
    log.Fatal(err)
  }

  defer func() { _ = os.RemoveAll(tempDir) }()

  debugLevelFile := ❶filepath.Join(tempDir, "level.debug")
  atomicLevel := ❷zap.NewAtomicLevel()

  zl := zap.New(
    zapcore.NewCore(
      zapcore.NewJSONEncoder(encoderCfg),
      zapcore.Lock(os.Stdout),
    ❸atomicLevel,
    ),
  )
  defer func() { _ = zl.Sync() }()
```

코드는 임시 디렉터리에 존재하는 **level.debug** 파일(❶)을 감시합니다. 현재 파일이 존재할 경우 동적으로 로거의 레벨을 디버그 수준으로 변경합니다. 이를 위해 새로운 atomic 레벨러를 생성합니다(❷). 기본적으로 atomic 레벨러는 인포 레벨을 사용하여 이 예시에 적합합니다. 코어를 생성할 때 로그 레벨을 지정하지 않고 atomic 레벨러를 매개변수로 전달합니다(❸).

atomic 레벨러를 생성하여 세마포어 파일을 저장할 공간을 만들었으니 목록 13-13에서는 세마포어 파일을 감시하는 코드를 작성합니다.

목록 13-13 세마포어 파일의 변화를 감시하기(zap_test.go)

```
--생략--
  watcher, err := ❶fsnotify.NewWatcher()
  if err != nil {
    log.Fatal(err)
  }
  defer func() { _ = watcher.Close() }()

  err = ❷watcher.Add(tempDir)
  if err != nil {
    log.Fatal(err)
  }

  ready := make(chan struct{})
  go func() {
    defer close(ready)

    originalLevel := ❸atomicLevel.Level()

    for {
      select {
      case event, ok := ❹<-watcher.Events:
        if !ok {
          return
        }
        if event.Name == ❺debugLevelFile {
          switch {
          case event.Op&fsnotify.Create == ❻fsnotify.Create:
            atomicLevel.SetLevel(zapcore.DebugLevel)
            ready <- struct{}{}
          case event.Op&fsnotify.Remove == ❼fsnotify.Remove:
            atomicLevel.SetLevel(originalLevel)
            ready <- struct{}{}
          }
        }
      case err, ok := ❽<-watcher.Errors:
        if !ok {
          return
```

```
        }
        zl.Error(err.Error())
      }
    }
  }()
```

먼저 파일시스템 감시기_{watcher}를 생성(❶)하여 임시 디렉터리를 감시합니다(❷). 감시기는 감시 중인 디렉터리 자체 혹은 디렉터리 내에 변화를 감시하여 존재하는 변화를 알려 줍니다. 또한, 현재 로그 레벨을 감지하여(❸) 세마포어 파일을 제거할 때 기존의 로그 레벨로 되돌릴 수 있도록 합니다.

다음으로 감시기로부터 이벤트가 발생하는지 대기합니다(❹). 현재 디렉터리를 감시 중이기 때문에 세마포어 파일(❺)과 관련 없는 이벤트는 필터링합니다. 그리고 세마포어 파일의 생성과 제거 이벤트에만 반응하도록 합니다. 세마포어 파일 생성 이벤트(❻)에 대해서 atomic 레벨러의 레벨을 디버그로 변경합니다. 세마포어 파일 제거 이벤트(❼)에 대해서 atomic 레벨러의 레벨을 기존의 레벨로 변경합니다.

감시기에서 에러를 반환하면(❽) 에러 레벨의 로그를 출력합니다.

이제 어떻게 동작하는지 봅시다. 목록 13-14에서는 세마포어 파일 존재 여부에 따른 로거 동작을 테스트합니다.

목록 13-14 로거의 세마포어 파일 사용 테스트하기(zap_test.go)

```
--생략--

❶zl.Debug("this is below the logger's threshold")

  df, err := ❷os.Create(debugLevelFile)
  if err != nil {
    log.Fatal(err)
  }
  err = df.Close()
  if err != nil {
    log.Fatal(err)
  }
  <-ready

❸zl.Debug("this is now at the logger's threshold")

  err = ❹os.Remove(debugLevelFile)
  if err != nil {
    log.Fatal(err)
  }
  <-ready
```

```
❺zl.Debug("this is below the logger's threshold again")
❻zl.Info("this is at the logger's current threshold")

  // Output:
  // {"level":"debug","msg":"this is now at the logger's threshold"}
  // {"level":"info","msg":"this is at the logger's current threshold"}
}
```

atomic 레벨러를 통한 로거의 현재 로그 레벨은 인포 레벨입니다. 그래서 초기의 디버그 로그 엔트리(❶)를 표준 출력으로 출력하지 않습니다. 하지만 세마포어 파일을 생성하면(❷) 목록 13-13의 코드가 로거의 레벨을 동적으로 디버그 레벨로 바꾸게 되고, 이후 발생한 디버그 로그 엔트리(❸)는 표준 출력으로 출력됩니다. 그러고 나서 세마포어 파일을 지우고(❹) 디버그 로그 엔트리(❺)와 인포 로그 엔트리(❻)를 모두 출력합니다. 이제 세마포어 파일이 존재하지 않기 때문에 인포 로그 엔트리만 표준 출력으로 출력합니다.

광범위한 이벤트 로깅으로 확장하기

광범위한 이벤트 로깅wide event logging이란 트랜잭션이 진행됨에 따라 많은 수의 로그 엔트리를 로깅하는 대신 트랜잭션을 요약하기 위해 이벤트마다 하나의 구조화된 로그 엔트리를 만드는 기법입니다. 이 기법은 대개 API 호출과 같이 요청-응답 콘텍스트에서 가장 적용하기 좋지만, 그 외에도 적용할 수 있는 기법입니다. 트랜잭션을 구조화된 로그 엔트리로 요약하면 트랜잭션의 세부 정보를 인덱싱하고 검색할 수 있는 능력은 보존하며 로깅의 오버헤드를 절감할 수 있습니다.

광범위한 이벤트 로깅을 위한 접근 방법 중 한 가지로는 API 핸들러를 미들웨어에 래핑하는 것입니다. 하지만 먼저, http.ResponseWriter가 출력할 아웃풋에 종속적이기 때문에 목록 13-15에서는 직접 정보를 수집하고 응답 코드와 응답 길이를 로깅하기 위한 별도의 response writer 타입을 생성해야 합니다.

목록 13-15 ReponseWriter를 생성하여 응답 상태 코드와 응답 길이 감지(wide_test.go)

```
package ch13

import (
  "go.uber.org/zap"
  "go.uber.org/zap/zapcore"
  "io"
  "io/ioutil"
  "net"
  "net/http"
  "net/http/httptest"
```

```
    "os"
)

type wideResponseWriter struct {
❶http.ResponseWriter
  length, status int
}

func (w *wideResponseWriter) ❷WriteHeader(status int) {
  w.ResponseWriter.WriteHeader(status)
  w.status = status
}

func (w *wideResponseWriter) ❸Write(b []byte) (int, error) {
  n, err := w.ResponseWriter.Write(b)
  w.length += n

  if w.status == 0 {
    w.status = ❹http.StatusOK
  }

  return n, err
}
```

새로 생성한 타입은 http.ResponseWriter 인터페이스를 구현한 객체를 임베딩합니다(❶). 거기에
더해 응답에서 얻은 정보로 로깅을 하기 위하여 객체에 응답 길이length와 응답 상태 코드status를
포함하기 위한 필드를 추가하였습니다. WriteHeader 메서드를 오버라이딩하여(❷) 간단하게 상태
코드를 얻어냅니다. 마찬가지로 Write 메서드를 오버라이딩하여(❸) 현재 쓰인 바이트의 수를 얻
어 오고, 함수 호출자가 직접 WriteHeader를 호출하기 전에 Write를 호출하는 경우 선택적으로
상태 코드를 설정합니다(❹).

목록 13-16에서는 광범위한 이벤트 로깅 미들웨어에서 새로 생성한 타입을 사용합니다.

목록 13-16 광범위한 이벤트 로깅 미들웨어 구현하기(wide_test.go)

```
--생략--

func WideEventLog(logger *zap.Logger, next http.Handler) http.Handler {
  return http.HandlerFunc(
    func(w http.ResponseWriter, r *http.Request) {
      wideWriter := ❶&wideResponseWriter{ResponseWriter: w}

      ❷next.ServeHTTP(wideWriter, r)

      addr, _, _ := net.SplitHostPort(r.RemoteAddr)
      ❸logger.Info("example wide event",
        zap.Int("status_code", wideWriter.status),
```

```
        zap.Int("response_length", wideWriter.length),
        zap.Int64("content_length", r.ContentLength),
        zap.String("method", r.Method),
        zap.String("proto", r.Proto),
        zap.String("remote_addr", addr),
        zap.String("uri", r.RequestURI),
        zap.String("user_agent", r.UserAgent()),
      )
    },
  )
}
```

광범위한 이벤트 로깅 미들웨어는 매개변수로 *zap.Logger와 http.Handler를 받아서 http. Handler를 반환합니다. 이러한 형식의 코드가 익숙하지 않다면 212페이지의 '핸들러'를 다시 읽어보기 바랍니다.

먼저, 새로 생성한 광범위한 이벤트 로깅을 인지하는 응답 writer(❶)의 인스턴스에 http. ResponseWriter를 임베딩합니다. 그리고 응답 writer를 전달하며, 다음의 http.Handler(❷)의 ServeHTTP 메서드를 호출합니다. 마지막으로, 요청과 응답에 대한 다양한 정보를 포함하는 하나의 로그 엔트리(❸)를 생성합니다.

여기서 무언가 각 단계의 실행 결과를 변화시킬 가능성이 있는 값은 제외하고 있다는 사실을 유의하기 바랍니다. 그로 인해 함수 호출 시간과 같이 예시의 아웃풋이 변화되어 버리면 테스트가 실패하게 됩니다. 실제로 구현할 때는 이러한 것들도 처리하는 코드를 작성해야 합니다.

목록 13-17에서는 미들웨어가 어떻게 동작하는지, 예상대로 아웃풋이 나오는지 확인해 봅니다.

목록 13-17 광범위한 이벤트 로깅 미들웨어를 사용하여 GET 메서드 요청의 세부 사항 로깅하기(wide_test.go)

```
--생략--

func Example_wideLogEntry() {
  zl := zap.New(
    zapcore.NewCore(
      zapcore.NewJSONEncoder(encoderCfg),
      zapcore.Lock(os.Stdout),
      zapcore.DebugLevel,
    ),
  )
  defer func() { _ = zl.Sync() }()

  ts := httptest.NewServer(
  ❶WideEventLog(zl, http.HandlerFunc(
      func(w http.ResponseWriter, r *http.Request) {
```

```
        defer func(r io.ReadCloser) {
          _, _ = io.Copy(ioutil.Discard, r)
          _ = r.Close()
        }(r.Body)
        _, _ = ❷w.Write([]byte("Hello!"))
      },
    )),
  )
  defer ts.Close()

  resp, err := ❸http.Get(ts.URL + "/test")
  if err != nil {
  ❹zl.Fatal(err.Error())
  }
  _ = resp.Body.Close()

  // ❺Output:
  // {"level":"info","msg":"example wide event","status_code":200,"response_
length":6,"content_length":0,"method":"GET","proto":"HTTP/1.1","remote_
addr":"127.0.0.1","uri":"/test","user_agent":"Go-http-client/1.1"}
}
```

9장과 같이 httptest 서버를 사용하여 WideEventLog 미들웨어를 테스트합니다(❶). *zap. Logger 포인터를 미들웨어의 첫 번째 매개변수로 전달해 주고, http.Handler를 두 번째 매개변수로 전달해 줍니다. 핸들러는 응답 길이가 0이 되지 않도록 간단하게 **Hello!**를 응답합니다(❷). 그로써 응답 writer가 올바르게 동작함을 증명할 수 있습니다. 로거는 서버가 GET 요청을 응답하기 직전에 곧바로 로그 엔트리를 출력합니다(❸). 이전과 마찬가지로 책에 출력하기 위해 JSON 아웃풋을(❺) 여러 줄로 래핑하였지만, 원래는 하나의 줄입니다.

단순한 예시이기 때문에 에러 메시지를 로그 파일로 쓰고 애플리케이션을 종료하기 위해 os.Exit(1) 함수를 호출하는 로거의 Fatal 메서드(❹)를 사용하였습니다. 에러가 발생하더라도 계속해서 동작해야 하는 코드에는 Fatal 메서드를 사용하면 안 됩니다.

lumberjack을 이용한 로그 로테이션

로그 엔트리를 파일로 출력하는 경우 **logrotate**와 같은 외부의 애플리케이션을 이용하여 하나의 로그 파일이 너무 많은 디스크 저장 공간을 차지하지 않도록 할 수 있습니다. 이렇게 서드파티 애플리케이션을 이용하여 로그 파일을 관리할 경우 구현하는 애플리케이션에서는 서드파티 애플리케이션으로부터 시그널을 받아서 로그 파일 핸들을 다시 열어야 합니다. 로그 파일 핸들을 다시 열지 않으면 서드파티 애플리케이션이 변경한 파일에 물려 있는 파일 핸들에 계속 쓰게 되어, 실질적인 로그 로테이션이 일어나지 않게 됩니다.

문제 발생의 여지가 적고 더 안정적인 방법으로는 로그 파일 관리 기능을 lumberjack[35]과 같은 라이브러리를 사용하여 로거 자체에 직접 구현하는 것입니다. lumberjack은 io.Writer를 구현하였기 때문에 로거는 lumberjack 객체를 사용하여 특정 로거에 의존적이지 않으며, 로그 로테이션을 처리합니다. 내부적으로 lumberjack은 로그 엔트리를 추적하고, 파일 로테이션을 처리해 줍니다.

목록 13-18에서는 일반적인 Zap 로거 구현에 로그 로테이션 기능을 추가합니다.

목록 13-18 lumberjack을 이용하여 Zap 로거에 로그 로테이션 기능 추가하기(zap_test.go)

```
--생략--

func TestZapLogRotation(t *testing.T) {
  tempDir, err := ioutil.TempDir("", "")
  if err != nil {
    t.Fatal(err)
  }
  defer func() { _ = os.RemoveAll(tempDir) }()

  zl := zap.New(
    zapcore.NewCore(
      zapcore.NewJSONEncoder(encoderCfg),
    ❶zapcore.AddSync(
      ❷&lumberjack.Logger{
        Filename:    ❸filepath.Join(tempDir, "debug.log"),
        Compress:    ❹true,
        LocalTime:   ❺true,
        MaxAge:      ❻7,
        MaxBackups:  ❼5,
        MaxSize:     ❽100,
      },
    ),
    zapcore.DebugLevel,
    ),
  )

  defer func() { _ = zl.Sync() }()

  zl.Debug("debug message written to the log file")
}
```

목록 13-9에서의 *bytes.Buffer와 같이 *lumberjack.Logger(❷)에는 zapcore.WriteSyncer를 구현하지 않습니다. 마찬가지로 Sync 메서드가 없기 때문에 zapcore.AddSync(❶) 함수를 래핑하

---

35 [옮긴이] 로그의 원어 log는 기록을 의미하는 뜻도 있지만, 한편으로는 통나무라는 뜻도 있습니다. lumberjack은 벌목꾼이라는 뜻으로, 의미가 연상되도록 잘 작명된 것 같습니다.

여 호출해 주도록 합니다.

lumberjack의 구성 값은 기본 값으로도 충분하지만, 그 외에도 여러 필드를 설정하여 구성 값을 변경할 수 있습니다. 기본 값으로 임시 디렉터리 내에 접미사로 –lumberjack.log를 붙인 이름을 로그 파일명으로 사용합니다(❸). lumberjack이 로테이션된 로그 파일을 압축하도록 하여(❹) 저장 공간을 절약할 수도 있습니다. 또한, 로테이션된 로그 파일의 타임존 값으로 UTC를 사용하지만, 애플리케이션이 실행되는 로컬 타임을 사용하도록(❺) 설정할 수도 있습니다. 마지막으로, 파일이 로테이션되기까지의 파일의 날짜(❻), 로테이션할 파일의 최대 보존 개수(❼), 그리고 파일이 로테이션되기 전의 메가바이트로 표현된 최대 크기(❽) 값을 설정할 수 있습니다.

lumberjack으로 구성된 로거를 사용하면 기존 로거와 동일하게 표준 출력이나 *os.File에 출력할 수 있습니다. 기존 로거와의 차이점은, lumberjack으로 구성된 로거는 로그 파일 관리를 해 준다는 점입니다.

코드 계측하기

코드 계측code instrumentation이란 각 요청–응답 콘텍스트에서 걸리는 시간, 혹은 응답의 크기, 연결된 클라이언트의 숫자, 서비스와 서드파티 API 간의 레이턴시 등 서비스의 현재 상태를 추론하기 위한 목적으로 메트릭스를 수집하는 프로세스입니다. 로그는 서비스의 특정한 현재 상태에 대한 기록 정보인 반면 메트릭스는 상태에 대한 통찰력을 제공합니다.

코드를 계측하는 것은 너무나도 쉽기 때문에 제가 로깅에서 드렸던 것과는 정반대의 충고를 드리겠습니다. 처음에는 정말 모든 것을 계측하기 바랍니다. 정교하게 튜닝된 수준의 계측은 거의 오버헤드도 없고, 네트워크 전송에도 효율적이며, 저장 비용도 거의 없습니다. 게다가 코드 계측은 제가 이전에 언급했던, 서비스 초기에는 복잡한 시스템에서 발생할 수 있는 사실상의 모든 문제들에 대해 로깅에서는 해결하기 힘든 문제이지만, 코드 계측에서는 해결할 수 있습니다. 핵심적인 메트릭스 정보가 있으면 무언가 잘못되기 전에 미리 알아차릴 수 있는 문제를 다 잘못되고 나서야 알아차린다면 이미 늦은 것입니다.

이번 섹션에서는 메트릭스 타입과 서비스 내에서 메트릭스 타입을 이용하는 기초에 대해 알아봅니다. 유명한 메트릭스 플랫폼에 유용한 인터페이스를 제공해 주는 추상 계층인 Go kit의 메트릭스 패키지에 대해 알아봅니다. 타깃 메트릭스 플랫폼으로 프로메테우스Prometheus를 사용하여 코드를 계측하고, 프로메테우스에서 메트릭스를 수집하기 위한 엔드포인트를 설정합니다. 향후에 다른 메트릭스 플랫폼을 사용해야 하는 경우 프로메테우스에 관련된 코드 일부분만 변경하고,

Go kit 코드는 그대로 사용할 수 있습니다. 이제 코드 계측을 시작한 경우 한 가지 선택할 수 있는 옵션으로는 https://grafana.com/products/cloud/에서 그라파나 클라우드_{Grafana Cloud}를 사용하여 메트릭스를 수집하고 시각화하는 것입니다. 그라파나 클라우드에서 제공해 주는 프리 티어_{free tier}만으로도 코드 계측을 실험해 보기에 충분합니다.

셋업

애플리케이션의 메트릭스 구현과 구현에 필요한 패키지를 추상화하기 위하여 별도의 패키지를 만들고 관련 코드를 저장합니다(목록 13-19 참고).

목록 13-19 메트릭스 예시를 위한 패키지 임포트 및 커맨드 라인 플래그(instrumentation/metrics/metrics.go)

```
package metrics

import (
  "flag"

❶"github.com/go-kit/kit/metrics"
❷"github.com/go-kit/kit/metrics/prometheus"
❸prom "github.com/prometheus/client_golang/prometheus"
)

var (
  Namespace = ❹flag.String("namespace", "web", "metrics namespace")
  Subsystem = ❺flag.String("subsystem", "server1", "metrics subsystem")
```

코드상에서 사용할 메트릭스의 인터페이스인 Go kit의 metrics 패키지(❶)와 메트릭스 플랫폼으로 프로메테우스를 사용하기 위한 prometheus 어댑터(❷), 그리고 Go의 프로메테우스 클라이언트 패키지(❸)를 임포트합니다. 프로메테우스와 관련된 모든 임포트는 해당 패키지 내에 존재합니다. 코드상에서 사용할 그 외의 부분은 Go kit의 인터페이스와 관련된 코드입니다. 이러한 구조를 통해 하위에 존재하는 메트릭스 플랫폼에 대한 코드 계측 부분을 수정할 필요 없이 다른 메트릭스 플랫폼을 사용할 수 있습니다.

프로메테우스는 메트릭스 정보를 네임스페이스와 서브시스템 정보로 접두사를 붙입니다. 가령, 네임스페이스 정보로 서비스명을 사용하고 서브시스템 정보로 노드 정보나 호스트 네임 정보를 사용할 수 있습니다. 이 예시에서는 기본적으로 네임스페이스 정보로 web을 사용하고(❹) 서브시스템 정보로 server1을 사용합니다(❺). 그래서 메트릭스 정보는 접두사로 web_server1_을 사용하게 됩니다. 목록 13-30의 커맨드 라인 출력 결과에서 해당 접두사를 확인할 수 있습니다.

이제 카운터부터 시작하여 다양한 메트릭스 타입을 알아봅시다.

카운터

카운터counter(혹은 **계수기**)는 사용자 요청 카운트, 에러 카운트, 혹은 완료된 작업 카운트 등, 단순히 증가하는 값들을 추적하기 위해 사용됩니다. 카운터를 사용하여 지정된 기간 동안 특정한 값의 증가 비율 등을 계산할 수 있습니다. 가령, 분당 접속자 수 등을 계산할 수 있습니다.

목록 13-20에서는 요청 개수를 추적하기 위한 카운터와 쓰기 에러를 추적하기 위한 카운터, 두 개의 카운터를 정의합니다.

목록 13-20 카운터를 Go kit 인터페이스로 생성하기(instrumentation/metrics/metrics.go)

```
--생략--

Requests  ❶metrics.Counter = ❷prometheus.NewCounterFrom(
  ❸prom.CounterOpts{
      Namespace: *Namespace,
      Subsystem: *Subsystem,
      Name:      ❹"request_count",
      Help:      ❺"Total requests",
  },
  []string{},
)

WriteErrors metrics.Counter = prometheus.NewCounterFrom(
  prom.CounterOpts{
      Namespace: *Namespace,
      Subsystem: *Subsystem,
      Name:      "write_errors_count",
      Help:      "Total write errors",
  },
  []string{},
)
```

각 카운터는 Go kit의 `metrics.Counter` 인터페이스(❶)를 구현합니다. 각 카운터의 실제 하위의 구체적인 타입은 Go kit의 프로메테우스 어댑터(❷)를 참조하며, 프로메테우스 클라이언트 패키지의 `CounterOpts` 구조체(❸)를 필요로 합니다. 직전에 다루었던 네임스페이스와 서브시스템 값 외에도 중요한 값으로 메트릭스 이름(❹)과 메트릭스에 대한 설명이 적힌 도움말 문자열(❺)이 있습니다.

게이지

게이지gauge를 사용하면 현재 메모리 사용량이나 현재 처리 중인 요청의 개수, 큐의 크기, 팬의 속도 혹은 제 책상에 있는 싱크패드ThinkPad의 개수처럼 증가하거나 감소하는 값을 추적할 수 있습니다. 게이지는 카운터와 달리 분당 연결 개수나 초당 메가비트 전송 속도 등의 비율 계산을 지원하지 않습니다.

목록 13-21에서는 현재 열린 연결 개수를 추적하기 위한 게이지를 생성합니다.

목록 13-21 게이지를 Go kit 인터페이스로 생성하기(instrumentation/metrics/metrics.go)

```
--생략--

OpenConnections ❶metrics.Gauge = ❷prometheus.NewGaugeFrom(
❸prom.GaugeOpts{
    Namespace: *Namespace,
    Subsystem: *Subsystem,
    Name:      "open_connections",
    Help:      "Current open connections",
  },
  []string{},
)
```

게이지를 생성하는 것은 카운터를 생성하는 것과 거의 유사합니다. Go kit의 `metrics.Gauge` 인터페이스(❶)에서 새로운 변수를 생성한 뒤, Go kit의 프로메테우스 어댑터에서 `NewGaugeFrom` 함수(❷)를 사용하여 하위의 타입을 추론합니다. 새로 생성한 게이지의 설정 값은 프로메테우스 클라이언트의 **GaugeOpts** 구조체(❸)를 사용합니다.

히스토그램과 요약

히스토그램histogram은 값을 미리 정의된 버킷에 배치합니다. 각 버킷은 값 범위와 연결되며 최댓값의 이름을 따서 명명됩니다. 값이 관측되면 히스토그램은 값의 범위에 들어맞는 가장 작은 버킷의 최댓값을 증가시킵니다. 이러한 방식으로 히스토그램은 각 버킷에 대한 관측 값의 빈도를 추적합니다.

예시를 살펴봅시다. 0.5와 1.0, 1.5의 값을 갖는 세 개의 버킷이 있고, 히스토그램에서 관측된 값이 0.42일 때 0.42를 포함할 수 있는 가장 작은 버킷인 0.5 버킷의 카운터 값을 증가시킵니다. 해당 버킷은 0.5 이하의 값을 취급합니다. 히스토그램에서 관측된 값이 1.23일 때 1과 1.5 사이의 값을 포함할 수 있는 1.5 버킷의 카운터 값을 증가시킵니다. 따라서 1.0 버킷은 0.5과 1.0 사이의 값을 포함합니다.

관측된 값의 히스토그램의 분포를 사용하여 퍼센티지를 예측하거나 혹은 모든 값의 평균 값을 예측할 수 있습니다. 예를 들어, 히스토그램을 이용하여 서비스의 요청 크기 혹은 응답 크기의 평균을 계산할 수 있습니다.

요약summary은 몇 가지 다른 점이 있는 히스토그램입니다. 첫 번째로 히스토그램은 미리 정의된 버킷이 필요하지만 요약의 경우 스스로 버킷을 계산합니다. 두 번째로 메트릭스 서버는 히스토그램 정보를 기준으로 평균이나 퍼센티지를 계산하지만, 서비스는 요약 정보를 기준으로 평균이나 퍼센티지를 계산합니다. 따라서 메트릭스 서버의 여러 서비스에 걸쳐 히스토그램은 집계할 수 있지만, 요약은 집계할 수 없습니다.

실제 발생할 값들의 범위를 결정할 수 없을 때 요약을 사용하는 것이 일반적이지만, 가능하면 히스토그램을 사용하여 메트릭스 서버에서 히스토그램을 집계할 수 있도록 하기를 권고합니다. 목록 13-22에서는 히스토그램을 사용하여 요청 기간을 관측해 봅니다.

목록 13-22 히스토그램 메트릭스 생성하기(instrumentation/metrics/metrics.go)

```
--생략--

RequestDuration ❶metrics.Histogram = ❷prometheus.NewHistogramFrom(
❸prom.HistogramOpts{
    Namespace: *Namespace,
    Subsystem: *Subsystem,
    Buckets: ❹[]float64{
      0.0000001, 0.0000002, 0.0000003, 0.0000004, 0.0000005,
      0.000001, 0.0000025, 0.000005, 0.0000075, 0.00001,
      0.0001, 0.001, 0.01,
    },
    Name: "request_duration_histogram_seconds",
    Help: "Total duration of all requests",
  },
  []string{},
)
)
```

요약과 히스토그램 메트릭스 타입 모두 프로메테우스 어댑터로부터 Go kit의 `metrics.Histogram` 인터페이스(❶)를 구현합니다. 여기서는 구성 정보를 위해 프로메테우스 클라이언트의 `HistogramOpts` 구조체(❸)를 사용하여 히스토그램의 메트릭스 타입(❷)을 사용합니다. 로컬 호스트를 통해 통신할 때 프로메테우스의 기본 버킷 크기가 예상되는 요청 기간 범위보다 너무 크기 때문에 사용자 지정 버킷의 크기(❹)를 정의합니다. 버킷의 수와 버킷의 크기를 실험해 보기 바랍니다.

RequestDuration을 요약 메트릭스로 구현하려면 목록 13-22의 코드를 목록 13-23의 코드로 대체할 수 있습니다.

목록 13-23 선택적으로 요약 메트릭스 생성하기

```
--생략--

    RequestDuration metrics.Histogram = ❶prometheus.NewSummaryFrom(
      prom.SummaryOpts{
        Namespace: *Namespace,
        Subsystem: *Subsystem,
        Name: "request_duration_summary_seconds",
        Help: "Total duration of all requests",
      },
      []string{},
    )
)
```

보는 것처럼 Bucket 메서드가 없는 히스토그램과 굉장히 유사합니다. 또한, 프로메테우스 요약 메트릭스로 metrics.Histogram 인터페이스(❶)를 사용하였습니다. 이는 Go kit이 히스토그램과 요약을 구별하지 않기 때문입니다. 인터페이스의 구현체에서만 다릅니다.

기본적인 HTTP 서버 계측하기

이 메트릭스 타입들을 사용하여 Go HTTP 서버에 계측하는 실전 예시를 살펴봅시다. 여기서 가장 큰 난관은 어떤 것을 계측해야 하는지, 어디서 계측하는 것이 최선인지, 추적해야 할 값에 가장 적합한 메트릭스 타입은 무엇일지 결정하는 것입니다. 메트릭스 플랫폼으로 여기서 사용했던 것처럼 프로메테우스를 사용하는 경우 프로메테우스 서버가 메트릭스를 수집하기 위한 HTTP 엔드포인트를 설정해 주어야 합니다.

목록 13-24에는 메트릭스 엔드포인트를 서비스하는 HTTP 서버와 계측을 처리하기 위한 핸들러에 모든 요청을 전달하는 또 다른 HTTP 서버로 구성된 애플리케이션에 필요한 초기 코드가 자세히 나와 있습니다.

목록 13-24 메트릭스 예시를 위한 임포트와 커맨드 라인 플래그(instrumentation/main.go)

```
package main

import (
  "bytes"
  "flag"
```

```
    "fmt"

    "io"
    "io/ioutil"
    "log"
    "math/rand"
    "net"
    "net/http"
    "sync"
    "time"

❶"github.com/prometheus/client_golang/prometheus/promhttp"

❷"github.com/awoodbeck/gnp/ch13/instrumentation/metrics"
)

var (
  metricsAddr = ❸flag.String("metrics", "127.0.0.1:8081", "metrics listen address")
  webAddr = ❹flag.String("web", "127.0.0.1:8082", "web listen address")
)
```

메트릭스 엔드포인트를 위한 promhttp 패키지와 코드를 계측하기 위한 메트릭스 패키지를 코드
상에서 임포트해야 합니다. promhttp 패키지(❶)에는 프로메테우스 서버가 애플리케이션에서 메
트릭스를 수집하기 위한 http.Handler 인터페이스가 있습니다. 이 핸들러에는 애플리케이션을 위
한 메트릭스뿐만 아니라 Go 버전이나 코어의 개수 등 런타임과 관련된 메트릭스 정보가 포함됩니
다. 프로메테우스 핸들러에서 존재하는 메트릭스 정보를 이용하면 최소한 서비스의 메모리 활용
량이나 열려 있는 파일 디스크립터, 힙 메모리와 스택 메모리의 사용량 등의 정보에 대한 통찰력
을 얻을 수 있습니다.

metrics 패키지에서 내보낸 변수(❷)는 Go kit의 인터페이스입니다. 코드상에서는 직접 하위에 존
재하는 메트릭스 플랫폼이나 메트릭스 플랫폼과 통신하는 부분에 대한 구현은 걱정할 필요가 없
고, 메트릭스 서버에서 이러한 메트릭스를 사용할 수 있는 방법만 고려하면 됩니다. 실제 애플리
케이션에서는 프로메테우스 핸들러조차 더욱 추상화하여 코드의 나머지 부분에서 메트릭스 패키
지 이외의 의존성을 완전히 제거할 수 있습니다. 하지만 간결한 예시를 위해 메인 패키지에 프로
메테우스 핸들러를 포함하였습니다.

이제 계측하고자 하는 코드를 살펴봅시다. 목록 13-25에서는 웹 서버가 들어오는 모든 요청을 처
리하는 데 사용할 기능을 추가합니다.

목록 13-25 임의의 지연시간으로 응답하는 계측 핸들러(instrumentation/main.go)

```
--생략--

func helloHandler(w http.ResponseWriter, _ *http.Request) {
❶metrics.Requests.Add(1)
  defer func(start time.Time) {
  ❷metrics.RequestDuration.Observe(time.Since(start).Seconds())
  }(time.Now())

  _, err := w.Write([]byte("Hello!"))
  if err != nil {
  ❸metrics.WriteErrors.Add(1)
  }
}
```

이렇게 단순한 핸들러에도 세 개의 유의미한 측정을 할 수 있습니다. 핸들러 진입 즉시 요청 카운터를 증가(❶)시킵니다(핸들러 진입 이후가 요청 카운터를 증가시키기에 가장 논리적으로 적합한 곳이기 때문입니다). 뒤이어 요청을 처리하는 데 걸린 기간을 계산하는 함수를 defer로 호출하고, 요청 기간 요약 메트릭스를 사용하여 이를 관측합니다(❷). 마지막으로, 응답을 쓰는 동안 발생한 에러를 확인합니다(❸).

이제 핸들러를 사용해 봅시다. 먼저, 메트릭스 엔드포인트를 위한 서버와 핸들러를 서빙할 서버, 두 개의 HTTP 서버를 시작하기 위한 헬퍼 함수가 필요합니다. 목록 13-26은 헬퍼 함수의 구체적인 구현입니다.

목록 13-26 HTTP 서버를 생성하고 연결 상태를 계측하기 위한 함수(instrumentation/main.go)

```
--생략--

func newHTTPServer(addr string, mux http.Handler,
  stateFunc ❶func(net.Conn, http.ConnState)) error {
  l, err := net.Listen("tcp", addr)
  if err != nil {
    return err
  }

  srv := &http.Server{
    Addr:              addr,
    Handler:           mux,
    IdleTimeout:       time.Minute,
    ReadHeaderTimeout: 30 * time.Second,
    ConnState:         stateFunc,
  }

  go func() { log.Fatal(srv.Serve(l)) }()
```

```
    return nil
}

func ❷connStateMetrics(_ net.Conn, state http.ConnState) {
  switch state {
  case http.StateNew:
    ❸metrics.OpenConnections.Add(1)
  case http.StateClosed:
    ❹metrics.OpenConnections.Add(-1)
  }
}
```

이 HTTP 서버 코드는 9장의 것과 닮아 있습니다. 다른 점이 있다면 서버의 ConnState를 정의하고 newHTTPServer 함수의 매개변수(❶)로 전달한다는 점입니다.

HTTP 서버는 네트워크 연결 상태가 변화할 때마다 ConnState 필드를 호출합니다. 이 기능을 활용하면 어느 시점에 서버에 열린 연결 개수를 계측할 수 있습니다. 새로운 HTTP 서버를 생성하여 초기화하고 현재 열린 연결의 개수를 추적하고 싶을 때 newHTTPServer 함수에 connStateMetrics 함수(❷)를 전달하면 됩니다. 서버가 새로운 연결을 맺으면 열린 연결의 게이지를 1만큼 증가시킵니다(❸). 연결이 닫히면 게이지를 1만큼 감소시킵니다(❹). Go kit의 게이지 인터페이스에는 Add 메서드가 있으므로 값을 감소하려면 음수를 더하면 됩니다.

이제 지금까지 살펴본 모든 것들을 통합하는 예시를 만들어 봅시다. 목록 13-27에서는 프로메테우스 엔드포인트를 서빙하는 HTTP 서버와 계측 처리된 핸들러를 서빙하는 HTTP 서버를 생성합니다.

목록 13-27 metrics 엔드포인트와 helloHandler를 서빙하기 위한 두 개의 HTTP 서버 시작하기
           (instrumentation/main.go)

```
--생략--

func main() {
  flag.Parse()
  rand.Seed(time.Now().UnixNano())

  mux := http.NewServeMux()
❶mux.Handle("/metrics/", promhttp.Handler())
  if err := newHTTPServer(*metricsAddr, mux, ❷nil); err != nil {
    log.Fatal(err)
  }

  fmt.Printf("Metrics listening on %q ...\n", *metricsAddr)
  if err := newHTTPServer(*webAddr, ❸http.HandlerFunc(helloHandler),
```

```
❹connStateMetrics); err != nil {
    log.Fatal(err)
}
fmt.Printf("Web listening on %q ...\n\n", *webAddr)
```

먼저 프로메테우스가 기본적으로 메트릭스를 수집하는 엔드포인트인 /metrics/ 엔트포인트를 갖는 프로메테우스 핸들러 HTTP 서버를 생성합니다(❶). HTTP 서버를 생성할 때 세 번째 매개변수를 전달하지 않기 때문에(❷) 생성된 HTTP 서버에는 연결 상태가 변화할 때마다 호출되는 ConnState 필드에 할당된 함수가 존재하지 않습니다. 그리고 요청을 처리하기 위한 helloHandler를 사용하는 또 다른 HTTP 서버를 생성합니다(❸). 이번에는 서버 생성 시에 connStateMetrics 함수(❹)를 매개변수로 전달하였기 때문에 HTTP 서버가 열린 연결 개수를 계측합니다.

이제 목록 13-28에서는 메트릭스 값이 변화하도록 여러 HTTP 클라이언트를 시작하고 서버에 요청을 만들어 봅니다.

목록 13-28 각 100개의 GET 요청을 보내는 HTTP 클라이언트 500개 생성하기(instrumentation/main.go)

```
--생략--

    clients := ❶500
    gets := ❷100
    wg := new(sync.WaitGroup)

    fmt.Printf("Spawning %d connections to make %d requests each ...", clients, gets)
    for i := 0; i < clients; i++ {
        wg.Add(1)
        go func() {
            defer wg.Done()

            c := &http.Client{
                Transport: ❸http.DefaultTransport.(*http.Transport).Clone(),
            }

            for j := 0; j < gets; j++ {
                resp, err := ❹c.Get(fmt.Sprintf("http://%s/", *webAddr))
                if err != nil {
                    log.Fatal(err)
                }
                _, _ = ❺io.Copy(ioutil.Discard, resp.Body)
                _ = ❻resp.Body.Close()
            }
        }()
    }
    ❼wg.Wait()
    fmt.Print(" done.\n\n")
```

먼저 500개의 HTTP 클라이언트를 생성하고(❶) 각 클라이언트에서 100개의 GET 요청을 보냅니다(❷). 하지만 먼저 처리해야 할 문제가 있습니다. http.Client 객체는 기본적으로 Transport 메서드가 nil인 경우에 http.DefaultTransport를 사용합니다. http.DefaultTransport는 TCP 연결을 훌륭하게 캐싱하기 때문에 만일 모든 500개의 HTTP 클라이언트가 동일한 트랜스포트를 사용하게 되는 경우 모든 요청이 캐싱되어 두 개의 TCP 소켓만 사용하게 됩니다.[36] 열린 연결을 계측하는 게이지는 예시가 끝나더라도 두 개의 유휴 연결만 보여 줄 것이며, 그건 우리가 원하는 결과가 아닙니다.

따라서 대신에 각 HTTP 클라이언트에 고유한 트랜스포트를 할당해야 합니다. 기본 트랜스포트를 복제하는 것(❸)만으로 우리의 목적을 달성하는 데에 충분합니다. 이제 각 클라이언트에 고유한 트랜스포트가 할당되었고, 각 클라이언트마다 TCP 연결을 맺었으니, 각 클라이언트마다 100번의 GET 요청을 보냅니다(❹). 또한, 응답 보디를 소진하고(❺) 닫아서(❻) 각 클라이언트가 TCP 연결을 재사용할 수 있도록 해야 합니다.

모든 500개의 HTTP 클라이언트가 100개의 GET 요청을 완료하고 나면(❼), 목록 13-29에서는 메트릭스의 현재 상태를 체크합니다.

목록 13-29 네임스페이스와 서브시스템과 일치하는 현재 메트릭스 정보 표출(instrumentation/main.go)

```
--생략--

resp, err := ❶http.Get(fmt.Sprintf("http://%s/metrics", *metricsAddr))
if err != nil {
  log.Fatal(err)
}

b, err := ioutil.ReadAll(resp.Body)
if err != nil {
  log.Fatal(err)
}
_ = resp.Body.Close()

metricsPrefix := ❷fmt.Sprintf("%s_%s", *metrics.Namespace, *metrics.Subsystem)
fmt.Println("Current Metrics:")
for _, line := range bytes.Split(b, []byte("\n")) {
  if ❸bytes.HasPrefix(line, []byte(metricsPrefix)) {
    fmt.Printf("%s\n", line)
  }
}
}
```

---

36 [옮긴이] 모든 TCP 통신은 기본적으로 서버가 리스닝하고 있는 소켓과 서버가 클라이언트와 통신하기 위한 소켓, 두 개의 소켓을 사용합니다.

metrics 엔드포인트로부터 모든 메트릭스 정보를 읽어 옵니다(❶). 그러면 프로메테우스 클라이언트가 추적하는 각 메트릭스에 대한 세부 정보뿐만 아니라 사용자가 추가한 메트릭스를 포함하여 프로메테우스 클라이언트가 저장한 모든 메트릭스가 반환됩니다. 우리의 메트릭스만 추적하기 위하여 각 라인의 첫 부분에 네임스페이스와 언더스코어, 그리고 서브시스템 이름의 접두사를 갖는지 확인합니다(❷). 이 접두사를 갖는 라인을 발견하면(❸) 표준 출력으로 출력하고, 그 외에는 무시합니다.

목록 13-30에서는 커맨드 라인에서 예시를 실행하고 결과 메트릭스를 살펴봅니다.

목록 13-30 웹 서버 출력 결과와 결과 메트릭스

```
$ go run instrumentation/main.go
Metrics listening on "127.0.0.1:8081" ...
Web listening on "127.0.0.1:8082" ...

Spawning 500 connections to make 100 requests each ... done.

Current Metrics:
web_server1_open_connections ❶500
web_server1_request_count ❷50000
web_server1_request_duration_histogram_seconds_bucket{le="1e-07"} ❸0
web_server1_request_duration_histogram_seconds_bucket{le="2e-07"} 1
web_server1_request_duration_histogram_seconds_bucket{le="3e-07"} 613
web_server1_request_duration_histogram_seconds_bucket{le="4e-07"} 13591
web_server1_request_duration_histogram_seconds_bucket{le="5e-07"} 33216
web_server1_request_duration_histogram_seconds_bucket{le="1e-06"} 40183
web_server1_request_duration_histogram_seconds_bucket{le="2.5e-06"} 49876
web_server1_request_duration_histogram_seconds_bucket{le="5e-06"} 49963
web_server1_request_duration_histogram_seconds_bucket{le="7.5e-06"} 49973
web_server1_request_duration_histogram_seconds_bucket{le="1e-05"} 49979
web_server1_request_duration_histogram_seconds_bucket{le="0.0001"} 49994
web_server1_request_duration_histogram_seconds_bucket{le="0.001"} 49997
web_server1_request_duration_histogram_seconds_bucket{le="0.01"} ❹50000
web_server1_request_duration_histogram_seconds_bucket{le="+Inf"} 50000
web_server1_request_duration_histogram_seconds_sum ❺0.04102166899999979
web_server1_request_duration_histogram_seconds_count ❻50000
```

예상대로 메트릭스를 질의한 시점에서 500개의 유휴 상태의 연결이 열려 있습니다(❶). 100번의 GET 요청 이후 HTTP 클라이언트에서 CloseIdleConnections 메서드를 호출하여 연결 개수가 변하는지 게이지를 확인해 볼 수 있습니다. 마찬가지로 트랜스포트 필드를 정의하지 않았을 때 열려 있는 연결이 어떤지 살펴봅니다.

요청 개수가 50,000개입니다(❷). 즉, 모든 요청이 성공했습니다.

여기서 무엇을 빠뜨렸을까요? 쓰기 에러 카운터입니다. 쓰기 에러가 발생하지 않았기 때문에 쓰기 에러 카운터는 절대 증가하지 않으며, 그 결과로 메트릭스 아웃풋에도 나타나지 않습니다. 별도의 값을 변화시키지 않고 메트릭스 아웃풋에서 쓰기 에러 카운터를 보려면 `metrics.WriteErrors.Add(0)` 메서드를 호출하면 됩니다. 항상 메트릭스 아웃풋 결과로 계측한 모든 메트릭스가 나오는 것이 아니고, 초기화 이후 값이 변화한 메트릭스가 나온다는 사실을 기억하기 바랍니다.

하위의 프로메테우스 히스토그램은 **누적되는**cumulative 히스토그램입니다. 버킷의 카운터를 증가시키는 어떠한 값은 해당 값보다 작은 범위의 모든 버킷의 카운터를 증가시킵니다. 따라서 0.01 버킷 이외의 모든 버킷의 값이 증가하는 것을 볼 수 있습니다(❹). 코드상에서는 값의 범위에 해당하는 버킷을 정의하였지만, 프로메테우스는 무한한 버킷을 더해 줍니다. 이 예시에서 ❸보다 작게 관측된 값을 포함하는 버킷을 정의하였고, 카운터의 값은 계속해서 0입니다.

히스토그램과 요약은 추가로 두 개의 카운터를 관리합니다. 관측된 모든 값들의 합❺에 대한 카운터와 관측된 값들의 총 개수❻에 대한 카운터입니다. 요약을 사용하면 프로메테우스 엔드포인트는 두 카운터만 표시합니다. 히스토그램에서 그랬던 것처럼 요약에서 사용하는 버킷의 자세한 정보를 보여 주지는 않습니다. 따라서 프로메테우스 서버는 히스토그램 버킷의 정보를 집계할 수는 있지만, 요약 버킷의 정보는 집계할 수 없습니다.

이 장에서 배운 것

로깅은 어렵습니다. 계측은 그렇게 어렵진 않습니다. 로깅은 가급적 절제하고 계측은 가급적 풍성하게 합니다. 로깅에는 컴퓨터 자원이 소모되며 로깅의 위치나 방법을 주의하지 않으면 애플리케이션에 빠르게 레이턴시를 더할 수 있습니다. 작업할 수 있는 항목, 특히 문제가 생겼을 때 알림을 발생시켜야 하는 항목들을 로깅하는 것은 잘못될 여지가 없습니다. 반면에 계측은 매우 효율적입니다. 최소한 초기에는 모든 것을 계측하기 바랍니다. 메트릭스는 서비스의 현재 상태의 자세한 정보를 나타내며 잠재적으로 발생할 수 있는 문제에 대한 통찰력을 제공하는 반면, 로그는 서비스의 현재 상태를 설명하고 에러를 진단하는 데 도움이 되는 불변의 감사 추적audit trail을 제공합니다.

Go의 `log` 패키지를 활용하면 기본적인 로깅을 처리할 수 있습니다. 하지만 `log` 패키지를 사용하여 하나 이상의 아웃풋으로 출력하거나, 로그 레벨에 따라 다변하는 로깅을 처리하는 것은 어렵습니다. 그러한 점에서 우버의 **Zap** 로거와 같은 종합 솔루션을 사용하는 것이 더 낫습니다. 어떠한 로거를 사용하더라도 로그 엔트리 내에 부가적인 메타 데이터를 포함하여 구조를 추가하도록 합니다. 구조화된 로깅을 사용하면 소프트웨어를 활용하여 로그 엔트리를 빠르게 필터링하고 검색할 수 있습니다. 특히, 인프라 전체에서 로그를 중앙 집중화하는 경우 더욱 그렇습니다.

온디맨드 디버그 로깅과 광범위한 이벤트 로깅은 로깅이 서비스에 미치는 성능 영향을 최소화하며 중요한 정보를 수집할 수 있는 두 가지 방법입니다. 세마포어 파일을 생성하여 로거가 디버그 로깅을 활성화하도록 시그널을 줄 수 있습니다. 세마포어 파일을 제거하면 로거는 즉시 디버그 로깅을 비활성화합니다. 광범위한 이벤트 로깅은 발생하는 이벤트를 요청-응답 콘텍스트로 요약합니다. 실패 진단 기능을 유지하며 여러 개의 로그 엔트리를 하나의 광범위한 이벤트 로그로 대체할 수 있습니다.

코드를 계측하는 한 가지 방법은 유명한 메트릭스 플랫폼의 일반적인 메트릭스 타입 인터페이스와 어댑터를 제공하는 Go kit의 metrics 패키지를 이용하는 것입니다. metrics 패키지를 사용하면 실제 메트릭스 플랫폼에 대한 세부 구현 코드는 추상화되어 애플리케이션에서 실제 계측 코드를 여러 번 작성할 필요가 없습니다.

metrics 패키지에는 카운터와 게이지, 히스토그램과 요약이 있어서 이를 사용하여 코드를 계측합니다. 카운터는 단조롭게 증가하며 변화의 비율을 계산하는 데 사용할 수 있습니다. 요청 카운트나 에러 카운트, 혹은 완료된 작업 등과 같은 값을 추적하기 위해 카운터를 사용하기 바랍니다. 게이지는 메모리 사용량이나 현재 요청의 수 혹은 큐의 크기 등 증가하거나 감소하는 값을 추적하는 데 사용합니다. 히스토그램과 요약은 관측된 값을 버킷에 두고 평균을 측정하거나 모든 값의 퍼센티지를 계산할 수 있습니다. 히스토그램이나 요약을 사용해 대략적인 평균 요청 기간이나 응답 크기 등을 구할 수 있습니다.

로깅과 메트릭스를 함께 사용하면 서비스에 필요한 통찰력을 얻을 수 있으며, 잠재적인 문제를 선제적으로 해결하고 문제가 발생하더라도 복원할 수 있습니다.

14

클라우드로 이동

2006년 8월 아마존 웹 서비스AWS는 가상 컴퓨터인 일래스틱 컴퓨트 클라우드Elastic Compute Cloud, EC2를 공개하였고, 퍼블릭 클라우드 인프라를 주요한 흐름으로 가져왔습니다. EC2는 인터넷에 서비스를 제공하기 위한 장벽을 제거하였습니다. 더 이상 서비스를 제공하기 위하여 서버와 소프트웨어 라이선스를 구매하고, 지원 계약을 체결하고, 사무실 공간을 임대하고, 인프라를 유지보수할 IT 전문인력을 고용할 필요가 없게 되었습니다. 대신에 AWS에게 필요한 만큼 EC2를 빌려 쓰고 그 비용을 지불해서 사업을 확장하는 동안, AWS에서 유지보수, 이중화 및 표준 준수 세부 정보를 대신 처리해 줍니다. 뒤이어 구글과 마이크로 서비스도 AWS에 대항하기 위하여 퍼블릭 클라우드를 공개하였습니다. 이제 세 클라우드 프로바이더는 분석 서비스에서부터 스토리지 서비스까지 모든 것을 망라하는 포괄적인 서비스를 제공합니다.

이번 장의 목표는 아마존 웹 서비스와 구글 클라우드, 그리고 마이크로소프트 애저까지 세 클라우드 프로바이더를 하나하나 비교해 보는 것입니다. 각 프로바이더가 제공해 주는 도구나 인증 방법, 배포 경험 등의 차이점을 살펴보기 위해 애플리케이션을 생성하고 배포해 볼 것입니다. 생성할 애플리케이션은 **PaaS** platform-as-a-service 모델을 따라 생성한 애플리케이션이 클라우드 프로바이더의 플랫폼에 맞춰 배포될 것입니다. 특별하게는 한 함수를 만들고 AWS Lambda, 구글 Cloud Function, 마이크로소프트 애저 Functions에 배포해 봅니다. 상대적인 비교를 할 수 있도록 가능한 한 커맨드 라인을 활용할 것이며, 각 프로바이더가 제공하는 도구를 비교해 봅니다.

세 서비스 프로바이더 모두 평가 사용 기간을 제공하기 때문에 별도의 비용이 청구되지는 않습니다. 평가 기간을 모두 소진하였다면 다음의 섹션들을 진행할 때 잠재적으로 비용이 청구될 수 있다는 사실을 명심하기 바랍니다.

간단하게 최신 혹은 이전의 XKCD 만화 URL을 가져오는 간단한 함수를 만들어 봅니다. 이로써 클라이언트의 요청을 처리하기 위해 함수 내에서 데이터를 받아 오는 방법과 함수 실행 간에 함수 상태를 유지하는 방법을 보여 줍니다.

이번 장을 잘 따라온다면 애플리케이션을 작성하고 배포하고 테스트하여 AWS, 구글 클라우드와 마이크로소프트 애저에서 제공해 주는 PaaS를 편히 사용할 수 있을 것입니다. 그리고 클라우드를 사용하고자 할 때 어느 프로바이더를 선택하는 것이 더 나은 선택일지 알 수 있을 것입니다.

기초 작업하기

XKCD 웹사이트는 https://xkcd.com/rss.xml에서 RSS Real Simple Syndication 피드를 제공합니다. 파일 확장자에서 알 수 있듯이 피드는 XML 포맷을 사용합니다. Go의 encoding/xml 패키지를 사용하여 피드를 파싱할 수 있습니다.

최신의 XKCD 만화를 읽어 오는 함수를 클라우드로 배포하기 전에 먼저 RSS 피드를 파악하는 코드를 작성해야 합니다. 목록 14-1에서는 피드를 파싱하기 위한 두 개의 타입을 생성합니다.

목록 14-1 XKCD RSS 피드를 나타내는 구조체(feed/rss.go)

```go
package feed

import (
  "context"
  "encoding/xml"
  "fmt"
  "io/ioutil"
  "net/http"
)

type Item struct {
  Title    string `xml:"title"`
```

```
    URL       string `xml:"link"`
    Published string ❶`xml:"pubDate"`
}

type RSS struct {
  Channel struct {
    Items []Item `xml:"item"`
  } `xml:"channel"`
  entityTag ❷string
}
```

RSS 구조체는 RSS 피드를 나타내며 Item 구조체는 피드 내의 각 항목(만화)을 나타냅니다. 이전 장에서 사용했던 Go의 **encoding/json** 패키지와 같이 **encoding/xml** 패키지를 사용하여 구조체 태그의 XML 태그를 일치하는 구조체의 필드와 매핑시킬 수 있습니다. 예를 들어, XML 내에서의 pubDate 값을 Published 필드의 태그(❶)에 할당합니다.

인터넷을 잘 살피고 피드의 엔티티 태그_{Entity Tag, ETag}가 변하지 않는지 추적하는 것은 중요합니다(❷). 웹 서버는 종종 요청마다 변경되지 않을 내용의 엔티티 태그를 가져오곤 합니다. 클라이언트는 엔티티 태그를 추적해서 향후 요청에서 사용할 수 있도록 합니다. 서버에서 요청한 콘텐츠와 동일한 엔티티 태그를 가지고 있음을 확인할 수 있으면, 전체 페이로드를 반환하지 않고 304 Not Modified 상태 코드를 반환하여 클라이언트에서 캐시된 페이로드를 사용할 수 있습니다. 목록 14-2에서 이 값을 이용하여 선택적으로 피드가 변하는 경우에 RSS 구조체 값을 업데이트합니다.

목록 14-2 XKCD RSS 피드를 파싱하고 아이템 슬라이스를 반환하는 메서드(feed/rss.go)

```
--생략--

func (r RSS) Items() []Item {
  items := ❶make([]Item, len(r.Channel.Items))
  copy(items, r.Channel.Items)

  return items
}

func (r *RSS) ParseURL(ctx context.Context, u string) error {
  req, err := http.NewRequestWithContext(ctx, http.MethodGet, u, nil)
  if err != nil {
    return err
  }

  if r.entityTag != "" {
  ❷req.Header.Add("ETag", r.entityTag)
  }

  resp, err := http.DefaultClient.Do(req)
```

```
  if err != nil {
    return err
  }

  switch resp.StatusCode {
❷case http.StatusNotModified: // no-op
❸case http.StatusOK:
    b, err := ioutil.ReadAll(resp.Body)
    if err != nil {

      return err
    }
    _ = resp.Body.Close()

    err = xml.Unmarshal(b, r)
    if err != nil {
      return err
    }

    r.entityTag = ❹resp.Header.Get("ETag")
  default:
    return fmt.Errorf("unexpected status code: %v", resp.StatusCode)
  }

  return nil
}
```

세 가지 주의할 것이 있습니다. 첫째로 RSS 구조체와 메서드는 동시 사용에 안전하지 않습니다. 지금 걱정할 건 아니지만, 이 사실을 인지하는 것이 좋습니다. 둘째로 Items 메서드는 코드상에서 ParseURL 메서드를 호출하여 RSS 구조체를 생성하기 이전까지는 공백인 RSS 구조체의 아이템을 담은 슬라이스를 반환합니다. 셋째로 Items 메서드는 Items 슬라이스(❶)의 원본을 변경시키지 않기 위해 복제본을 만들어 반환합니다. 이렇게 복제본을 반환하는 것도 지금 하기에는 과할 수 있지만, 복제본을 반환한다는 사실을 인지하는 것이 좋습니다. 반환받은 슬라이스를 수정하더라도 원본에는 영향을 미치지 않습니다.

RSS 피드를 파싱하는 것은 직관적이고 이제는 친숙할 겁니다. ParseURL 메서드는 GET 요청으로 RSS 피드를 받아 옵니다. 새로운 피드의 경우 메서드는 응답 보디에서 XML을 읽고 서버의 XML으로부터 RSS 구조체를 생성하기 위해 xml.Unmarshal 함수를 호출합니다.

여기서 조건에 따라 요청의 ETag 헤더를 설정(❷)하여서 XKCD 서버에서 클라이언트가 가지고 있는 데이터가 최신 버전이어서 데이터를 보낼 필요가 없는지 확인하도록 합니다. 서버가 304 Not Modified 상태 코드를 응답할 경우 RSS 구조체는 변경되지 않습니다. 서버가 200 OK 상태 코드를 응답할 경우(❸) 새로운 버전의 피드를 받아와서 응답 보디의 XML을 RSS 구조체로 언마샬링합니다. 언마샬링에 성공하면 엔티티 태그를 업데이트합니다(❹).

이 로직으로 RSS 구조체는 엔티티 태그가 없는 경우 구조체를 초기화하는 것처럼 스스로 업데이트할 수 있고, 새로운 피드를 사용할 수 있는 경우에 업데이트할 수 있습니다.

마지막으로 다음 커맨드를 수행하여 **go.mod** 파일을 생성합니다.

```
$ cd feed
feed$ go mod init github.com/awoodbeck/gnp/ch14/feed
go: creating new go.mod: module github.com/awoodbeck/gnp/ch14/feed
feed$ cd -
```

이 커맨드는 잠시 후 코드상에서 사용할 github.com/awoodbeck/gnp/ch14/feed라는 이름의 새로운 모듈을 초기화합니다.

AWS Lambda

AWS Lambda는 Go를 지원하는 퍼스트클래스 서버리스 플랫폼입니다. Go 애플리케이션을 생성하고 배포하면 Lambda에서 세부적인 구현을 처리하도록 할 수 있습니다. 또한, 필요에 따라 수평적으로 확장할 수 있습니다. Lambda를 사용하기 이전에 먼저 https://aws.amazon.com/에서 평가 계정을 만들어 주기 바랍니다.

AWS CLI 설치하기

AWS는 Windows, macOS, 리눅스 운영체제에 대해 CLI(커맨드 라인 인터페이스) 도구 버전 2를 지원합니다. 자세한 설치 정보는 https://amzn.to/3lNUVL2를 참고하기 바랍니다.

리눅스에서 다음의 커맨드를 수행하여 AWS CLI 도구를 설치합니다.

```
$ curl "https://awscli.amazonaws.com/awscli-exe-linux-x86_64.zip" \
-o "awscliv2.zip"
 % Total % Received % Xferd Average Speed   Time   Time     Time
Current
                          Dload  Upload   Total  Spent    Left  Speed
100 32.3M 100 32.3M 0     0 31.1M      0 0:00:01 0:00:01 --:--:-- 31.1M
$ unzip -q awscliv2.zip
$ sudo ./aws/install
[sudo] password for user:
You can now run: /usr/local/bin/aws --version
$ aws --version
```

```
aws-cli/2.0.56 Python/3.7.3 Linux/5.4.0-7642-generic exe/x86_64.pop.20
```

AWS CLI 버전 2를 다운로드합시다. curl을 사용하여 커맨드 라인에서 ZIP 파일을 다운로드합니다. 그리고 다운로드한 ZIP 파일의 압축을 풀고 sudo를 사용하여 ./aws/install 설치 파일을 실행합니다. 설치가 완료되면 aws --version을 실행하여 AWS 바이너리가 정상적으로 환경변수 PATH 내에 존재하고 버전 2를 실행하고 있는지 확인합니다.

CLI 구성하기

이제 AWS CLI를 설치하였으니 인증 정보를 설정해 주어 AWS 에 접근할 수 있도록 합니다. 이번 섹션에서는 이에 관한 프로세스를 다룹니다. 잘 이해가 안 되는 부분이 있다면 https://amzn. to/3zyfksh에서 구성 기본 사항에 대해 알아보기 바랍니다.

먼저, https://console.aws.amazon.com에서 AWS 콘솔을 접속합니다. AWS 콘솔에 로그인하고 그림 14-1에 보이는 드롭다운 메뉴에 접근합니다.

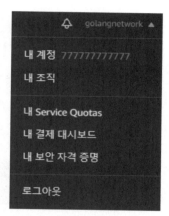

AWS 콘솔의 우측 상단 부분의 계정 이름(그림 14-1에서 **golangnetwork**)을 클릭한 뒤 드롭다운 메뉴에서 **내 보안 자격 증명**을 선택합니다. 링크를 누르면 그림 14-2의 내 보안 자격 증명 페이지로 이동합니다.

그림 14-1 AWS 계정 보안 자격 증명 접근하기

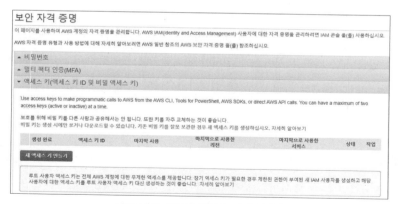

그림 14-2 새로운 액세스 키 생성하기

액세스 키(액세스 키 ID 및 비밀 액세스 키) 섹션을 클릭하여 확장하고, **새 액세스 키 만들기** 버튼을 눌러 커맨드 라인에서 사용할 자격 증명을 생성합니다. 그림 14-3과 같이 인증 정보를 확인할 수 있습니다.

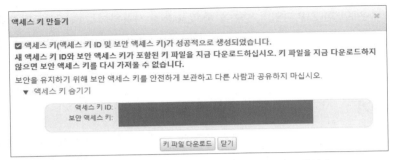

그림 14-3 새로운 액세스 키 ID와 보안 액세스 키 조회하기

커맨드 라인에서 AWS에 인증하기 위해서는 액세스 키 ID와 보안 액세스 키 값이 모두 필요합니다. 키 파일을 다운로드하고 안전한 곳에 저장할 수 있도록 해 줍니다. 지금은 이 값을 이용해서 AWS CLI를 구성합니다.

```
$ aws configure
AWS Access Key ID [None]: AIDA1111111111EXAMPLE
AWS Secret Access Key [None]: YxMCBWETtZjZhW6VpLwPDY5KqH8hsDG45EXAMPLE
Default region name [None]: ap-northeast-2
Default output format [None]: yaml
```

커맨드 라인에서 aws configure 커맨드를 실행합니다. 그림 14-3과 같이 액세스 키 ID와 보안 액세스 키를 설정할 수 있습니다.

액세스 키 ID와 보안 액세스 키 외에도 기본 지역default region과 기본 출력 포맷default output format을 설정할 수 있습니다. 지역은 서비스가 위치한 지리적 엔드포인트로서, 이 예시에서는 제 서비스가 서울의 ap-northeast-2에 위치하도록 설정하였습니다. https://amzn.to/3AtBrlf에서 지원하는 지역 목록을 확인할 수 있습니다.

역할 생성하기

AWS상에서 작성한 코드가 동작하기 위해서는 특별한 신원 식별 정보identity가 필요합니다. 이러한 신원 식별 정보를 **역할**role이라고 합니다. AWS 계정 내에 여러 개의 역할을 만들고, 각 역할에 다양한 권한을 할당할 수 있습니다. 그런 다음 각 역할을 AWS 서비스에 할당할 수 있습니다. AWS 서비스는 각 서비스에 자격 증명(예시: 액세스 키 ID와 보안 액세스 키)을 할당할 필요 없이 서비스에 리소스 액세스 권한을 부여합니다. 이번 장에서는 역할을 사용하여 작성할 Lambda 함수에 액세스할 수 있는 AWS Lambda 권한을 부여합니다.

지금은 하나의 역할만을 생성하고 AWS Lambda가 코드를 호출할 수 있도록 해당 역할을 수행할 수 있는 권한만을 부여합니다. 목록 14-3은 적절한 액세스 권한을 할당하는 간단한 신뢰 정책 문서를 자세히 설명합니다. 신뢰 정책 문서에는 새 역할에 할당할 사용 권한 집합이 요약되어 있습니다.

목록 14-3 새 역할에 대한 신뢰 정책 정의하기(aws/trust-policy.json)

```
{
  "Version": ❶"2012-10-17",
  "Statement": [
    {
      "Effect": ❷"Allow",
      "Principal": {
        "Service": ❸"lambda.amazonaws.com"
      },
      "Action": ❹"sts:AssumeRole"
    }
  ]
}
```

이 신뢰 정책은 AWS에 Lambda 서비스(❸)가 역할(❹)을 대신할 수 있도록 허용(❷)합니다. 신뢰 정책 버전(❶)은 임의의 날짜가 아닌 신뢰 정책 언어의 현재 버전입니다.

그리고 이 신뢰 정책을 할당할 역할을 생성합니다.

```
$ aws iam create-role --role-name "lambda-xkcd" \
--assume-role-policy-document file://aws/trust-policy.json
Role:
❶Arn: arn:aws:iam::123456789012:role/lambda-xkcd
❷AssumeRolePolicyDocument:
    Statement:
    - Action: sts:AssumeRole
      Effect: Allow
      Principal:
        Service: lambda.amazonaws.com
    Version: '2012-10-17'
  CreateDate: '2006-01-02T15:04:05+00:00'
  Path: /
  RoleId: AROA1111111111EXAMPLE
  RoleName: lambda-xkcd
```

AWS IAM_{Identity and Access Management} 서비스에서 목록 14-3에서 만든 **aws/trust-policy.json** 문서를 사용하여 **lambda-xkcd**라는 이름의 역할을 생성합니다. 성공한 경우 신뢰 정책 문서(❷)를 사용하여 새로운 역할을 생성합니다. IAM은 생성한 역할을 ARN_{Amazon Resource Name}에 할당합니다. 할당된 ARN(❶)은 생성된 역할의 고유 식별자이며, 코드상에서는 ARN을 이용하여 서비스를 호출합니다.

AWS Lambda 함수 정의하기

AWS Lambda의 Go 라이브러리에는 몇 가지 Lambda 함수의 시그니처를 사용할 수 있는 유연함을 제공합니다. 작성할 함수는 다음의 몇 가지 포맷을 준수해야 합니다.

```
func()

func() error

func(TypeIn) error

func() (TypeOut, error)

func(context.Context) error

func(context.Context, TypeIn) error

func(context.Context) (TypeOut, error)

func(context.Context, TypeIn) (TypeOut, error)
```

TypeIn 객체는 **encoding/json**에 호환되는 타입이며, JSON을 Lambda 함수의 입력으로 받아 TypeIn으로 언마샬링됩니다. 마찬가지로 함수에서 반환되는 TypeOut 객체 역시 실제 사용되기 전에 JSON으로 마샬링되는, **encoding/json**에 호환되는 타입입니다. 이번 섹션에서는 마지막 함수 시그니처를 사용합니다.

작성할 함수를 통해 서버리스 환경에서 무엇을 할 수 있을지 충분한 감을 잡을 수 있을 것입니다. 클라이언트로부터 입력 값을 받고, 인터넷을 통해 리소스를 받은 뒤, 함수 호출 간에 상태를 유지하고, 클라이언트에 값을 응답합니다. 9장을 읽으셨다면 비슷한 동작을 하는 http.Handler를 구현할 수 있음을 아실 겁니다. 하지만 AWS Lambda는 그와는 약간 다릅니다. http.Request나 http.ResponseWriter를 사용하여 요청과 응답을 처리하지 않고, 직접 생성한 타입, 혹은 다른 모듈에서 임포트한 타입을 사용하여 요청과 응답을 처리합니다. AWS Lambda가 내부적으로 함수에 오고 가는 데이터의 인코딩과 디코딩을 대신 처리해 줍니다.

이제 첫 서버리스 코드를 작성해 봅시다(목록 14-4).

목록 14-4 영속적인 변수와 요청, 응답 타입 생성하기(aws/xkcd.go)

```
package main

import (
  "context"

  "github.com/awoodbeck/gnp/ch14/feed"
  "github.com/aws/aws-lambda-go/lambda"
)

var (
  rssFeed ❶feed.RSS
  feedURL = ❷"https://xkcd.com/rss.xml"
)

type EventRequest struct {
  Previous bool `json:"previous"`
}

type EventResponse struct {
  Title     string `json:"title"`
  URL       string `json:"url"`
  Published string `json:"published"`
}
```

함수가 메모리에 존재하는 동안 패키지 레벨에서 함수 호출 간에 영속적으로 존재하는 변수를 생성합니다. 이 예시에서는 피드 객체(❶)와 RSS 피드의 URL(❷)이 그 변수입니다. 새로운 feed. RSS 객체를 생성하고 데이터를 채우는 일에는 약간의 오버헤드가 필요합니다. 패키지 레벨에서 변수를 저장함으로써 함수가 메모리상에 존재하는 동안 연속적으로 발생하는 함수 호출에 대해서 이러한 오버헤드를 피할 수 있습니다. 또한, 이 접근법은 feed.RSS 객체의 엔티티 태그 지원에도 이점이 있습니다.

EventRequest 타입과 EventResponse 타입은 클라이언트의 요청 포맷과 함수의 응답 포맷을 정의합니다. AWS Lambda는 클라이언트의 JSON 포맷의 HTTP 요청 보디를 EventRequest 객체로 언마샬링하고 함수의 EventResponse 객체를 JSON으로 마샬링한 뒤 HTTP 응답 보디로 클라이언트에게 반환합니다.

목록 14-5에서는 AWS Lambda에 호환되는 함수와 메인 함수를 정의합니다.

목록 14-5 메인 함수와 LatestXKCD라는 이름의 Lambda 함수 첫 부분(aws/xkcd.go)

```
--생략--

func main() {
❶lambda.Start(LatestXKCD)
}

func LatestXKCD(ctx context.Context, req EventRequest) (
  EventResponse, error) {
  resp := ❷EventResponse{Title: "xkcd.com", URL: "https://xkcd.com/"}
  if err := ❸rssFeed.ParseURL(ctx, feedURL); err != nil {
    return resp, err
  }
```

lambda.Start 메서드에 함수를 전달하여 Lambda에서 함수를 사용할 수 있게 합니다❶. 함수 내에서 사용해야 하는 의존 객체들은 init 함수 혹은 lambda.Start 메서드 앞에서 초기화합니다.

LatestXKCD 함수는 매개변수로 콘텍스트와 EventRequest 객체를 받고 EventResponse 객체와 error 인터페이스를 반환합니다. 기본적으로 Title 값과 URL 값으로 응답 객체❷를 정의합니다. 또한, LatestXKCD 함수는 피드가 없거나 에러가 발생한 경우에는 응답 객체를 그대로 반환합니다.

목록 14-4에서 피드의 URL을 파싱❸하면 최신 피드 정보와 함께 rssFeed 객체를 생성합니다. 목록 14-6에서는 피드 정보를 사용하여 응답을 규격화합니다.

목록 14-6 피드 결과를 사용하여 응답 생성하기(aws/xkcd.go)

```
--생략--

  switch items := rssFeed.Items(); {
  case ❶req.Previous && len(items) > 1:
    resp.Title = items[1].Title
    resp.URL = items[1].URL
    resp.Published = items[1].Published
  case len(items) > 0:
    resp.Title = items[0].Title
    resp.URL = items[0].URL
    resp.Published = items[0].Published
  }

  return resp, nil
}
```

클라이언트가 이전에 XKCD 만화를 요청했었고❶ 최소한 두 개 이상의 피드 아이템이 존재할 때, LatestXKCD 함수는 이전에 응답했던 XKCD 만화 정보를 응답으로 생성합니다. 그 외에는 최소한 하나 이상의 피드 아이템이 존재할 수 있도록 최근의 XKCD 만화 정보를 응답으로 생성합니다. 모든 경우에도 해당하지 않는 경우 클라이언트는 목록 14-5의 기본 값을 응답받습니다.

작성한 함수를 컴파일하고 패키징하고 배포하기

AWS Lambda는 코드를 컴파일한 결과물의 바이너리를 zip으로 압축한 뒤 AWS CLI 도구를 이용하여 배포하기를 기대합니다. 이를 위해 리눅스나 macOS 혹은 WSL에서는 다음의 명령어를 입력합니다.

```
$ GOOS=linux go build aws/xkcd.go
$ zip xkcd.zip xkcd
  adding: xkcd (deflated 50%)
$ aws lambda create-function --function-name "xkcd" --runtime "go1.x" \
--handler "xkcd" --role "arn:aws:iam::123456789012:role/lambda-xkcd" \
--zip-file "fileb://xkcd.zip"
CodeSha256: M36I7oiS8+S9AryIthcizsjdLDKXMaJKvZvsZzZDNH0=
CodeSize: 6597490
Description: ''
FunctionArn: arn:aws:lambda:us-east-2:123456789012:function:xkcd
FunctionName: ❶xkcd
Handler: ❷xkcd
LastModified: 2006-01-02T15:04:05.000+0000
LastUpdateStatus: Successful
MemorySize: 128
RevisionId: b094a881-9c49-4b86-86d5-eb4335507eb0
Role: arn:aws:iam::123456789012:role/lambda-xkcd
Runtime: go1.x
State: Active
Timeout: 3
TracingConfig:
 Mode: PassThrough
Version: $LATEST
```

aws/xkcd.go 파일을 컴파일한 뒤 결과물로 나온 xkcd 바이너리를 ZIP 파일로 압축합니다. 그리고 AWS CLI 도구를 이용하여 xkcd 이름의 새로운 함수와 xkcd 이름의 핸들러, go.1x 런타임, 이전에 생성한 역할의 ARN, 그리고 xkcd 바이너리를 포함하는 ZIP 파일을 지정해 줍니다. 커맨드 라인의 fileb://xkcd.zip URL은 AWS CLI 도구가 현재 디렉터리에서 xkcd.zip 이름의 바이너리 파일binary file, fileb을 찾도록 지정해 줍니다.

커맨드가 성공한 경우 AWS CLI 도구는 새로 생성한 Lambda 함수의 세부 정보로 커맨드 라인에서 생성한 함수를 관리하는 데 사용하는 AWS 내의 함수 이름(❶), 그리고 zip 파일 형태로 존재하는 바이너리의 파일명(❷)을 출력합니다.

Windows에서 바이너리를 컴파일하고 패킹하는 것은 조금 다릅니다. 별도의 아카이버archiver를 설치할 필요 없이 커맨드 라인에서 크로스 컴파일된 바이너리를 압축할 수 있는 파워셸PowerShell 을 사용하는 것을 추천합니다.

```
PS C:\Users\User\dev\gnp\ch14> setx GOOS linux

SUCCESS: Specified value was saved.
PS C:\Users\User\dev\gnp\ch14> \Go\bin\go.exe build -o xkcd .\aws\xkcd.go
go: downloading github.com/aws/aws-lambda-go v1.19.1
--생략--
PS C:\Users\User\dev\gnp\ch14> Compress-Archive xkcd xkcd.zip
```

이제 AWS CLI 도구를 이용하여 이전 목록과 같이 ZIP 파일을 배포합니다.

함수 코드를 업데이트해야 하면 바이너리를 다시 컴파일하고 압축합니다. 그 후 다음의 커맨드를 통해 이미 존재하는 Lambda 함수를 업데이트합니다.

```
$ aws lambda update-function-code --function-name "xkcd" \
--zip-file "fileb://xkcd.zip"
```

이미 존재하는 함수를 업데이트하는 것이기 때문에 함수 이름과 ZIP 파일만 플래그로 제공해 주면 됩니다. 나머지는 AWS에서 처리해 줍니다.

연습 문제로 클라이언트가 XKCD RSS 피드를 강제로 새로고침할 수 있는 요청을 보낼 수 있도록 코드를 업데이트해 봅니다. 그리고 다음 섹션에서는 연습 문제에서 작업한 코드를 바탕으로 테스트해 봅니다.

작성한 AWS Lambda 함수 테스팅하기

AWS CLI 도구를 사용하면 Lambda 함수를 테스트하기 쉽습니다. JSON 페이로드를 전송하고 JSON 응답을 받습니다. 커맨드 라인에서 함수 이름과 파일 경로를 지정하여 함수를 호출합니다. 이후 CLI 도구가 응답 보디를 받아 옵니다.

```
$ aws lambda invoke --function-name "xkcd" response.json
ExecutedVersion: $LATEST
StatusCode: 200
```

함수 호출이 성공적으로 끝난 경우 **response.json** 파일의 내용에 XKCD 만화 이름과 URL이 정상적으로 존재하는지 확인할 수 있습니다.

커맨드 라인으로 몇 가지 매개변수를 더하여 커스텀 요청 보디와 함께 함수를 호출할 수도 있습니다. CLI 포맷으로 raw-in-base64-out을 설정해 주면 payload 플래그로 JSON 문자열을 전달할 수 있습니다. 이 포맷을 받은 CLI는 입력한 문자열을 그대로 받아서 base64로 인코딩한 뒤 요청 보디에 할당하여 함수로 전달합니다.

```
$ aws lambda invoke --cli-binary-format "raw-in-base64-out" \
--payload '{"previous":true}' --function-name "xkcd" response.json
ExecutedVersion: $LATEST
StatusCode: 200
$ cat response.json
{"title":"Lumpers and Splitters","url":"https://xkcd.com/2518/","published":"Mon,
02 Jan 2006 15:04:05 -0700"}
```

구글 Cloud Function

AWS Lambda와 마찬가지로 구글 Cloud Function을 사용하면 서버리스 환경에서 코드를 배포하여 실제 내부 동작에 대한 구현은 구글이 처리해 줍니다. 당연하게도, Cloud Functions는 Go를 지원하는 퍼스트클래스 서버리스 플랫폼입니다.[37] 다음 섹션을 진행하기 전에 먼저 구글 클라우드의 계정이 필요합니다. https://cloud.google.com에서 평가 계정을 만들어 줍니다.

구글 클라우드 소프트웨어 개발 키트 설치하기

구글 클라우트 소프트웨어 개발 키트Software Development Kit, SDK는 파이썬 2.7.9 혹은 3.5 이상이 필요합니다.[38] 더 이상 진행하기 전에 먼저 운영체제 내에 올바른 파이썬 버전이 설치되어 있는지 확인해 주기 바랍니다. 구글이 운영체제별로 제공해 주는 포괄적인 설치 가이드(https://cloud.google.com/sdk/docs/install/)를 참고하면 좋습니다.

일반적으로 리눅스상에서의 설치 단계는 다음과 같습니다.

```
$ curl -O https://dl.google.com/dl/cloudsdk/channels/rapid/downloads/\
google-cloud-sdk-319.0.1-linux-x86_64.tar.gz
  % Total    % Received % Xferd  Average Speed   Time    Time     Time
```

---

37 [옮긴이] 구글이 Go를 만들었으니 당연합니다.

38 [옮긴이] 현재 파이썬 버전 2는 지원이 중단되었으니 가급적 버전 3을, 특정하게는 3.6 혹은 3.7 이상을 쓰도록 권고합니다.

```
Current
                                 Dload  Upload   Total   Spent    Left  Speed
100 81.9M  100 81.9M    0      0  34.1M      0  0:00:02 0:00:02 --:--:--  34.1M
$ tar xf google-cloud-sdk-319.0.1-linux-x86_64.tar.gz
$ ./google-cloud-sdk/install.sh
Welcome to the Google Cloud SDK!
--생략--
```

현 버전의 구글 클라우드 SDK tarball(버전이 굉장히 자주 변경됨)을 다운로드하고 압축을 풀어 준
뒤 다음의 커맨드 ./google-cloud-sdk/install.sh를 수행하여 설치를 진행합니다. 설치 프로세스에서
환경에 알맞게 몇 가지 질문에 답합니다. 이후는 간결함을 위해 생략합니다.

구글 클라우드 SDK 초기화하기

코드를 배포하기 전에 먼저 구글 클라우드 SDK에 인증을 해야 합니다. 구글은 이 프로세스가
AWS보다 간략합니다. 별도로 자격 증명을 생성해서 복사 후 커맨드 라인에서 붙여넣기를 할 필
요가 없이 구글 클라우드에서는 웹 브라우저를 사용하여 인증과 인가를 처리합니다.

gcloud init 커맨드를 사용하면 aws configure 커맨드를 사용하여 구성 정보를 업데이트하는 것
과 같이 구글 클라우드의 커맨드 라인 환경을 변경할 수 있습니다.

```
$ ./google-cloud-sdk/bin/gcloud init
Welcome! This command will take you through the configuration of gcloud.
--생략--
Pick cloud project to use:
[1] Create a new project
Please enter numeric choice or text value (must exactly match list
item): 1

Enter a Project ID. Note that a Project ID CANNOT be changed later.
Project IDs must be 6-30 characters (lowercase ASCII, digits, or
hyphens) in length and start with a lowercase letter. goxkcd
--생략--
$ gcloud projects list
PROJECT_ID                  NAME              PROJECT_NUMBER
goxkcd                      goxkcd            123456789012
```

❶

프로세스의 첫 단계는 웹 브라우저의 페이지를 열어 구글 클라우드 계정으로 구글 클라우드의
SDK를 인증하는 것입니다. 이미 구글 클라우드 계정 내에 프로젝트를 가지고 있다면 커맨드 라인
의 출력 결과가 이 책에서 보는 것과는 조금 다를 것입니다. 여기서는 책의 목적을 위하여 새로운
프로젝트를 생성하고(❶) 프로젝트 ID로 goxkcd를 줍니다. 프로젝트 ID는 구글 클라우드 전체 내

에서 유일해야 합니다. 이 단계를 완료하면 AWS에서처럼 구글 클라우드를 사용할 수 있습니다.

결제 활성화 및 Cloud Functions 활성화

Cloud Functions을 사용하기에 앞서 먼저 프로젝트에 결제를 활성화해야 합니다. https://cloud.google.com/billing/docs/how-to/modify-project/에서 존재하는 프로젝트의 결제 상태를 변경하는 방법에 관해 자세하게 설명합니다. 결제가 활성화되면 프로젝트에서 Cloud Functions을 사용하도록 활성화할 수 있습니다. 그 이후에 코드를 작성합니다.

Cloud Function 정의하기

구글 Cloud Function은 AWS Lambda에서 그랬던 것처럼 별도의 독립적인 애플리케이션을 작성하지 않고 Go의 모듈 기능을 사용합니다. 이로 인해 Cloud Functions과 관련된 별도의 라이브러리를 임포트하거나 애플리케이션의 시작점으로 메인 함수를 정의할 필요가 없기 때문에 코드가 한결 단순해집니다.

목록 14-7은 Cloud Functions에 호환되는 모듈의 초기 부분의 코드입니다.

목록 14-7 영속적인 변수 및 요청, 응답 타입 생성하기(gcp/xkcd.go)

```
package gcp

import (
  "encoding/json"
  "log"
  "net/http"

  "github.com/awoodbeck/gnp/ch14/feed"
)

var (
  rssFeed feed.RSS
  feedURL = "https://xkcd.com/rss.xml"
)

type EventRequest struct {
  Previous bool `json:"previous"`
}

type EventResponse struct {
  Title     string `json:"title"`
  URL       string `json:"url"`
  Published string `json:"published"`
}
```

타입 구조체는 이전에 AWS Lambda에서 작성하였던 코드와 동일합니다. AWS Lambda와는 달리 Cloud Functions에서는 요청 보디를 EventRequest로 언마샬링해 주지 않습니다. 따라서 요청과 응답 페이로드를 언마샬링하고 마샬링하는 부분을 직접 처리해 주어야 합니다.

여러 함수 시그니처들을 사용하였던 AWS Lambda와는 달리 Cloud Functions에서는 목록 14-8에서 확인할 수 있듯이 익숙한 net/http 핸들러 함수의 시그니처인, func(http.Response Writer, *http.Request)를 사용합니다.

목록 14-8 요청과 응답을 처리하고 선택적으로 RSS 피드 업데이트하기(gcp/xkcd.go)

```
--생략--

func LatestXKCD(w http.ResponseWriter, r *http.Request) {
  var req EventRequest
  resp := EventResponse{Title: "xkcd.com", URL: "https://xkcd.com/"}

  defer ❶func() {
    w.Header().Set("Content-Type", "application/json")
    out, _ := json.Marshal(&resp)
    _, _ = w.Write(out)
  }()

  if err := ❷json.NewDecoder(r.Body).Decode(&req); err != nil {
    log.Printf("decoding request: %v", err)
    return
  }

  if err := rssFeed.ParseURL(❸r.Context(), feedURL); err != nil {
    log.Printf("parsing feed: %v:", err)
    return
  }
```

AWS 코드와 유사하게 이 LatestXKCD 함수는 ParseURL 메서드를 사용하여 RSS 피드를 새로고침합니다. 하지만 Cloud Function에서는 요청 보디를 직접 JSON 언마샬링하고(❷) 클라이언트에게 전송하기 전에 직접 응답 보디를 JSON으로 마샬링해 주어야 합니다(❶). LatestXKCD 함수의 매개변수로 콘텍스트를 받지 않지만 파서 메서드가 반환되기 전에 먼저 클라이언트에 연결된 소켓이 종료되는 경우, 요청의 콘텍스트(❸)를 이용하여 파서를 취소할 수 있습니다.

목록 14-9에서는 LatestXKCD 함수의 남은 부분을 구현합니다.

목록 14-9 피드 결과로 응답 생성하기(gcp/xkcd.go)

```
--생략--
  switch items := rssFeed.Items(); {
  case req.Previous && len(items) > 1:
    resp.Title = items[1].Title
    resp.URL = items[1].URL
    resp.Published = items[1].Published
  case len(items) > 0:
    resp.Title = items[0].Title
    resp.URL = items[0].URL
    resp.Published = items[0].Published
  }
}
```

목록 14-6처럼 이 코드는 알맞은 피드 아이템으로 응답 필드를 생성합니다. 목록 14-8에서 **defer**로 호출된 함수가 http.ResponseWriter에 응답을 쓰기에 이제 더 이상 할 일은 없습니다.

작성한 Cloud Function 배포하기

코드를 배포하기 전에 먼저 구글이 패키지 내의 의존 라이브러리들을 찾을 수 있도록 **go.mod** 파일을 생성해야 합니다. AWS Lambda와는 달리 구글 클라우드의 Cloud Function에서는 코드를 배포하면 실제 컴파일과 바이너리 패키징은 궁극적으로 Cloud Functions에서 처리됩니다.

다음의 커맨드를 사용하여 **go.mod** 파일을 생성합니다.

```
$ cd gcp
gcp$ go mod init github.com/awoodbeck/gnp/ch14/gcp
go: creating new go.mod: module github.com/awoodbeck/gnp/ch14/gcp
gcp$ go mod tidy
--생략--
gcp$ cd -
```

이 커맨드는 github.com/awoodbeck/gnp/ch14/gcp라는 이름의 모듈을 생성하여 초기화하고 **go.mod** 파일 내에 필요한 모듈들을 정돈tidy합니다.

이제 모듈을 배포할 준비가 되었습니다. 함수 이름과 소스코드 위치, Go 런타임 버전을 플래그로 주어 gcloud functions deploy 커맨드를 사용합니다.

```
$ gcloud functions deploy LatestXKCD --source ./gcp/ --runtime go113 \
--trigger-http --allow-unauthenticated
Deploying function (may take a while - up to 2 minutes)...
```

```
For Cloud Build Stackdriver Logs, visit:
https://console.cloud.google.com/logs/viewer--snip--
Deploying function (may take a while - up to 2 minutes)...done.
availableMemoryMb: 256
buildId: 5d7fee9b-7468-4b04-badc-81015aa62e59
entryPoint: ❶LatestXKCD
httpsTrigger:
 url: ❷https://us-central1-goxkcd.cloudfunctions.net/LatestXKCD
ingressSettings: ❸ALLOW_ALL
labels:
 deployment-tool: cli-gcloud
name: projects/goxkcd/locations/us-central1/functions/LatestXKCD
runtime: ❹go113
serviceAccountEmail: goxkcd@appspot.gserviceaccount.com
sourceUploadUrl: https://storage.googleapis.com/--snip--
status: ACTIVE
timeout: 60s
updateTime: '2006-01-02T15:04:05.000Z'
versionId: '1'
```

--trigger-http는 HTTP 수신 요청에 대해 함수를 호출하도록 트리거를 설정하는 플래그이며, --allow-unauthenticated는 HTTP 엔드포인트에 대해 별도의 인증을 요구하지 않겠다는 플래그입니다.

정상적으로 생성되었다면 SDK는 함수 이름(❶)과 생성된 함수의 HTTP 엔드포인트(❷), 엔드포인트의 권한(❸), 그리고 Go 런타임 버전(❹)을 출력해 줍니다.

전체적으로 AWS Lambda의 배포 흐름보다 Cloud Functions의 배포 흐름이 더 단순하긴 하지만, Cloud Functions에서 지원하는 Go 런타임 버전만 사용할 수 있다는 제약 사항이 존재합니다. 따라서 Go 1.13 이후에 추가된 기능을 사용하지 않도록 주의하기 바랍니다. AWS Lambda에서는 바이너리를 배포하기 때문에 이러한 제약 사항이 존재하지 않습니다.[39]

작성한 Cloud Function 테스팅하기

구글 클라우드 SDK에는 AWS CLI와는 달리 커맨드 라인에서 함수를 실행시켜 볼 수 있는 방법이 없습니다. 하지만 함수의 HTTP 엔드포인트가 외부에서 접근할 수 있기 때문에 직접 HTTP 요청을 보낼 수 있습니다.

---

39 옮긴이 현재 Cloud Functions에서 지원하는 권장 버전이 1.16입니다. 자세한 내용은 https://bit.ly/32HnZOy에서 확인해 주시기 바랍니다.

curl을 이용하여 생성한 함수의 HTTP 엔드포인트에 HTTP 요청을 보냅니다.

```
$ curl -X POST -H "Content-Type: application/json" --data '{}' \
https://us-central1-goxkcd.cloudfunctions.net/LatestXKCD
{"title":"Lumpers and Splitters","url":"https://xkcd.com/2518/","published":"Mon,
 02 Jan 2006 15:04:05 -0700"}
$ curl -X POST -H "Content-Type: application/json" \
--data '{"previous":true}' \
https://us-central1-goxkcd.cloudfunctions.net/LatestXKCD
{"title":"Lumpers and Splitters","url":"https://xkcd.com/2518/","published":"Mon,
02 Jan 2006 15:04:05 -0700"}
```

요청 보디에 JSON이 포함되어 있다는 것을 알려 주는 Content-Type 헤더 값과 함께 POST 요청을 보냅니다. 첫 번째 요청에서는 빈 객체를 보내어 응답으로 XKCD 만화의 제목과 URL을 받아 옵니다. 두 번째 요청에서는 이전의 만화를 요청하여 올바르게 응답을 받아 옵니다.

AWS와는 달리 구글 Cloud Function에서 생성한 함수의 HTTP 엔드포인트에는 --allow-unauthenticated 플래그를 설정하여 아무나 생성한 함수에 요청을 보낼 수 있다는 사실을 주의하기 바랍니다. 함수에서 민감한 정보를 반환하지 않기 때문에 발생할 수 있는 잠재적인 위험은 함수 사용 이후 삭제를 하지 않아서 발생할 비용 정도일 것입니다.

기대한 대로 함수가 동작하면 먼저 삭제해 주기 바랍니다. 커맨드 라인에서 다음을 입력하여 함수를 삭제할 수 있습니다.

```
$ gcloud functions delete LatestXKCD
```

정말로 삭제할 것인지 한 번 더 확인할 것입니다.

애저 Functions

AWS Lambda와 구글의 Cloud Functions와는 달리 마이크로소프트 애저의 Functions에는 Go가 퍼스트클래스 지원이 되지 않습니다. 하지만 전혀 불가능한 것은 아닙니다. 별도로 HTTP 서버를 노출하기 위한 커스텀 핸들러를 정의할 수 있습니다. 애저 Functions에서 클라이언트와 커스텀 핸들러의 HTTP 서버 간에 요청과 응답을 프락시해 줍니다. 애저 Functions의 커스텀 핸들러에 대해 https://bit.ly/3lSjsPo에서 더 읽어 볼 수 있습니다. 게다가 작성한 코드는 리눅스 환경 외에도 Windows 환경에서도 실행이 가능한데, 이는 애저 Functions에 코드를 배포하기 위해 컴파일할 때 중요한 차이점입니다.

더 진행하기 전에 마이크로소프트 애저 계정이 필요합니다. https://azure.microsoft.com에서 계정을 생성해 줍니다.

애저 CLI 설치하기

애저 CLI는 Windows, macOS, 그리고 여러 리눅스 배포판에 대한 설치 패키지를 지원합니다. https://bit.ly/3u04MB4에서 애저 CLI가 지원하는 운영체제를 확인할 수 있습니다.

다음의 커맨드는 애저 CLI를 데비안 계열의 리눅스 시스템에 설치합니다.

```
$ curl -sL https://aka.ms/InstallAzureCLIDeb | sudo bash
[sudo] password for user:
export DEBIAN_FRONTEND=noninteractive
apt-get update
--생략--
$ az version
{
 "azure-cli": "2.15.0",
 "azure-cli-core": "2.15.0",
 "azure-cli-telemetry": "1.0.6",
 "extensions": {}
}
```

첫 번째 커맨드는 InstallAzureCLIDeb 셸 스크립트를 다운로드하고 sudo bash에 파이핑piping합니다. sudo를 사용하기 위한 인증 후 스크립트는 Apt 레포지토리를 업데이트하고 **azure-cli** 패키지를 설치합니다.

설치되고 나면 **az version** 커맨드에서 현재 설치된 애저 CLI 컴포넌트의 버전을 확인할 수 있습니다.

애저 CLI 구성하기

AWS CLI에서는 구성 단계에서 자격 증명 정보가 필요했고, 구글 클라우드 SDK에서는 구성 단계에서 웹 페이지를 열어서 인증했다면, 애저 CLI는 구성과 인증이 별도의 단계로 분리되어 있습니다. 먼저, az configure 커맨드를 수행하여 애저 CLI를 구성합니다. 그리고 az login 커맨드를 수행하여 웹 브라우저에서 애저 CLI를 인증합니다.

```
$ az configure
Welcome to the Azure CLI! This command will guide you through logging in and
setting some default values.
```

```
Your settings can be found at /home/user/.azure/config
Your current configuration is as follows:
--생략--
$ az login
```
❶
```
You have logged in. Now let us find all the subscriptions to which you have
access...
[
  {
  "cloudName": "AzureCloud",
--생략--
  }
]
```

애저 CLI에는 az configure 프로세스에서 다 다루지 못하는 다양한 구성 옵션들을 지원합니다. 직접 $HOME/.azure/config 파일 내의 설정 값을 수정하는 대신 애저 CLI를 이용하여 구성 설정 값을 변경할 수 있습니다. 예를 들어, core.collect_telemetry 변수의 값을 off로 설정하여 텔레메트리telemetry 수집 기능을 비활성화할 수 있습니다.

```
$ az config set core.collect_telemetry=off
Command group 'config' is experimental and not covered by customer support.
Please use with discretion.
```

애저 Functions 핵심 도구 설치하기

이번 장에서 살펴본 다른 클라우드 서비스들과는 달리 애저 CLI 도구에서는 직접적으로 애저 Functions을 지원하지 않습니다. 이를 사용하기 위하여 별도의 도구들을 설치해야 합니다.

https://bit.ly/39oMTCL 페이지의 애저 핵심 도구 설치 섹션에서 버전 3의 도구를 Windows, macOS, 리눅스상에 설치하는 자세한 프로세스를 보여 줍니다.

커스텀 핸들러 생성하기

애저 Functions 핵심 도구를 이용하여 새로운 커스텀 핸들러를 초기화할 수 있습니다. --worker-runtime custom 플래그를 설정하여 func init 커맨드를 실행합니다.

```
$ cd azure
$ func init --worker-runtime custom
Writing .gitignore
Writing host.json
Writing local.settings.json
```

```
Writing /home/user/dev/gnp/ch14/azure/.vscode/extensions.json
```

핵심 도구에서 몇 가지 프로젝트 파일을 만들어 주는데, 이 중에서 **host.json** 파일을 살펴봅니다.

코드를 작성하기 전에 먼저 몇 가지 해야 할 일이 있습니다. 첫째, 애저 Functions에서 사용할 함수 이름으로 서브디렉터리를 생성합니다.

```
$ mkdir LatestXKCDFunction
```

이 예시에서는 애저 Functions의 함수 이름과 동일하게 LatestXKCDFunction라는 이름의 서브디렉터리를 생성합니다. 이 이름은 함수의 엔드포인트 URL의 일부가 됩니다.

둘째, 생성한 서브디렉터리에 목록 14-10의 내용으로 **function.json**이라는 파일을 만듭니다.

목록 14-10 들어오는 HTTP 트리거와 나가는 HTTP 바인딩(azure/LatestXKCDFunction/function.json)

```
{
  "bindings": [{
      "type": ❶"httpTrigger",
      "direction": ❷"in",
      "name": "req",
    ❸"methods": ["post"]
    },
    {
      "type": ❹"http",
      "direction": ❺"out",
      "name": "res"
    }
  ]
}
```

애저 Functions의 핵심 도구는 애저 Functions에서 작성한 커스텀 핸들러를 사용하도록 구성하기 위하여 **function.json** 파일을 사용합니다. JSON 파일에는 애저 Functions이 들어오는 HTTP 트리거를 커스텀 핸들러에 바인딩하고, 그 결과로 HTTP 출력을 기대하는 내용이 포함되어 있습니다. 목록 14-10에서의 JSON에는 애저 Functions에게 들어오는(❷) POST 요청(❸)은 커스텀 핸들러를 트리거(❶)하고, 그 결과로 커스텀 핸들러는 HTTP로(❹) 응답합니다(❺).

마지막으로, 목록 14-11을 참조하여 생성된 **host.json** 파일을 일부 수정합니다.

목록 14-11 host.json 파일 수정하기(azure/host.json)

```json
{
  "version": "2.0",
  "logging": {
    "applicationInsights": {
      "samplingSettings": {
        "isEnabled": true,
        "excludedTypes": "Request"
      }
    }
  },
  "extensionBundle": {
    "id": "Microsoft.Azure.Functions.ExtensionBundle",
    "version": "[1.*, 2.0.0)"
  },
  "customHandler": {
  ❶"enableForwardingHttpRequest": true,
    "description": {
      "defaultExecutablePath": ❷"xkcd.exe",
      "workingDirectory": "",
      "arguments": []
    }
  }
}
```

애저 Functions에서 커스텀 핸들러로 HTTP 요청의 포워딩을 활성화해 줍니다(❶). 이로 인해 애저 Functions이 클라이언트와 커스텀 핸들러 간에 프락시의 역할을 합니다. 또한, 기본 실행파일 경로에 Go 바이너리의 경로를 설정합니다(❷). 코드가 Windows상에서 동작할 것이기 때문에 **.exe** 파일 확장자가 포함되었는지 확인합니다.

커스텀 핸들러 정의하기

커스텀 핸들러에서는 고유의 HTTP 서버를 초기화해야 하지만, 구글 Cloud Function에서 사용했던 코드를 재사용할 수 있습니다. 목록 14-12는 커스텀 핸들러의 전체 구현입니다.

목록 14-12 구글 Cloud Function에서 작성했던 코드 사용하여 애저 Functions 요청 처리하기(azure/xkcd.go)

```go
package main

import (
  "log"
  "net/http"
  "os"
  "time"

  "github.com/awoodbeck/gnp/ch14/gcp"
```

```
)

func main() {
  port, exists := ❶os.LookupEnv("FUNCTIONS_CUSTOMHANDLER_PORT")
  if !exists {
    log.Fatal("FUNCTIONS_CUSTOMHANDLER_PORT environment variable not set")
  }

  srv := &http.Server{
    Addr:              ":" + port,
    Handler:           http.HandlerFunc(❷gcp.LatestXKCD),
    IdleTimeout:       time.Minute,
    ReadHeaderTimeout: 30 * time.Second,
  }

  log.Printf("Listening on %q ...\n", srv.Addr)
  log.Fatal(srv.ListenAndServe())
}
```

애저 Functions은 FUNCTIONS_CUSTOMHANDLER_PORT 환경 변수(❶)에 할당된 포트 번호에서 HTTP 서버가 리스닝하고 있기를 기대합니다. 구글 Cloud Function에서 작성한 LatestXKCD 함수가 http.HandlerFunc로 캐스팅될 수 있기 때문에 이 모듈을 임포트하여 애저 Functions에서 사용할 HTTP 서버의 핸들러로 사용할 수 있습니다(❷).

로컬에서 커스텀 핸들러 테스팅하기

애저 Functions 핵심 도구를 사용하면 코드를 배포하기 전에 로컬에서 테스트할 수 있습니다. 애저 Functions 코드를 컴퓨터상에서 빌드하고 실행해 봅시다. 먼저, 애저 Functions 코드 디렉터리로 이동합니다.

```
$ cd azure
```

다음으로, 결과 바이너리가 **host.json** 파일에서 정의한 파일(이 예시에서는 **xkcd.exe**)과 일치하도록 코드를 빌드합니다.

```
azure$ go build -o xkcd.exe xkcd.go
```

코드를 로컬에서 실행할 것이기 때문에 Windows용으로 컴파일할 필요는 없습니다.

마지막으로, func start 커맨드를 수행하여 **host.json** 파일을 읽고 **xkcd.exe** 바이너리를 실행합니다.

```
azure$ func start
Azure Functions Core Tools (3.0.2931 Commit hash:
d552c6741a37422684f0efab41d541ebad2b2bd2)
Function Runtime Version: 3.0.14492.0
[2006-01-02T15:04:05.000] Worker process started and initialized.
[2006-01-02T15:04:05.002] 2006/01/02 15:04:05 Listening on ❶":44687" ...
[2006-01-02T15:04:05.002] 2006/01/02 15:04:05 decoding request: EOF
Hosting environment: Production
Content root path: /home/user/dev/gnp/ch14/azure
Now listening on: ❷http://0.0.0.0:7071
Application started. Press Ctrl+C to shut down.

Functions:

    LatestXKCDFunction: [POST] ❸http://localhost:7071/api/LatestXKCDFunction

For detailed output, run func with -verbose flag.
```

애저 Functions상에 올라간 코드는 **xkcd.exe** 바이너리를 실행시키기 전에 FUNCTIONS_
CUSTOMHANDLER_PORT 환경 변수 값을 44687으로 설정합니다(❶). 또한, 애저 Functions는 7071번
포트에 HTTP 엔드포인트를 노출합니다(❷). **LatestXKCDFunction** 엔드포인트에 전송되는 모든
요청(❸)은 **xkcd.exe** HTTP 서버로 포워딩되며, 모든 응답은 클라이언트에게 포워딩됩니다.

이제 **LatestXKCDFunction** 엔드포인트가 활성화되었으니 구글 Cloud Function 코드처럼 애저
Functions에 HTTP 요청을 보낼 수 있습니다.

```
$ curl -X POST -H "Content-Type: application/json" --data '{}' \
http://localhost:7071/api/LatestXKCDFunction
{"title":"Chemist Eggs","url":"https://xkcd.com/2373/",
"published":"Fri, 16 Oct 2020 04:00:00 -0000"}
$ curl -X POST -H "Content-Type: application/json" -data \
'{"previous":true}' http://localhost:7071/api/LatestXKCDFunction
{"title":"Dialect Quiz","url":"https://xkcd.com/2372/",
"published":"Wed, 14 Oct 2020 04:00:00 -0000"}
```

구글 클라우드와 같이 요청 보디에 빈 JSON으로 POST 요청을 보내면 커스텀 핸들러가 XKCD 만
화 제목과 URL을 반환합니다. 이전 만화를 요청하면 이전 만화의 제목과 URL을 반환합니다.

커스텀 핸들러 배포하기

커스텀 핸들러를 사용하면 배포 프로세스가 Lambda나 Cloud Functions보다 조금 더 복잡합
니다. 이 섹션에서는 리눅스에서 커스텀 핸들러를 배포하는 프로세스를 살펴봅니다. https://bit.

ly/3zpxXil 페이지에서 전체 프로세스를 자세히 확인할 수 있습니다.

먼저, 애저 CLI에 인증하기 위해 az login 커맨드를 수행합니다.

```
$ az login
You have logged in.
```

다음으로 리소스 그룹을 생성하고 사용하고자 하는 로케이션을 지정합니다. az account list-locations 커맨드를 사용하면 현재 사용할 수 있는 로케이션의 목록을 얻어 올 수 있습니다. 이 예시에서는 리소스 그룹 이름으로 NetworkProgrammingWithGo을 사용하고 로케이션으로는 eastus을 사용하였습니다.

```
$ az group create --name NetworkProgrammingWithGo --location eastus
{
  "id": "/subscriptions/--snip--/resourceGroups/NetworkProgrammingWithGo",
  "location": "eastus",
  "managedBy": null,
  "name": "NetworkProgrammingWithGo",
  "properties": {
    "provisioningState": "Succeeded"
  },
  "tags": null,
  "type": "Microsoft.Resources/resourceGroups"
}
```

다음으로, 고유한 스토리지 계정 정보를 생성하기 위하여 이름과 로케이션, 방금 생성한 리소스 그룹의 이름, 그리고 SKU로 Standard_LRS을 지정합니다.

```
$ az storage account create --name npwgstorage --location eastus \
--resource-group NetworkProgrammingWithGo --sku Standard_LRS
 - Finished ..
--생략--
```

마지막으로, 고유한 이름을 지정해 주며, 애저 Functions의 애플리케이션을 만들어 줍니다. Functions 버전으로 3.0을, 런타임으로 커스텀을 지정해 줍니다.

```
$ az functionapp create --resource-group NetworkProgrammingWithGo \
--consumption-plan-location eastus --runtime custom \
--functions-version 3 --storage-account npwgstorage --name latestxkcd
Application Insights "latestxkcd" was created for this Function App.
```

이제 코드를 컴파일하고 배포할 준비가 되었습니다. 코드가 Windows상에서 동작할 것이기 때문에 Windows용으로 빌드해야 합니다. 이후 커스텀 핸들러를 배포합니다.

```
$ cd azure
azure$ GOOS=windows go build -o xkcd.exe xkcd.go
azure$ func azure functionapp publish latestxkcd --no-build
Getting site publishing info...
Creating archive for current directory…
Skipping build event for functions project (--no-build).
Uploading 6.12 MB [###########################################################]
Upload completed successfully.
Deployment completed successfully.
Syncing triggers...
Functions in latestxkcd:
 LatestXKCDFunction - [httpTrigger]
 Invoke url: ❶https://latestxkcd.azurewebsites.net/api/
latestxkcdfunction
```

코드가 배포되고 나면 커스텀 핸들러의 URL에(❶) POST 요청을 보낼 수 있습니다. 실제 URL은 이보다 조금 더 길고 애저 Functions과 관련된 몇 가지 URI 파라미터들이 포함되어 있습니다. 여기서는 간결함을 위해 생략합니다.

커스텀 핸들러 테스팅하기

커스텀 핸들러의 전체 URL을 사용하는 경우 결과는 다음과 같이 보일 것입니다.

```
$ curl -X POST -H "Content-Type: application/json" --data '{}' \
https://latestxkcd.azurewebsites.net/api/latestxkcdfunction?--생략--
{"title":"Lumpers and Splitters","url":"https://xkcd.com/2518/","published":"Mon,
02 Jan 2006 15:04:05 -0700"}
$ curl -X POST -H "Content-Type: application/json" \
--data '{"previous":true}' \
https://latestxkcd.azurewebsites.net/api/latestxkcdfunction?--생략--
{"title":"Lumpers and Splitters","url":"https://xkcd.com/2518/","published":"Mon,
02 Jan 2006 15:04:05 -0700"}
```

curl을 사용하여 생성한 애저 Functions의 커스텀 핸들러에 질의합니다. 예상대로 공백의 JSON을 보내면 현재 XKCD 만화의 제목과 URL 정보를 반환하고, 이전 만화를 요청하면 이전 만화의 제목과 URL 정보를 반환합니다.

이 장에서 배운 것

클라우드를 사용할 때 애플리케이션 개발에 집중하고, 서버 인프라를 관리하고, 소프트웨어 라이선스 문제와 서버 인프라를 유지하는 인력을 구하는 노력을 피할 수 있습니다. 이 장에서는 포괄적인 솔루션을 제공해 주고, 비즈니스가 확장해감에 따라 사용한 만큼 비용을 지불할 수 있는 유명한 클라우드 프로바이더인 아마존 웹 서비스와 구글 클라우드, 그리고 마이크로소프트 애저에 대해 살펴보았습니다. 특별히 각 프로바이더의 서버리스 PaaS 서비스인 AWS Lambda와 구글 Cloud Function, 그리고 마이크로소프트 애저 Functions에 대해 살펴보았습니다.

살펴보았듯이 세 클라우드 환경에서 애플리케이션을 개발하고 배포하는 것은 동일하게 일반적인 프로세스가 있습니다. 먼저, 플랫폼에 알맞은 커맨드 라인 도구를 설치하고, 커맨드 라인 도구가 계정 대신 동작할 수 있도록 인증의 절차를 거칩니다. 이후에 타깃 플랫폼에 맞게 애플리케이션을 개발하고 배포합니다. 마지막으로, 애플리케이션이 예상대로 동작하는지 확인합니다.

AWS Lambda와 Cloud Function은 Go를 퍼스트클래스로 지원하여 개발과 배포 작업 흐름이 쉽습니다. 애저 Functions에서는 명시적으로 Go를 지원하지 않지만, 커스텀 핸들러를 작성하여 사용할 수 있습니다. 전체적으로 개발과 배포, 테스팅의 작업 흐름이 조금씩 다르긴 하지만, 동일한 목적을 달성할 수 있습니다. 어느 클라우드 프로바이더를 사용하느냐는 여러분의 상황이나 예산에 따라 결정하면 됩니다.

찾아보기

기호 및 숫자

$GOPATH/bin	314
$GOROOT/src/crypto/tls/generate_cert.go	284
../files	227
./aws/install	373
.arpa	45
.com	40
.dir	228
.exe	391
.net	40
.org	40
.proto	312~319, 322, 328
.secret	228
/2	235, 236
/backend/	261
/backend/this/is/a/test	261
/backend	261
/etc/group	157, 170, 173, 176
/hello	230
/hello/there	230
/hello/there/	230, 231, 232
/hello/there/you	230
/hello/you	230
/robots.txt	185
/sage.svg	227
/static/	228
/static/sage.svg	228
/tmp/caddy.sock	244
/tmp/creds.sock	175, 177
_linux_test.go	168
-lumberjack.log	354
100Mbps	7
1계층	10
2000::/3	32
2600:fe56:7891::/48	32
2계층	10
3계층	10
4계층	9
5계층	9
6계층	9
7계층	9

A

A 레코드	41
abstraction	9
AcceptUnix	172
ACK	53
ACK 패킷	56
acknowledgment packet	142
Automated Certificate Management Environment (ACME)	240
adapter	248
Address Resolution Protocol	16, 29
address:port	26
Address	41
AES-GCM	268
Allowed	172
AND 비트 연산	23
anycast	32
Apache	241
application layer	14
Application Programming Interfaces(API)	7
application/json	200
archiver	380
Amazon Resource Name(ARN)	376
ARP	16, 29, 34

ARP 테이블	30
ARPANET	20
assertion	63
atomic	346
authoritative name server	43
authority	182
automobile	183
autonomous system	38
Autonomous System Number(ASN)	39
avatar.jpeg	190
awoodbeck	249
aws configure	374
AWS IAM	376
AWS Lambda	372
aws/trust-policy.json	376
aws/xkcd.go	379
azure-cli	388

B

backend	257
bad certificate	294
bandwidth	7
binding	59
bit	10
Border Gateway Protocol(BGP)	16, 39
boundary	200
broadcast address	29
broadcast	29
bus	4
butter=irish	183

C

Caddy	240, 242, 257
caddy.json	247
caddy.toml	260, 262
caddy/cmd/caddy	242
Caddyfile	248
Canonical Name	43
cert.pem	276, 280~282, 285, 319
certificate pinning	274, 280
checksum	151
cipher suite	275
Classless Inter-Domain Routing(CIDR)	23
clientCert.pem	293
CLOSE_WAIT	114, 115
closure	221
CMP	16

Common Name(CN)	286
CNAME 레코드	43
code instrumentation	354
code smell	113
coffee=dark_roast	183
com	40
computer network	3
configuration	242
configuration traversal	245
CONNECT	186
Content Delivery Network(CDN)	8
context	65
counter	356
cumulative	366

D

daisy chain	4
data integrity	15
data packet	138
datagram	13
datagram socket	158
date	201
davefromaccounting	170
DDoS 공격	39
deadline	71
deadlock	59
debug	335
decode	301
defer	162
defunct process	157
DELETE	186
description	201
destination unreachable	36
DH key exchange	269
diff	186
Diffie-Hellman(DH)	69
dig	41
Distinguished Encoding Rules(DER)	287
Distributed Denial-of-Service(DDoS)	7, 39
DNS over HTTPS	48
DNS over TLS	47
DNSDoT	47
DoH	48
domain name	40
domain name resolution	19
domain name resolver	40
Domain Name System(DNS)	15, 40, 48

Domain Name System Security Extension(DNSSEC)　47
DoT　47
downgrade　268
Dynamic Host Configuration Protoco(DHCP)　15

E

ECDSA 암호화 알고리즘　284
echo reply　36
echo server　102
echo_linux_test.go　168
echo_unix　162
echo　36
eggs=12　183
Elliptic Curve Digital Signature Algorithm(ECDSA)　284, 287
elliptic curve　273
encapsulation　11
encode　301
encoding/json　370, 376
encoding/xml　370
end-to-end principle　13
Entity Tag　370
error　335
error packet　143
ETag　370
example:　332
external routing protocol　39

F

favicon.ico　190, 233
FCS　13
Federal Information Processing Standards(FIPS)　273
File Transfer Protocol(FTP)　15
fileb://xkcd.zip　379
files　257, 260, 262, 263
FIN　57
FIN 패킷　116
finish　57
firewall　37
flow control　52
forward secrecy　269
fragment　182
fragmentation　128
Frame Check Sequence　13
from　100
fsnotify　346
Fully Qualified　41

function.json　390

G

gauge　357
generate_cert.go　275
geolocation　34
GET　185
Global Routing Prefix(GRP)　31
Glomar response　188
Go 설치하기　xvii
go.mod　250, 372, 385
Gob　309
gobs of binary data　309
Gobs of Data　310
golangnetwork　373
google.com　270
GOPATH/bin　313
gopher　182, 185
go-toml　249
gRPC　317

H

handler　62, 206, 212
hard limit　111
HEAD　185
heartbeat　73
Hello!　352
hexdump　311
hextet　30
hiking.svg　233, 263
histogram　357
hop　4
horizontal communication　11
host　288
host ID　21
host.json　390, 392
hostname　182
housework.db　307, 309, 311
housework/v1/housework.pb.go　315
housework/v1/housework.proto　313, 314
housework/v1/housework_grpc.pb.go　319
http　62
HTTP request　184
HTTP tunneling　186
http.Handler　251
http.NewRequest　215
http.TimeoutHandler　225

HTTP/1.0	189, 190
HTTP/1.1	185, 187, 190
HTTP/2	190, 205, 232
http://localhost:2020/	263
http://localhost:2020/backend	263
http://localhost:2020/style.css	259
httpbin.org	202, 203
HTTPS	211, 266
httptest.NewRequest	215
HyperText Transfer Protocol(HTTP)	11

I

I/O time-out	280
Identity and Access Management(IAM)	376
Internet Assigned Numbers Authority(IANA)	
	26, 40, 187
ICMP	34, 36, 108, 130
Identity and Access Management	376
IGMP	16
index.html	233, 236, 262, 263
index2.html	236
info	335
InsecureSkipVerify	274, 283
interface ID	31
interloper	125
Internet Control Message Protocol	34, 36
internet layer	16
Internet Protocol	13, 20
Internet Service Provider	7
Inter-Process Communication	155
io.Copy	98, 103
io.MultiWriter	105
io.Reader	100
io.ReadWriter	103
io.TeeReader	105
io.Writer	100
IP	13, 20
IP address	20
IPC	155
IPsec	16, 35
IPv4	20
IPv6	16
IPv6의 주소	30
ISP	7

K

keepalive	111, 192

key.pem	276, 280~285, 319

L

lambda-xkcd	376
latency	7
LatestXKCDFunction	390, 393
leaf certificate	292
Let's Encrypt	240
level.debug	347
linger	112
link layer	16
ListenAndServe	237, 277
listener	58
localhost	26, 233, 276~288
localhost:2020-2025	244
log file rotation	337
log_test.go	332
logging level	334

M

Mail Exchange	44
main.go	242, 250, 255
Man In The Middle	274
marshal	301
matcher	261
maximum segment lifetime	57
Maximum Transmission Unit(MTU)	1281~131
mDNS	46, 47
Media Access Control(MAC)	13
mesh	5
Message Authentication Code	268
message	312
message body	11
method	184
middleware	206, 238
MITM	274
multicast	28
multicasting	118
multiplexer	206, 228, 238
Multipurpose Internet Mail Extensions(MIME)	200
multi-thread	123
mutex	321
MX 레코드	44
myHandler	251

N

n	345

Name Server	43
negotiation	273
Neighbor Discovery Protocol(NDP)	34, 36
net.Conn	103, 110
net.DialTCP	111
net.ListenPacket	121, 131
net.PacketConn	119, 127, 131, 147
net.TCPConn	110
net.UnixConn	172
netascii	135
netblock	32
Netcat	175, 184
Network Address Translation(NAT)	27, 28
network congestion	52
network ID	21
Network Interface Controller	35
network layer	16
network prefix	23
network switch	5
NGINX	241
nibble	30
NIC	35
nil	196
node	3
NS 레코드	43
null	307

O

octet	20, 135
OK	150
OP 코드	134, 135
Open Systems Interconnection(OSI)	8
operation code	134, 135
op-level domain	40
OPTIONS	186
OR 비트 연산	158
Organizationally Unique Identifier(OUI)	35
os.Interrupt	237
os.ModeSocket	158
overflow	141

P

P-256 타원 곡선	287
PaaS	369
packet	13
packet loss	52
Pascal case	312

PATCH	186
path	182
payload	11
payload.svg	151, 153
PHP-FPM	241
ping	36, 74
ping.go	78
ping_example_test.go	78
ping_test.go	78
plaintext	200
platform-as-a-service	369
Pointer	45
point-to-point	4
Point-to-Point Protocol	17
pong	36, 74
port	26
port number	182
POST	185
PPP	17
prefix	23
Privacy-Enhanced Mail(PEM)	286
proto3	312
protoc	313, 314, 316
protoc-gen-go	313, 314, 325
protoc-gen-go-grpc	319
protocol	8
protocol buffer	312
proxy	98
proxyConn	100
PTR 레코드	45
purchase	183
push	190
PUT	185
Pv4	16

Q

query parameter	182
query parameter string	183

R

race condition	104, 346
read request	135
ReadDeadline	210
ReadHeaderTimeout	211
read-only	133
ReadTimeout	210
receive buffer	55

redirect	36	src/crypto/tls	275
Remote Procedure Call(RPC)	317, 328	star	5
request body	184	star-bus	6
request header	184	star-ring	6
resolver	41	Start of Authority	42
resource record	41	stateful	274
response.json	380	Stateless Address Autoconfiguration	34
restrict_prefix.go	252	static/sage.svg	228
restrict_prefix_test.go	227	StatusAccepted	199
reverse proxy	241	streaming socket	158
ring	5	structured logging	336
robots.txt	184	style.css	233, 263
role	374	Subject Alternative Name(SAN)	287
root zone	41	sub1	40
RootCA	292	sub2	40
route leak	39	sub3	40
router advertisement packet	35	subdivide	23
router	21, 206	subdomain	40
RPC	328	subnet	23
RST 패킷	113, 116	subnet ID	31
RSTreset(초기화) 패킷	58	suffix	23
		summary	358
		sync	346

S

sage.svg	227, 263	SYNSynchronize	53
scheme	182		
segment	13	**T**	
Selective Acknowledgement(SACK)	55	TCP 세션	52
semaphore file	345	TCP/IP 모델	13
Sender Policy Framework	46	TCP/IP 스택	20
sequence number	54	test.svg	151, 153
sequence packet socket	158, 167	text/plain	200, 217
Serial Line	16	Text	46
Serial Line Internet Protocol(SLIP)	16	TFTP Client	150
serverCert.pem	294	TFTP 클라이언트	150
Service Data Unit(SDU)	11	Transport Layer Security(TLS)	47
SetKeepAlive	112	Trivial File Transfer Protocol(TFTP)	133
SetKeepAlivePeriod	112	The Jetsons	317
SetLinger	112	the.grocery.store	183
Simple Mail Transfer Protocol(SMTP)	15	ThisIsPascal Casing	312
Single Point of Failure(SPOF)	5	throttle	115
size	91	TLS 협상	273
SKU	394	to	100
SLAAC	34, 35	toml	262
sliding window	56	toml.go	249, 250
snake case	312	topology	3
SOA 레코드	42	TRACE	186
socket address	26	trailing slash	230

transaction	27
Transmission Control Protocol(TCP)	8, 26
transport layer	15
TTLTime-To-Live	36
TXT 레코드	46
Type-Length-Value(TLV)	83, 88

U

unicast addressing	28
Unix domain socket	155, 156
unix.SO_PEERCRED	172
unix.SOL_SOCKET	172
unix.SOL_TCP	172
unix//tmp/caddy.sock	244
unmarshal	301
URL	182
User Datagram Protocol(UDP)	15, 26
users	158

V

Virtual Private Network(VPN)	47

W

watcher	348
web service	205
wide event	330
wide event logging	330, 349
window size	55
woodbeck.net	269, 270
WriteDeadline	211
WriteHeader	217
WriteTimeout	210

X

X.509	289
x/sys	346
xkcd	379
xkcd.exe	392, 393
xkcd.zip	379
XSS 공격	214

ㄱ

가상 사설망	47
간단한 파일 전송 프로토콜	133
개방형 시스템 상호 연결	8
검색	183
게이지	357

경계 게이트웨이 프로토콜	39
경계 경로 프로토콜	16
경로	182
경로에 누수	39
경쟁 상태	346
계수기	356
고양이 요람	228
고퍼	182, 185
관리자 권한	244
광범위한 이벤트	330
광범위한 이벤트 로깅	330, 349
교착 상태	104
구글 크롬의 개발자 도구	233
구분자	86
구조체 메서드	221
구조화된 로깅	336
권한 시작	42
권한 있는 이름 서버	43
권한 정보	182
그물형	5
글로벌 라우팅 접두사	31
기본 리소스	183, 192
기본 핸들러	219
길이 확장 해싱 공격	152

ㄴ

내 보안 자격 증명	373
내부고발자	266
내선번호	156
내재적인 신뢰	267
네이밍 컨벤션	312
네임 서버	43
네트워크 ID	21
네트워크 계층	10, 16
네트워크 스위치	5
네트워크 스택	156
네트워크 인터페이스 컨트롤러	35
네트워크 접두사	23
네트워크 정체	52
네트워크 주소 변환	27
네트워크 홉	130
넷블록	32
노드	3
니블	30

ㄷ

다목적 인터넷 메일 교환	200

다이얼러	65	리소스 레코드	41
다중화-역다중화	26	리소스 요청	204
다항 방정식	273	리소스 제한	63
단순 메일 전송 프로토콜	15	리스너	58
단일 장애 지점	5	리졸버	41
대륙별 인터넷 레지스트리	31	리프 인증서	292
대역폭	7	링크 계층	16
대표번호	156	링형	5
데드라인	66, 71, 128, 194		
데드록	59	**ㅁ**	
데이지 체인	4	매처	261
데이터 링크 계층	10	멀티라인 문자열	248
데이터 무결성	15	멀티스레드	123
데이터 손실	131	멀티캐스트	28~33
데이터 스트림	52	멀티캐스트 DNS	46
데이터 패킷	138	멀티캐스팅	118
데이터그램	13	멀티플렉서	206, 228, 238
데이터그램 소켓	158	메서드	184
데이터의 유효 기간	36	메시지	312
도메인 네임	40	메시지 본문	11
도메인 네임 시스템	15, 40	메시지 인증 코드	268
도메인 네임 시스템 보안 확장	47	메일 서버 등록제	46
도메인 네임 해석	19	메일 익스체인지	44
도메인 네임 확인 프로그램	40	모듈형 구조	248
도메인 네임을 IP 주소로 변환하는 절차	19	모범 사례	331
도메인의 하위 영역	40	목적지 노드	4
동기화	53	무결성	132
동시 접근	321	무상태 주소 자동구성	34
동적 호스트 구성 프로토콜	15	물리 계층	10
디버그	335	뮤텍스	321
디버그 로깅	330	미국 국립표준기술연구소	273
디지털 서명 표준	273	미들웨어	206, 238
디피-헬먼	269	미디어 접근 제어	13
		미연방 정보 처리 표준	273
ㄹ		민감한 파일	225
라우터	21, 206		
라우터 알림 패킷	35	**ㅂ**	
라우팅	19	바운더리	200
랜덤 바운더리	201	바이트 스트림	85
랜덤 포트	62	바이트 시퀀스	300
레이턴시	7, 34, 107	바인딩	59
로그 레벨 경계 설정값	337	방화벽	37, 110
로그 파일 로테이션	330, 337	버스형	4
로그 레벨	334	버스형 토폴로지	4
루트 영역	41	버전 1	314
리다이렉트	36	버퍼 채널	77
리버스 프락시	241	보안	xvi

보안 취약점 214
보안상 이점 156
분산 서비스 거부 39
불일치 문제 228
브로드캐스트 29, 32
브로드캐스트 주소 29
브로드캐스팅 118
블로킹 59, 71, 194
비밀 액세스 키 373
비트 10

ㅅ

사용자 데이터그램 프로토콜 15
상태 코드 217
새 액세스 키 만들기 373
샘플링 330
서버 267
서브넷 23
서브넷 ID 31
서브도메인 40
서브트리 230
서비스 거부 공격 91
서비스 데이터 단위 11
선택적 승인 55
성능 향상 156
세그먼트 13
세마포어 파일 345, 367
세분 23
세션 계층 9
세션 기반 프로토콜 131
세션 지향적 169
소수 273
소유권 157
소켓 주소 26, 118
수신 버퍼 55
수신 확인 패킷 142
수평 통신 11
순방향 보안 269
순차적 패킷 전송 133
스네이크 케이스 312
스로틀링 115
스크래핑 191
스키마 182, 183
스타-링 6
스타-버스 6
스타형 5
스테이트풀 274

스트리밍 기반의 네트워크 타입 170
스트리밍 소켓 158
스트림 지향적인 기능 127
스트림 지향적인 프로토콜 85, 119
슬라이딩 윈도 56
승인 53
시스템 관리자 110
시스템 파일 225
시스템의 가용 포트 110
시퀀스 번호 54
시퀀스 패킷 소켓 158
시퀀스 패킷 소켓 타입 167
신뢰받는 인증 기관 275
신뢰성 있는 데이터 전송 133
신뢰하는 인증 저장소 275
실시간 비디오 스트리밍 131
십진수 형식 21
쓰기 에러 카운터 366

ㅇ

아웃풋 337
아카이버 380
아파치 솔라 337
암호화 스위트 275, 278
애니캐스트 32, 33, 59
애플리케이션 계층 9, 14
애플리케이션 프로그래밍 인터페이스 7
애플리케이션 프로토콜 133
액세스 키 373
액세스 키 ID 373
어댑터 248
언더스코어 194
에러 335
에러 패킷 143
에코 서버 인스턴스 127
에코 36
에코 서버 102
에코 응답 36, 110
에코잉 120, 186, 283
엔트로피 소스 287
엔티티 태그 370
엠퍼샌드 182
역할 374
연습 문제 138
오버플로 141
오버헤드 110
오작동 194

옥텟	20	읽기 요청	135	
와이어샤크	55	읽기 전용	133	
와일드카드 문자	261	임계점	213	
외부 라우팅 프로토콜	39	임의의 공유 시크릿	295	
요약	358			
요청 보디	184	**ㅈ**		
요청 헤더	184	자격 증명	374	
요청-응답 생명주기	210	자동화된 인증서 관리 환경	240	
요청-응답 워크플로	204	자율 시스템	38	
요청-응답 콘텍스트	349, 354	자율 시스템 번호	39	
우선순위 필드	45	재전송	133	
우아한 종료	57, 209	전송 계층	9, 15	
원격 프로시저 콜	328	전송 제어 프로토콜	8	
원격 프로시저 호출	317	전송 확인 메커니즘	118	
원격 호스트	110	전체 주소 모듈 네임	249	
웹 서비스	205	점대점	4	
웹 트랜잭션	181	점대점 프로토콜	17	
윈도 크기	55	접두사	23	
유니캐스트	32, 59	접미사	23	
유니캐스트 주소 지정	28	정규화된 것	41	
유닉스 도메인 소켓	155, 156	정보 조각	182	
유닉스 호환 퍼미션 비트	158	제로 윈도	114	
유닉스의 철학	223	제로 윈도 문제	111	
응답 보디	193	젯슨 가족	317	
이상 현상	331	조직 고유 식별자	35	
이스케이핑	208	좀비 프로세스	157	
이웃 탐색 프로토콜	34	주소	41	
이진수 형식	21	주소 결정 프로토콜	16, 29	
인위적인 예시	223	주소:포트	26	
인증서 고정	274, 280, 325	중간자	274	
인증서 에러	294	중앙 집중화	367	
인증서 풀	289	지오로케이션	34	
인코더	337	직렬 회선 인터넷 프로토콜	17	
인터넷 계층	16			
인터넷 그룹 관리 프로토콜	16	**ㅊ**		
인터넷 서비스 공급자	7	참조 모델	8	
인터넷 제어 메시지 프로토콜	16, 34, 36	체이닝	244	
인터넷 프로토콜	13, 20	체크섬	151	
인터넷 프로토콜 버전 4	16	최대 세그먼트 생명주기	57	
인터넷 프로토콜 버전 6	16	최대 전송 단위	128	
인터넷 프로토콜 보안	16	최상단 인증 기관	292	
인터로퍼	125~128	최상위 계층 도메인	40	
인터페이스 ID	31	추상화	9	
인포 레벨	335	출발지 노드	4	
일래스틱서치	337, 340			
일부	55	**ㅋ**		
일시적인 에러	97	카운터	356	

캐노니컬 네임	43
캡슐화	11
커스텀 핸들	389
커스텀 핸들러	387, 391, 395
커트 보니것	228
컴퓨터 네트워크	3
코드 계측	354
코드 스멜	113
콘텍스트	65, 66
콘텐츠 전송 네트워크	8
쿼리 파라미터	182
쿼리 파라미터 스트링	183
크로스 플랫폼	178
클라이언트	267, 268
클로저	221
킵얼라이브	111, 192
킵얼라이브 메시지	110

ㅌ

타원 곡선	273
타임아웃	71, 194
타입 어설션	63, 83, 110
텍스트	46
토폴로지	3
통합 리소스 식별자	182
트랜잭션	27, 330
트레이드오프	128
트레일링 슬래시	230

ㅍ

파스칼 케이스	312
파일시스템 감시기	348
파일의 무결성	152
파편화	128, 134
패키지 레지스트리	313
패킷	13
패킷 손실	52
패킷 재전송	131
패킷 전송 확인	133
패킷 지향적	119
패킷의 파편화	119, 130
퍼미션	157

페이로드	11
평면 곡선	273
포워딩	391
포인터	45
포트	26
포트 번호	182
퐁	74
표준 포맷	299
푸시 캐시	233
푸시	190
프락시	98
프레임 검사 시퀀스	13
프레젠테이션 계층	9
프로세스 간 통신	155
프로토콜	8
프로토콜 버퍼	312
플레인텍스트	200
핑	74

ㅎ

하드 리밋	111
하이브리드 네트워크 토폴로지	6
하이퍼텍스트 전송 프로토콜	11
하트비트	73
해싱 알고리즘	153
핵무기	266
핸드셰이크	108
핸드셰이크 프로세스	267, 268, 271
핸들러	62, 206, 212
헥스텟	30, 31, 32
헬퍼 함수	194
호스트 ID	21
호스트 네임	182
홉	4, 129
확인	150
확인 패킷	118
환경구성	242
환경구성 순회	245
환경구성 어댑터	248, 265
회계부서_데이브	170
흐름 제어	52
히스토그램	357